谨以此书纪念徐本章先生

瓷都探论

徐本章 著

厦门大学出版社 国家一级出版社
XIAMEN UNIVERSITY PRESS 全国百佳图书出版单位

图书在版编目(CIP)数据

瓷都探论/徐本章著.—厦门:厦门大学出版社,2020.7
ISBN 978-7-5615-7751-6

Ⅰ.①瓷…　Ⅱ.①徐…　Ⅲ.①古代陶瓷—德化县—文集　Ⅳ.①K876.34-53

中国版本图书馆 CIP 数据核字(2020)第 038791 号

出 版 人	郑文礼
责任编辑	薛鹏志
美术编辑	蔡炜荣
技术编辑	朱 楷

出版发行 厦门大学出版社

社　　址	厦门市软件园二期望海路 39 号
邮政编码	361008
总　　机	0592-2181111　0592-2181406(传真)
营销中心	0592-2184458　0592-2181365
网　　址	http://www.xmupress.com
邮　　箱	xmup@xmupress.com
印　　刷	泉州智睿印务有限公司

开本	720 mm×970 mm　1/16
印张	25.5
插页	3
字数	310 千字
版次	2020 年 7 月第 1 版
印次	2020 年 7 月第 1 次印刷
定价	90.00 元

本书如有印装质量问题请直接寄承印厂调换

厦门大学出版社
微信二维码

厦门大学出版社
微博二维码

徐本章在办公室

徐本章生平

徐本章(1934—1995 年),曾名剑锋,笔名史钟,福建省德化县浔中镇乐陶人。德化古陶瓷研究专家,德化县首位获得文博副研究馆员职称,厦门大学、景德镇陶瓷学院考古专业客座教授。曾荣获福建省劳动模范、文化系统先进工作者、全国五一劳动奖章和全国优秀侨眷知识分子称号。福建省第六、七届政协委员,泉州市政协第六、七届委员会常委,德化县政协第一届至第四届委员会常委,德化县政协文史委主任。历任德化县文物管委会办公室主任、德化县图书馆馆长、德化陶瓷博物馆首任馆长、德化县志办公室副主任和总编室副总编。社会团体兼职主要有中国古陶瓷研究会理事,中国古外销陶瓷研究会理事、副秘书长,中国海外交通史研究会会员,福建考古博物馆学会理事,泉州海外交通史研究会副会长等。

徐本章于 1954 年毕业于省立福建南安师范,初从教。1958 年转入文化部门,从此,开始献身群众文化和地方文史、考古工作。

德化是千年古瓷都,但是由于历史原因,关于陶瓷历史的现成文献史料极其稀少。所以,徐本章深知唯有从民间收藏、文物调查和古窑址考古发掘入手,以实物弥补、佐证文字记载的严重不足。为此,他长年累月不辞辛苦,跋山涉水,走遍了德化穷乡僻壤,深入民间实地调查研究。当时山区交通条件极其落后,村居分散,徒步长途跋涉,风餐露宿,习以为常。

徐本章经过数十年的多方努力,艰辛地收集、征集,以及争取省博物馆移交部分德化古陶瓷陈列品,在此基础上,于20世纪60年代初在德化县文化馆旧址后进,筹建了古陶瓷文物陈列室,内部开放。"文化大革命"期间,德化古陶瓷文物陈列室惨遭浩劫。但是他痴心不改,继续潜心于地方文史和古陶瓷的研究。他阅读了大量的有关考古知识理论资料,结合实践,对所收集的古陶瓷器物进行逐件琢磨考鉴,不断提高自己的古陶瓷研究理论知识水平与实践考鉴能力。他把著名的唐代书法家颜真卿的"三更灯火五更鸡,正是男儿立志时;黑发不知勤学早,白发才悔读书迟"书为座右铭。

从20世纪50年代末至80年代,他先后5次参加德化县古遗址、古窑址等文物普查工作,走遍全县18个乡镇120余个行政村,参加调查出230多处宋至民国古陶瓷窑址,其中一大批先后被定为各级文物保护单位。屈斗宫德化窑址(包括浔中、盖德、三班3个乡镇宋至明窑址)于1988年被国务院颁布为全国重点文物保护单位。在古窑址与文物普查过程中,他发现、收集到大量的古陶瓷完残器物、瓷片标本。1976年4月,在德化县文化馆开辟古陶瓷标本陈列室,并对外开放。这个陈列室共展出历代有代表性的各种珍贵完、残陶瓷标本上千件,其中有新石器时代的硬陶、釉陶、印纹陶,相当于魏晋时期的青釉谷仓、青釉壶、青釉罐,唐青釉陶、青釉瓷,宋青釉瓷、青白釉瓷、黑釉瓷,明代象牙白瓷等。1981年,他选送的一批古瓷碎片参加了由国家文物事业管理局和故宫博物院举办的"中国古窑址碎片展览",并先后到香港大学冯平山博物馆和英国大英博物馆、牛津大学博物馆、日本出光美术馆展出。

1976年夏,徐本章先生参加了省、地、县、厦门大学历史系联合组成的考古发掘工作队,对屈斗宫古窑址与碗坪仑古窑址进行考古发掘工作。该窑址的发掘与器物的出土,对研究宋元时期德化窑及我国民窑体系、瓷业生产规模、窑炉结构、烧制工艺、瓷器外销,以及际陶瓷节期间,他同时负责中国古陶瓷研究会和中国外销陶瓷研究会的秘书处工作,被评为中国德化首届国际陶瓷节先进工作者。

徐本章一生治学、工作始终孜孜不倦,勤勤恳恳,踏踏实实,像不知疲倦劳累的牛,在德化这片热土上耕耘。他随身携带装有笔记本等工作用品的行装,踏遍德化穷乡僻壤,走村入户,查阅摘录地方谱牒、古代文物碑记匾额、名人墓志铭等文献资料,搜集古窑址标本。他踏遍德化名山九仙山、石牛山的各个角落,实地勘察历代摩崖石刻文字,拍照或制作拓本,一一登记在册,为后来开发旅游资源积累和填补了丰富的人文史料。

外出出差开会,他总是放弃游览名胜和休息的时间,而是走访有关博物馆、档案馆和大学图书馆,搜集有关德化的史料。长年累月,积累了数以百万计的原始素材。他整理撰写的文章,不仅关于德化从新石器时代开始的文物考古和千年陶瓷烧制外销史,还涉及德化社会、政治、军事、自然地理、经济贸易、交通运输等方方面面。他严谨的治学精神和渊博的地方文史知识,谦逊和蔼朴实的为人待物,几十年如一日实干苦干的工作作风,以及突出的工作业绩,引来国家、省市乃至海外的许多家媒体登门专题采访报道。他社交广泛,以诚待人,有中外学者专家,也有普通的市井草根乡村野老。广泛的不同阶层界别的社会交际,良好的人际关系和亲和力,促进了彼此学术交流和资讯共享,拓展了他的视野,特别是为他提供了颇有价值的文物史料新发现的线索和渠道。

虽然徐本章先生去世20多年了,但文化文史界许多人士还不时提起和回忆他的工作精神。他不愧为德化当代科学系统地研究德化陶瓷考古和历史研究的奠基者,贡献卓著。他参加编纂德化社会主义时期的第一部《德化县志》,任副总编。主持编辑了德化第一部汇集中外名家研究德化陶瓷学术文章的《德化陶瓷研究文集》。先后撰写了《德化瓷史与德化窑》、《何朝宗》、《故宫博物院珍藏的何追溯德化象牙白瓷的创始年代有着重要的价值,为判定东南亚各国出土的中国瓷器的窑口及断代,提供了确凿的实物佐证。他认真采集、整理鉴定材料上报核批,为该窑址成为全国重点文物保护单位,做出了重要贡献。期间,还参加晋江地区文物普查工作,率领工作组负责德化上涌、溪洋、大铭三个公社范围的文物普查。当时许多村落还没通公路,靠的是两条腿。他苦心经营的德化出土古瓷标本陈列室和屈斗宫古窑址,至 1993 年,先后接待了来自全国 22 个省市 200 多个单位的参观者,日、英、美、法、德、比利时、荷兰、丹麦、澳大利亚等国家以及港澳地区专家学者的参观考察,不仅促进了德化与国内各地及世界各国的文化交流,而且提高了瓷都德化在国内、国际瓷坛上的声誉与地位。

徐本章利用参加各级政协会议提案等各种官方活动机会,持续多年多方奔走呼吁,千年瓷都德化不能没有专业陶瓷博物馆。随着时代发展,他的夙愿终于水到渠成。进入 20 世纪 90 年代,为了推进德化陶瓷产业加快步伐走向世界,中共德化县委县政府决定筹办首届中国德化国际陶瓷节,把创建全省首家专业陶瓷博物馆纳入重大项目之一。时任中共德化县委书记的吴汉民曾说过,为了办好德化史无前例的国际陶瓷节,要抓落实的大事其中最关心的两件是:一是给外宾看的,了解德化陶瓷历史的德化陶瓷博物馆;二是接待外宾的,让外宾宾至如归的瓷都酒店。徐本章参与德化陶瓷博物馆的总体规划方案设计,具体负责展品征集和布馆,乃至讲解词编写和讲解员培训工作。1993 年 10 月"首届中国德化国际陶瓷节"前夕,一座 5 层 2315 平方米的现代建筑德化县陶瓷博物馆终于屹立于德化城关浔南路宝美街头,实现了他平生的宏愿。该馆剪彩开放之时,四大展厅 102 个展柜展出了古今陶瓷珍品 2758 件,成为德化瓷工匠师与全县人民追寻德化陶瓷辉煌历史的文化艺术殿堂,成为瓷都德化与泉州市对外开放的一个重要窗口。在筹办首届德化国朝宗观音》、《德化县文物志》、《德化与台湾》、《德化与华侨》等有关专著及论文100余万字,征集文史资料200余万字。他多次参加全国及国际陶瓷学术讨论会,其专著、论文分别于海内外多家报刊、出版社刊登转载出版,被编入《中国专家人名辞典》《中国当代历史学者辞典》。英国大英历史博物馆还发函邀请他出席在伦敦举行的国际学术研讨会,他在病榻上向研讨会提交了学术文章,遗憾因病去世而未能成行。此外,他还是德化著名书法家。他生前,德化县的许多重要会议会标、县党政机关牌子、文物保护单位碑文多出自他的手笔。不少乡村群众慕名求赐墨宝,他总是尽可能满足,而不计报酬。

"喜见佳作夸后隽,瓷中生面待君开。"这是时任南京博物馆副馆长、著名古陶瓷研究专家宋伯胤先生题赠徐本章的诗句,也是他对徐本章的高度评价与殷殷期望。可惜先生壮志未酬,于1995年7月因病不治逝世,享年61岁。徐本章逝世后,福建省政协、泉州市政协、中国古陶瓷研究会等单位,以及中外许多知名学者、徐本章生前好友同事,纷纷以各种形式表示哀悼。德化县委、县政府、县政协领导还专程到他的家中向遗体告别,极尽哀荣。

序　一

叶文程

徐本章先生(1934—1995年)是我的老朋友,我认识徐本章先生是在20世纪50年代末,当时他在德化县文化馆工作。

徐本章先生给我最深刻的印象是,待人热情,性格直爽,工作认真负责,干劲很足,真像是头老黄牛,任劳任怨地干,认认真真地干,不知疲倦地干,可以说是做到废寝忘食。他对工作的态度,就我所体察到的,其本职工作干得非常出色,非本职(分外)工作,也是有求必应的,无论大情小事他都干。

最令人感动的是,我出差到德化时,同志们告诉我,每当深夜经过徐本章办公室(原德化县旧图书馆三楼)时,电灯总是亮着的,这也是我所目睹的。由此可见,他对待工作的执着精神是一般人所无法想象和做到的。他是党和国家的一个好干部、好公务员,也是一个全面发展的好人才。他的为人、工作精神、态度和学识都是值得我们学习的。

这里要着重提到的是,徐本章先生的最大贡献是对德化窑瓷器发展史和德化窑瓷器外销史的研究。

他在《德化瓷史》一书中,对德化瓷都的形成、瓷器的起源、市场的开拓、瓷器的特色、屈斗宫窑的科学发掘、瓷器艺术特色和影响,清代青花瓷的兴盛,民国瓷业的衰落,新中国瓷业的新生以及传统技艺的传承与创新等方面都做了全面、系统、深入的论述,可以说是新中国成立后有关德化窑瓷器发展史的一部力作,也是一部开山之作。这部《德化瓷史》的出版,无论对专业人员还是一般的读者,都具有重要的指导和参考价值。

徐本章先生的另一个研究重点，是对德化窑瓷器外销史的研究。20 世纪 80 年代初期中国掀起一股文化热，他即投身其中，先后写出数篇有关德化瓷器外销的论文，如《略谈德化的古外销瓷器》《再谈德化的古外销瓷器》和《略谈德化的古外销"军持"》等，对于历史上德化窑青白瓷、白瓷和青花瓷的外销研究起到了重要的推动作用，对德化窑瓷器技艺的对外传播、海上丝绸之路的历史研究以及中外文化交流和人民友好交往史研究，也都起到了重要的促进作用。

徐本章先生心系德化瓷史和德化外销瓷的研究工作，关注文献资料和实物资料的搜集工作，编辑油印《德化瓷器资料汇编》（上下两大册），为德化窑瓷的研究提供了第一手资料。在中国古外销陶瓷研究会的筹备成立过程中，本章先生积极参与筹备和推动，做了大量的具体工作，是中国古外销陶瓷研究会的创会功臣之一。在本章先生的热情积极推动和促进下，先后在德化县召开了几次有关德化窑瓷器学术研讨会，一时间学术气氛浓厚，掀起了一股德化窑瓷的研究热潮。

《瓷都探论》的编辑出版，是纪念徐本章先生，也是表彰他一生对德化窑瓷研究、德化地方史研究所取得的成就和贡献。我们相信该书的出版问世，对弘扬和继承德化窑优秀陶瓷文化、推动文化产业的繁荣和促进新时期社会主义两个文明的建设，将起到积极重要的作用。承建中同志爱护，邀我为该书作序，因对老朋友的思念，写就上述感言。是为之序。

2019 年 5 月 25 日

于厦门大学东区读书室

序　二

陈建中

　　从小在德化长大,德化的山,德化的水,德化的人,都给我留下了许多美好的记忆。而在人生道路上,给我印象最深、影响最大的是徐本章先生。先生是我的良师和益友,其为人品德、治学精神皆是我学习的榜样。每当忆起和他工作的岁月,点点滴滴,都感动着我。

　　1993年,我从中学调到德化县陶瓷博物馆,与先生共事。同事都称他"徐老",一是他老在办公室提笔伏案,一是长得清瘦的缘故。在他的笔记中,记录了德化县境内发现的遍及全县所有乡镇和行政村的200多处古代陶瓷窑址。他为每一处窑址都清楚地标明所处的地理位置,为采集来的标本都尽可能地做了描述,如器型、尺寸、纹饰等,部分还绘了图。从书架到案头的一叠叠手稿、资料,林林总总,无不见证了先生当年为探寻德化窑历史,自带包饭、干粮,身背挎包、水壶,行走在溪边山涧,穿山越岭,走过一村又一村,询访一户又一户的艰辛历程。

　　先生是德化陶瓷文物调查、收集和研究的先行者、开拓者和领航者。作为德化古陶瓷研究的先行者,先生始终以身作则,深入山野,参与古窑址古文物普查工作。从1950年代末至1980年代,他先后5次组织进行德化县古遗址、古窑址等文物普查工作,踏破铁鞋,跋涉于戴云山区的崇山峻岭,从而掌握了第一手古陶瓷文物资料,为德化陶瓷研究建立了基础资料库。

　　作为德化古陶瓷研究的开拓者,先生始终刻苦钻研,数十年笔耕不辍,先后撰写了《德化瓷史与德化窑》《何朝宗》《故宫博物院珍藏的何朝宗观音》、《德化文物志》、《德化与台湾》、《德化与华侨》等有关专著论文 100 余万字,内容不仅涵盖德化陶瓷历史文化,还对地方史(如宗族家谱、华侨移民、民间信仰、闽台关系、民国口述资料、革命史等)多有涉猎,搜集了 200 余万字的德化文史资料。他撰写的文章刊登于海内外报刊,拓宽了德化地方史研究的视野。

作为德化古陶瓷研究的领航者,先生始终不忘初心,虽历经周折依旧砥砺前行。从 1960 年代初期县文化馆设立的"古陶瓷文物陈列室",到 1976 年县文化馆三楼设立的"古陶瓷标本陈列室",再到 1993 年 10 月位于城关的德化县陶瓷博物馆建成并对外开放,每一次取得的进步,都凝聚着先生的汗水和心血。德化陶瓷博物馆的建设、陈列和开放,充分展示了德化悠久而灿烂的陶瓷文化历史。

先生博学多才,平易近人。在我眼里,不管公事私事、大事小情,只要不违背原则,他都乐于相帮;不管国内国外、专家学生,相识与否,只要有问题求教,他都乐于解答。我本人就是受益者之一。我从一名普通教师转为一名文物工作者,是先生不厌其烦、手把手地教会我认识德化古代陶瓷,使我日后在陶瓷与博物馆的海洋里汲取营养。可以毫不夸张地说,是先生的博学、厚道与乐于助人的品格,为德化"笼络"了一大批国内外的专家学者,为德化陶瓷研究走向中国、走向世界奠定了坚实的基础。

追时逐热的新时代没有给先生以太多的关注,但是像先生这样经历了我们国家和民族时代变革的知识分子的人生坎坷及其学术贡献,其实是很值得关注的。我相信,先生的功劳,历史不会忘记,德化人不会忘记,也不应该忘记。

谨以此文集,作为一瓣心香,敬献给在天堂里的徐本章先生,并祝愿先生一生为之奋斗的德化陶瓷历史研究事业得到更大的发展。

后学陈建中谨序
己亥年夏于泉州西湖寓所

目　　录

略谈德化窑的古外销瓷器

　　福建省德化县是我国古代南方著名的产瓷地区之一,自宋元以来,瓷业兴盛,历久不衰。其生产的白釉瓷器、青白釉瓷器、青花瓷器,色白质坚,釉汁温润,造型精美,装饰简朴,是我国南方白釉瓷器的著名产品。在白釉瓷器中,一般为纯白色,但也有白而微带水青或浅青(即青白色)。白釉中如乳白或象牙白(俗称猪油白或葱根白,也称鹅绒白),这都是德化白釉瓷器独具一格的产品。德化制瓷技术水平很高,胎壁薄,能映见指影,在日光或灯光下映照,可显出肉红色。胎质细腻,瓷体密贴,施釉均匀,光泽如绢,这是德化制瓷技术高超的具体表现。

　　德化瓷器的独具优点,在国内外备受欢迎,在国际上享有很高的声誉,被誉为"中国白"。近年来,根据国外调查、发掘出土的有关资料看,德化生产的白釉瓷器等各类产品,自宋代以降曾销往国外,日本和东南亚的菲律宾、印度尼西亚、马来西亚、新加坡等国家及非洲的一些国家都有发现。德化古窑址的调查发掘,古外销瓷器的大量出土,为我们研究德化宋元明清时期外销瓷器的情况提供了极其重要的新资料。

　　到目前为止,在德化县境内共发现古瓷窑址 170 多处,其中有 40 多处窑址发现外销瓷器。对照国外已发现的部分资料,现按年代先后举例叙述如下。

一、宋元时期外销瓷器

（一）军持（或称军持壶、净瓶）

军持是我国东南地区瓷窑烧制专供销售东南亚各国的一种产品。这种特殊器物在福建的另一些地方也有发现。德化的军持发现于碗坪仑、屈斗宫、后坑垄等宋代窑址中。从出土的军持标本看，有的与韩槐准在《南洋遗留的中国古外销陶瓷》一书中所介绍的印度尼西亚雅加达博物院陈列的宋瓷相同[1]，应为宋代德化窑销往南洋的产品。在盖德碗坪仑宋代窑址采集的有 5 件完整、4 件残缺的产品。喇叭口，长颈，平底，流附在肩腹之间，长而高。胎细坚，青白釉，底部及内腹壁无釉。其中 3 件颈部有两道凸弦纹，上腹壁印一层或二层覆莲瓣纹，下腹壁印仰莲瓣纹。2 件造型同上，青白釉，底部无釉，上腹壁印盘龙纹，下腹壁印云纹。这种模印盘龙纹，从其装饰特点看，龙颈瘦长，具有元时作风，似是元代外销瓷器。另 2 件上部印有云纹，下部印有直道纹。在残破的几件中，2 件上半部印覆莲纹，口径 7.5 厘米，腹径 8 厘米。后坑垄窑址发现 1 件下半部残片，印有直道纹，底径 7.5 厘米，腹径 13.3 厘米，其造型、色釉与碗坪仑窑址采集的基本相同，应属同一时期的外销瓷产品。

（二）盒（或称粉盒）

宋元时期已大量生产，在屈斗宫、碗坪仑、后垄仔、家春岭、内坂、大垄口、尾林、太平宫、墙坪山、湖枫林、潭仔边等窑址均有大量发现。盒

---

[1] 韩槐准：《南洋遗留的中国古外销陶瓷》，新加坡青年书局 1960 年版，第 9 页图三。

的造型精美,器形一般较低矮,盒身呈圆形或八棱形,子母口,底平而稍内凹。胎白细坚,青白釉,口及底部无釉。装饰花纹丰富多彩,盒盖一般印有各种花草和其他图案,有莲花、牡丹花、菊花、葵花、云纹、凤鸟纹、钱纹和其他缠枝花草。有的盒盖中部还有"福"、"寿"、"金玉"等吉祥文字,盒身周边印有瓜瓣纹或直道纹。菲律宾出土的青白釉盒[①]与德化碗坪仑及其他窑址出土的完全相同,可以证实是德化窑生产的外销瓷无疑。还有一些其他类型的盒子,也应是德化窑的产品。1974年,泉州湾发掘出一艘宋代远洋货船,在船上出土了不少陶瓷器,其中就有德化窑生产的白釉瓷盒和瓷碗。

(三)瓶

共出土 5 件,完整 2 件。1 件口径 11 厘米,腹径 15.4 厘米,底径8.2 厘米,高 27 厘米。花瓣口外折,长颈,鼓腹,矮圈足,底稍内凹。胎白质坚,青白釉,器底与内腹壁无釉,表面呈冰裂纹。颈部有两组划纹,腹部印云气纹。另 1 件口径 7 厘米,腹径 13 厘米,底径 6.1 厘米,高22.5厘米。敞口,尖唇,长颈,鼓腹,平底。胎白质坚,青白釉,器底与内腹壁无釉。颈及腹部各有一组弦纹。有 1 件瓶仅存颈部,颈间刻画两组弦纹,并堆贴一条蟠龙。上述瓷瓶与韩槐准在《南洋遗留的中国古外销陶瓷》一书中介绍的雅加达博物院所藏的宋瓷相同[②],应是德化外销瓷的一种。

(四)小瓶

小瓶在家春岭、内坂、碗坪仑、尾林等窑址都有出土,样式颇多。其

---

① ［英］艾迪斯(J.M.Addis):《菲律宾出土的中国瓷器》(Chinese Porcelain Found in the Philippines),载《东方陶瓷协会学报》(*The Oriental Ceramic Society*)第 37 卷,1970 年,第 25 页图三十 d。

② 韩槐准:《南洋遗留的中国古外销陶瓷》,新加坡青年书局 1960 年版,第 9 页图三。

中 1 件口径 4.6 厘米,底径 4.9 厘米,通高 9.8 厘米。敞口呈喇叭状,长颈,鼓腹,圈足,底深凸。青白釉,胎白细坚。装饰花纹,一般自颈肩以下模印有条状纹、草叶纹(或莲瓣纹)、缠枝花纹。模印花纹少者二层,多者五层。制作方法应系分段模制而成,造型小巧玲珑,颇为美观。德化出土的这类小瓶同菲律宾出土的标本①造型特点和装饰花纹完全一样,为德化外销到菲律宾的产品。

(五)小口瓶

碗坪仑窑址采集多件。小口,颈极短,鼓腹,腹下部逐渐收缩,肩部有一道凹线圈。1 件口径 6 厘米,底径 7.2 厘米,高 22 厘米。青白釉,微泛黄,胎质较松。另 1 件口径 5.2 厘米,底径 7 厘米,高 16 厘米。青釉,胎质细坚,底部露胎。

上述小口瓶,特别是前者与菲律宾出土的标本②颇为相似,应是德化窑烧造的产品。

(六)飞凤碗

在家春岭、祖龙宫和屈斗宫等窑址,曾采集到飞凤碗的残片。碗的外壁模印飞凤纹饰。凤鸟,在国外称为不死鸟。这种碗为青白釉,底部和圈足无釉。底部中间凸出一圆圈。这和菲律宾出土的飞凤碗纹饰一致。③ 从造型特点和釉色看,应是德化外销瓷的另一种产品。

---

① [英]艾迪斯(J.M.Addis):《菲律宾出土的中国瓷器》,载《东方陶瓷协会学报》第 37 卷,1970 年,第 24 页图三十 a。

② [英]艾迪斯(J.M.Addis):《菲律宾出土的中国瓷器》,载《东方陶瓷协会学报》第 37 卷,1970 年,第 23 页图二十六 b。

③ [英]艾迪斯(J.M.Addis):《菲律宾出土的中国瓷器》,载《东方陶瓷协会学报》第 37 卷,1970 年,第 24 页图三十 b。

（七）壶（或称酒壶、水壶）

在屈斗宫窑址采集，完整 1 件，残缺多件。口径 6 厘米，腹径 12 厘米，底径 6.8 厘米，通高 11.4 厘米。壶的造型是：小口，折腹，带盖，平底微凹，前附流，后附把，腹壁模印缠枝花纹、莲瓣纹或草叶纹。釉色青而微泛黄，底足无釉。胎色黄，质松脆，或许是未烧熟的缘故。它与菲律宾出土的标本[①]完全一样，应为德化外销产品无疑。

在碗坪仑窑址采集 2 件，完整。口径 3.7 厘米，腹径 10.1 厘米，底径 8.4 厘米。敛口，颈极短，鼓腹。肩部有流，带把，底平而稍内凹。胎色白，青白釉，底部无釉。器物中部有一道凸棱，应是分段模制的结果。1 件上腹壁印卷草纹，下腹壁印波浪纹。另 1 件肩部印莲瓣一圈，器壁作瓜棱形。这种罐形壶与菲律宾出土的标本[②]完全相同，应为德化烧制的另一种外销瓷。

（八）钵

在碗坪仑窑址采集 4 件，完整。口径 15～17.1 厘米，底径 6.9～7.2 厘米，高 8～10.7 厘米。直口，方唇，深腹，圈足。胎色白，质细坚。青白釉，口沿无釉，釉面有大小开片。器表一般为素面，无任何装饰。这类器物与菲律宾出土的标本[③]对照比较，其造型特点基本相似，应是德化窑的外销产品。

此外，屈斗宫出土的弦纹洗（或称枢府洗），以及屈斗宫、祖龙宫、碗坪仑出土的高足杯，在菲律宾也有发现。

---

① ［英］艾迪斯（J.M.Addis）:《菲律宾出土的中国瓷器》，载《东方陶瓷协会学报》第 37 卷，1970 年，第 25 页图三十 c。

② ［英］艾迪斯（J.M.Addis）:《菲律宾出土的中国瓷器》，载《东方陶瓷协会学报》第 37 卷，1970 年，第 25 页图三十 c。

③ ［英］艾迪斯（J.M.Addis）:《菲律宾出土的中国瓷器》，载《东方陶瓷协会学报》第 37 卷，1970 年，第 23 页图二十六 a。

二、明清时期外销瓷器

(一)梅花杯

1963 年,厦门大学人类博物馆人员曾在屈斗宫窑址发现 6 件。①近年来,又在祖龙宫、后窑、岭兜、桐岭、窑垄山等窑址发现了不少同类的产品。其中祖龙宫窑发现最多,大小不一,现选择两式加以介绍:

Ⅰ式:口径和底径呈椭圆形,口径 9.8 厘米×7.6 厘米,高 6.8 厘米,底径 3.4 厘米×4.8 厘米。口沿外侈。杯的外表一边堆贴梅花枝和三朵梅花,一边梅枝上堆贴一朵花蕊、二片花叶,底周附上一笔架形的梅花树干,作为杯的承托脚架,足架与底周间有些缝隙。整个器身颇厚重,色泽为牙白色,腹壁薄能映见指影。

Ⅱ式:造型与Ⅰ式同,只是较小巧,口径 7 厘米×4.8 厘米,高 4.6 厘米,底径 2.3 厘米×3 厘米。腹壁两边均堆上两朵对称相同的梅花。这种白釉梅花杯在桐岭窑址也发现 1 件。造型基本上与祖龙宫窑址发现的相似,只是口部已接近圆形,椭圆度不大,口径 6.7 厘米×6.2 厘米,高 4.8 厘米,底径 2.8 厘米×3.5 厘米。腹壁一边在树枝上堆三朵梅花,另一边堆贴一朵含苞待放的花蕊和两片叶,釉色光泽滋润。

上述白釉梅花杯与波西尔著《中国美术》②一书中采自外国博物馆藏品的图录和剑桥大学出版社 1924 年出版的《远东陶瓷手册》一书中介绍的陈列在英王爱德华七世陈列室中的藏品相同,证实德化窑的梅

① 厦门大学人类博物馆:《德化屈斗宫窑址的调查发现》,载《文物》1965 年第 2 期。梅花杯见第 32 页图九、图十;瓷狮子见第 35 页图三十四;圆形印盒见第 34 页图三十。

② [英]波西尔(Stephen Woothon Bushell):《中国美术》卷下,戴岳译,商务印书馆 1923 年版,第 39 页第 10 图。

花杯曾传到英国或其他国家。

（二）瓷狮子

1963 年,厦门大学人类博物馆人员曾在屈斗宫窑址发现 1 件。近年来,又在屈斗宫、祖龙宫和岭兜窑址各采集 1 件,其中以岭兜窑的产品最为精致,造型与波西尔著《中国美术》一书中图录所介绍的非常相似,可以确定为德化烧造的外销瓷。

（三）盒（或称印泥盒、粉盒）

1963 年,厦门大学人类博物馆人员曾在屈斗宫采集 1 件,口径 6.9 厘米,底径 4.4 厘米。盒分盖和底两部分,盖顶印有牡丹花一朵,边缘装饰有直道纹,底部边缘也有此种装饰。最近,在岭兜后山窑址也发现 2 件,均缺盖。1 件口径 10 厘米,底径 7.6 厘米,高 2.8 厘米。子母口,内敛。盒身呈椭圆形,顶部微敛,足低矮,外腹壁印缠枝花纹。另 1 件口径 8 厘米,底径6.7 厘米,高 4 厘米。子母口,内敛。盒身分六棱,腹壁直,平底矮足,口底呈六角形。六个棱面各印有花草纹。这种圆盒在国外已有多处发现。

（四）青花圆圈点纹碗

《文物》1963 年第 1 期刊登夏鼐先生《作为古代中非交通关系证据的瓷器》一文中附图 7"坦噶尼喀出土的中国青花瓷器"(现藏牛津东方艺术博物馆),这种青花瓷器在德化的桐岭、岭兜、后井、东头、石排格、后所、宏祠、布伏山、埑园、窑垄、石僻子、竹林仔、苏田等窑址都有出土,其造型纹饰和坦噶尼喀出土的完全相同。这种产品在德化窑的大量生产,可以证明当时曾大量外销。

（五）吉祥纹青花盘、碟

夏鼐先生《作为古代中非交通关系证据的瓷器》图 2"陈列柜中的

中国瓷器和伊斯兰瓷器"中的吉祥纹青花盘,盘内中部写有吉祥文字,
周边由四层重叠的短直道半寿字纹图案组成。这种盘和碟在德化的洞
上窑、下岭石坊窑、石排格窑都有发现,构图基本相同,半寿字纹图案有
二层、三层、四层不等,应为德化窑远销非洲的器物。

(六)青花盘

远销非洲的中国青花盘(夏鼐《作为古代中非交通关系证据的瓷
器》图 2),在德化的后所窑、大垄口、内坂、溪碧、桐岭、窑仔兰、林地、水
尾、枋山、尾仑、瓷窑垄、二板桥、后寮坂、苦竹垵等窑址都有发现,应是
德化窑的外销产品。

(七)牵牛花纹青花碟、碗、盘

(八)云龙纹青花盘、碗

(九)云凤纹青花碗

(十)火珠云龙纹碗

(十一)城楼纹青花碗

(十二)佛手纹青花盘

(十三)寿字纹碗

(十四)半寿字纹青花盘

上述(六)至(十一)的器物在我国的西沙群岛均有出土,并定为"德
化窑"产品,这些同类器物在德化的岭兜、石排格等 50 多个窑址都有发

现。(十二)、(十三)的器物也发现于西沙群岛,未被列为"德化窑"产品,但在德化的羊条窑、炉坂窑也有发现。① 西沙群岛自古以来就是我国不可分割的神圣领土,是我国与各国海外贸易的南大门和必经之地,大量的德化瓷在西沙群岛发现,有的是当地人民的生活用具,有的应为德化外销瓷途经西沙留下的遗物。

需要说明的是,国外发现的宋元青白瓷,我们未见实物,仅从著录图片外观与德化窑出土物做比较,不一定看得很准确。而且当时烧造青白瓷不限于德化一地或德化某一个窑,有的是几个县同烧同一种外销瓷,主要特征又大体相同。由于德化窑发现最多,其他窑址还不太清楚,故暂时视为德化窑产品。至于国外发现的清代瓷器,有的可能是外销瓷,但也有相当一部分是晚清时流散到国外的。因一时不易分清,暂时称为外销瓷。

三、结 论

德化古外销瓷窑址和古外销瓷器的发现,可以说明如下几个问题:

1.德化古外销瓷器的生产和产品的大量外销是由其优越的自然和地理条件决定的。

德化县瓷土丰富,遍布全县,森林茂盛,提供了充足的烧瓷燃料。它地处福建东部,与我国古代对外贸易的重要港口福州、泉州、厦门相近,五代后唐长兴四年(933年)建县以来,曾先后隶属福州、泉州管辖。宋代以来,泉州成为我国对外贸易的重要港口,外国商船多在泉州停泊。由于瓷器是我国重要输出品之一,德化隶属泉州,有利于产品外销,促进外销瓷的大批生产。明代泉州港虽然衰落,但邻近泉州的漳州

---

① 广东省博物馆编:《西沙文物》,文物出版社1976年版;《广东省西沙群岛第二次文物调查简报》,载《文物》1967年第9期。

港又代之兴起,这些优越条件无疑地在客观上促进了德化外销瓷生产的发展。

2.德化古窑址和外销瓷的发现为研究其外销瓷的历史和瓷器发展提供了重要的资料。

目前已发现的德化外销瓷开始于宋代(宋以前待考),当时福建的海上交通和对外贸易很发达,陶瓷大量附舶运销海外。"宋末,荷兰人由福建贩运瓷器至欧洲,价值每与黄金相等。且有供不应求之势。"①德化"屈斗宫的标本在国外都有发现,证明宋代曾大量外销"②。元朝统一中国后,幅员广阔,陆海畅通。国外贸易盛极一时,陶瓷运销范围也有所扩大,意大利旅行家马可·波罗来泉州,盛赞德化的瓷器"制造碗及瓷器,既多且美","购价甚贱"③。马氏于 1291 年归国时,从福建带回中国白色瓷器及彩色小瓷瓶等,存于威尼斯市之圣马可宝藏所。马氏盛赞德化瓷,并称"除此港外,他港皆不制此物"。难怪有人把德化外销的瓷器,称为马可·波罗瓷器。

明代,手工业和商业资本迅速发展,瓷器成为当时对外贸易的畅销商品。特别是永乐宣德间,郑和下西洋以后,陶瓷销售数量远远超出宋元时期。当时德化烧制的富有特色的"建白瓷"(或称"乳白瓷"、"象牙白")曾传入欧洲,法国人高度评价为"中国白",誉为"乃中国瓷器之上品也"。清代康雍乾是我国瓷业的鼎盛时期,德化外销瓷仍有发展。剑桥大学出版社 1924 年出版的《远东陶瓷手册》曾谈到当时厦门的欧洲商人,特别是法国人把德化瓷介绍到欧洲,使欧洲熟悉并仿制德化瓷器。乾隆年间,德化人郑兼才曾在《窑工》一诗中记述当时德化瓷器外销的盛况,写道:"骈肩集市门,堆积群峰起。一朝海舶来,顺流价倍蓰。

---

① 冯和法:《中国陶瓷业之现状及其贸易现状》,载《国际贸易导报》第 3 卷第 2～4 号合刊,1932 年 4 月 10 日。

② 冯先铭:《新中国陶瓷考古的主要收获》,载《文物》1965 年第 9 期,第 38 页。

③ [法]沙海昂:《马可·波罗行纪》,冯承钧译,第 2 卷第 156 章,"刺桐城",中华书局 1935 年版,第 609 页。

不怕生计穷,但愿通潮水。"①道光十二年(1832 年)刊行的《厦门志》卷五"洋船"条也记载德化瓷从厦门港外销的事实。在非洲坦噶尼喀发现的德化青花碗就是德化瓷远销到非洲的实物证据。西沙群岛数以万计的德化瓷的发现,有力地证实了德化从祖国领土南大门西沙群岛运销国外的盛况。鸦片战争以后,中国沦为半封建半殖民地社会,在外国侵略者和国内反动派的双重压迫下,德化外销瓷从此衰落,除了有一二种产品如梅花杯还得到国际的好评②以外,总的趋势是每况愈下了。

3.德化古外销瓷给国外制瓷技术的传播和中外经济文化交流做出了有益的贡献。

如日本的瓷窑,是受德化窑的影响设计的。③ R.L.霍布森的《远东陶瓷手册》也介绍 18 世纪欧洲瓷器工人仿造德化陶瓷的事实。

陶瓷与人类日常生活密切相关,陶瓷的外销对改善、丰富和美化当地人民生活有直接影响。如东南亚一些国家在中国陶瓷传入以前,多以植物叶子为食器,"饮食以葵叶为碗,不施匕箸,掬而食之"④。中国陶瓷输入以后,提供了精美实用的器皿,改变了原来的生活习俗。⑤ 又如德化窑生产的军持,成为一些国家伊斯兰教徒的必需品。如马来人改崇伊斯兰教以后,对军持的需要更多,日常拜访可为小净之用,朝觐麦加可以携贮溪水,归途以备装麦加阿必渗渗(The Well Zam Zam)井水和阿拉伯蔷薇水,以赠送亲友和自用。德化窑生产的军持大量外销,满足了马来人的需要。又如雅加达博物院收藏的为适应东南亚伊斯兰教徒需要而生产的三件德化窑军持,上有阿拉伯文字。由此也可看出

---

① 民国《德化县志》卷十六,《艺文志》。
② 参见德化《龙井苏氏族谱》,1938 年刻本。
③ [日]铃木巳代三:《窑炉》,刘可栋等译,建筑工程出版社 1959 年版,第 4 页。
④ 赵汝适著:《诸蕃志》卷上,《登流眉国》,冯承钧校注本,中华书局 1959 年版,第 10 页。
⑤ 马欢:《瀛涯胜览》,《爪哇国》,冯承钧校注本,商务印书馆 1935 年版,第 11 页。

德化外销瓷对中外文化交流和友好往来所起的积极作用。

4.历代德化外销瓷产品的特色和产区的分布。

从釉色来看,宋元时期以青釉、青白釉为主,其中以青白釉为多。明代以白瓷为主,特别是德化的"建白瓷",独树一帜,闻名于世。清代德化外销瓷主要以白釉和白地青花的产品为主。从器物形制来说,宋元时期外销瓷以军持、盒、洗、碗、瓶类为主,特别是以盒、洗为多,几乎所有的宋元窑址都有发现。明代除日用器皿外,以各种佛像雕塑著称,如来、弥陀、观音、菩提、达摩等塑像造型生动,形态优美,流传国外,颇受外人赞扬,享有"东方艺术"之誉。民间艺人何朝宗的各种佛像雕塑,当时"在东西洋市场上都是热门货,各方高价争购,也有一部分由华侨携带出国,日本及东南亚佛教国家对它格外喜爱"。① 祖龙宫、后窑、岭兜、后所等窑址发现不少明代瓷塑佛像的残件。清代德化外销瓷以釉下青花的日常用品为主,并生产各种白釉艺术品。

德化外销瓷窑址的分布集中在县境北部和南部,几乎每个村庄都有生产,尤以南部最为密集。县城南部周围的浔中、三班、盖德三地,交通比较方便,离泉州港和厦门港较近,便于外销瓷出口。浔中和三班两地古窑址最为密集,已发现 74 处,其中发现有外销瓷的窑址有 31 处之多。盖德发现的外销瓷年代有的比浔中、三班还早,有北宋的产品,也有带五代风格的器物,还出土了唐代的青釉瓷器。

德化的古外销瓷,曾在中国制瓷史和中外文化交流史上留下了光辉的一页。新中国成立后,德化外销瓷得到迅速恢复和发展,畅销世界各地,为中外人民的文化交流做出新的贡献。

与苏光耀、叶文程合作,原载《考古》1979 年第 2 期

---

① 鸿鹄:《明代瓷雕大师何朝宗》,载菲律宾《华侨周刊》第 22 卷第 5 期,1958 年。

再谈德化窑的古外销瓷器

《考古》1979 年第 2 期曾发表了我们合写的《略谈德化窑的古外销瓷器》(以下简称《略谈》),文章引起了国内外考古界和史学界的重视和关注,有些专家学者给我们来信,提供国外出土的外销瓷资料,我们在国内外一些刊物杂志上也新发现了一些有关德化外销瓷的记载。1980年在德化县召开的全国性德化窑学术讨论会,又进一步丰富了德化外销瓷的研究内容。现把两年多来新发现的资料略加整理,仍按年代先后为序对《略谈》一文再做如下补充。

一、宋元时期

(一)黑釉盏

宋代建窑的黑釉兔毫盏曾大量运销日本各地,是著名的外销产品。在德化盖德碗坪仑宋代窑址也出土了大批与建窑兔毫盏近似的黑釉盏(图 1)。这种黑釉盏撇口,圈足或平底,颇厚重,深腹,口大足小,斜腹内收呈漏斗状。内壁施满釉,外壁挂半釉,下腹和底露胎。以黑釉为主,有的挂白釉、褐釉或酱色釉;有的釉中带有兔毫状斑纹,但纹的脉络和釉色逊于建窑。此类应是为适应国际市场对黑釉盏的大量需求而生产的外销瓷。

（二）撇口平底洗

在三班家春岭窑出土（图 2）。撇口，芒口，平底，洗壁稍弧，满釉，内心阴印团花、折枝花纹或双鱼。有的素面，釉色和胎质均白，色泽莹润，制作精美。另一种出土于三班中坂窑，撇口或芒口，洗壁斜向内凹，内心阴印双鱼纹或折枝花纹，施全釉，釉色白而泛青，胎质白。这种器物曾远销日本。[①]

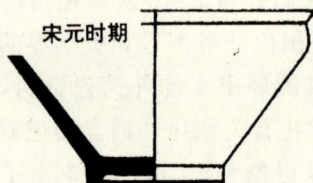

宋元时期

图 1   图 2

（三）桶形白磁罐

产于宋代，器体卵圆形，颈部无规则，四边肋状，底部微凹。白磁，涂带蓝色的白釉。从底部和未上釉的表面可看到黏土凝结的痕迹（图 3）。高 80 毫米。这种产品销于东南亚。[②]

以下自（四）至（二十九）均为销往菲律宾的德化窑瓷器。[③]

（四）玉壶春瓶

带有美丽的碎裂纹，奶油白釉，高 27.8 厘米。瓶身是由一种粗糙

① 日中文化交流协会常任理事三上次男 1981 年 4 月 29 日在参观德化古瓷标本时提供。

② 郑德坤：《东南亚陶瓷的研究》，香港中文大学《中国文化研究所学报》第 5 卷第 2 期，1972 年 12 月。

③ ［英］洛克辛：《一组德化白瓷器》（英文版）。

的白垩白色物质作成。它与圣安娜出土的奶油白瓷完全相似,底部露胎,圆脚,平底。瓶身由三部分于颈下部和瓶的最宽部分用封泥接合而成(图4)。菲律宾加拉莱港出土。在德化明墓葬中亦有发现,明代风格较浓,应为元至明代的产品。

图3　　　　　　　　图4　　　　　　　图5

(五)罐形壶

高16.7厘米。壶身是一种白垩半粗糙物质。釉白而带青色或灰绿色,釉薄而光亮,可透见外壁条纹,釉在底边上面高处中止,通常底平内凹。壶的制作分上下两部分接合而成。短颈,或许是附加上去的(图5)。在菲律宾加莱拉港出土。

(六)壶(蹲形瓶)

边唇外翻,低火度烧成。壶身呈白色,质地粗糙,有白垩白色的外表。釉光亮,呈奶油白色,并且施得非常薄,所以壶身是完全透明的,像一只手提行李袋。壶的表面有细小碎裂纹。器物制作是由两部分于中腰用封泥接合而成。颈部也许是附上去的。底平,制作粗糙,有一些条纹(图6)。在菲律宾圣安娜出土。

（七）壶（或蹲形瓶）

直口，高 6.8 厘米，直径 4 厘米。壶身由白垩白色的半瓷质构成。奶白釉光亮，有美丽碎裂纹，肉眼能透见内壁。壶的制作是由两部分于上部中间用封泥接合而成。底平而制作粗糙（图 7）。在菲律宾民都洛的民诺罗出土。

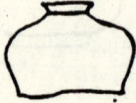　　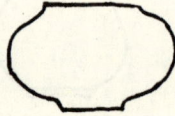　　

图 6　　　　　　图 7　　　　　　图 8

（八）盖罐

共 3 件。颈部周围带有四个管状耳。罐身由白垩白色结实半瓷质构成，有美丽的碎裂纹，釉白透明泛带青色。薄胎，器物中部周围用一条接缝构成。封泥是很好的。颈部看不清是否用封泥模印装饰的痕迹（图 8）。

第一件罐高 14 厘米。颈部绘一条粗旋涡花纹细带。颈部下面由重叠宽带幅面的花瓣和锯齿形棱作装饰。下半部由另一条点缀着模仿卷浪的图案，以及不连贯的旋涡凸起模印图案的宽带为装饰。盖子有凸起的模印粗率的旋涡纹，在中央有一个突起的钮。底平无釉，可显出条纹。

第二件除了两条重复的凸起线条隔开的相反方向伸展的有点生硬的叶状旋涡纹宽带饰外，与第一件非常相似。在下面的带饰中，旋涡饰在哪里结束，一片叶子就朝相反的方向，这种类型的叶饰使人注意并联想到灵芝(图9)。釉下呈红色或青色。

第三件是下垂环状的莲瓣纹(图10)。其下宽带图样不清晰,而另一宽带是盛开的莲花图案。

上述3种罐,已在德化屈斗宫宋元窑址出土(图11)。

洛克辛认为,上述的三件,或包括更多白瓷种类,是出自德化或福建其他窑。除了它膨胀的外形外,在结构、装饰风格和形式上几乎似马可·波罗瓶。

 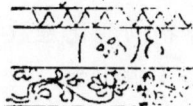 

图9　　　　　图10　　　　　　　　图11

(九)瓶

喇叭口,饰浮雕重叠直立莲花瓣长条形图样。高13.2厘米。瓶身由白垩白色粗糙的半瓷质构成。施青白釉。几件标本从比较低火烧制的瓶身到更多瓷的密度都不同。瓶颈的底部和足部用封泥封住。底部有一大凹洞,形成狭窄向外倾斜的脚边,作为支撑的瓶座(图12)。这种产品在菲律宾加莱拉港出土。

(十)小壶或瓶

高7.5厘米。瓶身由半粗糙的白垩白色物质构成。有美丽的碎裂纹,青白釉,厚重。器身由两部分组成,颈的底部与肩部有接合点。肩部以下迫近底部渐尖。底平,底部中凹而形成浅圆脚边(图 13)。菲律宾皮那贝扬南出土。

(十一)小瓶

颈部和口部呈喇叭形。高 8.1 厘米。瓶身由白垩白色半瓷质构成。有美丽碎裂纹,奶油白釉。同类标本有奶白釉或青白釉。有碎裂纹,也有无碎裂纹。其形状由四部分构成:口部、颈部、肩部和喇叭形脚。肩部或上部用一条粗率模印的传统旋涡状带为装饰图案,下部也是装饰古雅带状图案,其下是饰以两条直立莲瓣纹。喇叭形脚是平坦的,两边是倾斜的。底部中间有一浅凹处,中间广阔脚边为底座。颈部装饰为模印垂直线条。这一类型器物的变化是数不清的,有些标本的高只有 5 厘米(图 14)。在菲律宾圣安娜出土。

图 12   图 13   图 14

同类器物在德化三班家春岭宋元窑址有出土(图 15)。

Ⅰ式:大口,矮细颈,鼓腹,高圈足,腹部上下饰有直道纹,制作精细,青白釉,白胎。

Ⅱ式:喇叭口,长颈,鼓长腹,高圈足,腹部有两组花草纹,近底和底露胎,釉色白微泛青,胎质白。

Ⅲ式:喇叭口(残),鼓腹,圈足,腹部阴印两组缠枝草纹,上下附有覆、仰莲瓣纹,各组纹饰间以弦纹相隔。釉色白而青,胎质白。

图 15

英国学者约翰·曼斯菲尔德·艾惕思指出,这类小瓶曾由马可·波罗带回意大利,现在意大利博物馆还有珍藏。[①]

(十二)碗

喇叭形边。高 6.7 厘米,直径 19 厘米。碗身由完全低温烧制的白垩白色半瓷质构成,所以敲击时发出模糊的声响。有美丽碎裂纹。奶油白釉,带茶褐色。内边周围釉用一种锋利工具匀称地加工过,外边以一个向外倾斜的角度修整。碗内中央只装饰一种简单的圆环形。除圆脚边外,底部几近于平(图 16)。菲律宾圣安娜出土。

同类产品在德化屈斗宫窑也有发现。

(十三)碗

边唇外翻。高 6 厘米,直径 17.8 厘米。碗身由稍粗糙低温烧制白色物质构成。不均匀碎裂纹,奶油白釉,稍厚,全不透明。器内有极少量釉凝聚于底部。外部釉在足部上面高度中止。底微凹,从而构成浅圆脚边(图 17)。在菲律宾出土,在锡兰也有发现。这种产品在我国称

───────────────

① [英]艾惕思 1980 年 7 月 27 日在参观德化县文化馆古瓷标本陈列室时的谈话。

为墩仔式碗,产自德化屈斗宫窑。

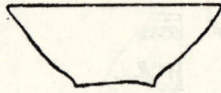

图 16

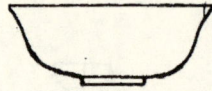

图 17

(十四)碗

模印装饰。由三层成排仰莲瓣纹构成的模印凸起长条形装饰。高 6.6 厘米,直径 14.4 厘米。碗身是白垩白色半瓷质的。奶油白釉,透明,有美丽碎裂纹。口沿和底部无釉。内部透过釉可以看见条纹(图 18)。与这种风格相类似的产品在德化屈斗宫窑也有发现(图 19)。

图 18

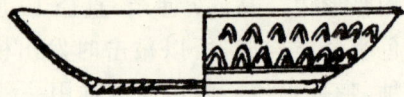

图 19

(十五)碟

宽而浅,阔底,高 3.6 厘米,口径 22 厘米。碟身由白垩白色半瓷质构成。敲击时发出声响。这一类型碟制作坚硬,大小直径在 21～25 厘米之间。有时瓷质较少,瓷质较多的碎片釉面有美丽的碎裂纹。不同釉具有不同的颜色,如奶油白、灰白或青白釉。这类标本有奶油白泡,而釉面没有碎裂纹。器内全无装饰,器外有双层成排直立模印宽间隔重叠的莲花瓣纹。器内施满奶油白釉,并用锋利的工具刮去边沿的釉。器外釉水不足。碗的边沿有匀称地斜切或修整过,底部通常是平的,中部微凹,多少有一点浅圆脚边(图 20)。与这种风格相似的产品在德化屈斗宫窑也有出土。

图20　　　　　　　　　　图21　　　　　　　　　图22

（十六）碗或碟

为直立莲瓣纹模印装饰，高4.2厘米，直径12.5厘米。这类碟子和它的许多变形构成以前遗址中的数以万计的德化白瓷的大多数。菲律宾出土。

同一类型小碟尺寸，通高3.5厘米，直径9厘米。碟身由白垩白色而稍粗糙的物质构成。并且通常是低温烧制的，虽然有瓷质较多的标本，制作常见厚重。器外为模印，器内则为轮制。正好在内部边沿的下面，釉是显然被修饰过，除外部的精美斜边外，稍平。底除一部分低下，几近于平。圆形脚边，外部上釉，口沿稍平。底部除由宽阔而凹进中央部分形成浅圆脚边外，差不多是平的，有美丽碎裂纹。釉透亮，呈奶油白色。器身破碎有棕眼，呈茶褐色（图21）。在菲律宾岷都洛出土。

（十七）碗

底部装饰为浮雕模印成队飞行的天鹅或鹤排列成行的装饰图案。高9.8厘米，直径12.2厘米。碗身由较低火度烧制的白垩白色半瓷质构成。敲击时没有声响。釉为奶油白色，有美丽碎裂纹，透亮，内壁满釉，透过釉可以看见条纹。器外施釉，口沿及底部无釉。低矮圆形脚边（图22）。这类相似的器物，在德化屈斗宫窑也有出土（图23）。

图 23

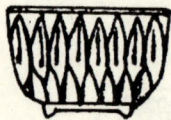

图 24

图 25

(十八)碗

碗内无纹饰,碗外为双排重叠的模印莲花瓣纹饰。高 5.3 厘米,直径9.5厘米。碗身由细密的白垩白色半瓷质构成。圆形脚边,口沿无釉。制作比平常精美得多,器壁甚薄(图 24)。在菲律宾内湖出土。洛克辛认为,这一种可以包括在来自德化或福建省其他地方瓷质较多的器物类中。

(十九)碟(亦称直道纹洗)

带扇形边,像一捆甘蔗形状侧面(图 25)。高 2.2 厘米,直径 11.3厘米。碟身由白垩白色半瓷质构成。奶油白釉,有美丽碎裂纹。有部分釉坑,显出淡绿色。碟的底部深凹,脚向内斜入,从而形成狭窄的不规则的脚边,为卧足碟。器的外表为模制,器内表为轮制。边沿割平。除了靠近足部的部分和整个底部外,施满釉。这种形状是在青瓷中大量发现相似的碟子的复制品。在菲律宾内湖隆班出土。同类产品在西沙群岛也有发现。

德化屈斗宫窑出土了与上述风格相同的器物(图 26)。撇口,底部边缘向内凹,中部向外凸,内外壁饰有凹形直道纹,使整个器物呈花瓣形状,颇为别致,釉色和胎质均白。

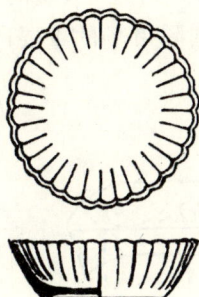

图 26   图 27   图 28

(二十)大盖盒

盒身是低火度白色半瓷质,且有普通白垩的外表。盒身碎裂纹是普通的。奶油白釉,光亮,并且在聚釉的地方有一种微弱的茶褐色。顶端或盖有精心制作的围绕中央的双凤凰(直径12.7厘米 图27),卐字形(直径11.4厘米 图28)或莲花纹(直径13.2厘米 图29)的基本花纹围绕风格化的叶子与旋涡形工艺品的图案。这些盖子的下面满釉,边沿周围部分和边的左侧面无釉。盖盒底部的内表面满釉,外表面与框边的装饰通常是与盖子上边沿装饰用的基本花纹相类似的。底部完全无釉,或平,或中凹,浅圆形脚边。菲律宾圣安娜出土。与上述相类似的产品在德化宋元窑址都分别有所发现。

(二十一)小盖盒

许多方面和大型盖盒相似。然而多半瓷质更多的标本在更小的碎片中遇到了。这里例图的标本(图30)有由小铜钱(直径8.6厘米 图31)、飞鹤(直径7.8厘米 图32)和常见的莲瓣纹(直径7.9厘米 图33)构成的中心主题图案。

与上述菲律宾出土相似的器物在德化屈斗宫窑(图34)、碗坪仑窑

（图 35）、家春岭窑（图 36）都有出土。在德化宋元窑址中，盒的出土是大量的，纹饰也丰富多彩，富于变化，应是畅销国际市场的重要产品。

图 29   图 30

图 31   图 32   图 33

图 34   图 35   图 36

（二十二）高脚杯

杯身是低火度烧制的白色半瓷质并有普通白垩的外表。杯身裂纹是普通的。奶油白釉,光亮。在凝釉地方并带一种微弱的茶褐色,制作比较美观。薄边的高脚杯边沿上了釉,脚部中空正好到宽阔的杯底部外。在菲律宾的隆班出土(图 37)。与此器物相近似的在德化屈斗宫窑也有发现。

(二十三)水罐

有两个邻接的耳,形如鸟类进食的水罐。高 5.3 厘米。罐身是白垩白色半瓷质,有美丽碎裂纹,釉光亮。在釉的凝聚处有一种淡青绿色。这类罐分两部分模印而成,大约在中间用封泥封住了。两根管形柄互相并排加在接缝上,底平。在菲律宾皮那贝扬南出土(图 38)。

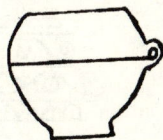
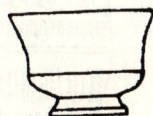

图 37　　　　　图 38　　　　　图 39

(二十四)杯

高喇叭形脚。高 5.4 厘米,口径 8 厘米。除省去的柄外,这种形状是有柄的,和起源于萨桑人金属原型的装凸缘外形的唐朝杯精确的复制品相似(图 39)。杯身由白垩白色粗糙的半瓷质构成。有美丽的碎裂纹,青白釉。除了在底部由深凹坑形成的足边外,整件完全上了釉。通过透明的釉可以看见内部表面上的条纹。底部的结构同属于这一类的小型花瓶。同外翻口边结合的线条,分明有角的外形,同在 14—15世纪菲律宾墓葬遗址中的瓷质较多制作不够的杯子类似。后者的底部是平的,与没有细裂纹的纯白釉同杯身质料密切关联。在菲律宾加莱拉港出土。

（二十五）注壶

高身，高 21.2 厘米。壶身是致密的白垩白色半瓷质，施一层光亮的白釉。釉呈奶油白色，在另一些地方是青白色，而且好像同壶身的质地密切关联，在一些部分有不规则碎裂纹，在另一些更多，而且好像同别的密切联系。这类注壶制作很薄，并在壶中间用封泥封住了。颈的下部是饰下垂环状莲花瓣纹。其下分两部分刻有凹槽和浮雕带状装饰。底部饰成排莲瓣纹。底部有一浅圆足（图 40）。洛克辛认为这类注壶也许包括在德化或福建其他窑的瓷质更多的瓷器类中。

图 40

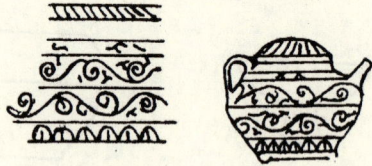

图 41

（二十六）注壶

中型，高 11.9 厘米。壶身是低火度烧制的粗糙白色半瓷质而有白垩的外表的。在用力压进模子的地方，有一些壶身裂面。釉面有美丽碎裂纹，光亮，呈奶油白色并且在凝聚处带茶褐色，有釉泡，厚重，与制作有关。这类注壶制作由两部分接合而成。在部件上面中间有凹槽，流和柄是附上的。底部圆形脚低矮，但一般边是平的。底部可以看见条纹。盖子在中央，扁平把手，周围用一连串曲线装饰。注壶的口沿周围用两重粗率的旋涡纹的带子装饰，接着是两条传统旋涡饰的宽带和一条底部直立莲瓣纹（图 41）。在菲律宾内湖盖蒂德出土。

这类器物在德化屈斗宫窑也有出土。

（二十七）小壶

高 8 厘米。壶身是由比较低火度烧制的粗糙白垩白色半瓷质的，奶油白釉，光亮，并带有十分均匀细小碎裂纹。釉在底边上面参差不齐的高处结束。釉凝聚处有一种淡茶褐色，制作比较精美。这个注壶不像在中段用封泥封住。流和柄当是附上的，底部粗制而平，有明显的条纹。在菲律宾加莱拉港出土。

（二十八）注壶

蹲形，有精美的模印旋涡纹、波浪纹、棱纹和莲瓣叶装饰，高 7.5 厘米。壶身由致密的白垩白色半瓷质构成。未上釉的底部可以看见条痕和精美的印记。这可能是使用可以任意捏成各种形态的精炼黏土，甚至模子偶然的痕迹也如实地印在上面。平底处有一种轻微的淡浅黄色。但这也许是由于埋葬时被染色。这类壶的器身下面有三分之二地方用封泥封住。上半部装饰是安排一种旋涡纹，下垂波状的菱形莲瓣叶纹；下半部是一种狭窄带状旋涡形纹。这类叶为直立状态。釉面多泡，半透明，并呈淡青绿色。壶的底边附近釉滴集中在一边，玻璃质微片（极少量）黏着在器身。菲律宾民都洛出土。

6 件同类注壶是由山多斯搜集的，5 件如图 42 所示（A 图，连盖高 8.4 厘米；B 图，连盖高 7.2 厘米；C 图，连盖高 7.5 厘米；D 图，连盖高 7.2 厘米；E 图，连盖高 7.0 厘米；F 图，连盖高 9.4 厘米）而有轻微的变化。洛克辛认为所有 7 个注壶好像属于出自德化窑或福建其他窑的更多瓷质的白瓷类。

与这种风格相类似的器物在德化屈斗宫窑已有出土（图 43）。

（二十九）碗

浮雕花似的小枝花样，恰好宽松地排列在内壁周边，直径 12.3 厘

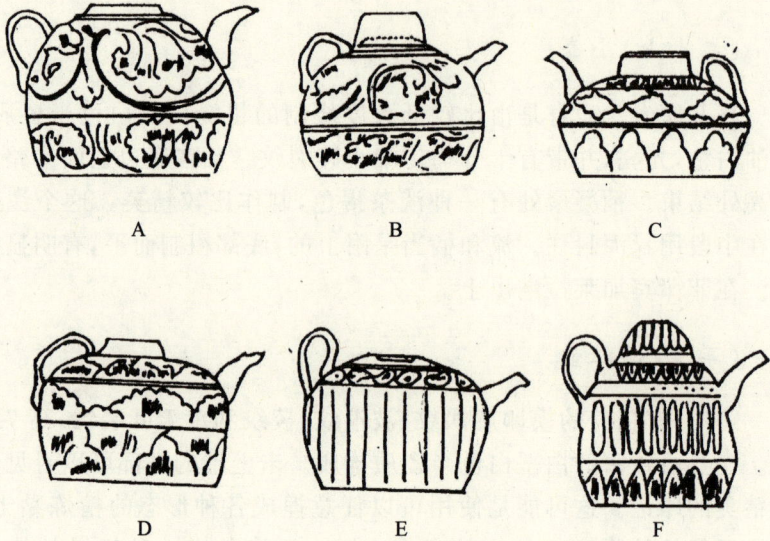

A   B   C

D   E   F

图 42

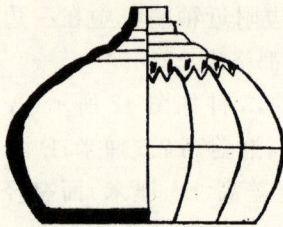

图 43   图 44

米。碗身由致密白色更多瓷质构成,轻叩时声音响亮。发泡,釉呈奶白
色,并且没有碎裂纹。口沿无釉,碗外边是模印两层仰莲瓣纹图案,并

制成浮雕线状。底部有浅圆脚边,无釉(图 44)。在菲律宾加莱拉港出土。

(三十)枢府碗

(三十一)高足杯

据李德金等著《朝鲜新安海底沉船中的中国瓷器》一文介绍的德化枢府碗与高足杯,"与朝鲜新安海域沉船的高足器物完全相同",[①]可见德化生产的上述两种器物曾由海道远销朝鲜。

在魏约翰撰的《东南亚的东方贸易陶瓷》一文"外销白瓷"节中提到:德化出口到东南亚的奶白釉浅碗和盖盒,印有直立莲瓣和缠枝的图案。[②] 这种白瓷之所以能成为润泽的瓷器,系由于温度较低,碱量较高,故釉质成玻璃状。该书在附图中介绍两件德化窑外销产品,现略述于下:

1.罐:蹲形,四耳,短颈,喇叭口。模印有梅花小枝,施白釉,透明,平底,底部无釉。高 4.8 厘米。

2.瓶:球形,粗颈,喇叭口,厚边。颈部雕刻两组直线装饰。奶白釉而带淡青色,底部上面釉到处凹凸不平。底部无釉,并有轻微凹陷。高22.5 厘米。

---

① 李德金等:《朝鲜新安海底沉船中的中国瓷器》,载《考古学报》1979 年第 2 期,图版叁 5、6,图版捌 5。

② 魏约翰:《东南亚的东方贸易陶瓷》,载中国古外销瓷研究会编:《中国古外销瓷研究资料》第 1 辑,1981 年。

二、明清时期

（一）白瓷盒

明代德化产。四边呈圆肋状，圆顶盖，平底。米白色釉，盖上装饰釉下光洁的花卉图案，从未上釉过的底部看到黏土凝结的痕迹。直径14.1厘米。出于东南亚，[1]现保存在新加坡南洋大学李光前博物馆。

（二）印花白瓷盒

明代德化产。四边呈圆肋状，圆顶盖，平底。米白色釉。盖子装饰花卉模式图案。直径4.6厘米。销于东南亚。[2] 现存在新加坡南洋大学李光前博物馆。

（三）狮头双耳白瓷瓶

明代晚期德化产。梅瓶形，低颈，唇部外翻，脚部外展，应用平顶狮头为把柄，米白色釉。高11.9厘米。出于东南亚。[3] 现保存在新加坡南洋大学李光前博物馆。

（四）瓷箫笛

明代德化窑产箫笛，独具特色，我国北京故宫博物院尚有藏品。当

---

① 郑德坤：《东南亚陶瓷的研究》，香港中文大学《中国文化研究所学报》第5卷第2期，1972年12月。

② 郑德坤：《东南亚陶瓷的研究》，香港中文大学《中国文化研究所学报》第5卷第2期，1972年12月。

③ 郑德坤：《东南亚陶瓷的研究》，香港中文大学《中国文化研究所学报》第5卷第2期，1972年12月。

时曾销往日本。现在日本箱根神社还作为"社宝"保存。①

(五)送子观音

明代德化象牙白瓷送子观音,曾畅销日本。在日本的基督信徒中当作玛丽亚的圣像而大受欢迎,其需用量之大几乎达到惊人的程度。②

(六)瓷塑观音

(七)瓷塑关公造像

上述两件明代瓷塑曾远销西欧。③

(八)瓷塑罗汉

德化窑生产的象牙白瓷塑罗汉,为清皇室的御物,曾在北京古物陈列馆供公众观览。日本称之为德化白瓷中的最上品。上田恭辅在《中国陶瓷时代的研究》一书中曾做了介绍,引起了外国朋友的兴趣。④

(九)水罐

口径三吋强,高度约七吋,胸围二尺五吋。釉面纯白,整体呈梨皮纹。其中有冰裂纹的裂痕,颈胎虽厚,但把手伸入以遮光线,却能清楚地显现出指影。据日本上田恭辅介绍,这类福建德化窑的白瓷罐,在明

---

① 日中文化交流协会常任理事三上次男 1981 年 4 月 29 日在参观德化古瓷标本时提供。

② [日]上田恭辅:《中国古陶瓷研究的手引》,东京大阪屋号书店发行,1941 年 9 月。

③ [英]波西尔(Stephen Woothon Bushell):《中国美术》卷下,戴岳译,商务印书馆 1923 年版,第 39 页第 10 图。

④ [日]上田恭辅:《中国陶瓷时代的研究》,东京大阪屋号书店发行,1929 年 5 月,图版 25。

清两朝称为"陶瓷精华",该产品原为北京皇室的宝藏,在义和团运动时,不知被何人掠夺,成为销售于市场的名器。①

（十）香炉

象牙白,曾销往日本。②

（十一）茶碗

象牙白,釉稍带淡红色。釉面布满冰裂纹,曾销往日本。③

（十二）透雕荷叶式洗

德化窑,曾销往西欧。④

（十三）双狮戏球青龙盘

（十四）缠枝纹青花碟

根据日中文化交流协会常任理事三上次男介绍,上述两件釉下青花瓷产品曾销去日本,目前日本遗留数量还很多。⑤

上述两件器物主要产地在德化三班蔡径洞上月记窑,其他青花窑址也有发现。该器物敞口,外壁斜直,底圈足,釉色白,胎质白,饰有团

---

① [日]上田恭辅:《中国陶瓷时代的研究》,东京大阪屋号书店发行,1929年5月,图版25。
② [日]上田恭辅:《对中国陶瓷的多面考察》,东京大阪屋号书店发行,1940年10月,图版37。
③ [日]上田恭辅:《对中国陶瓷的多面考察》,东京大阪屋号书店发行,1940年10月,图版37。
④ 详见[英]霍卜荪(R.L.Hobson),*The Eumorfopoulos Collection*,Vol.14。
⑤ 日中文化交流协会常任理事三上次男1981年4月29日在参观德化古瓷标本时提供。

花,缠枝蝴蝶,缠枝三双喜,寿字吉祥纹,牵牛花纹等(图 45)。腹外壁口沿有二道弦纹,圈足上有一道弦纹,外壁上有三朵花纹。底款"月记"。

三、几点看法

(一)研究德化外销瓷器可为研究中外经济文化交流提供新的资料。

陶瓷是我国的伟大发明之一,德化又是我国古代外销瓷重要产区之一,在我国古代对外贸易中有着重要的地位。随着德化瓷和其他窑口瓷器的大量外销,对国外瓷业的发展产生深远的影响。我国素有"陶瓷之国"之称,外国视我国的瓷器为无价之宝,在我国古代对外贸易中一直是畅销国际市场的热门货,"宋末荷兰人由福建贩运瓷器至欧洲,价值与黄金相等,且有供不应求之势"。[①] 菲律宾人把"拥有陶器成为估量个人财富及声望的主要准绳"。[②] 因此,陶瓷外销的情况往往可以洞悉我国外贸情况的脉搏。特别是德化象牙白瓷传到国外,在国际上引起了强烈的反应。欧洲人称它为"国际瓷坛上的明珠"、"中国白",日本称赞它为"瓷器中的白眉"(意即瓷器之极品)、"白高丽",对象牙瓷的产品"如果以客观而公平说,可说比白玉更为华丽,以陶工的技巧来说,更可号称为中国古今独一无双的优秀作品。""如果是明朝以前的白建(即指象牙白瓷),就是对陶瓷毫无欣赏水平的人,只要一见便可发出赞赏之声。""这些古代用象牙白制作的优秀作品,虽然胎壁较厚,却比灯

---

① 冯和法:《中国陶瓷业之现状及其贸易现状》,载《国际贸易导报》第 3 卷第2～4 号合刊,1932 年 4 月 10 日。

② [菲]福斯著,许其田译:《菲律宾发掘的中国瓷器》,载菲律宾《新闻日报年鉴》,1962 年。

罩更为透明……显出光亮而美丽的肌面,以光滑度来说,可称为天下第一。""因而,福建德化窑生产的手抱婴孩的白高丽手法的观音,被日本的基督信徒当作玛利亚圣像而大受欢迎,其需要用量之大几乎达到惊人的程度。"①

德化瓷外销产品不仅引起国外的喜爱而争相订货,同时外国的一些制瓷工人也纷纷研究和仿制,促进当地瓷业生产的发展。德化瓷业为了适应外销的需要,也吸收外来的文化,对瓷器的造型、装饰、设计进行了变革,进一步丰富德化窑的造型、装饰艺术,相应地推动了德化窑的发展。如宋元时期的军持,就是适应东南亚国家宗教信仰而特制的产品。高足杯的造型也是吸收国外的造型而设计的。宋元时期德化窑大量生产的莲花瓣纹、"卐"字纹以及唐草纹的装饰,元明瓷塑佛像盛行,以及釉下青花绘制石榴、棕榈、芭蕉等纹饰的出现,在一定程度上都受到外来文化的影响。这些外来文化与中国的传统艺术紧密地结合在一起,形成了独特的民族风格,它是中外经济文化交流的象征。在研究德化古外销瓷中,我们可以看到在悠久的历史长河中,中外人民在友好往来中结下的深情厚谊,为共同创造物质文明和精神文明打下了烙印。

(二)研究德化的外销瓷为研究德化窑的烧制历史和烧制工艺提供了新的佐证。

德化地近东南沿海,又毗邻中国古代对外贸易的重要港口——福州、泉州、厦门,给瓷器的大量出口提供了有利的条件。德化瓷业的盛衰与我国对外贸易的盛衰息息相关,瓷器的大量外销促进了德化瓷业的发展。反之,德化瓷业就衰落。在一定程度上可以说,德化窑的发展史就是外销瓷发展的一个缩影。

从研究德化的外销瓷可以为研究德化的烧制历史和烧制工艺提供新的佐证。例如,德化窑大量的产品是专供外销而特制的,在国内市场

① [日]上田恭辅:《中国古陶瓷研究的手引》,东京大阪屋号书店发行,1941年9月。

和博物馆很难看到,而在国外却大量发现,这就大大地丰富了对德化窑的研究内容。据屈志仁《德化瓷器展览目录》介绍,在香港遗留的清代德化窑产品有撇口大洗子、球形小杯、素身小碗、暗花八角形小杯、八角划花水仙三友纹刻字杯、八角贴花八仙小杯、贴花梅花玉兰犀角形杯、贴梅花小杯、贴花犀角形杯、刻字划花瓶、素身六角小瓶、素色胆瓶、贴花螭虎纹小瓶、贴花梅花纹小胆瓶、螭虎翻口瓶、方耳双环扁胆瓶、如意耳双环瓶、花形刻字划花壶、双耳兽足鼎炉、双兽耳饕餮纹簋形炉、如意耳八角印花熏炉、刻花竹石牡丹三足圆炉、刻铭文钵、戟耳扁炉、云雷纹双耳三足炉、象耳三足炉、印花八角四系熏炉、蟹形花插水注、秋叶形洗、印花楞纹小盖罐、印花仿铜大爵杯、降龙罗汉像、观音坐像和狮子香插等等。香港是我国对外贸易的重要门户,上述丰富多彩产品的遗留有些是当地人们日用的珍存,有些则可能是外销的产品,其中在国内尚未发现,对这些产品的研究无疑对研究德化窑是有启发的。又如在日本发现的很多具有宋元时期风格的器物,都是用象牙白釉制作的。这对于研究德化窑象牙白的始烧时间和延续的历史又提供了新的佐证。

(三)研究德化窑的外销瓷才刚刚开始,亟待今后继续下去。

从目前在国外的发现,德化窑产品进入国际市场历史悠久,经久不衰,销售的国家和地区也比较广泛。由于长期以来,德化窑一直属于民窑体系,没能引起官方的重视,史载很贫乏。国内外有些研究古窑瓷的专家学者也往往误把它归为其他窑系,或者忽略德化窑独特的风格及其本身的客观条件,而用官窑或其他窑系的特点,来衡量或断定德化窑器物的烧制年代,这往往会得出错误的结论。

再如,正当泉州港鼎盛的宋元时期,陶瓷曾输往阿拉伯国家和东南亚的大食、古逻、阇婆、占城、勃泥、麻逸、三佛齐各地。[①] 赵汝适《诸蕃志》也记载了宋代已将青瓷、白瓷、青白瓷、盆钵粗器以及瓷珠等行销占城、真腊、单马令、凌牙斯加、佛罗安、麻逸、三屿、蒲哩噜、阇婆、勃泥、三

---

① 《宋史》卷一八六,《食货下·互市舶法》,中华书局1959年版,第4558页。

佛齐等中印半岛、马来半岛、菲律宾群岛和东印度群岛各国。[①] 元代汪大渊《岛夷志略》记载了当时陶瓷外销的国家有越南的占城,泰国戎,缅甸淡邈,柬埔寨真腊,马来亚丹马令、吉兰丹、丁家庐、苏洛鬲,新加坡龙牙门,菲律宾三岛,婆罗洲蒲奔、交栏山,苏门答腊的日丽、三佛齐、啸喷、旧港、班卒、假里马打、花面、淡洋、喃巫哩,爪哇的遐来勿、文诞、东淡邈,甚至远达东印度群岛的摩鹿加群岛的文老古。在海外贸易畅达,陶瓷大量销售,德化窑又备受马可·波罗赞赏的情况下,可以想象,德化瓷的外销瓷不会单纯只在菲律宾、爪哇、日本、朝鲜等地发现,可能还会有更多国家和地区期待今后继续发现。因此,对德化窑外销瓷和我国古代外销瓷的研究潜力是很大的,亟待今后继续更好地开展下去。我们相信,通过国内陶瓷专家学者的共同努力,对我国外销瓷的研究工作将会取得更加丰硕的成果,为增进中外人民的友谊,促进国际友好往来,繁荣国际贸易做出更大的贡献。

与叶文程合作,原载《古陶瓷研究》第 1 辑,1982 年

---

① 赵汝适:《诸蕃志》卷上,《志国》,中华书局 1959 年版。

畅销国际市场的古代德化
外销瓷器

福建省德化县是我国古代南方著名的产瓷地区之一,瓷器外销有着悠久的历史。近年来,根据国外调查、发掘出土的有关资料,表明德化窑产品自宋代以来,就已大量销往国外,销售范围遍及亚洲东部、南部、西部各国以及非洲、欧洲的一些国家,"在肯尼亚以南的坦噶尼喀境内,就出土了德化窑青花瓷器"。"1964 年以来,在菲律宾遗址与墓葬中就发现了数千件较完整或能够复原的德化窑瓷器。其中以马尼拉圣安娜、贝湖西端的内湖(离马尼拉约 50 英里)、民都洛的加莱拉港等遗址最为集中"。而在"印度尼西亚全境内都发现有中国的青白瓷(影青)……从景德镇影青瓷器到德化瓷器都有。德化瓷器在西里伯斯和爪哇就出土过不少。……位于加里曼丹岛北部的东马来西亚的沙捞越地方,也曾经发现过大量的德化窑瓷器"。[①] 目前,全县发现的宋至清古瓷窑址 185 处,其中 58 处发现有外销瓷产品,可见德化瓷器外销之旺盛及在我国陶瓷外销史上占有重要的地位。研究古代德化瓷器的外销,对探索我国特别是泉州港和南方几个重要港口的古代海外交通和对外贸易,无疑是很有意义的。

---

① 李炳辉:《关于德化屈斗宫窑的我见》,载《文物》1979 年第 5 期,第 68 页。

一、古代德化窑外销的主要产品

（一）宋元时期

1.军持，或称军持壶、净瓶，是一种专供外销的特殊器物。发现于碗坪仑、屈斗宫、后坑垄、后垄仔等宋元时期的窑址中，其出土的军持标本，有的与韩槐准在《南洋遗留的中国古外销陶瓷》一书中所介绍的印度尼西亚雅加达博物院陈列的相同。① 有的与在东爪哇出土的一样。② 在菲律宾马尼拉圣安娜、贝湖西端的内湖、民都洛的加莱拉港等遗址也有发现。③

2.盒，或称粉盒。宋元时期的德化窑已大量生产，在屈斗宫、碗坪仑、后垄仔、家春岭、内坂、大垄口、尾林、太平宫、墙坪山、湖枫林、潭仔边等窑址均有大量发现。盒的造型精美，器形一般较低矮，盒身呈圆形或八棱形，子母口，底平而稍内凹。胎白细坚，青白釉，口及底部无釉。装饰花纹丰富多彩，盒盖一般印有各种花草等图案，有莲花、牡丹花、菊花、葵花、云纹、凤鸟纹、钱纹和其他缠枝花草。有的盒盖中央还有"福"、"寿"、"金玉"等吉祥文字，屈斗宫窑还发现盒盖上有明显外销象征的"长寿新船"文字。盒身周边印有瓜瓣纹或直道纹。菲律宾出土的青白釉盒④与德化碗坪仑及其他窑址出土的完全相同，可以证实系德化窑生产的外销瓷。菲律宾马尼拉圣安娜、贝湖西端的内湖、民都洛的

---

① 韩槐准：《南洋遗留的中国古外销陶瓷》，新加坡青年书局 1960 年版，第 9 页图三。

② 李炳辉：《关于德化屈斗宫窑的我见》，载《文物》1979 年第 5 期，第 69 页图七。

③ 李炳辉：《关于德化屈斗宫窑的我见》，载《文物》1979 年第 5 期，第 68 页。

④ ［英］艾迪斯（J.M.Addis）：《菲律宾出土的中国瓷器》（Chinese Porcelain Found in the Philippines），载《东方陶瓷协会学报》第 37 卷，1970 年，第 25 页，图 30d。

加莱拉港等遗址发现的盒,"装饰均以印凸线条纹为主,纹饰有莲瓣、卷叶、牡丹、飞鹅、钱纹、万字符号、水生植物、玫瑰花等。这些器物的造型与纹饰(根据能见到的照片与材料)均与德化屈斗宫窑窑基内的出土物基本相符","应属于元代初期"的产品。① 日本在挖掘由平安时代后期到镰仓时代(即我国南宋至元代中期)的经冢时,出土的"盒子的量最多,从一个遗址中挖出几个盒子来是不稀奇的。盒子有大小几种,很多是模制的。盒子的表面有花草纹、小花纹、七宝纹、双凤纹等等,用型押出来"。从东京国立博物馆、佐世保文化科学馆、镜神社、御山神社、施福寺等处收藏的各地经冢出土的宋代白瓷盒子,与德化窑出土的盒子基本相似。② 这些白瓷盒子分别出土于长崎县、佐贺县、爱媛县、德岛市、山口县、大阪府、京都市、和歌山县、静冈县、长野县、神奈川县、崎玉县各地经冢,分布很广,可见当时是一种畅销的重要产品。

3.瓶。在盖德碗坪仑窑出土的各种花瓶中,有一种花瓣口外折,长颈,鼓腹,矮圈足,底稍内凹,胎白质坚,青白釉,器底与内腹壁无釉,表面呈冰裂纹,颈部有两组划纹,腹部印云气纹。一种敞口尖唇,长颈,鼓腹,平底,胎白质坚,青白釉,器底与内腹壁无釉,颈及腹部各有一组弦纹。另一种颈间刻画两组弦纹,并堆贴一条蟠龙。上述瓶与韩槐准在《南洋遗留的中国古外销陶瓷》一书介绍的雅加达博物院所藏的相同。③

4.小瓶。小瓶在屈斗宫、家春岭、内坂、碗坪仑、尾林等窑址都有出土,样式颇多。其中一种敞口,呈喇叭状,长颈,鼓腹,圈足,底深凸。青白釉,胎白细坚。装饰花纹,一般自颈肩以下模印有条状纹、草叶纹(或莲瓣纹)、缠枝花纹。模印花纹少者二层,多者五层。制作方法应系分段模制而成。造型小巧玲珑,颇为美观。德化出土的这种小瓶,同菲律

---

① 李炳辉:《关于德化屈斗宫窑的我见》,载《文物》1979年第5期,第68页。

② 东京国立博物馆编:《日本出土的中国古陶瓷特别展览》,1975年。

③ 韩槐准:《南洋遗留的中国古外销陶瓷》,新加坡青年书局1960年版,第9页。

宾出土的标本,在造型特点和装饰花纹上完全一样。[①] 在加里曼丹岛北部的东马来西亚的沙捞越这个地方,也发现过与屈斗宫窑产品相同的小瓶。[②]

5.小口瓶。碗坪仑窑址采集多件。小口,颈极短,鼓腹,腹下部逐渐收缩,肩部有一道凹线圈。菲律宾现存的一种小口瓶[③],与碗坪仑窑址所采集到的标本相似,应是德化窑烧造的产品。

6.飞凤碗。在家春岭、祖龙宫和屈斗宫等窑址均有发现。碗的外壁模印飞凤纹饰,凤鸟在国外称为不死鸟。这种碗为青白釉,底部和圈足无釉。底部中间凸出一圈。这种飞凤碗在菲律宾已有出土。[④]

7.莲瓣碗。

8.墩子式碗。上两种碗在屈斗宫等窑址中都有发现,斯里兰卡已有出土。[⑤]

9.盖壶,或称酒壶、水壶。壶的造型为小口,折腹,带盖,平底微凹,前附流,后附把,腹壁模印缠枝花纹、莲瓣纹或草叶纹。釉色青而微泛黄,底足无釉。胎色黄,质松脆,或许是未烧熟的缘故。屈斗宫窑出土的这种壶,与菲律宾出土的标本完全一样。[⑥]

10.罐形壶。在碗坪仑窑采集的另一种壶,敛口,颈极短,鼓腹。肩部

---

① ［英］艾迪斯(J.M.Addis):《菲律宾出土的中国瓷器》,载《东方陶瓷协会学报》第 37 卷,1970 年。

② ［英］艾迪斯(J.M.Addis):《菲律宾出土的中国瓷器》,载《东方陶瓷协会学报》第 37 卷,1970 年。

③ ［英］艾迪斯(J.M.Addis):《菲律宾出土的中国瓷器》,载《东方陶瓷协会学报》第 37 卷,1970 年。

④ ［英］艾迪斯(J.M.Addis):《菲律宾出土的中国瓷器》,载《东方陶瓷协会学报》第 37 卷,1970 年。

⑤ ［英］艾迪斯(J.M.Addis):《菲律宾出土的中国瓷器》,载《东方陶瓷协会学报》第 37 卷,1970 年。

⑥ ［英］艾迪斯(J.M.Addis):《菲律宾出土的中国瓷器》,载《东方陶瓷协会学报》第 37 卷,1970 年。

有流,带把,底平而稍内凹。胎色白,青白釉,底部无釉。器物中部有一道凸棱,应是分段模制的结果。一件上腹壁印卷草纹,下腹壁印波浪纹。另一件肩部印莲花瓣一圈,器壁作瓜棱形。这种罐形壶与菲律宾出土的标本完全相同。[1]

11.钵。直口,方唇,深腹,圈足。胎色白,质细坚。青白釉,口沿无釉,釉面有大小开片。器表一般为素面,无任何装饰。碗坪仑窑出土的这类器物与菲律宾出土的标本对照比较,其造型特点基本相似。[2]

12.弦纹洗,或称枢府洗。口微敞,浅腹,腹部有一道凸弦纹,圈足,平底,足底无釉。有的青白釉,有的白略带黄。这种洗在屈斗宫窑曾大量生产过,在菲律宾的一些地方已有发现。[3]

13.高足杯。在屈斗宫、祖龙宫、碗坪仑等窑址均有发现。以一件屈斗宫出土的为例,其高 7.3 厘米,口径 11 厘米,足高 3 厘米,杯深 4.4 厘米,足径 4 厘米,边唇厚 0.3 厘米,敞口,鼓腹,高足。青白釉,素面或阳印瘦莲瓣纹。屈斗宫窑发现的这种高足杯和菲律宾出土的相同。[4]

此外,在日本平安时代后期到镰仓时代的经冢里,与中国白瓷盒子同时出土的还有白瓷小壶、小盖壶、小盘、香炉、小皿、碗、白瓷轮花小皿、四耳壶、梅花瓶、水注、涡纹瓶、白瓷唐草纹瓶、白瓷唐草纹瓶。这些白瓷产品有的带青白色(影青)。[5] 我们虽然没有见到原物和图片可以对照,无法肯定是属于我国哪个窑口所产,但这些与宋元时期德化窑的

---

① 〔英〕艾迪斯(J.M.Addis):《菲律宾出土的中国瓷器》,载《东方陶瓷协会学报》第 37 卷,1970 年。

② 〔英〕艾迪斯(J.M.Addis):《菲律宾出土的中国瓷器》,载《东方陶瓷协会学报》第 37 卷,1970 年。

③ 〔英〕艾迪斯(J.M.Addis):《菲律宾出土的中国瓷器》,载《东方陶瓷协会学报》第 37 卷,1970 年。

④ 〔英〕艾迪斯(J.M.Addis):《菲律宾出土的中国瓷器》,载《东方陶瓷协会学报》第 37 卷,1970 年。

⑤ 见东京国立博物馆编:《日本出土的中国古陶瓷特别展览》,1975 年。

釉色和造型相类似,也为研究德化窑的外销品种提供了新的线索。

(二)明清时期

明清时期由于沿海地区制瓷衰落,瓷器产地转向山区,德化由于瓷土和燃料资源丰富,制瓷业在宋元的基础上有了更大的发展,古瓷窑址由宋元的 33 处突增到 152 处,产品继续外销,国外发现的主要产品有:

1.梅花杯。这种器物曾在屈斗宫、祖龙宫、后窑、岭兜、桐岭、窑垄山等窑址发现,其中祖龙宫窑发现最多,大小不一。现选择两式加以介绍:

Ⅰ式:口径和底径呈椭圆形,口径 9.8 厘米×7.6 厘米,高 6.86 厘米,底径 3.4 厘米×4.8 厘米,口沿外侈。杯的外表一边堆上梅花纹,堆贴有三朵梅花,一边梅枝上堆贴有一朵花蕊与两片花叶。底周附上一笔架形的梅花树干,作为杯的承托脚架。足架与底周间有些缝隙。整个器身颇厚重,色泽为牙白色,腹壁薄,能映见指影。

Ⅱ式:造型与Ⅰ式同,只是较小巧,口径 7 厘米×4.8 厘米,高 4.6 厘米,底径 2.3 厘米×3 厘米。腹壁两边均堆上两朵对称相同的梅花。这种白釉梅花杯是在桐岭窑发现的,造型基本上与祖龙宫窑址发现的相似,只是口部已接近圆形,椭圆度不大,口径 6.7 厘米×6.2 厘米,高 4.8 厘米,底径 2.8 厘米×3.5 厘米。腹壁一边在树枝上堆三朵梅花,另一边堆一朵含苞待放的花蕊和两片花叶,釉色光泽滋润。

上述白釉梅花杯与波西尔《中国美术》一书中采用外国博物馆藏品的图录和剑桥大学出版社 1924 年出版 R.L.霍布森的《远东陶瓷手册》一书中介绍的在英王爱德华七世陈列室中的藏品相同。

2.瓷观音和其他瓷塑。德化瓷观音是明清时期畅销国际市场的重要产品,特别是明代何朝宗雕制的瓷观音,被称为"东方艺术",被视为珍璧,有"天下共宝之"之誉,其高超的雕制艺术垂范后世。法人什尔定就藏有精工珍制白如象牙、全身釉色如鹅绒的关公雕像,以及菩提、达摩、钟离权等明代瓷塑。① 流散在日本的有明代何朝宗雕制的达摩像一尊(盘坐,有台,高一尺二寸),观音像二尊(趺坐,袖手披裙,一高六寸,有一念珠露袖外,极为别致,另一高七寸),十八手准提佛一尊(高一尺,有莲花台座,台旁有海龙王二尊,色极滋润)。流散在美国的有何朝宗雕制的伏虎祖师像一尊(骑虎状,一手擒虎头,一手擎环,高一尺二寸),观音像一尊(高一尺,观音盘坐于山洞之内,两旁有十八罗汉错杂盘踞,姿态万千,骑有龙虎等兽,像前立有韦驮一,极为珍奇)。② 波西尔的《中国美术》也介绍了德化窑销售在外国的瓷观音藏品。③

3.瓷狮子。在屈斗宫、祖龙宫和岭兜窑均有发现,其中以岭兜窑的产品最为精致,造型与波西尔《中国美术》一书中图录所介绍的非常相似。④

4.龙虎爵形杯。这种杯口沿呈椭圆叶状的喇叭口,口宽足小,整体呈漏斗状。外部贴印云纹、龙、虎、松、梅、鹿,有的还有蟾蜍,造型奇特美观。在祖龙宫有大量发现,与波西尔的《中国美术》图录相同。⑤

5.梅花高把杯。波西尔《中国美术》中图录⑥介绍的是在波斯购买德化窑梅花高把杯,杯上贴有梅花纹饰。这种器物在德化祖龙宫窑已有发现。

6.透雕荷叶式洗。霍卜荪著录介绍德化窑外销国外的透雕荷叶式洗⑦,在德化祖龙宫窑也有发现。

7.雕狮瓷印章。波西尔《中国美术》图录介绍了来自爱尔兰的德化

---

① [英]波西尔著,戴岳译:《中国美术》卷下,商务印书馆1923年版。
② [英]波西尔著,戴岳译:《中国美术》卷下,商务印书馆1923年版。
③ 见《莆田县志》(初稿)。
④ [英]波西尔著,戴岳译:《中国美术》卷下,商务印书馆1923年版。
⑤ [英]波西尔著,戴岳译:《中国美术》卷下,商务印书馆1923年版。
⑥ [英]波西尔著,戴岳译:《中国美术》卷下,商务印书馆1923年版。
⑦ 详见[英]霍卜荪(R.L.Hobson),*The Eumorfopoulos Collection*,Vol.14。转引自宋伯胤:《谈德化窑》,载《文物》1955年第4期。

窑烧造的雕狮四方瓷印章,现在德化祖龙宫、岭兜等明代窑址都有发现。章有的呈圆形,有的呈方形,上面雕有蹲着的狮子。波西尔还谈到"此印章之发现,昔颇引起一般英人之研究"。德化窑生产的一枚虬龙盘绕的方形印章,高三点五寸,周二寸,曾由莆田县流散到美国。①

8.盒,或称印泥盒、粉盒。明清时期的盒与宋元时期的盒在釉色方面有着较明显的差别,明清的盒以建白和白釉为主,质地比宋元滋润莹泽,但纹饰没有宋元时期丰富。屈斗宫明窑出土的盒,盖顶印有牡丹花一朵,边沿装饰有直道纹,底部边沿也有此种装饰。岭兜后山窑址出土的盒,有的盒身呈椭圆形,顶部微敛,足低矮,外腹壁印缠枝花纹;有的盒身分六棱,腹壁直,平底矮足,口底呈六角形,六个棱面各印有花草纹。这种圆盒在国外已有多处发现。

9.釉外云彩大盘。雅加达博物院收藏的中国古陶瓷,其中第二十橱有书阿拉伯文字釉外云彩大盘二件,其文字大意是颂赞主宰安拉、至圣穆罕默德的伟大及教长阿布伯加、奥斯曼和阿利等的贤明与宽宏大道。此二盘,时代是元代或明初,属福建德化窑出品。

10.白地青花阿拉伯文字碗。雅加达博物院藏有书阿拉伯文字白地青花碗一件,碗外绘楔边圆圈五个,每一圈中都写同样的阿拉伯文字,文意是"除安拉及其先知穆罕默德外,无其他上帝"。各圈中所写该文的终点,别书一个教长的名字(如奥玛、奥斯玛等)。此碗底有"成化年制"的款识,为德化窑烧造。

11.青花圆圈点纹碗。在《文物》1963年第1期刊登夏鼐先生《作为古代中非交通关系证据的瓷器》一文中,附图7"坦噶尼喀出土的中国青花瓷器"(现藏牛津东方艺术博物馆),这种青花瓷器在德化的桐岭、岭兜、后井、东头、石排格、后所、宏祠、布伏山、埒园、窑垄、石僻子、竹林子、苏田等窑址都有出土。

12.吉祥纹青花盘、碟。夏鼐先生《作为古代中非交通关系证据的

---

① [英]波西尔著,戴岳译:《中国美术》卷下,商务印书馆1923年版。

瓷器》一文图 2"陈列柜中的中国瓷器和伊斯兰瓷器"中的吉祥纹青花盘,盘内中部写有吉祥文字,周边由四层重叠的短直道半寿字纹图案组成。这种盘和碟在德化的洞上窑、下岭石坊窑、石排格窑都有发现,构图基本相同,半寿字纹图案有二层、三层、四层不等。

13.花篮纹青花盘。远销非洲的中国花篮纹青花盘(同上夏鼐文图2),在德化的后所窑、大垄口、内坂、溪碧、桐岭、窑仔兰、林地、水尾、枋山、尾仑、瓷窑垄、二板桥、后寮坂、苦竹垵等窑址都有发现。

香港是我国南方对外的重要门户,曾是我国瓷器外销的重要集散地之一,至今遗留在香港的德化古代瓷器异常丰富。1975 年 1 月至 6 月在香港举办的德化瓷器展览,展出的德化窑元至清代的产品就有 78 件。其中有元代德化窑的印花浅碗、素身浅碗,元至明初的印花"一把莲"纹盖盒、印花缠枝纹小碗、兽足突底炉,明印花牡丹楞纹盖盒、弦纹高足杯、双耳兽足贴花窈曲纹簋形炉、童子捧葫芦形水注、鹅形水注、圆形小水丞、印花楞纹小瓶、直方耳六角小杯、画花折枝牡丹纹大盘、画花牡丹纹碗、荔枝小把杯、凤头小羹匙、素身一纹瓶、画花缠枝花卉纹觚、荷叶盖钮龙把壶、双兽耳炉、天官耳象足六角炉、双耳印花夔龙雷纹鼎、螭虎钮印章、达摩渡江案屏、梅花螃蟹洗、童子骑象水注、蹲踞麒麟、印花仰覆莲瓣三层罐、印花八宝纹小爵杯、印花仿铜匜、瓷塑佛立像,清代德化窑的撇口大洗子、球形小杯、素身小碗、暗花八角形小杯、八角划花水仙三友纹刻字杯、八角贴花八仙小杯、贴梅花玉兰犀角形杯、贴梅花小杯、刻字划花瓶、素身六角小瓶、素身胆瓶、贴花螭虎纹小胆瓶、贴花梅花纹小胆瓶、螭虎翻口瓶、方耳双环扁肚瓶、如意耳双环瓶、茄形刻字划花壶、双耳兽足鼎炉、双兽耳饕餮纹簋形炉、如意耳八角印花熏炉、刻花竹石牡丹三足圆炉、刻铭文钵、戟耳扁炉、印花雷纹双钩耳三足炉、双钩耳三足炉、象耳三足炉、印花八角四系熏炉、釉下彩山水笔筒、小砚、笔山水注、蟹形花插水注、秋叶形洗、印花楞纹小盖罐、方口小雀良、印花仿铜大爵杯、背铭"何朝春印"的降龙罗汉像和观音坐像、狮子香插等等。① 这些对探索德化窑产品的外销具有重要的参考价值。

西沙群岛自古以来就是我国不可分割的神圣领土,是我国与各国海上贸易的南大门和必经之地。1974年3月至5月和1975年3月至4月先后两次在西沙群岛发现了大量的清代德化窑产品,其中有牵牛花纹青花碟、碗、盘,云龙纹青花盘、碗,云凤纹青花碗,云龙火珠纹碗,城楼纹青花碗,佛手纹青花盘,寿字纹碗,半寿字纹青花盘等。这些器物经调查对照,在德化的岭兜、石排格等50多个窑址发现有同样产品。西沙群岛出土定为德化窑产品的还有山石花蝶纹青花碟和青花盆。大量的德化瓷在西沙群岛发现,有的是当地民用的器物,有的应为德化外销瓷途经西沙留下的遗物。1974年,泉州湾出土了一艘宋代远洋货船,在船上发现不少瓷器,其中就有不少是德化窑生产的外销瓷器。

以上介绍的外销瓷,有的国外已明确定为德化窑产品,有的是根据国外发表的著录图片的外观与德化出土物做比较而定的。但由于仅根据图录,自然就不一定定得很准确,同时烧造同一器物也不一定仅限德化一地或德化某一个窑,又由于德化窑发现最多,其他窑址还不太清楚,故暂时定为德化窑产品。至于国外发现的清代瓷器,有的可能是外销瓷,但也有相当一部分是晚清时流散到国外的。随着国内外考古工作的进一步深入,将会有更多的德化外销瓷被发现,德化瓷器外销的面貌将越来越清楚。

二、古代德化瓷外销港口的初探

德化县位于福建省东部,闽江支流大樟溪的上游,自古以来隶属福

---

① 屈志仁编:《德化瓷》,香港中文大学、中国文化研究所文物馆主办《德化瓷器展览目录》,展览时间:1975年1月至6月。

州或泉州管辖。随着宋元时期泉州港的兴盛,明代福州港的发展,清代厦门港的兴起,德化瓷器成为这些港口的重要输出品。德化瓷器外销的发展,推动着德化瓷业的发展,德化瓷业的发展又促进了这些港口外销的繁荣。所以德化瓷的外销与福州、泉州、厦门这几个港口有着密切的关系。

宋元时期德化外销瓷主要从泉州港出口。德化瓷器发展到宋代已达到较高的水平,并开始大量外销。当时泉州港南通占城诸国,北通朝鲜诸国,与广州、明州(宁波)、杭州并列为我国四大商港。陶瓷与丝绸一样,列入对外贸易的重要商品,大量附舶,运销国外,宋末荷兰人由福建贩运瓷器至欧洲,"价值每与黄金相等,且有供不应求之势"。① 南宋吴自牧《梦粱录》载:"若欲船泛外国买卖,则自泉州便可出洋。"毫无疑问,荷兰人由福建贩运瓷器至欧洲,也必然是从泉州出口的。由泉州港输出的瓷器除国内其他地区的产品以外,闽南地区(包括德化)瓷窑的产品占着相当大的一部分。在宋代,德化已有大道可直达泉州,当时从泉州西门到南安、永春、德化,尤溪入延平的剑州路(后来改由北上仙霞路)就从德化经过,这条大道不仅是德化至泉州的大道,也是当时全省的主要大道之一。同时,与德化毗邻,又是德化至泉州必经之地的永春县于宋开宝二年(969年)与泉州已经"互通舟楫"。永春成了德化等山区货物的集散地和中转站。德化输往泉州港出口的瓷器,主要就是通过上述陆上大道和经永春由水路运送的。

元代,世界著名的旅行家马可·波罗来泉州,盛赞德化"制造碗及瓷器,既多且美","购价甚贱"。② 而当时的泉州已成为当时世界最大商港之一,《伊本·白图泰游记》曾称泉州港"大帆船百艘,辐辏其地。

---

① 冯和法:《中国陶瓷业之现状及其贸易现状》,载《国际贸易导报》第3卷第2~4号合刊,1932年4月10日。

② [法]沙梅昂注,冯承钧译:《马可·波罗行记》,第2卷第156章"刺桐城"条,中华书局1935年10月版。

至于小船,则不可胜数矣"。此时德化外销瓷器绝大部分是由泉州港出口的。

明初为防倭寇侵犯,海禁森严。明洪武三年(1370年),虽然恢复泉州、庆元、广州三地市舶司,但已严格规定"浙(江)通日本,福(建)通琉球,广(东)通南洋四海诸国"。至成化八年(1472年)正式把泉州市舶司迁到福州,泉州港走向中衰,此时虽然德化瓷仍然还有些从泉州港出口,但主要已改从福州港出口了。

德化地处经福州入海的闽江支流大樟溪的上游,明代在德化东北的水口以下已有舟楫与福州来往。据傅振伦《中国伟大的发明——瓷器》中记载:"明崇祯十四年(1641年)七月,由中国福州输出日本的瓷器有二万七千件。福建有许多瓷器输出,其中当然是德化出口占多数的。"这就是例证。

明末以后,由于厦门港的兴起,德化瓷器外销基本上就从厦门出口。1650年,郑成功在厦门建立根据地,厦门更成为郑成功对外贸易的中心。据估计,从1650年到1662年,从厦门一带前往日本的商船平均每年有六十多只,贸易额达一百二十多万两,前往南洋的商船每年有十几只,贸易额达一百二十万至一百四十万两。

此后,由于清政府屡次实行"禁海",使厦门港的对外贸易出现时兴时衰的局面,但从1727年(雍正五年)恢复厦门港对外贸易之后,厦门港又走向繁荣。这时厦门商船云集,货物充盈,成为对外贸易的重要港口。乾隆四十七年(1782年)起,吕宋商人经常到厦门购买布匹、瓷器。道光十二年(1832年)刊行之《厦门志》卷五"洋船"条,就记载德化瓷器通过厦门港输往噶喇吧(雅加达)、三宝垄、实吻(新加坡)、马辰、垛仔(属泰国)、暹罗、柔佛、六坤、宋居朥(宋卡)、丁加卢、宿务、柬埔寨、安南、苏禄、吕宋诸地。在英国剑桥大学出版社1924年出版的《远东陶瓷手册》一书中曾记载17世纪后期和18世纪初期,到达厦门的欧洲商人使欧洲人对德化瓷器熟悉起来,其中不少是法国人介绍过去的。在第一次鸦片战争之后,中国封建经济加速解体,使以家庭手工业为主的德化瓷业,纷纷破产倒闭,生产与外销受到极严重的摧残,但德化的瓷器生产与外销并没中断过。

三、德化瓷器外销的影响

德化瓷器具有质地纯净坚硬,色泽明亮洁白,投入沸水中而不破裂,置于冰点以下,也不会变色、变形和损破釉面的特点,因此深受国内外人们的欢迎,特别是白釉瓷器和象牙白瓷,更是国际市场上争购的热门货。驰名世界的德化白釉器在国际上评价很高,法人称赞是"中国瓷器之上品",为我国白瓷的代表。独具一格的象牙白(即现在的"建白"),被国际上誉为"国际瓷坛的明珠"、"世上独一无二的珍品"。明代何朝宗的瓷雕艺术,被赞为"东方艺术"。

德化古瓷的外销,对制瓷技术在国外传播和中外经济文化交流的外销做出了有益的贡献。陶瓷与人类日常生活密切相关,陶瓷外销对改善、丰富和美化当地人民生活有直接影响。如东南亚一些国家在中国陶瓷传入以前,多以植物叶子为食器,"饮食以葵叶为碗,不施匕箸,掬而食之"。[①] 至中国陶瓷输入以后,提供了精美实用的器皿,才改变了原来的生活习俗,寻常人家盛饭用中国瓦盘,"从中国运入菲岛的陶器对菲人早年的社会及农村生活有着密切的关系,菲人拥有陶器成为估量个人财富及声望的主要准绳"[②]。德化窑生产的军持,成为一些国家宗教徒的必需品,如马来人改崇伊斯兰教以后,对军持的需求更多,日常礼拜可为小净之用,朝觐麦加可以携贮溪水,归途为备装麦加阿必渗渗井水和阿拉伯蔷薇水,以赠送亲友和自用。德化窑军持的大量外

---

① (南宋)赵汝适:《诸蕃志》卷上,"登流眉国"条,中华书局1959年版,第11页。

② [菲]富斯撰,许其田译:《菲律宾发掘的中国陶器》,载菲律宾《新闻日报年鉴》,1962年。

销,满足了马来人的需要。又如雅加达博物院收藏的为适应东南亚伊斯兰教徒需要而生产的三件德化窑军持,上有阿拉伯文字。由此也可看出德化外销瓷在发展中外文化交流和友好往来所起的积极作用。

德化瓷器的外销,对繁荣当地的社会经济,提高人民生活也起了一定的作用。《泉州府志》曾提到泉州一带"资食于海外,资衣于吴越,资器用于交广。物力所出,盖甚微矣"。瓷器的大量外销,大大有利于改变这种落后状况。德化人郑兼才在《窑工》诗就写道:"骈肩集市门,堆积群峰起。一朝海舶来,顺流价倍蓰。不怕生计穷,但愿通潮水。"可见瓷器外销与当地人民生活是息息相关的。

德化瓷器的外销对传播烧造陶瓷技术方面也发生了间接和直接的影响。日本的窑炉,是深受德化阶级窑的影响而设计的,所以日本人把德化窑"估计为串窑的始祖"①,"从 1708 年以后,法国已能仿制中国德化白釉瓷和孔雀绿釉瓷。但火度较低,仍属软瓷"②。英国 R.L.霍布森的《远东陶瓷手册》也介绍 18 世纪欧洲瓷器工人仿造德化瓷的事实。

古代德化瓷器的外销,对国内与国外都曾起过良好的作用,对中外经济文化交流做过有益的贡献。新中国成立后,特别是粉碎"四人帮"以来,德化瓷器的生产与外销得到空前未有的发展,外销遍及世界五大洲的 77 个国家和地区,在瓷器对外贸易史上写下了新的篇章,为中外人民的经济文化交流做出了新的贡献。

与叶文程合作,原载《海交史研究》1980 年第 2 期

---

① [日]铃本巳代三著,刘可栋等译:《窑炉》,建筑工程出版社 1959 年版,第 4 页。

② 江西省轻工业厅景德镇陶瓷研究所编著:《中国的瓷器》,中国财政经济出版社 1963 年版。

略谈德化窑的古外销"军持"

　　1976年,福建省德化县在重点发掘盖德碗坪仑宋代窑址和屈斗宫宋元窑址中,出土了大量的外销瓷,其中引人注目的有专门为销往东南亚国家而特制的产品——军持。这种产品在德化县古瓷窑址普查中,在后坑垄、后垄仔等窑址内也有发现。我们曾在《略谈德化窑的古外销瓷器》(见《考古》1979年第2期)和《畅销国际市场的古代德化外销瓷器》(见《海交史研究》1980年第2期)的文章中对德化窑外销的军持做了简要的介绍,并提到出土的军持标本"有的与韩槐准在《南洋遗留的中国古外销陶瓷》一书中所介绍的印度尼西亚雅加达博物院陈列的相同,有的与在东爪哇出土的一样,在菲律宾马尼拉圣安娜、贝湖西端的内湖、民都洛的加莱拉港等遗址也有发现"。《福建德化屈斗宫窑址发掘简报》(见《文物》1979年第5期)和《福建省德化县碗坪仑宋瓷窑址发掘简报》(见德化窑学术讨论会论文)也分别有所提及。

　　"军持"产品在德化县宋元窑址中的大量发现,为研究军持的生产和外销历史,以及宋元时期东南亚各国人民的民间习俗和中外文化交流提供了重要的实物佐证。

一

　　在重点发掘盖德碗坪仑宋窑时,共出土军持8件,其中1件完整,有莲瓣、水纹、凸弦纹等,个别器物作牙黄釉,下腹内外露胎,胎接成型,口径7.5～8.2厘米,底径 6.8～7 厘米,腹径 13.6～14.4 厘米。在屈斗宫宋元时期窑址的发掘中,也出土了 209 件完、残军持。这种军持,"有流无把、喇叭口、细颈、折腰、矮平底、饰卷草纹","它是采用分段制作而后胎接而成的"①。德化县文化馆又在盖德碗坪仑窑址采集了 5 件完整 4 件残缺的产品,喇叭口,长颈,平底,流附在肩腹之间长而高。胎细坚,青白釉,底部及内腹壁无釉。其中 3 件颈部有两道凸弦纹,上腹壁印一层或二层覆莲瓣纹,下腹壁印仰莲瓣纹。2 件造型同上,青白釉,底部无釉,上腹壁印盘龙纹,下腹壁印云纹。这种模印盘龙纹,从其装饰特点来看,龙颈瘦长,具有元时作风,似是元代外销瓷器。另 2 件上部印有云纹,下部印有直道纹。残缺的几件,其中 2 件上半部印覆莲纹,口径 7.5 厘米,腹径 13.3 厘米。其造型、釉色与碗坪仑窑址采集的基本相同,应属同一时期的外销瓷产品。② 之后,军持器物在屈斗宫窑和碗坪仑窑又陆续有所发现,现选择采集的标本,分为 13 式,做简要介绍。

Ⅰ式:本式军持共发现 6 件(完和缺),喇叭口,细颈,鼓腹,平底,有流无把,上腹饰覆莲瓣纹,下腹饰仰莲瓣纹,釉呈青灰色。胎灰、质细而坚(图 1)。碗坪仑窑采集。

Ⅱ式:花瓶式,造型优美大方。喇叭口,长颈,鼓腹,流长而高。胎白细,影青釉。近底和底部露胎,内部亦露胎,颈部有两道凹弦纹,上腹部为双层覆叶芭蕉纹,下部为莲瓣纹。假圈足,造法为颈、身、座、流四次连接法。碗坪仑窑采集。(图 2)

Ⅲ式:本式军持在碗坪仑窑发现有 34 件(包括完、缺),为军持中数量最多的一种。喇叭口,细颈,鼓腹,平底,有流无把,上腹饰水波纹,下腹饰直道纹。釉呈青灰色,胎灰、质细而坚。有的底部阳印"月"、"日",

① 《福建德化屈斗宫窑址发掘简报》,载《文物》1979 年第 5 期。
② 徐本章、苏光耀、叶文程:《略谈德化窑的古外销瓷器》,载《考古》1979 年第 2 期。

露胎。(图3)

Ⅳ式:喇叭口,细颈,平底,有流无把。上部饰两条龙,下部饰云气纹,青白釉。(图4,碗坪仑窑采集)

Ⅴ式:喇叭口,上饰云纹(水波),下腹饰直道纹。釉细,质坚致,底露胎,流残缺。底内凹,釉青灰。(图5,碗坪仑窑采集)

Ⅵ式:喇叭口,颈长,颈中部细,上腹饰覆莲瓣纹,下饰直道纹,流缺,平底。(图6,后垄仔窑采集)

Ⅶ式:喇叭口,折腰矮足,有流,上下腹部皆饰以卷草纹,近底处环有一道仰莲瓣纹。平底,色灰黄。(图7,碗坪仑窑采集)

Ⅷ式:喇叭口、长颈,鼓腹,平底,上腹与下腹阳印波浪状缠枝纹。米釉,釉面光亮,呈细冰裂纹。下腹和底部露胎,胎质松脆。(图8,屈斗宫窑出土)。

Ⅸ式:口流均残,青白釉,鼓腹略呈圆状,平底。胎白质坚,上腹与下腹阳印波浪状缠枝纹,下腹和底露胎。釉面较厚,有些纹饰看不清。(图9,屈斗宫窑出土)

Ⅹ式:口流均残,看不清原状。器物较大,釉呈深米黄色,有细冰裂纹。胎黄质坚,底略内凹,腹的上下部各有三道弦纹。(图10,碗坪仑窑采集)

Ⅺ式:直颈鼓腹,有流和把,均残。底略内凹近似平底,胎灰,质坚,底露胎。颈内外有较明显的轮制痕迹,施青绿釉。上下腹部阳印有叶状纹,但线条不甚明显。(图11,碗坪仑窑采集)

Ⅺ式:高颈,喇叭口,内口沿有二道较明显深凹的弦纹,颈内外有两组较明显深凹的弦纹。鼓腹,上腹饰篦状纹,下腹饰阳印重叠仰莲瓣纹,瓣的中部有脉络,纹饰细致精巧。青白釉,釉色明亮。灰胎,质坚,平底露胎。(图12,碗坪仑窑采集)

Ⅻ式:口流均残,看不清原状。鼓腹,平底,施釉青,釉光滑明亮,呈冰裂纹。胎灰,质坚,上下腹印重叠的仰覆莲瓣纹,纹饰精致美观。(图13,碗坪仑窑采集)

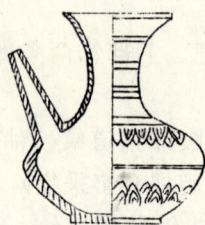

图 1

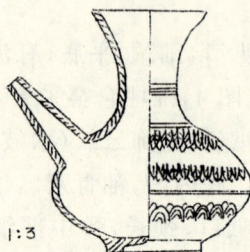

图 2

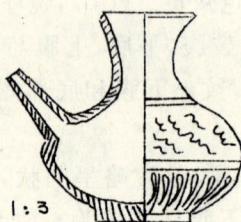

图 3

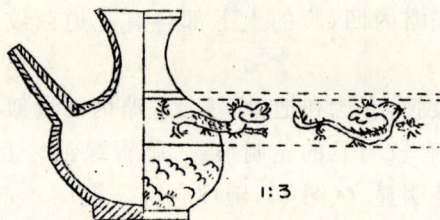

图 4

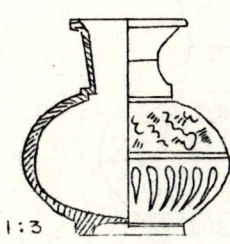

图 5

1:3

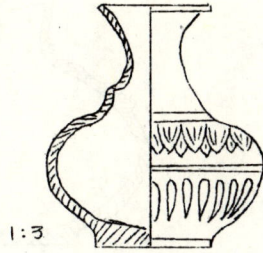

图 6

1:3

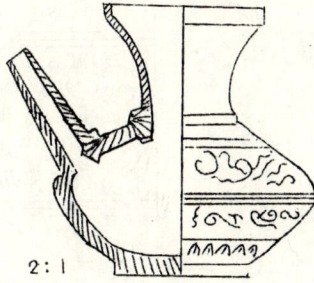

图 7

2:1

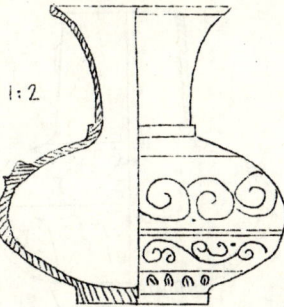

图 8

1:2

图 9

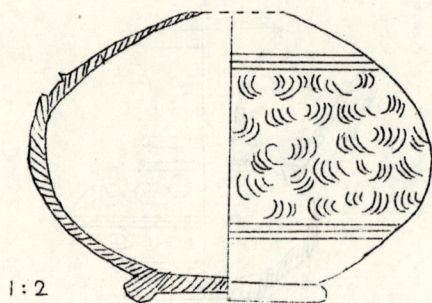

1:2

图 10

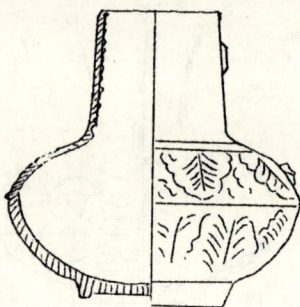

图 11

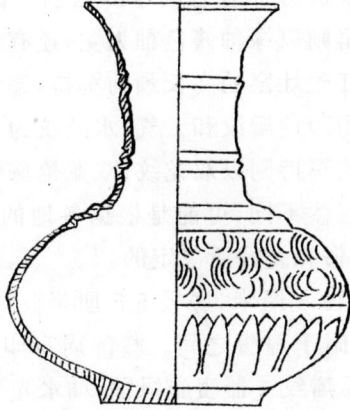

图 12

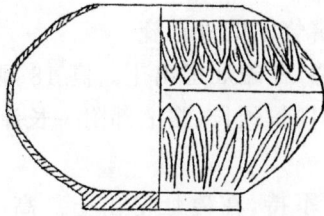

图 13

二

畅销在东南亚一带的"军持",不仅在德化窑有大量生产,在晋江磁灶窑和江西景德镇窑也有生产,在泉州湾后渚港宋代海船上也有发现。德化窑生产的军持,以其独特的风格不同于晋江磁灶窑和江西景德镇窑的产品。德化窑的军持是属于瓷质的,质细胎坚,而磁灶窑是属于陶质的,在使用原料和烧成方面有着明显的区别。德化窑军持的釉色以青白釉为主,而磁灶窑则以绿釉酱色釉为主,还有未施釉的产品。在造型上也有不同,如晋江磁灶窑的高长颈的军持,德化窑尚未发现。在纹饰上,德化的军持以阳印莲瓣纹和云气、水波纹为主,龙纹、缠枝纹和篦状纹较少,而磁灶窑的军持则以双龙纹、双龙抢珠纹为主。同是宋元时期的器物,其风格却迥然不同,可能是根据各地的原料、烧制技术和适应外销国家民族的习俗和爱好所决定的。

A.高 12 厘米,口径 6 厘米,底径 5.5 厘米。口稍外侈,边外折,颈短而粗,底平微凹,流附于扁腹之间。腹部周身印两条龙纹,腹下部有一道弦纹,底腹印有瓜瓣纹。器表施绿釉,釉水光亮。这类器物在磁灶蜘蛛山出土不少。

B.未施釉的军持,在磁灶窑出土。表面作灰色或淡黄色,器物的形制和表面所印的龙纹与 A 军持完全相同,特别是腹下部模印的瓜瓣纹更为相似。应是磁灶窑烧制的外销瓷。

C.绿釉高长颈军持,在磁灶窑出土。高 18 厘米,口径 5.8 厘米,底径 7 厘米。口沿边唇斜削,颈长,腹上部附一长流,平底。施绿釉,底腹无釉。

D.酱色釉,高长颈军持,在磁灶窑出土。高 16.5 厘米,口径 5~6 厘米,底径 7.1 厘米。与绿釉长颈军持的形制相同,施酱色釉,底腹无釉。

E.在泉州湾宋代海船上出土。军持为灰黑胎骨,表面似磨光,口沿部刻山形几何纹,肩部间有数道弦纹和不规则的刻纹。根据这件器物的造型特点与作风看,我们初步推定应是晋江磁灶窑所烧造的外销瓷。[1]

---

[1] 叶文程:《晋江泉州古外销陶瓷初探》,厦门大学人类博物馆 1979 年研究报告之一,铅印本。

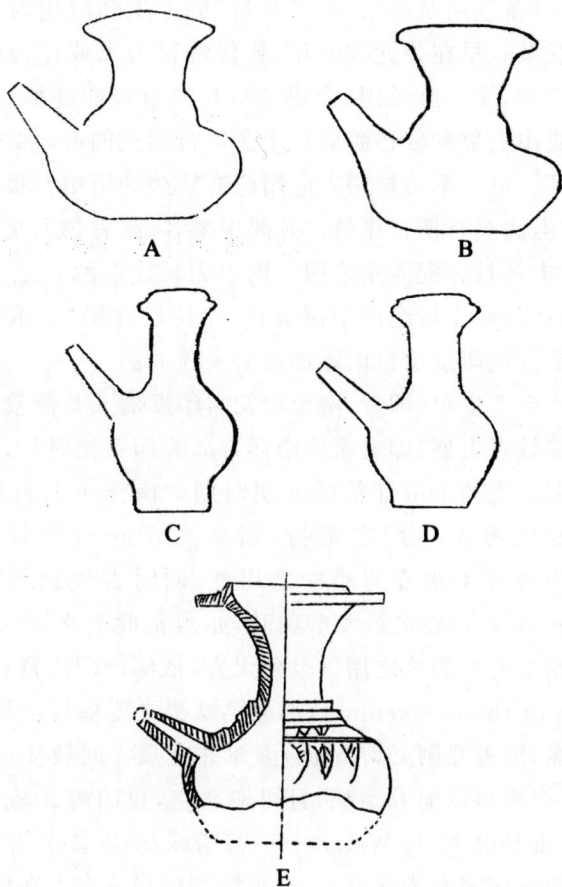

三

　　"军持"是从印度的佛经中翻译过来的,梵语作"Kundika"。由于译音的关系,又作"君持"、"君墀"和"捃稚迦"。它是"净瓶"之意,是佛教僧侣随身携带的"十八物"之一。《辞海》"军持"条载:僧人游方时携带之,贮水以备饮用及净手等。"军持"的产生和应用与佛教的传播有着紧密的联系。早在公元 399 年,晋代法显为求戒律,自长安出发,经西域至中天竺,又至狮子国(今锡兰),自海道经耶婆提(今爪哇)归国,在他译出戒律七部和叙述游历三十余国行程见闻的《佛国记》一书中就提到"军持"。可见军持被僧人应用已有悠久的历史。根据韩槐准的分析,当时不但法显有携带军持,"凡船中搭客,或者每人至少都当携带一个,以为船主每日分配淡水之用。因水为长途航海者之生命线"[①]。由此可见,远在公元 4 世纪的中国晋代,军持已在锡兰、爪哇等国家广泛应用。它是古代印度输往南洋群岛的一项商品。

公元 4 至 7 世纪(即晋、隋至唐初),印度商人及佛教移植于南洋群岛及传播佛教者更盛,即史家称南洋群岛为印度化时代,使用军持者必然由之增多。大约 600 年前的元明时期,"南洋土人自从信奉回教之后,对于传统习惯应用之军持,需要尤多……除日常拜功(Sembahyang)当备此类水壶为小净之用外,同时古代到天方朝觐(Hajis Pityiiauage to Mecca)之最大重典时,亦当备此类水壶一个或数个,以为搭船时船主配给淡水之用。及到天方,依例行朝之觐礼,吻天手之玄石(Kiwing of the Blocketone),谒穆罕默德之陵墓后至将归时,当以所携带之水壶,汲麦嘉阿必(Abbae)渗渗井之泉。回教徒对于此井之水,极为重视,据称可以驱邪治病,且可避恶兽,止凶涛。马来人称为圣水(Ager Tolak Bola Holy Water)……归赠戚友,以备家用"。[②] 所以军持一直被东南亚国家奉为珍品,一直延续到近代还有人在使用着。

宋元时期德化窑大量生产军持,正是东南亚国家佛教思想早已形成并开始转向崇奉回教的转折时期,对军持需用量剧增,同时也是泉州港对外贸易鼎盛,陶瓷大量外销,中外文化、经济交流活跃的时刻。在这种情况下,"我国古代商船,审察商情,及适应其需要",选择驰名于世

---

① 韩槐准:《军持之研究》,载《南洋学报》第六卷第一辑,1950 年。
② 韩槐准:《军持之研究》,载《南洋学报》第六卷第一辑,1950 年。

的德化窑"以瓷仿制马来人传统习惯所重视的军持式之水壶",也就成为历史之必然。从德化窑出土的军持纹饰莲瓣、盘龙(螭龙)、芭蕉、水波(云气)等等,可以明显看出带有浓厚宗教色彩的烙印。

莲瓣是佛教常用的装饰。佛家语:莲华之台座,即诸佛菩萨之座也。王勃《观佛迹寺》诗:"莲座神庄俨,松崖圣迹馀。"按《华严经》云:"一切诸佛世界,悉见如来坐莲华宝师子之座。"诸佛皆以莲华为座者,盖取莲华藏世界之义(诸佛皈身之净土,为宝莲华所成,故云莲华藏世界)。莲又与荷通称,"出污泥而不染",带有清净高洁之意,用莲瓣作为军持净水瓶的纹饰,体现了人们心地的虔诚与纯真。巴东马来人搜集的"浮雕螭龙"和巴达维亚博物院搜自望加锡附近之沙拉权岛"饰以浮雕螭龙,且盖绿色之釉,显然为中国古代输来之器"①,其造型风格在德化碗坪仑窑也有发现。"螭"为古代传说中没有角的龙,亦作为兽形的山神,韩愈《奉和库部卢四兄曹长元日朝回》诗:"金炉香动螭头暗,玉佩声来雉尾高。"龙昔以至高无上主宰一切的象征,有兴云致雨的法力,水波(行云)之装饰与龙融洽一起,显示了"神"、"法"的权威。"芭"古时亦称香草,佛家所用之物。带有芭蕉图案的纹饰,既反映了佛教法宝,又具有亚热带特定的地方特色。"土人被回教所陶化后,或已忘怀先人所崇拜之印度教及佛教也。"②,因此,佛教的装饰一直延续下来,被回教徒所沿用,也是可以理解的。

军持的各种纹饰反映了宗教和中国传统艺术的结合,体现了美术工艺和实用的统一,表达了人们的意愿和精神寄托,显示了瓷工的聪明才智。它是中国陶瓷吸收外来文化与中国传统技艺相结合的产物,是中外文化交流的历史见证。德化窑军持的外销,为东南亚国家人民提供了精神和物质的财富,中外文化交流也进一步丰富了瓷器装饰艺术的宝库,促进了德化陶瓷艺术的发展。这一宝贵的经验,对今后在发展

---

① 韩槐准:《军持之研究》,载《南洋学报》第六卷第一辑,1950年。
② 韩槐准:《军持之研究》,载《南洋学报》第六卷第一辑,1950年。

中外贸易往来和中外文化交流上仍将给我们有益的启示。

四

　　李辉炳在《关于德化屈斗宫窑的我见》中介绍了东爪哇、菲律宾出土的德化屈斗宫窑的外销军持[①]，韩槐准在《军持之研究》中也提到无论是巴东马来人(Orang padong)古陶瓷商和欧美人、日本人的搜集、爪哇岛东部玛琅(Malang)的遗留、望加锡(Mangkasar)附近沙拉椰岛(Salager Island)马来半岛森美兰属桂拉比拉(Kaolapilah)的发现，或者巴城博物院、太平之霹雳博物院(Parak Museum Taiping)、巴达维亚博物院，都可以看到中国外销军持的遗物。[②] 但这些遗物都认为是属于明代或晚些时期的产物。韩槐准还断言："据我所知，我国仿制此种商品，始自明代。因至现在止，尚未发现宋代瓷仿制之军持也。"但是从德化宋元时期窑址、晋江磁灶窑出土的军持、泉州湾宋代海船上发现的军持与东南亚的遗物相对照，我们认为我国仿制和销往东南亚国家的军持绝不是"始于明代"，而且早在宋元时期就已经开始畅销国外了。这一发现把我国军持外销的历史往前提前了六至七个世纪。东南亚一些国家保存与德化宋元时期出土的造型和纹饰相似的军持，有一些也可能是属于同时代的遗物。至于明清时期，出现的釉下彩青花军持仍继续畅销国际市场，而在德化窑址尚没有发现这类"军持"，其他产品都仍继续生产，外销延续不断。是何原因，尚待今后进一步深入探讨。

　　　　　　　　　　　　　　　　原载《古陶瓷研究》第 1 辑，1982 年

---

① 李辉炳：《关于德化屈斗宫窑的我见》，载《文物》1979 年第 5 期，第 68 页。
② 韩槐准：《军持之研究》，载《南洋学报》第六卷第一辑，1950 年。

也谈德化屈斗宫"鸡笼窑"类型问题

　　1976年,在福建省德化县屈斗宫古窑址发掘时,清理出一座古老窑炉基址。根据《福建德化屈斗宫窑址发掘简报》显示,"这座窑炉基址出土的现状和结构是窑身宽大,火膛狭小,窑身斜平,不分阶级,有隔墙、通火孔和火路沟,门开单边。我们初步认为它可能是属于龙窑、阶级窑以外的'鸡笼窑'类型"[①]。上述的分析和看法,我们是同意的。同时,曾凡同志发表《关于德化屈斗宫窑的几个问题》一文,既同意当地群众叫它"鸡笼窑",又主张是"分室龙窑",认为"它是阶级窑的前身,是由龙窑向阶级窑过渡的一种形式"[②]。对于这种用"分室龙窑"代替"鸡笼窑"的看法,我们不敢苟同。现在,我们根据对德化早期窑炉结构和类型初步的接触和了解,对屈斗宫的窑炉结构和类型问题提出一些不成熟的看法。

一、屈斗宫窑的结构和类型

　　1976年,在德化屈斗宫发掘出土的窑炉基址,从出土的现状和结构看,它是依山而建,南低北高,倾斜度在 12～20 度之间,水平高度

---

　　① 德化古瓷窑址考古发掘工作《屈斗宫窑址发掘简报》编写组:《福建德化屈斗宫窑址发掘简报》,载《文物》1979 年第 5 期。

　　② 曾凡:《关于德化屈斗宫窑的几个问题》,载《文物》1979 年第 5 期。

14.4 米,方向南偏西 15 度。窑基全长(指坡度)57.10 米,宽一般在
1.40～2.95 米之间。窑头火膛和窑床基本上保存完好,仅中段以下局
部受到不同程度的破坏。所以从出土的现状看,窑头是几经维修和改
造,因而逐渐向窑身后部收缩的。据此分析,这座窑基的长度应比现在
的还要长些。由此可见,这座窑基使用的时间一定较长。

从窑基存在的结构看,窑体宽大,火膛狭小,呈半圆形。火膛半圆
直径是 1.65 米,半径 0.50 米。火膛与窑床交界处(即火膛直径)保留 5
个通火孔,宽 0.12～0.17 米。

窑室一般呈长方形,第十间最长 3.95 米,第九间最狭 2.45 米。

窑基两边窑壁后半段保存较好,残高为 0.13～0.60 米,后壁高 0.40
米。其中第十六间窑壁保存较好,东壁高 0.60 米,西壁高 0.40 米。窑
壁的烧结面局部地方也保存较好,有的烧结面高达 37 厘米。

窑壁皆用土砖(或砖)砌叠而成,一般砖长 0.30 米,宽 0.20 米,厚
0.29 米。窑壁砌成直线,但有的中部凸而构成转角。如第十五间窑室
两壁前部转角宽 0.15 厘米,转角与前端相距 1 米,后部转角宽 0.08 米,
转角与后端相距 0.85 米,因而使西壁构成"中"的形状。

窑室两边都留有火路沟,并保留有烧结面,一般宽 0.12～0.20 米。
第十七间西边火路沟宽 0.18 米,东边火路沟宽 0.22 米。

室与室之间保留着隔墙(或称挡火墙)和通火孔(或称通气孔),其
中以第十六间和第十七间中间隔墙保存最好。其长度 2.23 米(不包括
火路沟),隔墙系用砖块砌成,一般砖长 21 厘米,宽 20～65 厘米。由残
存隔墙观察,隔墙系由窑室底部砌叠至窑顶部。

隔墙底部设置通火孔,有 5～8 个都保存下来。通火孔一般高 0.26
厘米,长 0.20～0.22 厘米,宽 0.08～0.19 厘米。

隔墙的设置,其作用由原来火力流通时的平焰而改成为倒焰,这是
一个关键性的变化。通火孔的设置,也有利于火焰的流向,这与火路沟
设置的作用是相同的。

窑室底部斜平,有分间(或室),但不分级,上铺石英细沙,然后在下

面放置匣钵垫或托座。

这座窑基共残存 14 个窑门,一般都开设在窑室的前端。其中有 11 个开在东边,只有 3 个开在西边。窑门的残存高度在 0.10～0.55 米之间,宽 0.40～0.80 米。有的窑门还保留着当时封堵的砖块和匣钵。窑门大多数开在一边,这可能与人员出入有关,便于装窑和出窑,同时利于保持窑温,节省燃料。这是窑炉结构和烧造技术进步的一种表现。

窑身两壁外附护墙,俗称"窑孔"。但大都是建于东壁,西壁只有 1 处。护壁多用石头、废匣钵、碎瓷片堆砌,一般建筑在两个窑门的中间。这些护墙起着保护窑壁的作用,避免烧窑时窑壁的崩裂和爆炸。

窑顶全部坍塌,但从窑室内出土的楔形砖看,估计原来窑顶可能是拱形。

窑底残存托垫、匣钵垫、匣钵、垫饼和支圈等窑具。匣钵一般放置在窑室的前中部。匣钵的排列大小相间,一般横排 12 个,纵排 11 个,左右间隔 5 厘米。托座则放置在窑室的后半部。排列的方法,一般是 3～7 行不等,每排托座 19～20 个。在窑基底部也发现一些支圈。根据匣钵和托座排列行数,可以看出当时瓷器的装烧量是很大的。

从这座窑基出土的现状和结构来看,窑身宽大,火膛狭小。窑室斜平,不分阶级,有隔墙、通火孔和火路沟,门开单边。

从窑基出土的现状和结构特点来看,它既不同于龙窑,也别于阶级窑,而是属于龙窑发展到阶级窑的一种独特的窑炉类型。根据德化瓷厂老窑工的现场观察,判断是属于"鸡笼窑"类型,与我省安溪、闽清以及广东潮州一带的平底窑有相类之处。

德化现存的古老窑炉,有龙窑和阶级窑两种。这两种窑炉的结构是:龙窑有分级和不分级两种,一般都没有通火孔,也没有火路沟的设置。窑的两边相应开有窑门,窑体一般较矮小。至于阶级窑,有小型和大型多级两种,一般窑身宽高,有双重隔墙,也有通火孔。两边开有对称的窑门。顶部呈半圆形,如蛋壳状。而屈斗宫这座窑基,窑身宽大,窑室斜平,火膛狭小,有分间而不分级,有隔墙、通火孔和火路沟,门多开单边。它与上述两种类型的窑炉结构显然不同。①

《中国的瓷器》一书在"龙窑"一节中说:"龙窑在我国已有悠久的历史,在明以前,南方各主要产瓷区(如江苏、浙江、福建、广东、江西、湖南等省)已广泛采用。明以后,随着瓷器生产量日渐扩大,以及对烧窑质量提出更高的要求,龙窑在长期使用中根据各地具体情况,在结构上有了很大发展和改进。例如福建地区的龙窑逐渐发展成为阶级窑,这种阶级窑还对国外有一定影响。"②由于当时还缺少地下出土的资料,特别是屈斗宫这座由龙窑发展到阶级窑的新窑炉类型尚未被发现,因此,对于德化窑由龙窑发展到阶级窑的问题说不清楚,只能是一种推测。现在,屈斗宫鸡笼窑类型窑炉基址的出土,为上述问题的解决奠定了基础。

屈斗宫这座窑基的发现,可以证明自宋元以来,在德化尚存在一种古老的"鸡笼窑"类型的窑炉,这就填补了德化窑炉发展中的一个空白。我们的初步看法:德化早期的窑炉是龙窑,而后发展为鸡笼窑,再发展为阶级窑。这是代表三个不同发展阶段的三种类型。③

二、有待商榷的一些问题

曾凡同志认为"屈斗宫窑是元代分室龙窑"。其理由是:1.以此区别于原来的龙窑;2.屈斗宫的分室龙窑,每间都有挡火墙,挡火墙的下面有吸火孔(卤脚眼)。同时说:"这种'分室龙窑'是比较矮小的,人在里面,仅能站起来,好像'鸡笼'一样。因此,当地群众都叫它'鸡笼

---

① 《福建德化屈斗宫窑址发掘简报》,载《文物》1979 年第 5 期。

② 江西省轻工业厅景德镇陶瓷研究所编著:《中国的瓷器》,中国财政经济出版社 1963 年版。

③ 《福建德化屈斗宫窑址发掘简报》,载《文物》1979 年第 5 期。

窑'。"又说:"这类窑,目前在德化已经看不见了。但在我省的安溪和闽清一带,还继续使用着。它的外观是龙窑,而内部结构是分间的,和阶级窑的基本原理相同,只是没有阶级窑高大。我们说它是阶级窑的前身,是由龙窑到阶级窑过渡的一种形式。"①

上述所引的就是被认为屈斗宫窑是"分室龙窑"的基本观点和总看法。对于这种看法,我们认为有值得商榷的地方:

第一,关于命名的问题。当屈斗宫窑全部暴露后,人们都不约而同地叫它为"鸡笼窑"。可见"鸡笼窑"这类窑炉类型在民间早已存在,"鸡笼窑"这名称在民间早已流传,不仅德化过去有,就是现在我省的闽清和安溪一带,仍继续在使用着。所以我们认为屈斗宫这座窑炉属"鸡笼窑"类型,是符合历史实际的。它形象而生动地体现了屈斗宫窑的风格,既能区别于原来的龙窑和阶级窑,又能反映德化民间的传统叫法,这是符合历史实际和体现地方特点的。

第二,"分室龙窑"这名称合适不合适?我们认为首先得从窑炉的结构来确定。按照"分室龙窑"的含义,是"以区别于原来的龙窑"。如果我们的理解没有错的话,屈斗宫窑从外观看是龙窑,结构又不像龙窑,因为里面明明有分间,与龙窑不同,因此叫它为"分室龙窑"。不过我们认为"分室龙窑"还是属于龙窑的范畴。既然他是"和阶级窑的基本原理相同,只是没有阶级窑高大",为什么不叫个和阶级窑相仿的名称呢?

至于说"没有阶级窑高大"的问题,也有必要加以讨论。一种窑有一种窑的规格,为什么非要一样高大才行呢?同是叫阶级窑,也并不都一样高大,大型的阶级窑确实高大,中型的就矮小一点,小型的就更矮小了。何况鸡笼窑也有它自己的规格和标准,可能也许有大中小之分吧!同时,我们还必须注意和看到的是,鸡笼窑(包括屈斗宫和现存的)也是相当高大,不能算是"比较矮小的"。它实际上与阶级窑的大小比

---

① 曾凡:《关于德化屈斗宫窑的几个问题》,载《文物》1979 年第 5 期。

较接近,起码不会比小型阶级窑矮小多少,那就应该说是比较接近阶级窑,而不是接近龙窑。

最关键的最实质性的倒是曾凡同志提出的第二条理由,即屈斗宫的"分室龙窑"每间都有挡火墙,挡火墙的下面有吸火孔。因为有挡火墙、吸火孔和没有挡火墙、吸火孔是大不一样的。"有了挡火墙和吸火孔,就由原来倾向于平行焰而变为倒焰",这是一般龙窑所望尘莫及的,也不是用"分室龙窑"所能概括得了的。正如曾凡同志所说的:这个发展和改进,不是量的变化,而应该说是质的变化。挡火墙和吸火孔的出现和问世,这是从龙窑发展成为阶级窑的一个大的飞跃,这就把龙窑远远地抛在后面。于是它就从龙窑独立出来,自成类型,别具一格,独树一帜,从此"鸡笼窑"之名也就应运而生了。

曾凡同志提出:"这种'分室龙窑'是比较矮小,人在里面,仅能站起来,好像鸡笼一样,因此当地群众都叫它'鸡笼窑'。"我们认为这种把分室龙窑与鸡笼窑等同起来,似乎分室龙窑就是鸡笼窑,或认为既是鸡笼窑就必然"比较矮小"或不"高大",这种主张实际上是对鸡笼窑的误解。既然承认人在里面还能站起来,怎么能说是矮小呢? 有的龙窑是矮小的,人要进去还得半蹲着,但有的龙窑并不矮小,人在里面不但能站起来,并能劳动操作自如。顾名思义,所谓鸡笼,是民间养鸡的一种用具。并不是因为窑小如鸡笼而称为鸡笼窑,而是因为其顶部(外观)就像"蛋壳状"或"馒头形",无论就它的外观看,或者是从内部结构看,都是自成一间,几个鸡笼排起来,成为一座鸡笼窑。如果单纯从"比较矮小"来确定鸡笼窑,或认为鸡笼窑一定是"比较矮小",都是片面的。把分室龙窑与鸡笼窑混为一谈也是不科学的。

再说,由龙窑发展到鸡笼窑类型,从时代来看,也能反映当时的历史情况。鸡笼窑的出现,是在宋元之际。宋元时期,从生产力的发展水平来看,无疑是比以前大大提高一步,但从生产关系看,仍然和从前一样。鸡笼窑的装烧量比龙窑大大增多了,但在个体手工业的生产条件下,需要花很长的时间,制作够烧一窑的瓷坯。窑大,所能容纳的瓷坯就多,但所花费的人力、燃料和成本也多。这样,在个体生产所有制的状况下,就是采用"个体制坯,合作烧窑"的办法进行的。所以说,鸡笼窑类型窑炉的出现,与当时个体手工业生产所有制的状况是相适应的。

宋伯胤同志指出,德化现在用的窑,一般人叫它"蛋式窑",也叫"德化窑"。这种窑是成阶梯状,由三级到九级不等,上筑一蛋式窑腔,窑腔与窑腔是相通的。因为窑基是阶梯状形,所以从窑腔外部来看,也是一个窑腔高于一个窑腔。根据德化利民瓷厂一座窑的调查。第一间窑腔高2.95米,第二间高3.27米,第三间高4.01米,第四间高4.98米。每间每侧各有"火眼"一个。现在用的燃料全是松木柴。这座窑可装烧大小瓷器130担,需用8个熟练工人装7天,烧68个小时,费松木柴570担。在德化,像这样大的窑是很多的。窑大了,装烧一窑是花费很多,成本很大的,因而出现了一种"个体制坯,合作烧窑"的办法。据说这种办法也是"自古有之"。根据这个状况来推想,14—15世纪以来的德化瓷器手工业,其规模可能是相差不多的。[①]

综上所述,对于德化屈斗宫窑炉基址,无论从出土的现状看,还是从窑基的结构特点看,它既不同于早期的龙窑(蛇窑),也不同于近代或现代的阶级窑,而是属于龙窑向阶级窑发展的另一种窑炉类型,即鸡笼窑类型。

德化目前所使用的窑炉,除倒焰窑和隧道窑外,较古老的有龙窑和阶级窑。两种窑炉在结构上都有明显的区别,如龙窑就有分级和不分级两种,一般都没有通火孔和火路沟的设置。窑头狭小,窑身低矮,窑尾或不设置烟囱,是早期普遍采用的一种窑炉,直至现在也仍然被采用着。至于阶级窑,也有大型多级和小型两种,窑身高大,双重隔墙,有通火孔设置,两侧开着对称的窑门。窑顶部呈半圆形,如同蛋壳状。而屈斗宫窑炉,窑身较大,窑室斜平,火膛狭小,有分间而不分级,有隔墙和通火孔,两边有火路沟,门多数开在一边。这与龙窑和阶级窑的结构是

---

① 宋伯胤:《谈德化窑》,载《文物》1955年第4期。

不同的,这就形成了独特的鸡笼窑类型。

　　尽管过去文献对鸡笼窑没有做过记载,但是在历史上,这种窑炉类型是客观存在的,并且可以推测曾经使用相当一段时间。宋元以后,特别是明清以来,较有代表性的窑炉是阶级窑,即一般所公认为“日本串窑”的鼻祖。由此可见,宋元之际在德化尚存在一种古老的鸡笼窑类型的窑炉。所以屈斗宫窑炉的发现,填补了德化窑炉发展史中的一个空白。这一缺环的被发现,就为我们研究德化窑炉结构、类型的发展史,提供了极其重要的新资料,有其重要的价值和意义。

　　　　　　与叶文程合作,原载《厦门大学学报(哲社版)》1983 年第 4 期

德化窑明代瓷塑艺术初探

德化窑明代瓷塑以其独具一格的精湛工艺驰名中外，垂范后世，是中华民族瓷器艺术宝库中引人注目的精品。它不但为我国人民所喜爱，而且在国际上也享有很高的声誉。本文从近几年来古瓷窑的普查、国内外文献的记载和馆藏器物，就明代德化瓷塑的品种和造型、釉色和技艺、款识与窑场、国内外市场及其影响等几个问题略谈一孔之见，求教于研究德化窑的专家和学者。

一、品种和造型

明代德化窑瓷塑题材十分丰富，造型多种多样，主要取材于宗教的神仙佛像、民间故事传说以及历史名人、各种动物和花鸟盆景等等。

人物瓷塑有观音、如来、弥勒、达摩、罗汉、菩提、文殊、普贤、八仙、伏虎祖师、十八手准提佛、文昌帝君、福德正神、天后、关公、朱熹、孩童等等，各种人物瓷塑的造型亦千变万化，大小不一。现略举数例如下：

（一）观音

观音是德化窑瓷塑中数量最多、最有代表性的作品。瓷工根据观音在佛教中具有无边的法力，经常变幻不同的法相，穿戴不同的服饰，以不同的姿态在不同的环境中普度众生的典故而做出各种不同的造型。目前发现的明代观音造型有：

1.渡海观音

头顶披巾,身着宽袖大衣,手藏袖内(有的双手戴玉镯外露,呈宝箧印相),立于海浪纹座上,一脚被海水遮没,一脚外露(有的双脚外露,呈游脚像式),长裙随风飘扬,显得慈祥传神。还有一式:头梳螺式发型,双手戴玉镯,袒胸堆贴宝相花纹饰,身着宽袖长衣,随风飘动。立于荷花波浪座上,一脚外露,一脚藏于浪花之中。脸稍长,眼微合,显得慈祥端庄。

2.送子观音

Ⅰ式:梳发披于两肩,呈踏下座法。身披宽袖长衣,袒胸处堆贴宝相花纹饰。孩童坐于观音右膝上,下身裸体,神态悠然自得。在岩石座上两侧立着两个天真的孩童,左孩结髻,着长衣。右孩下身裸体,呈行动状,显得活泼可爱。

Ⅱ式:观音头披巾,端坐于岩石之上,穿宽袖长衣,露出的双手扶抱孩童于怀中。观音眼神低俯,显得关切可亲。

Ⅲ式:观音头戴半环型花冠,顶披巾,着长袖宽衣,袒胸处饰宝相花,眼微合。双手抱小孩,坐于石座上,两边各立一孩童,一合掌于胸前,捧一圆形物。观音身边石座两侧,一侧置净瓶,一侧立一小雀或放经卷,座前有一龙浮立海水上。

Ⅳ式:观音作盘辫形发式,盖一披巾,袒胸处饰宝相花。双手抱小孩于胸前,端坐于山石座上,左边置经卷或经书。

Ⅴ式:观音呈盘辫发式,双手和胸部外露,无其他装饰,手抱小孩坐于莲花座上。

3.童子拜观音

这种造型与送子观音第一、第二种坐像旁立两个孩童略异,观音无抱孩童,立于朵云座上,旁立合掌礼佛的孩童。

4.坐莲观音

Ⅰ式:观音头戴珠冠,结发数束,披于两肩,袒胸处堆贴璎珞纹饰,呈自由坐式于莲座之上。双脚内藏,双手呈合掌印相并饰珠状玉镯,眼微合,似在凝思。

Ⅱ式:观音坐于荷莲座上,造像披发垂于两肩,袒胸处结璎珞。一朵盛开的荷花置于右膝之侧,左手捧着如意。

5.坐地观音

观音席地而坐,头披巾,左手内藏,右手外露下垂靠在右脚膝上。袒胸处无其他装饰,头低俯,眼微合。

此外,坐地观音还有些袒胸结璎珞,有双手外露或双手内藏和藏一手的,有的手执经卷,有的念珠露袖外,造型各异。

6.坐岩观音

观音结高髻,盘坐于岩石之上,右脚上屈,左脚下伸外露。着宽袖长衣,露出的双手抱着右膝,袒胸处饰宝相花,头低俯,眼微合静思。坐岩观音有的造型岩石座低矮稍露,这种造型与坐地观音无多大差异。

此外,有的观音蹲坐于圆形座上。这种造型的观音结高髻,上身稍向前倾,左手心向上,叠于右手上;右手心向下,置于右膝上。右腿半蹲,赤脚,左脚后屈,蹲坐。

还有一种观音造型是观音盘坐于山洞之内,两旁有十八罗汉错杂盘绕,姿态万千,骑有龙虎等兽。像前立有辟罗一,极为珍奇,高一尺。这尊观音于抗战时期从莆田县流落美国。

根据史料记载,明代观音造型还有多臂观音、善才龙女观音等等。

(二)如来

1.立莲如来

头部密集的小螺粒型发式,肩披袈裟,身着长裙,立于莲瓣座或刻莲纹的圆座上。右手折指下伸,左手取物,屈于胸部。有的坐像袒胸正中还以"卍"为核心,饰以串珠璎珞纹。

2.坐莲如来

头部有密集的小螺粒型发式,肩披袈裟,有的盘坐于多层重叠的莲花瓣高座上,双手呈法界定印相式置于胸前。有的右手下伸,左手上屈,呈降魔印相式,盘坐于刻莲瓣纹图案的椭圆形平座上。眼微合,显得庄重慈祥。

(三)达摩

1.坐像达摩

达摩席地而坐,身披袈裟,右脚上屈,露出赤脚,左脚内屈蹲坐。双手藏于袈裟之内,头下俯,闭眼静思。

2.立像达摩

达摩露顶,大耳,浓眉,张目,两眼注视前方,胡须由耳至下唇部。身披袈裟,袖手合拱于胸间。赤脚外露,踩于翻滚的波涛,袈裟迎风飘荡,漂洋过海,形象逼真。有的达摩造型,身披袈裟,头顶巾,背负一草帽,一手执鞋,光脚立于芦苇叶海浪座上。

(四)福德正神(土地公)

坐式,戴平顶小帽,着宽袖长袍,腰束玉带或不束带,三组长须垂在胸前,额和眼角处刻皱纹,大腹。双手藏于袖中,眼微闭,呈笑状,坐于平圆形或方形的座上。

(五)文昌帝君

着宽袖长袍,头戴官帽,腰束玉带,右手执如意,左手藏袖下垂扶于右膝,端坐于石座上。有一种文昌帝君为坐像,右边立一白发老人。另一种文昌帝君为立像。

(六)天后(亦称天妃、妈祖)

天后戴高顶平冠,身着宽袖长衣,端坐于刻有水波纹的平台上。旁立两个穿短袖、短裤、露胸的侍从,相传为"千里眼"、"顺风耳"。"千里眼"右手举于额上,似在观察海上的风云;"顺风耳"左手掩于耳侧,似在聆听远方的动静,形象逼真。天后双手藏袖前拱,神态端庄稳重。

（七）关公

一式身着蟒袍玉带，戴幞头，藏双手，坐于半圆形几座上，唇下部有几个装胡须的小孔，眼微合。一式造型与前略同，旁立周仓像。

（八）蓝采和

立于云纹座上。身着宽袖长衣，头梳双髻，一手握横笛，面颊间有两个小涡，露出喜悦的心情。

（九）仙童

手捧一物或合掌状，立于云纹座上。

（十）孩童睡像

着长袖衣，仰卧而睡，线条简练生动。

（十一）人物坐像

身着大翻领长袍，腰束玉带，头戴半环式帽，有两飘带，坐于方座上。

（十二）十八手准提佛

有莲花台座，台旁有海龙王二。

（十三）伏虎祖师

骑虎状，一手擒虎头，一手擎环。

（十四）弥勒佛

有坐式和立式两种。光头，大耳，大腹，席地而坐的弥勒身稍后仰。喜笑颜开，逗人喜爱。立式的一手提布袋，一手执经串。

(十五)罗汉

有坐式和立式两种。坐式身披袈裟,戴串珠,光头垂耳,浓重双眉和大胡子。双目微闭,似在沉思。立式面带笑容,身躯肥胖,光脚踏着波涛,袈裟随风飘动,呈渡海之状。

(十六)动物

德化窑明代动物瓷塑,一种是和人物雕塑配合在一起,如童子骑象水注和童子捧葫芦水注。一种是动物单独造型,成为儿童玩具或陈设之用。有的把动物装饰在其他器物之上,成为美观的实用品。

1.童子骑象水注

大象卧伏,眼闭呈睡状。童子悠然自在地骑在象背上,形态逼真。

2.童子捧葫芦水注

童子跪于蒲团之上,双手紧抱葫芦。葫芦口略向外倾,似利于倒水而有意塑成。

3.雕狮烛台

狮蹲于长方形或四方形的座上,昂头,突目,咧嘴,露齿,头向一侧。一足踏绣球,另一侧有一装烛的插管。

4.双蟠龙烛台

蟠龙相对而立于长方形座上,以龙尾托方形斗,中有一小管。下和方斗相通,可插蜡烛,也可穿灯芯做灯用。

此外,目前发现的明代动物瓷塑还有鹅形水注、小羊水注、鲤鱼水注、金蝉香插、蟹形水注和梅花螃蟹洗,等等。

二、釉色与技艺

白釉瓷是明代德化瓷器的代表,其胎质细腻坚实,釉色莹白匀净而无杂质。釉和胎体密贴,极难分出釉层。这种白釉瓷由于颜色不同,又可分为象牙白(又称奶油白或猪油白)、普通白和影青(白略泛青)等种。

用象牙白烧制的瓷塑,釉色特别滋润,近于肉体,质感性强,显得润和秀丽而珍贵。为明代德化瓷塑中独具的鲜明地方特色,是瓷塑中的精品。还有不少瓷塑釉色莹白素雅,有些白而泛青或泛灰,在白胎里稍泛氧化浅红色的斑点。施釉的部位有的里外通体施釉,有的外施满釉,里露胎,座底露胎部位黏有沙粒。

明代德化瓷塑主体部分大都用模印制成,有的分前后两部分,或上下两部分合模而成。头部为单独印模,采用插入式构成整体(有些手也采用插入法衔接而成)。有的塑像是直接用手捏的,带有明显的指纹痕迹。人像瓷塑的内部都用刀挖成空心。在主体形成的基础上,细部的装饰有的用刀刻画(如头发、胡须),有的用笔蘸着泥浆堆成(如罗汉浓重的双眉和大胡子、观音的宝相花和璎珞串珠等)。有些(如莲花瓣)由另外印制的花瓣,逐瓣进行堆贴。有些塑像的胡须(如关公)是在塑像坯体上留着小洞,待塑像烧成后,用真的胡须插进小洞联结而成的。

德化窑明代的瓷塑,不施彩色,以单纯的雕塑美和胎釉材料的质地美取胜。用温润晶莹的乳白色釉烧制的瓷塑观音,对人物的温柔、贤淑、善良、圣洁的塑造,相得益彰,具有极高的欣赏价值。就题材内容来说,虽然大都取材于宗教之类,但主要不是作为顶礼膜拜的偶像,而是作为群众所熟悉喜爱而带有某些高贵品性和神异力量的艺术典型,反映了当时人民群众对美好理想、愿望和幸福的寄托。在人物塑造上,匠人们发挥了中国传统传神写意的雕塑手法,以其熟练的技巧和丰富的生活体验,刻画入微地表现人物的内心世界和传说故事,活灵活现地塑造出形形色色的人物形象。这些塑像,基本达到了现实性与理想性的统一,整体感与细部刻画的结合,以及不同距离、不同角度艺术效果的协调,在注意人物内在表现的同时,着意外在的衣纹刻画。其特点是线条深秀简洁潇洒,变化多端,柔和流畅,翻转自然,富于节奏感与韵律感。因而各种人物无不形神兼备,动静相乘,栩栩如生,既保持神话的色彩,又蕴含着美好、健康、幸福的意境,给人以艺术享受和感染力,显示了明代德化窑瓷塑工人的丰富想象力和创造才能。无论从窑址出土的残体或各文博单位的馆藏,都不失为明代瓷塑的精品,其精湛的技艺很值得现代瓷塑艺术家所借鉴。

各种各样的小型案头陈设雕塑也很有特色。有的是士大夫文人书斋客厅的"清玩"点缀,更多的是适应城乡广大群众生活和精神需要而制作的普及性作品,有些是供儿童玩赏的"礼物"。它们都具有朴素新颖、趣味性强、小巧精致的特点,注意艺术性和实用性的结合。由于丧葬习俗的需求,用瓷制作的瓷俑等雕塑明器也出现了。这些适合各阶层人们需要的品种多样、造型清新的德化瓷塑品的出现,反映了产品的广泛性和普遍性,体现了生活与艺术相结合的新成就和新水平。

三、款识与窑场

明代德化窑瓷塑非常丰富,但有款识的作品却不多。据目前发现的带作者或店号款识的有何朝宗、张寿山、陈伟、林学宗等等。还有一些字迹不清无法辨认的款识。河南省新乡市博物馆藏有一件带有"天启年"款的白釉高髻坐式的德化窑瓷观音,这在目前还是唯一带年号的瓷塑。

德化窑瓷塑的款识都是统一用刻制的印章印在瓷坯上而后上釉的。由于印章笔画不深,加上一层釉的掩盖,很多款识字迹显得模糊不清。印章式样有葫芦形和方形两种,字体皆用篆体阴刻或阳刻,个别也有采用楷体直接用刀刻上的。各类印章款皆印在塑像的背部,通常是一件瓷塑一个款识,个别的也有两个款识的,新乡市博物馆藏的高髻坐式观音同时用了"天启年"和"百0"刻字款。

近几年来,通过对德化窑的全面普查,发现明代生产瓷塑的主要窑场有祖龙宫窑、屈斗宫窑、后所窑、后井窑、岭兜窑、后窑、奎斗新窑、上寮窑等处。这些窑址有的是宋元时期一直延续下来,有的延续到清代。在不同窑址中有些年代堆积层比较明显,有的层次已经受到破坏,还有些窑址尚待今后继续普查发现。上述窑址主要集中在德化县城东南部的宝美村和浔中乡、三班乡一带地区。

四、市场和影响

明代德化瓷塑畅销国内外市场。据目前所知,国内的北京故宫博物院、南京博物院、上海博物馆、广东省博物馆、广西博物馆、福建省博物馆、河南省新乡市博物馆、厦门大学人类博物馆、重庆市博物馆、福建省文物总店、广东省文物店、厦门文物店和泉州市文管会等文博单位都有藏品,其中广东省博物馆藏品最多,达一百多件①,上海博物馆藏品亦不少。香港地区也有珍藏,可见产品畅销大江南北,遗存已成为各地的珍品。在我省的一些民间有的保留至今,据 20 世纪 60 年代初期《莆田县志》(初稿)的记载,莆田民间还保存有何朝宗的观音像三尊和文昌帝君一尊,陈伟塑的观音一尊,此外还有无款识的弥勒一尊和观音四尊。

德化瓷塑也是国际市场上影响较大的瓷器产品,"早在明代,就有大批的福建商舶来到爪哇,带来了德化瓷器等货物,和荷兰商人进行贸易。20 世纪以来,在东爪哇相继发掘了不少德化瓷塑和碎瓷片。它们大约都是 16 世纪(明代)的作品。后来,荷兰占据了厦门,这就使大量的德化瓷器流传到欧洲"。德化瓷进入欧洲后,在欧洲引起很大的轰动,"成为帝王、宫廷和贵族们所搜集、收藏的艺术品"。欧美各国著名博物馆都有大量的德化窑藏品,"在美国的波士顿、费城、芝加哥藏有明清两代的德化瓷器一百五十多件,其中包括何朝宗的早期作品。丹麦

---

① 宋良璧:《广东省博物馆收藏德化白瓷的初步整理与研究》,1984 年,打印本。

国家博物馆有二十六件。英国剑桥、牛津等博物馆有三百多件"，"英国博物馆珍藏的德化瓷器，最早是 1511 年（明正德十年）。丹麦国家博物馆有一件德化瓷器，它是 1690 年王室的宝贵财产"。①。

明代德化瓷塑在当时国际瓷坛上获得很高的评价，特别是用象牙白瓷雕制的瓷塑，被称为是"国际瓷坛的明珠"、"世上独一无二的珍品"，法国人称之为"中国白"（Blanc de Chine），谓中国瓷器之上品。日本称它为"白瓷中的白眉"（意为最杰出的产品）和"白高丽"，认为"对白高丽式的白瓷，如果以客观而公平的高度给予评论的话，可说是比白玉更为美观华丽"、"甚至胜于白玉"，"可称为中国古今独一无双的优秀作品"。这种优秀产品"显出光亮美观的肌面，以光滑度来说，可称为天下第一"，"就是对陶瓷毫无欣赏水平的人，只要一见便可发出赞赏之声"②。这种瓷"自宁波流入日本，日本富人至不惜以万金争购之，足见其精美矣"③、"德化窑生产的手抱婴孩的白高丽手法的观音在日本的基督信徒中当作玛利娅的圣像而大受欢迎，其需用量之大，几乎达到惊人的程度"、"大约从十六世纪起，这种白瓷偶然通过葡萄牙的东洋贸易船介绍到西欧以后，立刻得到全欧洲贵族阶层的欣赏和欢迎，并接受无限的定货"④。特别是德化民间瓷塑巨匠何朝宗，"历来是世界上艺术鉴赏家所称道的一位杰出的瓷塑艺术家，他的作品估计在西方国家的博物馆里约有二百件以上"⑤，有"东方艺术"的精品和"天下共宝之"

① 朱培初：《中国白（Blanc de Chine）——德化瓷器》，载《福建工艺美术》1982 年第 2 期。

② ［日］上田恭辅：《中国古陶瓷研究的手引》，东京大阪屋号书店发行，1941 年 9 月；［日］上田恭辅：《中国陶器时代的研究》，东京大阪屋号书店发行，1929 年 5 月。

③ 吴仁敬、辛安潮：《中国陶瓷史》，商务印书馆 1937 年版。

④ ［日］上田恭辅：《中国古陶瓷研究的手引》，东京大阪屋号书店发行，1941 年 9 月；［日］上田恭辅：《中国陶器时代的研究》，东京大阪屋号书店发行，1929 年 5 月。

⑤ 朱培初：《中国白（Blanc de Chine）——德化瓷器》，载《福建工艺美术》1982 年第 2 期。

之称。

明代，德化象牙白釉的出现，对17—18世纪欧洲陶瓷生产起了很大的影响，不少皇家瓷器工厂都纷纷模仿生产。法国的圣科得（S.Cloud）、查得雷（Chantilly）瓷器工厂，德国的迈森（Meissen）工厂，英国伦敦西部的切尔西（Chelsea）工厂等都纷纷仿制，德国迈森还模仿德化的弥勒佛，著名艺术家伯特格尔（Bottger）也用红色黏土复制了高十四英寸的观音。① 毫无疑义，明代德化瓷塑的出现和传播，对国内外瓷业有着深远的影响，对世界陶瓷的发展做出了宝贵的贡献。

明代德化瓷塑的兴起是有其社会基础和主客观原因的。德化瓷器生产历史悠久，是我国古代南方重要产瓷区之一。远在宋元时期，产品就已经远销东南亚一些国家，成为我国外销瓷生产的重要基地。伴随着日用瓷的发展，瓷塑也应运而生，宋代窑址就已发现瓷塑动物制品，元代瓷塑就很盛行，这些都为明代瓷塑的发展打下了基础。

德化瓷塑大都取材于宗教。佛教自传入中国后，由于封建统治者的极力推崇，已在民间广为传播。唐代开元年间，德化九仙山已出现了大型的弥勒石刻造像。至宋代，德化大兴寺庙之风，全县有寺五十五所，庙占九所，许多寺庙的泥塑佛像都出于德化民间艺人之手。朱元璋建立明朝后，既大力宣扬佛教，又极力推行道教，先后立佛教的善世院和道教的玄教院，置僧录司和道录司（在各府州县分别设僧纲司、僧正司、僧会司和道纪司、道正司、道会司），还颁发圣旨、御制《护法集》，为僧人游方传教提供方便，撰著《神僧传》，给僧人广为立传。正德年间，一些传教者被册封为"法王"、"佛子"、"禅师"、"国师"之号。正统、天顺年间全国大兴寺庙，皇帝亲赐匾额，仅天顺元年（1457年）十月至十一月间，英宗就为十八所寺院敕赐寺额。至成化年间，全国佛教寺院数以万计，僧尼已有五十余万人。为了适应封建统治阶级政治、宗教、精神

---

① 朱培初：《中国白（Blanc de Chine）——德化瓷器》，载《福建工艺美术》1982年第2期。

以及奢侈豪华生活等方面的需要,宗教艺术也得到了迅速发展。为了便于在家庭佛龛中朝夕供奉,明代世俗化的观音像特别多见,她不但脱离了佛而单独出现,而且成了群众理想中的慈祥善良的妇女化身,成为既有宗教信念,又有欣赏价值的雕塑品和工艺陈设品。体现统治阶级神圣化的道教神祇,上至"玉皇大帝"(天尊)下至"土地公"的瓷塑也随之大量出现,这也是历史发展的必然。

明代是中国历史上又一强盛的大帝国。明朝初年实行了恢复和发展生产的措施,人民生活比较安定,农业、手工业和商业得到迅速的发展,城市也更加繁荣。对外贸易也发展了,永乐时郑和率领舰队七次下西洋,远达非洲东岸,促进了中国和南洋群岛在经济文化方面的发展。明代中期以后,中国不仅和南洋有经常的贸易,并且和欧洲也有了直接的海上来往。在这种情况下,德化瓷塑销往国外也给瓷塑的发展带来了活力,佛像雕塑在继承唐宋以来传统造像风格的基础上,部分雕塑(如观音)也融合西方雕塑样式而有新的变化。这些都为德化瓷塑的发展开拓了更加广阔的天地。

明代德化瓷器以新的面貌出现在国际瓷坛上,载入陶瓷史册,德化瓷塑的发展为祖国陶瓷艺术园地增添新的光彩。有些传统产品经久不衰,传统技艺垂范后世,至今仍显示出强大的生命力。在当前面临瓷业发展的新时代,认真研究古代的传统技艺,吸取有益的经验,创造出具有中国特色的新瓷塑工艺,无疑是很有意义的。

原载《福建工艺美术》1987 年第 3、4 期

浅谈明代德化梅花杯

福建省德化县自古以来以盛产瓷器闻名于世,曾与江西景德镇和湖南醴陵并列为我国三大瓷都。其产品不仅畅销国内,并且大量远销国外,是我国著名的古外销瓷产地之一。早在宋元时期,德化就以烧造精美的白瓷蜚声国内外,尤其到了明代,更是创造了独自一格的"象牙白"瓷,传到国外,被称为"国际瓷坛的明珠",甚至被当作中国白瓷的代表而有"中国白"之美誉。其产品除了以当时著名的民间艺人何朝宗为代表的瓷塑外,还有大量的艺术日用瓷,如梅花杯、八角杯、龙凤爵形杯等,被视为瓷中的瑰宝,在中外经济文化交流史和我国陶瓷史上闪耀着灿烂的光彩,享有重要的地位。而在德化的艺术日用瓷中,尤以小巧玲珑的梅花杯最为著名。现我们拟就三个方面来谈谈对它的粗浅看法,请专家和同志们批评指正。

一、梅花杯的造型、装饰及其艺术成就

梅花杯在德化的祖龙官、屈斗宫、后窑、内坂、岭兜、桐岭、新窑、窑垄山等明代窑址中都有发现,其中祖龙宫窑发现最多。据我们初步了解,现在我国的上海博物馆、南京博物馆、广东省博物馆、福建省博物馆、厦门市文物商店、福建省泉州海外交通史博物馆、泉州市文物管理委员会、德化县博物馆以及香港等一些文物单位都有珍藏。它们的造型多样,大小不一,装饰也有所差别,大体上有如下五种类型:

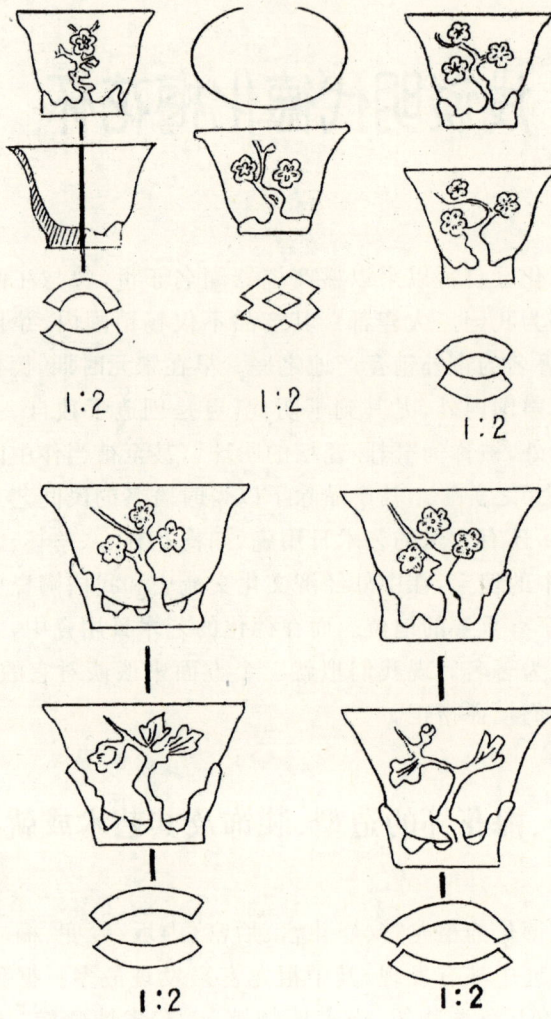

图 1

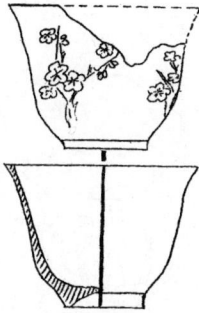

图 2

图 3

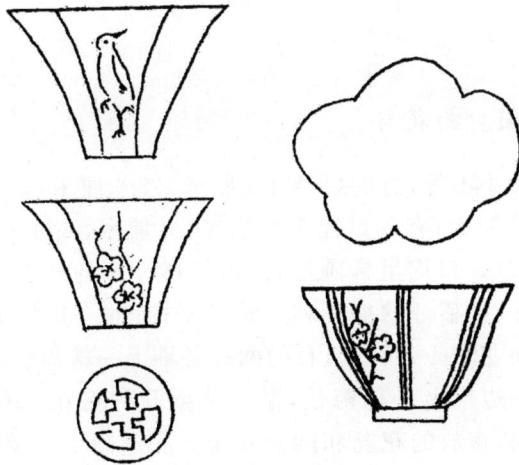

图 4

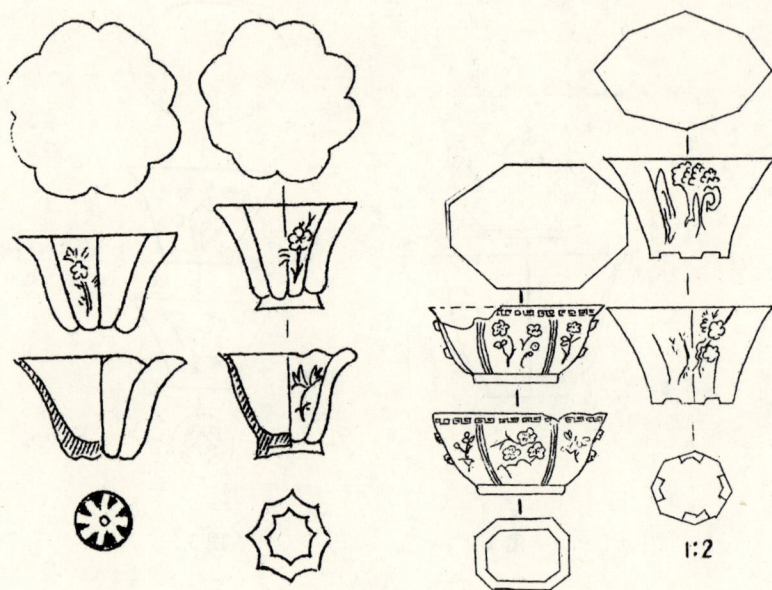

图 5

（一）椭圆口梅花杯

此类杯大小不等,有的口径 9.8 厘米×7.6 厘米,高 6.8 厘米,底径 3.4 厘米×4.8 厘米;有的口径 7 厘米×4.8 厘米,高 4.8 厘米,底径 2.8 厘米×3.5 厘米。口均呈椭圆形,口沿外侈。杯的外表,有的一边堆上一株梅枝,贴一朵盛开的梅花和一片叶子;有的一边堆上一株梅枝,贴两朵盛开的梅花和一朵花蕊;有的两边各堆上一株梅枝,贴三朵盛开的梅花。有的一边堆上一株梅枝,贴三朵盛开的梅花;一边堆上一株梅枝,贴一朵含苞待放的花蕊和两片叶子。底周附上一笔架式的梅花树干托座,有的与之紧密相连,有的间有空孔。整个器体颇厚重,色泽有白和象牙白,釉光滋润,有的器身较薄,能映见指影子(图 1)。

（二）圆口梅花杯

口呈圆形，敞口，深腹，外表堆贴三株梅花。施满釉，釉白莹润（图2）。

（三）椭圆口梅鸟杯

口呈椭圆形，敞口，口沿薄，平底露胎，深腹芒口。外表一边阴刻一小鸟立于梅花枝头，一边单刻一大鸟，底部有钱纹（图3）。

（四）瓜棱形梅花杯

口部为敞口，花口大多呈圆形，个别成偏圆形。器身呈六或八瓜瓣状，外表阴刻梅枝和鸟，底部有圆状、齿轮状、朵花状和卍状，釉色白或青白（图4）。

（五）八棱形梅花杯

有两种，一种口呈八角形，敞口，口沿有一组"回"形图案，腹壁外表的六棱间阳印梅花，两旁有对称的双耳把残迹，底为八角形圈足。一种口呈八角形，敞口，腹壁外表阴刻梅花和鸟，底有四短屈尺足，釉色呈白或象牙白（图5）。

从以上五种类型可以看出，梅花杯的造型是十分精巧又变化多姿，装饰丰富多彩又巧妙自然，而且不同类型都各自表现出独特的风格，加之瓷质坚白，釉色莹润，堪称是明代德化艺术日用瓷中的佳作。尤其是第一种类型的椭圆形梅花杯，造型更是新颖别致，装饰里更是典雅优美。从器身来说，它的上端侈口，首先给人一种开阔明朗的感觉，接着从上而下逐渐变小，但中间又稍微起伏，到了底端几乎成了圆弧形。线条有对比，有变化，非常匀称柔美。器身的下边还别出心裁地以笔架形的梅花枝干为底座，并巧妙地使用堆贴手法，把向上伸展的枝干托住器身，其至粘贴在一起。中间挺拔的枝条还点缀着表示生机盎然的花蕊和叶子,这样不但使器物显得既稳重又秀气,很有层次地体现出它们之间的节奏感和旋律美,而且还加强了整体感,达到了造型与装饰的对立统一,令人难于区分底座是器物的一部分或是它的附属装饰。底座与器身的连接处,有的杯是紧密无缝,有的却间有空孔,这在造型上又增加了变化。此种梅花杯大多采用象牙白瓷制成,施釉相当均匀,釉质极为细腻柔和,莹润可爱。这种器型不管从哪个方向看都非常精美,可说是匠心独运,技艺高超,真正做到造型、装饰和釉质的完美统一。它们既有实用价值,又有美学价值;既可作为饮器,又可作为装饰品摆设。就是作为饮器,也可从中得到美的享受。这种梅花杯作为外销产品传到英国,曾被皇家当成珍品保藏,当年英王爱德华七世的陈列室里就珍藏着这种类型的梅花杯。[①]

德化窑在宋元时期未曾生产过有如此造型精巧而多样的梅花杯,就是在全国其他地方也从未生产过,梅花杯是明代德化窑的独有产品。再者,德化窑在宋元时期瓷器的主要装饰是莲瓣纹,梅花杯的出现在德化瓷器的装饰上也是一个新的突破,在我国的瓷器中也是别开生面的。所以说,梅花杯体现了德化窑在明代瓷器的艺术创作上所取得的高度成就,它同其他艺术瓷一起,促使了德化窑在我国民窑系统中跃居前茅地位,在我国陶瓷发展史上谱写了新的篇章。

二、梅花杯产生的历史条件及其生活基础

梅花杯产生的首要条件,就是明代德化创制了著名的"象牙白"瓷。宋元时期,由于对外贸易的繁荣发达,德化就以烧造质地细白的白瓷闻

---

① R.L.霍布森(R.L. Hobson):《远东陶瓷手册》(*Handbook of the Pottery and Porcelain of Far East*),英国剑桥大学出版社 1924 年版。

名于世,畅销国内外。在元代,甚至作为贡品上供皇帝①。到了明代,由于社会生产力的进一步发展和对外贸易的需求,促进了德化制瓷业进入了空前鼎盛的时期,因而在宋元时期烧造白瓷的基础上加以改进提高,创造了一种瓷质极为高妙的白瓷。其色泽光滑明亮,乳白如凝脂,在阳光下或用灯光照之,釉中会隐映粉红色,民间称为"象牙白"、"猪油白"或"白定"(因类似河北定窑产的白瓷),外国人称为"鹅绒白",波西尔的《中国美术》曾极力夸赞说:"福建德化窑,其窑特品为之白瓷,昔日法人呼之'不兰克帝中国'(Blanc de Chine,译意即中国之白也)。乃中国瓷器之上也。与其他东方各瓷极不相同,质滑腻如乳白,宛似象牙。釉水莹厚与瓷体密贴,光色如绢,若软瓷之泽然,此窑建于明。"②"象牙白"瓷既然具有这么高妙的称号,相应地必然出现了品种的增加,造型、装饰的丰富多彩和艺术水平的提高,所以在明代德化瓷器品种的多样化,造型和装饰艺术的精巧优美都远远超过宋元时期。特别是以梅花为题材的装饰占有突出的地位,改变了宋元时期以莲瓣纹为主要装饰的局面,使德化瓷器具有鲜明的时代风格和独特的地方特色。梅花杯就是各种梅花装饰器物中最具有代表性的产品,它是梅花丛中一朵绚丽的花朵。

梅花杯产生的另一个条件是梅花为我国的传统名花之一,有着悠久的历史和广泛而深刻的影响。早在三千多年前,我国就开始栽种梅花,《诗经》《山海经》和《尚书》中都有记载。南朝以后,特别是唐宋以来,梅花以其斗雪迎春的高贵形象大量地出现在文学、艺术的作品中。唐代的伟大诗人杜甫,北宋的著名诗人林逋、苏东坡,南宋的爱国诗人陈亮、陆游和民族英雄文天祥等,写下了不少脍炙人口的咏梅诗词。在绘画上,从宋到明也出现不少以擅画梅花的著名画家,如北宋的仲仁、

---

① 《安平志》卷四《物类志》载:"白瓷,出德化,元时上供。"
② [英]波西尔著,戴岳译:《中国美术》卷下,商务印书馆1923年版,第37~38页。

米芾,南宋的杨无咎、赵孟頫,元代的管道昇(管夫人)、吴陀,元末明初的王冕更以擅画梅花和题梅花诗而闻名于世。在画家的笔下,梅花还往往与松、竹在一起,称为"岁寒三友",或以兰、竹、菊一起称为"四君子"。因此,在明朝以前,梅花就被作为春天和高洁的象征备受人们所钟爱,有的甚至把它推崇为"国花",作为我们中华民族的象征。瓷器的装饰纹样不仅给人们美的享受,同时也是一种精神的寄托。于是我国人民长期以来对梅花的这种特别钟爱的感情和咏梅之风,不能不对生活在明代的艺人产生深刻的影响,促使他们把它应用在瓷器的装饰上,以代替宋元时期那种常用的象征着佛教的莲花瓣的外来宗教纹饰,赋予我们中华民族的高贵精神。所以明代德化梅花杯以及其他瓷器上梅花装饰的出现是历史的必然,而且有其积极的意义。

梅花杯的产生还有它的生活基础。在古代,梅花就是德化山区的重要花卉,几乎遍及全县各地,有些地方还用"梅"来取名,如梅岭、梅坂等。梅花是当时人们最熟悉的东西,同时在明代以前已有少数瓷器开始用梅花作为装饰,如屈斗宫窑发现少数宋元时期的高足杯已印有梅花的纹样,这必然会给艺人们提供生活依据和艺术上的借鉴。

关于梅花杯的产生,在德化民间还曾流传着这么一个动人的故事:三班梅岭村有个老瓷工酷爱梅花,人称梅翁,夫妻结发 30 多年未有生育。有一个晚上,夫妻做了一个同样的奇梦,梦见五位手捧梅花的仙女从天而降,向他俩吟诵四句祝词:"梅放谱新曲,开岁庆新禧。得香降后福,好景无尽期。"这是四句藏头词,各取字头一字拼起来,刚好是"梅开得好"四字,"好"字拆开就是"女子"两字,预示他们俩将要得个女孩子,他们俩高兴极了。果然冬去春来,在梅花盛开之际,梅翁夫妇生了一个如花似玉的女孩,取名雪梅。她自幼聪明伶俐,梅翁夫妇爱如掌上明珠。到雪梅长大后,梅翁按照她的意愿,贴出择婿招贤榜,选择吉日搭擂台招亲,限定在一小时内当场设计一种以梅花为装饰或造型的精美瓷器。招亲那日,求婚青年纷纷应试,各显身手,不到一小时,设计的梅花杯、梅花盆、梅花缸、梅花碟、梅花瓶……琳琅满目,美不胜收。其中瑶台村一位姓苏的青年设计的梅花杯,一边枝上堆有三朵梅花,表示对梅翁一家三人的尊敬;一边枝上堆贴一朵含苞待放的花蕊,表示对雪梅的赞美,花蕊下衬托的一对花叶,表示对雪梅的追求。底周附上一笔架形梅花树干作为承托脚架,象征着对未来美满幸福的寄望。这个梅花杯含意深刻,造型新颖,很受雪梅的喜爱,被选为缔造良缘的礼品。雪梅结婚后,为使这种珍贵礼品能够流传世间,就把它送到窑场给窑工仿造并投入生产,其他那些品种也分别在不同的窑场进行生产。从此,德化的瓷器就大量地出现以梅花为装饰的新景象。

梅花杯是否是瑶台姓苏的青年所首先创制,因文献上不见记载,无从查证。但我们透过这个带有神奇色彩的民间传说,可以看到梅花杯是如何深受德化人民的喜爱和赞美。它是明代德化民间艺人所精心创制出来的艺术杰作,在德化的瓷器中占有相当显要地位。

三、梅花造型和装饰技艺对后世的影响

把梅花运用于瓷器的造型和装饰,不但开创了明代德化瓷器的新局面,而且对后世产生了很深远的影响。明清以来,德化把梅花作为一种传统的造型和装饰技艺加于继承和发扬,在碗、杯、盘、壶、瓶、汤匙以及文具等很多器物上都装饰梅花,有的用堆贴,有的用浮雕,有的用彩画,有的用模印,形成了德化瓷器的独特风格。还有的用瓷塑的手法雕制梅花作为盆景,在国外取得很高的荣誉。民国初期,德化瓷匠苏学金就是运用传统技艺雕制的瓷梅花送到巴拿马万国博览会展出,获得"金奖"。[①]

新中国成立后,这种传统技艺在德化的瓷业中仍被广泛运用,不仅作为日用瓷、陈列瓷的装饰,还雕制梅花盆景。东漈瓷厂生产的色釉咏

---

① 《龙井苏氏族谱》,民国二十七年(1938年)秋刻本,第77页。

春茶具,以腊梅枝干为图案,采用浮雕和点浆技艺,把迎霜傲雪的梅花雕绘得栩栩如生,并与整个壶、杯浑成一体。立意清新,构图巧妙,富有生活气息,很受国内外市场的欢迎。明代德化梅花造型和装饰的传统技艺是我国优秀的文化遗产,今后必将更好地被传承下来,作为不断发展和创新的借鉴。

本文与郑焕章合作,1984 年中国古陶瓷研究会、中国古外销陶瓷研究会年会参会论文。

原载《德化陶瓷研究论文集》,2002 年 9 月编印

何朝宗瓷塑有关问题的探讨

何朝宗是明代福建省德化县闻名世界的瓷塑大师,其独一树帜的精湛技艺和形成的"何派"艺术驰名中外,其作品有"东方艺术"精品之誉。美国波士顿珍藏的何朝宗制作的立于高岩的观音作品,在1878年的优秀艺术评比中名列第一。[1] 世界各地博物馆和私人收藏家都把有何朝宗印款的作品作为国宝或珍品收藏,享有"天下共宝之"的赞誉。正如江西景德镇陶瓷学院梁任生教授所指出的:"何朝宗的出现,是德化的光荣,中华民族的光荣,也是世界的光荣,在世界陶瓷美术史上有他光辉的一页。"[2]

许多专家学者对何朝宗的瓷塑艺术欣赏及其作品的历史价值和艺术价值都相继发表了颇有见地的文章,给予很高的评价。本文试就目前发现的何朝宗作品、款识和年代等方面的资料进行综述,提出一些探讨性的看法,期望通过抛砖引玉,把对何朝宗的研究工作推向深入。

一、作　品

何朝宗一生有多少作品,在史书上未见记载,难以做出回答。张圣

---

[1]　P. J. Donnelly（P. J. 唐纳利）, *Blanc de Chine: the Porcelain of Tehua in Fukien*（《中国白——福建德化白瓷》）, London: Faber and Faber, 1969.

[2]　引自梁任生教授1983年3月在德化举行的一次座谈会上的讲话。

福、朱光亚编写的《中华国宝》记载:"据说何朝宗一生仅仅做了40余件瓷塑。"P.J.唐纳利著《中国白——福建德化白瓷》一书则指出,何的作品"单西方就有200件,总数可能达到1000件"。

笔者根据目前从国内外资料中发现印有"何朝宗"名款的作品有47件,简介如下:

(一)达摩

1.北京故宫博物院藏达摩渡江立像,高43厘米。编入《中华国宝》、《中国文物鉴赏辞典》。

2.英国牛津阿斯摩林博物馆(Ashmolean Museum,Oxford)藏品坐式达摩,高11.5厘米。背有葫芦形印章篆体的"何朝宗"印款。

3.H.M.奈特(H.M.Knight)收藏的盘膝坐像达摩,高22.5厘米。

4.根据20世纪50年代《莆田县志》(初稿)记载,莆田民间有何朝宗制作的盘坐达摩一尊,高39.6厘米。后流落日本。

(二)观音

1.北京故宫博物院藏品盘膝观音,高28.5厘米。1992年编入《国宝荟萃》月历。

2.泉州海外交通史博物馆藏品(早期为泉州市文管会收藏)渡海观音,高46厘米,底座宽14厘米。编入《国宝大观》。

3.台湾故宫博物院藏品渡海观音。

4.福建省博物馆收藏的渡海观音,高50厘米,底座宽13厘米。背后有方形篆体"宣德"和葫芦形篆体的"何朝宗"印款。编入《中国陶瓷全集》之二十七《福建陶瓷·德化瓷》。①

5.厦门南普陀收藏的披坐观音。

---

① 叶文程、林忠干:《福建陶瓷》,上海人民美术出版社1983年版;香港大学冯平山博物馆:《德化瓷》,1990年10月。

6.英国 S.Marchant & Son 收藏的渡海观音,高 51 厘米,背有方形篆体"何朝宗印"款识。

7.英国 S.Marchant & Son 收藏的蹲坐蒲团持经卷观音,高 26 厘米,背有葫芦形篆体"何朝宗"名款。

8.英国维多利亚·阿尔波特博物馆(Victoria and Albert Museum)收藏的渡海观音,高 47.7 厘米,背有方形篆体阴刻"何朝宗印"款。

9.英国不列颠博物馆(British Museum)的渡海观音,高 28.5 厘米,背有方形篆体"何朝宗印"和葫芦形"来观"印款。

10.法国巴黎沐西·吉美(Musee Guimet,Paris)收藏的渡海童子拜观音立像,高 39 厘米,背有篆体葫芦形"何朝宗"印款。

11.法国巴黎吉美博物馆收藏的观音立像。①

12.英国 P.J.唐纳利(P.J. Donelly)收藏的盘坐持如意的观音,高 21.6 厘米,背有方形篆体"宣德"和葫芦形篆体"何朝宗"印款。

13.P.J.唐纳利收藏的骑兽观音,高 20.7 厘米,背有方形篆体"宣德"和葫芦形篆体"何朝宗"印款。

14.美国俄勒冈·波特兰·克卢美术馆(Gruber Collection,Portland,Ore)收藏的自由坐式观音,高 29.9 厘米,背有方形篆体"宣德"和葫芦形"何朝宗"印款。

15.法国巴黎沐西·吉美特(Musee Guimet,Paris)收藏的盘坐蒲团观音,高 31.2 厘米,背有方形篆体阴刻"何朝宗印"款。

16.英国牛津阿斯摩林博物馆(Ashmolean Museum Oxford)收藏的坐式持经卷观音,高 19.7 厘米,背有葫芦形篆体"何朝宗"印款。

17.P.J.唐纳利收藏的持如意渡海观音立像,高 23 厘米,背有葫芦形篆体"何朝宗"印款。

18.奈特(H.M.Knight)收藏的持如意渡海观音立像,高 21 厘米,

---

① 据 1992 年 9 月 16 日在泉州召开的"福建陶瓷与宗教文化国际学术座谈会"上法国专家提供。

背有葫芦形篆体"何朝宗"印款。

19.瑞典斯德哥尔摩埃克兰德科姆美术馆(Kempe Collection, Ekolund,Stockholm)收藏的盘坐持经卷观音,高 17.5 厘米,背有葫芦形篆体"何朝宗"印款。

20.P.J.唐纳利收藏的提篮渡海观音立像,高 21 厘米,背有方形篆体"宣德"和葫芦形篆体"何朝宗"印款。

21.美国波士顿美术博物馆(Boston Museum of Fine Arts)收藏的交脚坐式观音,高 15.6 厘米,背有方形篆体"何朝宗印"款。

22.美国俄勒冈·波特兰·克卢美术馆(Gruber Collection, Portland,Ore)收藏的吉祥坐式观音,高 38.1 厘米,背有方形篆体"何朝宗印"款。

23.P.J.唐纳利收藏的吉祥坐式观音,高 17.8 厘米,背有方形篆体"何朝宗印"款。

24.重庆市博物馆收藏的披坐观音,背有何朝宗葫芦形印记,高 19.1厘米。该尊被选参加 1992 年中国文物精华展,在北京展出。《中国文物报》刊登了照片。

25.香港攻玉山房收藏的披坐观音,高 15.7 厘米,长 12.9 厘米。编入《中国文物集珍》。

26.根据 20 世纪 50 年代《莆田县志》(初稿)记载,莆田民间有二尊何朝宗塑的跌坐观音,一尊高 19.8 厘米,一尊高 23.1 厘米。流落日本。

27.伦敦珀西瓦尔·戴维基金会(Percival David Foundation, London)收藏有观音两尊,高 15 厘米,背有方形篆体"何朝宗印"款。

28.R.M.H.斯内登(R.M.H. Snedden)收藏有弥勒、观音各一尊,弥勒背有方形篆体"何朝宗印"款,观音背有葫芦形篆体"何朝宗"印款,高 14.3 厘米。

(三)文昌帝君

1.英国 S.Marchant & Son 收藏有交脚式、手执如意的文昌帝君坐像,高 38.8 厘米,背有方形篆体"何朝宗印"款。

2.C.C.克里斯托弗(C.C. Christopher)收藏有文昌帝君坐像,高 38.1厘米,背有方形篆体"何朝宗印"款。

(四)释迦牟尼(如来)

已发现一尊,即 P.J.唐纳利收藏的释迦牟尼立像,高 26.7 厘米,背有葫芦形篆体"何朝宗"印款。

(五)罗汉

1.瑞典斯德哥尔摩埃克兰德科姆美术馆(Kempe Collecion,Ekol-und,Stockholm)收藏的罗汉坐像,高 17.4 厘米,背有方形篆体"宣德"和葫芦形篆体"何朝宗"印款。

2.英国不列颠博物馆(British Museum)收藏的罗汉立像,高 24.2 厘米,背有方形篆体"何朝宗印"款。

(六)关公

1.维多利亚·阿尔波特博物馆(Victoria and Albert Museum)收藏的关公坐像,高 29.8 厘米,背有葫芦形篆体"何朝宗"印款。

2.英国黎清华(Ching Wah Lee)收藏的关公立像,高 36.8 厘米,背有方形篆体"宣德"和葫芦形篆体"何朝宗"印款。

(七)和合二仙

1.英国不列颠博物馆(British Museum)收藏,高 9.2 厘米,背有方形篆体"何朝宗印"和葫芦形篆体"何朝宗"印款。

2.伦敦珀西瓦尔·戴维基金会(Percival David Foundation,London)收藏,高 10.8 厘米,背有秋叶形篆体"何朝宗"和方形篆体"何朝宗印"款。

（八）李铁拐

该作品现保存在英国不列颠博物馆，P.J.唐纳利认为，"这一塑像可能是何朝宗雕塑销往西方国家的唯一李铁拐瓷塑作品"。

（九）双耳炉

发现一件，英国乔林梅因夫人（Mme Goulin-Moime）收藏，炉高 14 厘米，背有方形篆体阴刻"何朝宗印"款。

（十）小花瓶

该作品印有"何朝宗"名款，为西欧堪培（Kempe）所收藏。

二、款　识

从国内外发现的带有"何朝宗"名款的作品，其款识有如下几种：

（一）年款

发现的年款只有"宣德"二字，印款呈方形篆体。根据其笔迹，可分为二式：

Ⅰ式："宣德"款作品，如 P.J.唐纳利收藏的盘坐持如意观音、骑兽观音和提篮渡海观音立像、瑞典斯德哥尔摩埃克兰德科姆美术馆的自由坐式观音。

Ⅱ式："宣德"款作品，如英国黎清华收藏的关公立像。

(一)：Ⅰ　　　　(一)：Ⅱ

(二)葫芦形篆体"何朝宗"印款

根据其造型的不同和笔画的差异,可分为六式:

Ⅰ式:此类印章款与Ⅰ式"宣德"款联合运用,其作品应出于同一人之手。与此同印章款的还有瑞典斯德哥尔摩埃克兰德科姆美术馆的罗汉坐像。

英国不列颠博物馆的和合二仙、瑞典斯德哥尔摩埃克兰德科姆美术馆的盘坐式持经卷观音,P.J.唐纳利的释迦牟尼和持如意渡海观音立像,以及奈特收藏的持如意渡海观音立像。虽然上述6件没有加盖Ⅰ式"宣德"款,但与有盖Ⅰ式"宣德"款的作品应为同一工匠所做。

Ⅱ式:"何"字阳刻,"朝宗"两字阴刻。该印章款与Ⅱ式"宣德"印章联合使用。见于英国黎清华收藏的关公之像。

Ⅲ式:见于R.M.H.斯内登收藏的弥勒。

Ⅳ式:见于英国维多利亚·阿尔波特博物馆藏品关公坐像。

Ⅴ式:见于巴黎沐西·吉美藏品渡海童子拜观音立像。

Ⅵ式:见于英国马坎特父子公司收藏的蹲坐蒲团持经卷观音。

(二)：Ⅰ　　　(二)：Ⅱ　　　(二)：Ⅲ

（二）：Ⅳ　　　　（二）：Ⅴ　　　　（二）：Ⅵ

（三）葫芦形篆体"来观"印章款

见于英国不列颠博物馆收藏的渡海观音，与方形篆体Ⅰ式"何朝宗印"款联合使用。

（三）

（四）秋叶形篆体"何朝宗"印款

见于伦教珀西瓦尔·戴维基金会藏品和合二仙。

（四）

（五）方形篆体印章款

根据其笔画的不同和阳阴刻的差异,可分为下列 11 式。

Ⅰ式:与此相同印章款的作品为英国不列颠博物馆的渡海观音。

Ⅱ式:见于美国俄勒冈·波特兰·克卢美术馆的吉祥坐式观音、C.C.克里斯托弗收藏的文昌帝君坐像和英国 S.Marchant & Son 收藏的交脚式手执如意的文昌帝君坐像,应为同时期同一工匠所做。

Ⅲ式:见于英国不列颠博物馆收藏的和合二仙,它与葫芦形Ⅰ式何朝宗印章款联合使用,应为同一时期同一工匠所做。

Ⅳ式:此类印章款作品见于 P.J.唐纳利收藏的吉祥坐式观音与伦敦珀西瓦尔·戴维基金会收藏的观音两尊印章款相同。

Ⅴ式:见于英国不列颠博物馆收藏的李铁拐立像。

（五）:Ⅰ

1

（五）:Ⅱ

2

（五）:Ⅴ

3

（五）:Ⅳ

4

（五）:Ⅲ

5

（五）:Ⅵ

6

（五）:Ⅶ

7

Ⅵ式:见于伦敦珀西瓦尔戴维基金会收藏的和合二仙,它和秋叶形篆体"何朝宗"的印章款联合使用。

（五）：Ⅷ　　　　（五）：Ⅸ　　　　（五）：Ⅹ　　　　（五）：Ⅺ

8　　　　　　　9　　　　　　　10　　　　　　11

Ⅶ式：见于美国波士顿美术博物馆收藏的交脚坐式观音。

Ⅷ式：见于英国 S.Marchant & Son 收藏的渡海观音。

Ⅸ式：见于 R.N.H 斯内登收藏的观音。

Ⅹ式：见于巴黎沐西·吉美藏品的盘坐蒲团观音和英国乔林·梅因夫人收藏的双耳炉。

Ⅺ式：见于维多利亚·阿尔波特博物馆收藏的渡海观音。

三、年　代

何朝宗的生卒时间和他的作品年代在历史上未见记载，根据目前发现的一些研究资料，大体有以下四种说法。

（一）嘉万说

主张何朝宗作品在嘉靖、万历年间。这种说法被普遍采用，包括本人以前一些文章也引用这种看法。

（二）宣德说

这是近几年来从国内外馆藏何朝宗作品中印有宣德年款所得出的看法。

（三）弘万说

认为何朝宗生于明弘治甲子年（1504年），卒于万历壬午年（1582年）[①]。这是目前唯一有何朝宗生卒年的资料。

（四）明末清初说

有的主张何的作品是明代晚期，有的主张明晚期至清康熙年间。英国 S.Marchant & Son 收藏的盖有何朝宗印章款的渡海观音、蹲坐蒲团持经观音和文昌帝君坐像，时间均定为公元1640年，即明崇祯十三年。而 P.J.唐纳利却认为17世纪中后期（即清康熙早中期）是德化瓷器外销欧洲的黄金时代，因而主张西欧发现盖有"何朝宗"印款的作品大都是在1665—1695年（即清康熙四年至三十四年）的作品。但他又承认"不应把后期从中国传入的产品与后期才生产的德化瓷塑混淆起来"。也就是说，销往欧洲的瓷塑不一定就是当时生产的，很可能是比外销时间更早的作品。

四、几点看法

大批何朝宗名款的作品在国内外的发现，拓宽了对何朝宗研究的视野，丰富了研究的内容。其影响越来越为国内外专家学者所关注，成为研究德化瓷的重要课题。

1.从发现的各种何朝宗名款的作品证实，何朝宗不仅擅长于佛道人物的雕塑，这与目前发表的一些论著的看法是一致的。同时也创作一些鲜为人知的与宗教活动有关的供器和日用器皿，如英国乔林·梅

---

① 陈梦龙、黄云鹏：《浅谈景德镇"何派"瓷雕艺术传人游长子》，载《景德镇陶瓷》1993年第1期 。

因夫人收藏的双耳炉和堪培(Kempe)收藏的小花瓶等就是例证。明代德化窑各种造型精巧的瓷炉、梅花杯、八仙杯、龙虎爵形杯、平心杯等等,是受何朝宗创作所影响,或是这些创作促进何氏作品的发展,这些都是研究和探讨的问题。

2.本文介绍的一些何朝宗印章款的作品,虽然我们没有见到原作,未能对其作品的釉色、形象、造型、衣纹线条各种特征进行逐个排比剖析,但从照片中可以看出有些作品有着截然不同的风格(如观音的头像,服饰有的就有明显的中国风格,有的就带有西方的色彩),而属于同一印章的不同作品风格比较相似。对此,我们固然没有根据否定不是何朝宗一人所做,但也不否认随着产品的外销、中西文化的交流,根据西方的需要改变中国化而特制的可能性。此外,也不排斥一些作品非何朝宗本人所做而出于他人之手的事实。这也是值得研究和探讨的问题。

3.在西欧发现的带有"何"字款的作品,还有"何潮"和"弘治三年何制"以及"何"字单字印款。据 P.J.唐纳利,认为"我倾向于陶工印章何潮,意指何朝宗的观点",即何朝宗还有一名叫"何潮"。至于"弘治三年何制"和"何"字款是否就是何朝宗所做,这点可与造型风格和何朝宗的年代一并进行研究。

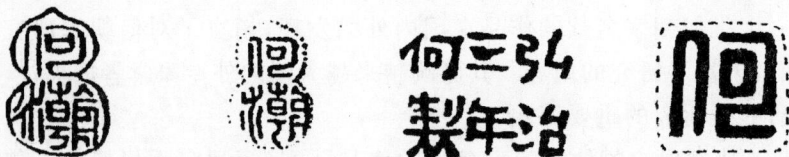

还有一枚与"何朝宗印"联合使用的葫芦印"来观",这还是首次发现。他应当是何朝宗的另一别名,与民间传说中的何朝宗又名"何来"是颇为一致的。佛教《法华经·普门品》中在谈到观世音时说:遇难众生只要诵其名字,即"观世音"三个字,"菩萨即时观其音声","寻声"前

往拯救解脱。"来观"之意用在观音身上,与《法华经·普门品》记载的含义是相吻合的。它不是偶然的巧合,而是作者对观音颇有研究,把它作为"观音"的一种象征的特定标记。换句话说,既然作者对塑造观音有高深的造诣,用"来观"作为他的别名也是完全可能的。

值得注意的是,"来观"的"观"字用的是简体字。该字何时才出现,对于探索何朝宗作品的年代具有重要价值。

4.关于何朝宗作品的年代问题。如上所述,见于各种文章的有宣德说、嘉万说、弘万说和明末清初说四种。综合四种看法,上限至明宣德,下限至清康熙。从宣德头一年(即 1426 年)至康熙最后一年(1722年),时间跨度长达 296 年,人的寿命是无法延续将近三个世纪的。

"弘万说"虽然有何朝宗的生卒绝对年份,据说这一生卒年是根据景德镇福建会馆老一辈传说的资料,如果该资料可信,与目前普遍流行的"嘉万说"是相符合。嘉靖年间为公元 1522—1566 年;正好是何朝宗 19 岁到 62 岁风华正茂,进入创作成熟时期,跨过 6 年的隆庆,进入万历时何朝宗已 69 岁,接近晚年(何朝宗卒时 79 岁)。如按这一说法,又难以理解许多带有"宣德"年款和"何朝宗"名款联合使用作品的出现,宣德最后一年为公元 1435 年,离"弘万说"何朝宗诞生于弘治甲子年(1504 年)相差 70 年,不可能在何朝宗尚未出生时就先有了他的作品。

P.J.唐纳利在《中国白——福建德化白瓷》一书中谈到何朝宗作品总数可能达到 1000 件之后,提出"这个数字和印有这个名字的不同形状的印章与作品本身数量相同的事实,使我们会问,这个名字是那种陶工的后代在取得突出成果时,使用窑的前名(前称),他们这样相传地印上了何朝宗这个名字"。言下之意,指有一些印有何朝宗印章款的作品是后代慕名仿制的。

综上所述,是否可以得出这样的结论,何朝宗的作品始于宣德年间,由于他的技艺高超,形成自己的风格,其技艺垂范后世,为后人所敬仰和学习,并得到继承和发展,成为独树一帜的"何派"艺术。何朝宗被推为何派艺术的始祖,而延续使用他的名字印章款,一直到清康熙年间。迄至现在,其流派仍经久不衰,显出其艺术不朽的生命力。当然,由于岁月久远,而出现了形态和笔画不一的各种印章,风格也有所差异。也可能由于宣德以后何朝宗的逝世,而以后盖有"何朝宗"印款的作品再不加年款印记了(因为宣德以后,德化瓷仍然继续使用年款,如发现的"大明成化年制"、"大明成化"、"成化年制"、"大明万历年制"、"大明国天启年制"、"乾隆年制"、"清朝佳制"等等就是例证)。从这一点也可以为何氏作品与"宣德"之间的关系提供研究的佐证。

5.由于何朝宗出身于德化县浔中镇隆泰村后所的一个普通农民家庭,在封建社会里根本排不上"正史"和"地方志"之列,当地《溪阳堂何氏族谱》也由于岁月沧桑,加上人口稀少,长久没有续修,现存光绪十五年(1889年)续修本仅剩谱序,世系传记在民国时期被洪水冲失,无从稽查,给何朝宗的研究增添了困难。对于像这样举世瞩目的民间巨匠,其作品又成为热门研究课题的今天,我建议应该建立一个"何朝宗研究"的学术团体,牵线搭桥,发动国内外专家、学者和有志于研究的各界人士,从何朝宗作品的艺术、历史源流及其对国际瓷坛的影响等各个侧面撰写文章进行研究。在百花齐放、百家争鸣中求得共识,以继承和发扬传统的"何派"风格,弘扬优秀的传统文化,古为今用,推陈出新,促进现代陶瓷业的发展。

(本文在撰写中参考了美国芝加哥自然历史博物馆何翠媚博士提供的P.J.唐纳利著《中国白——福建德化白瓷》的资料,陈建中同志代为进行英文翻译,在此谨表谢意)

原载《德化陶瓷研究论文集》,1993年

试谈德化窑青花瓷装饰艺术
及其影响

　　德化县位于福建省中部,地近东南沿海,是中国古代重要瓷业产区和外销瓷的重要产地之一。德化窑产品的制作和装饰艺术以其独树一帜的风格,形成了著名的"德化窑"艺术流派,在中国民窑体系中占有重要的位置,在国内外有着深远的影响。千百年来,德化窑生产经久不衰,产品畅销中外。象牙白瓷、各种瓷雕在国内外享有盛誉,成为国际瓷坛中的艺术珍品。明清时期,德化窑崛起的釉下青花瓷,以特有的艺术特点,与中国官窑的青花风格形成了鲜明的对照。刚一问世,立即与德化窑的象牙白瓷一样,深受国内外的欢迎和关注,显示出它的强大生命力。

一、德化窑青花瓷概述

　　根据近几年的考古发现,明时德化已有釉下青花瓷的生产。进入清代,青花瓷在技术上和质料上已臻成熟,并且被广泛采用,为德化窑青花瓷的全盛时期。全县 15 个乡 41 个村发现青花瓷窑址有 130 多处,散布德化城乡,其中以西北部的上涌、葛坑、汤头和南部的浔中、三班等乡最为密集。浔中乡的浔中、宝美、高阳、隆泰和三班乡的三班等村,几乎家家户户都有人从事瓷业生产。高阳村青花瓷窑址达到 23 处,重重叠叠,遍布各个山头。全县所有的清代窑址都有青花瓷的发现,逐渐取代白瓷而占主要地位,成为德化窑瓷业生产的主流。青花瓷器不仅品种繁多,实用性强,为当时民间普遍使用和国外市场广为销售的大宗产品,而且将德化县古代瓷业推向新的发展阶段。

明末清初,是德化窑最为兴盛的时期,特别是康熙海禁开放以后,瓷器在民间贸易中数量倍增,同时又进口青花钴料,改变了单纯利用土产钴料的状况,使青花瓷得到新的发展。嘉庆、道光以后,随着帝国主义的侵略,社会经济遭受破坏,青花瓷遂走向衰落。这就是明清时期德化窑青花瓷发展的大体轮廓。

二、德化窑青花瓷的装饰艺术

德化窑青花瓷装饰图案取材十分丰富,变化较多,民俗性强。它突破了官窑那种烦琐拘谨的羁绊,也没有宫廷瓷器的富丽精致,而以自然洒脱、活泼朴素见长,形成了构图简洁舒展,笔法自由豪放,画风单纯朴实,粗犷大方的典型特点。

(一)取材内容

德化窑青花瓷图案取材丰富,有活灵活现的花鸟虫鱼,有栩栩如生的飞禽走兽,有多彩多姿的山水人物,有工整均衡的几何纹样,有寓意寄情的吉祥图案,有脍炙人口的神话传说和历史故事。从古窑址采集的标本和民间遗存的发现,可归纳为下面几大类:

1.人物

有神话传说的八仙过海、高士图、福禄寿三星图、婴戏图、李白醉酒和一些描绘生产活动和社会风俗的画面,如耕牧、渔猎、琴棋书画和攻读之类。有些画面还附有诗词、题字,点明画的内容。情景交融,浑然一体。如后所、后井、龙广等一些窑址生产的盘、碟上有"志在书中"、"晨兴半炷香"题字的书斋攻读、焚香祈佑的人物画。如"书生课读"画面是德化青花瓷器中很流行的题材之一,古虬老树之下,回形勾栏旁,一少年学子,席地正面而坐,面前书卷厚叠,案上香烟缭绕。在题为"闲来无事不从容"文字的图案上,画着一书生悠然自得地在花园漫步,周围只有栏杆和亭的一角,环境非常静谧,表现了文人厌世脱俗的心情。仙亭厂窑的笔筒上题有"月中丹桂连根拔,不许旁人折半枝"的古代人物画,石排格窑题有"雪白山上高士卧,月明花下玉人来"的高士图青花碗。还有一些反映古代战争画面的青花大盘,无不用淳朴洗练的笔锋,把人物勾勒得惟妙惟肖。

2.自然景物

自然景物包括大自然的风光水色、人工建筑和各种景物等等。有的虽是日常生活中剪裁出来的小景,但以小见大,意境深远,颇为动人。

3.动物图案

德化窑较常见的有龙、凤、鹤、麒麟、狮、鸿雁、鹿,还有喜鹊、蜜蜂、蝴蝶、虫、鱼等等。这些动物一般都与植物、花卉图案紧密结合,构成形象完美而充满情调的整体。

4.植物图案

岁寒三友(松、竹、梅)是德化窑器物常用的题材,此外还有葡萄、佛手、牡丹、牵牛花、兰花、菊花、杏花、葵花、玫瑰、石榴、芭蕉、灵芝、杨柳、莲瓣、萱草和瓜果、蔬菜等等。如青花碟上,画上折枝杏花小品,加上"青色杏花香千里"的题句;青花大碗以蔬菜画,配上"咬得菜根,百事可为"。抒情寄意,起到了画龙点睛的作用。

5.其他装饰

除上述人物、自然景物、动物、植物等装饰外,还有宗教方面的法器、宝物,如八吉祥、八宝、八卦、金刚宝杵、葫芦、璎珞、如意和佛梵文,还有钱纹、文字装饰以及博古图案。

边饰图案有蕉叶纹的仰叶、垂叶,莲瓣纹的仰莲、覆莲,还有直道纹、弦纹、卷线纹、卷草纹、水纹、回纹、曲带纹、联珠纹、几何纹、锦纹以及各种以吉语文字(如喜、福、寿)为主题的文字图案。

上述种种题材,反映了如下几个特征:

1.富有浓厚的地方色彩和强烈的生活气息。这些题材多来自人们生活中所熟悉喜爱的事物,和人民生活、社会风俗密切地结合在一起,看来很平凡,但在平凡中见精神。反映了瓷工的创作源于生活,有深厚的生活基础、广阔的视野和鲜明的地方特色。

2.反映了人们美好的愿望和对幸福的追求。如象征爱情幸福的丹凤牡丹、鸳鸯戏水,象征益寿延年的松鹤和寿星,象征年年有余的莲花和鱼,象征双喜临门的梅雀,象征竹报平安的爆竹,象征福禄并臻的蝙蝠和鹿,象征多子的石榴,以及佛家常用作象征吉祥的八件器物,在德化窑青花瓷中也是常见的装饰纹样。

缠枝花是德化窑常见的一种纹饰,它以常青藤做骨架,向上下、左右延伸,形成波线式的二方连续或四方连续,或用以填充装饰画,构图循环往复,变化无穷,婉转流动,节奏明晰。德化窑一些青花盘、碟上在缠枝牡丹的画面上,加上"喜"字,与缠枝紧紧相连。

3.德化窑的一些题材也从中国的古典文学、通俗小说、戏剧文学、绘画艺术以及各种民间艺术中汲取养料。为了适应外销的需要,也吸收了一些外来宗教艺术和民俗有关题材和装饰,从古为今用、洋为中用出发,经过融合、变化,丰富了青花瓷反映的内容和创造具有地方特色的装饰艺术。这是德化窑继承发扬优秀文化传统遗产的成果,也是中外文化交流的结晶。

（二）构图布局

德化窑青花瓷都以生动优美的姿态跃然瓷上,这是以其构图布局和笔墨意境等各方面的有机结合,构成协调、统一、完美整体。

1.在构图布局上,注意把使用上的"显见面"作为主要装饰面,侧重加强显见面的装饰效果,如盘、碟、盏、匙等的内壁和底心,瓶、罐、碗、炉的胸腹部均作为装饰的主要部位,使人一见显眼突出。

2.在构图的设计上注意与器型的统一。纹样装饰受到器型的制约,而从属于器型。德化窑青花瓷装饰纹样注意适合器型,使二者达到和谐的统一。

圆而矮扁的器型(如碗)纹样重在加强横向展开的动势,多采用回旋的连续边饰图案,把各种花卉纹样的姿态,以缠枝、散点、团花、折枝、圆圈、卷草等格式用图案予以表现。其组织形式有直立或斜行式、回旋式、折线式、散点式、波线式等等,也有一些碗在口沿外翻的部位采用锦地开光边饰的,碗的圈足部位常加上一至二道弦纹,或直立的叶状纹、直道纹。这些装饰在工整中见自由,对称中见活泼,显得生动而富有变化。

高的器型(如瓶类)纹样则注意纵向表现,使人有气势挺拔之感。少数花瓶还注意到边脚、肩部、颈部与器型主体身部的关系,在这些部位上适当装饰各种图案纹样,如瓶、罐的脚部位往往饰以莲瓣、芭蕉、海水等具有硬直向上动势的纹样,而肩部则饰以弦纹、覆莲瓣纹,以示覆盖披护,口部常以文武线锁口。这些装饰作为主景的衬托,主客呼应,使主景更加突出和完整,但这种较为繁缛的装饰在德化民窑中所见不多。

在圆形的盘、碟上,则根据器物圆而平的特点,纹饰的布局注意圆的动势,采用团花、团菊,即使有些画面选择折枝花果、人物山水,在画面的周围也加上一至二道的弦纹,使画面更为集中。瓷工还充分发挥德化窑瓷质地白、釉下青花不易剥落、不褪色的长处,设计制作了具有特色的墓志铭,利用瓷的平面,写上文字,记录葬者的生平事迹。例如明嘉靖三十八年(1599 年)十二月所制的陈素轩墓志铭,铭文版高为 17.5 厘米,宽 22 厘米,厚 0.5 厘米,铭文共 484 字;清光绪十九年(1893 年)制的吴缉堂墓志铭,铭板中部最高处为 24.7 厘米,两旁高分别为 14.5 厘米和 15 厘米,上额呈微圆形,下端左右各有斜角,总宽 20.5 厘米,铭文共 512 字。利用瓷板制作墓志铭是青花瓷在德化窑运用上的一个新发展。

有些器物很小(如小杯类、小盏类),构图只采用简易的直道纹、弦纹、水波纹或叶状的点缀,显得清秀素雅。

3.在构图的装饰上注意青花纹样与白地之间的青白对比。德化窑产品质地洁白,以白见长。瓷工在设计时注意使这一质地的特点得到充分的表露,因而以白底青花的数量居多。同时,青花大都质朴洗练,保留较大的白地空间,显示白瓷的魅力。花纹与白地均衡地彼此穿插,青白虚实配置疏密有致。在少数青地白花的装饰上,则注意花的纹饰轮廓形象的刻画,达到清晰、明朗而不繁杂。通过大小疏密的块面,使青白配置和对比具有节奏的韵律美,青白相间,辉映成趣。

4.在构图的内容上注意根据器物的用途,选择不同的装饰题材和装饰部位。盛放食品的盘、碗、碟、盏等,多选取鱼水、蔬菜、瓜果、龙凤和恰宜的纹饰图案。瓶、罐等器物,则较多选用山水、人物或花鸟的题材。在酒壶的取材上,画上一人蹲在树荫底下,旁边置一酒缸,使人一看就有酒意三分,耐人寻味。香炉多有宗教的产物,装饰则有八卦、八宝、金刚宝杵等纹样。

(三)笔墨意境

德化窑民间青花善于以小见大,以少胜多,寥寥数笔,出神入化,把形神、情景、意趣这三种艺术的基本要素融为一体,表现了民间青花重生活、重情趣、简练朴实、处理大胆的作风。瓷工对来自生活的题材,不是自然主义的摹写,而是以现实为依据,在自然的基础上充分发挥想象和联想,选择自然形象中最真实、简洁、精美、生动的部分,加以概括、提炼、变化和夸张,突出其各自的个性,使纹样比自然形象更美、更典型。有些画面运用中国画没骨的画法,用大墨大色渲染,笔法洒脱豪放,简略而不觉单调,粗犷而显得淳朴。点染得当,情趣盎然,富有民间工艺的韵味和情调。而缠枝花纹则用工笔的手法,勾线细腻流畅,用墨均匀自然,非有精湛的手艺是难以绘出的,从画面上可看出德化窑民间工艺的高超水平。

（四）装饰手法

德化窑青花瓷器装饰手法有手绘和模印两种。

1.手绘,亦称手画、手彩,即通过手工,凭借毛笔工具在瓷器胎体上进行绘画。德化窑大部分的青花瓷都采用这种手法。手绘的特点是灵活多变,线条清晰,生动自然,没有刻板单调的效果。在绘制之前,一般都经过设计起稿、描图和摩图等过程,这些过程都是在泥坯的形体上进行的。熟练的老画工或较简易的画面大都不经过起稿、描图和摩图等工序,就直接挥毫绘画。手绘的成败往往取决于画技的熟练程度以及料性和分水的技能、釉下青花操作的实际经验的掌握程度。要掌握好执笔的技巧、运笔速度均匀适中,婉转自如,不宜断续停笔,没有堆积的料迹。在分水上善于掌握浓淡不同料色的性能,使青色产生多层次的变化。

2.模印。这种手法是把设计装饰纹样刻成印模,涂上青花颜料,在成型的胎体上印制的。模印的长处是图案工整,显得齐整稳重。有些纹样如能巧妙运用模印的手法,也是受人们喜爱的画面。同时模印还能提高工效,利于大批生产,即使绘画技术不太高的瓷工,也能进行操作。其缺陷是只宜于简易的图案,纹样和分水缺乏丰富的变化。德化青花瓷运用模印的较少,模印的产品有盘和碗类,纹样有寿字纹、半寿字纹与卐纹及一些几何图案,有的碗在折口外向的沿边也采用锦地开光宝杵的印花纹饰。有些款式也采用模印。德化窑的模印常与手绘结合使用,例如印花纹饰的周围加上一或二道弦纹,这些弦纹就是用手工通过轮转的手法绘成的。出土的模印器物,一般都比手绘的质地差。碗、盆的内底心有涩圈,模印的花色不甚均匀,或淡或浓,甚模糊,有的却留有堆积的料迹,青花色泽也不如手绘的幽亮鲜艳。可见德化窑模印的器物多是一般平民所使用,不是瓷中的珍品。

(五)器物款式

德化窑青花瓷器的款式,多半写在器物的底部,最常见的是两个字的作坊款。此外,还有作标志的单字款、画形款、印章款以及纪年款。

1.双字作坊款:这些作坊款,是生产单位的名称,有的是单家独户经营的窑业名,有的是几家几户联合生产的专名,有的是取之窑主堂号的名称,也有的是商号款。款式的文字基本上都寄托着对生产发展、生意兴隆、财源广进、产品精美的含意。如:

第二字用"玉"字款的有胜玉、永玉、瑞玉、山玉、琨玉、同玉、和玉、眸玉、世玉、梅玉、合玉、吉玉、珠玉、美玉、如玉、金玉、上玉、振玉、朗玉、宝玉、盛玉。

第二字用"兴"字款的有瑞兴、福兴、珍兴、员兴、长兴、顺兴、美兴、胜兴、宝兴、锦兴、和兴、利兴、齐兴、源兴、合兴、重兴、新兴、尚兴、永兴、众兴、全兴、金兴、成兴、振兴、盛兴、笔兴、仁兴、玉兴、洽兴。

第二字用"裕"字款的有澧裕、源裕、蒲裕。

第二字用"珠"字款的有元珠、玉珠。

第二字用"利"字款的有协利、合利、盛利、东利、兴利、万利、胜利、源利。

第二字用"吉"字款的有合吉、永吉、大吉。

第二字用"源"字款的有川源、德源、亿源、薄源。

第二字用"珍"字款的有合珍、新珍、全珍。

第二字用"美"字款的有众美、新美、和美、金美、全美。

第二字用"宝"字款的有上宝、山宝。

此外,还有合众、源茂、万全、北全、武城、合记、合泉、广合、荣胜,等等。

双字款有少数放在盘子正面的中部,如羊条窑的"进元"就是一例。

2.单字款:这种款式发现较少,目前发现的有"兴"、"方"、"士"、"中"、"山"、"瑞",以及单个"卍"符号的。

3.画形款:这种以画代字的款式在德化窑有画小兔、秋叶、双鱼、火焰和其他画款。这种画款,从全国来说,多半是明代中叶以后的瓷器上才出现的,到了晚明时期盛行起来。德化窑这种画款的使用还是比较普遍的。

4.印章款:晚明时全国出现的印章款,在德化窑中应用也很广。款字周围都围以方形边饰,边饰有单线和双线两种,其中以双线为多。

5.纪年款:纪年款分为写在器物底部和器物表面的两种。在器物底部的如坂头窑、石排格窑、后所窑的青花碗底的"成化年制"四字纪年款,以及寺庙征集的大花瓶底部的"康熙二十五年德化县知事鄞县范正辂选制"的纪年纪名款。

写在器物表面的多为向寺庙许愿进奉的供器(如花瓶、香炉等器物),如上海博物馆有一件明代德化窑青花瓷瓶,瓶腹上写"时明朝天启四年岁次甲子秋吉日赛谢",在德化程田寺发现的一只大花瓶表面也写着"大清雍正七年四月榖旦,三世尊佛炉前应用。弟子颜臣相叩谢"的纪年纪名款,有些置于厅堂摆设的花瓶也有用纪年款的。

在窑址中出土的器物款式有两种情况,一是一处窑址只有单一款识,一是同一窑址中就有好几种款识。后者表明该窑应是由几家几户联合烧制的。

三、德化窑青花瓷在民窑中的地位和影响

德化窑青花瓷由于形成独自的风格,在中国民窑体系中占有重要的地位。不仅在德化窑各种瓷器比重中,窑址数量之多、产量之大名列前茅,成为国内人们喜爱的用品,而且在国际上也有广泛的市场,成为中国对外贸易的一项重要产品,在中外都有着较大的影响。

根据目前的发现,明清时期德化的青花瓷在国内有着广阔的市场,其销售的范围遍及长江南北,上海、南京、广东、福建等一些大的省市博

物馆和一些专业博物馆(如厦门华侨博物馆、厦门大学人类博物馆、泉州海外交通史博物馆),以及一些文物保管机构和文物商店都把德化窑青花瓷作为珍品收藏。

　　1974年3月至5月和1975年3月至4月间,广东省在先后两次组织对西沙群岛的文物调查中,就发现了大量的清代德化窑青花瓷产品,其中牵牛花纹青花碟、碗、盘,云龙纹青花盘碟,云龙火珠纹青花碗,城楼纹青花碗,佛手纹青花盘,寿字纹青花碗,半寿字纹青花盘等,已在德化的岭兜、石排格等50多个窑址中发现。西沙群岛出土物定为德化窑产品的还有山石花蝶纹青花碟和青花盆。大量德化青花瓷在西沙群岛的发现,有的是当地人民的生活用具,有的应为德化外销瓷途经南海航线在西沙留下的遗物。

　　德化青花瓷业也是一项大宗的外销产品。根据有关资料证明,在非洲的坦桑尼亚和亚洲的叙利亚、印度尼西亚等一些国家相继有发现与德化窑青花瓷完全相同和类似的产品。坦噶尼喀出土的青花圆圈点纹碗,在德化的桐岭、岭兜、后井、东头、石排格、后所、宏祠、布伏山、垵园、窑垄、石僻仔、竹林仔、苏田等窑址都有出土。这些国家出土的吉祥纹青花盘、碟,盘(碟)中部有吉祥文字,周边由四层重叠的短直道半寿字纹图案组成。这种盘和碟在德化的洞上窑、下岭石坊窑、石排格窑都有发现,构图基本相同,半寿字纹图案有二层、三层、四层不等,应为德化窑远销非洲的器物。非洲出土的花篮纹青花盘,在德化的后所窑、大垄口、内坂、溪碧、桐岭、窑仔林、林地、水尾、枋山、尾仑、瓷窑垄、二板桥、苦竹垵等窑址都有发现。[①] 上述产品在德化窑的大量生产,可以证实当时曾大量外销,"在叙利亚哈马古城的发掘中出土许多中国青瓷、

---

　　① 非洲出土的圆圈点纹碗、吉祥纹青花盘,见夏鼐:《作为古代中非交通关系证据的瓷器》,载《文物》1963年第1期,附图2"陈列柜中的中国瓷器和伊斯兰瓷器"和附图7"坦噶尼喀出土的青花瓷器"。

德化白瓷、青花等"①。雅加达博物院藏有书阿拉伯文字的白地青花碗一件,碗外绘楔边圆圈五个,每一圈中都写同样的阿拉伯文字,意思是"除安拉及其先知穆罕默德外,无其他上帝"。各图中所写该文的终点,别书一个教长的名字(如奥玛、奥斯玛等)。此碗底有"成化年制"的款式,也是德化窑烧造的。② 可见德化窑青花瓷在外销的同时,还接受外来的加工订货,为国外人民特地制造适合当地宗教民俗需求的产品。根据近几年来国外一些专家、学者到德化进行考察,看到德化窑出土的器物后提供的资料,认为在印度、斯里兰卡、越南、柬埔寨、泰国、菲律宾、新加坡等地都有德化窑青花瓷产品的发现。可以预料,随着中外考古工作的深入发展和中外文化交流的加强,将会有更多的德化青花瓷被国外所发现。

原载 1985 年在香港大学亚洲研究中心主编的《东方文化》学刊,1990 年入选何翠媚主编《亚洲古代陶瓷窑炉烧成技术》一书(香港出版)

---

① 欧志培:《中国古陶瓷在西亚》,载《文物资料丛刊》1978 年第 2 期。
② 韩槐准:《南洋遗留的中国古外销瓷器》,新加坡青年书局 1960 年版。

从《颜谱》记载看清代德化制瓷的外传

德化县是全国著名的瓷乡,不仅其独树一帜的瓷器产品驰名中外,而且制瓷工艺亦随之外传,对我国制瓷业的发展有着深远的影响。

近几年来,笔者查阅了德化民间一百多部地方族谱,发现其中不少谱牒记载了德化制瓷工人外出传艺和从事陶瓷贸易的资料,其中以民国己巳年(1929 年)梅月第八次编修的《龙浔泗滨颜氏族谱》(简称《颜谱》)的记载最为具体。它记载了当地早期的陶瓷生产、清代制瓷工人到福建宁德、闽清、尤溪、建宁等一些地方传艺,以及到台湾、广东、安南(今越南)、福州、厦门等地进行陶瓷贸易的情况,为研究德化县早期陶瓷的发端和清代制瓷技艺的外传,以及福建省一些地方瓷业的发展提供了重要的历史佐证。

泗滨位于德化县境南部,与著名瓷土矿区白泥崎(观音岐)毗邻,今属德化县三班镇。这里制瓷业历史悠久,根据《颜谱》记载,唐末当地族人颜化綵(生于咸通五年,卒长兴四年,864—933 年)就总结前人制造陶瓷的经验,"著陶业法","绘梅岭图",传授陶瓷工艺,供后人学习。历代该地制瓷延续不断,据《颜谱》记载统计,清代族民开往外地务瓷者有宁德县飞鸾梅溪窑 21 人,闽清窑 15 人,尤溪山头窑 67 人,瓯宁府南山窑和沂田窑 4 人,建宁府碗窑 1 人。这些外出从事瓷业的工人,传授德化窑的技艺,有的在当地建家立业,世代相承,与当地人民一道,为发展福建省的瓷业做出了积极的贡献。

现将《颜谱》有关的记载,按地区分类抄录于下。

一、开往宁德飞鸾梅溪窑者

颜应矧,字英触,生康熙癸巳(1713 年),往宁德飞鸾后娶宁善县安乐人黄氏为娘为妻,定居飞鸾窑。

颜应夷,应矧弟,字英愉,生康熙丙申(1716 年),往宁德飞鸾窑后娶宁德县蒋氏元娘为妻,卒葬宁德县二都东洋坑郑洋头。

颜仕印,字英取,生康熙丙戌(1706 年),葬飞鸾地方。

颜仕素,字英绘,生康熙甲戌(1694 年),与继姚李氏琏娘同往宁德县飞鸾窑,其妻卒葬该地。

颜光浴,字廷澡,生乾隆己未(1739 年),开往宁德县飞鸾梅溪窑。

颜光八,生乾隆庚辰(1760 年),往梅溪窑。

颜光堤,字廷汕,生雍正甲寅(1734 年),卒乾隆乙卯(1795 年),葬在飞鸾梅溪窑。

颜光浚,字廷谦,生雍正甲辰(1724 年),卒乾隆庚子(1780 年)往飞鸾窑,娶宁德县二都飞鸾苏氏红娘为妻。

颜光濯,字廷洁,生雍正甲辰(1724 年),往飞鸾窑,娶罗源县刘氏为妻。

颜德润,生乾隆年间,往飞鸾,卒葬其地。

颜姜得,生嘉庆辛酉(1801 年),卒道光辛卯(1831 年),葬飞鸾窑。

颜元捷,生雍正壬子(1732 年),卒乾隆癸未(1763 年),葬飞鸾窑梅溪车碓岭头。

颜茂极,生雍正乙巳(1725 年),往飞鸾梅溪窑。

颜茂梧,生乾隆壬辰(1772 年),往飞鸾梅溪窑。

颜茂机,生乾隆甲申(1764 年),往飞鸾梅溪窑。

颜茂有,生乾隆庚辰(1760 年),往飞鸾。

颜云甚,字喜言,生嘉庆丙辰(1796 年),卒道光甲午(1834 年),葬飞銮。

颜秀富,生乾隆丁丑(1757年);颜秀规,生乾隆丙戌(1766年);颜秀昌,生乾隆戊子(1768年);颜秀盛,生乾隆壬辰(1772年),兄弟四人同开往宁德县飞銮梅岭窑业瓷,娶、卒、葬俱莫考。

二、开往闽清窑者

颜光澳,字廷蕴,生康熙乙未(1715年),卒乾隆戊子(1768年),葬在闽清窑地方。

颜茂天,生乾隆丁卯(1747年),卒葬闽清窑。

颜瑞芍,字永药,生乾隆辛丑(1781年),卒道光乙未(1835年)。葬闽清窑王公山五斗米格林家祖后头。瑞芍长子云聪、次子云勤(均生于嘉庆年间),亦随父同往闽清窑。

颜玉妯,字永汉,妻陈氏芍娘,生乾隆丁酉(1777年),卒道光丁未(1847年),葬闽清窑王公山。

颜秉茂,字畅言,生乾隆甲寅(1794年),卒道光戊申(1848年),葬闽清窑王公山。

颜云仕,字出言,生嘉庆庚午(1810年),卒同治乙丑(1865年),葬闽清窑王公山。

颜金境,生道光年间,卒葬闽清窑。

颜清河,字江言,生道光丁酉(1837年),卒同治壬戌(1862年),葬在闽清窑。

太学生荣桂,字冲言,乳名云凌,生嘉庆戊辰(1808年),卒光绪己丑(1889年),少随父营陶闽清。

颜秀发,字孝焕,生道光戊子(1828年),卒咸丰戊午(1858年),葬闽清窑王公山。

郑氏焕娘,生嘉庆壬申年(1812年),卒咸丰壬子(1852年),葬闽清窑王公山,其夫颜志菊,葬在尤溪窑。

颜追兴,字孝振,生道光年间,葬闽清窑。

颜礽蓄,生道光辛卯(1831年),卒同治丙寅(1866年),葬闽清窑。

三、开往尤溪山头窑者

颜都,生乾隆年间,卒葬尤溪山头窑。

颜随,生乾隆甲戌(1754年),卒道光辛巳年(1821年),卒葬山头窑。

颜德玭,字廷参,生乾隆乙亥(1755年),卒嘉庆辛未(1811年),葬山头窑。

颜振因,字永深,又字盛波,与妻郑氏密娘,生乾隆辛巳(1761年),往尤溪山头窑。

颜德阒,生乾隆乙亥(1755年),卒嘉庆丙寅(1808年),葬尤溪山头窑。

颜道务,字永当,生乾隆戊戌(1778年),卒道光丁酉(1837年),葬山头窑。其妻郑氏歉娘,同葬山头窑。

颜茂韭,字永葱,生乾隆丁亥(1767年),卒嘉庆戊寅(1818年),居山头窑。

颜万宗,字永朝,生乾隆戊子(1768年),卒嘉庆己巳(1809年),葬山头窑。

颜茂榜,字永捷,生康熙辛丑(1721年),开往尤溪山头窑。

颜玉病,生乾隆年间,往山头窑。

颜起梁,字为言,生嘉庆癸酉(1813年),与兄颜起栋,字作言,生嘉庆辛未(1811年),同往山头窑。

颜联任,字足言,生嘉庆丁巳(1797年),卒道光己亥(1839年),葬在山头窑。

颜彩云,字驾言,生嘉庆辛未(1811年),卒同治乙丑(1868年),葬山头窑。

李氏妹娘(颜士帝妻),生嘉庆己卯(1819年),卒咸丰辛酉(1861年),葬山头窑后溪窑仔边。

颜士原,生道光癸未(1823年),卒同治丁卯(1867年),葬山头窑。

颜天燃,字其言,生乾隆戊寅(1758年),葬尤溪县山头窑地。

颜登炮,字孝联,生道光丁酉(1837年),卒光绪丁丑(1877年),开往山头窑,葬在山头窑田尾仑。

陈氏琼娘(颜登炮妻),生道光丙申(1836年),卒光绪丙午(1906年),葬尤溪五都窑。

颜登郎,字孝贤,生道光壬午(1822年),卒光绪辛卯(1891年),葬山头窑田尾仑。其妻郑氏瑞娘,生道光甲申,卒光绪庚寅(1824年)(1890年),卒葬与夫同穴。

颜登团,羽言长子,兄弟三人同往山头窑(其余二人名字失)。

颜登火,字孝灼,生道光己亥(1839年),卒光绪丁酉(1897年),往山头窑,葬其地。

彭氏峻娘(颜登发妻),生咸丰壬子(1852年),卒民国乙丑(1925年),葬山头窑。

颜登圭(字孝孟)、颜登升、颜登荣兄弟三人同往尤溪山头窑。

以下17人俱往尤溪县一都山头窑开族,有生卒莫知其详者或姓姓名有难稽考者,爰略之:

颜文严,字孝肃,生道光丙申(1836年),卒光绪丁亥(1887年)。

彦文习,字孝近,生道光己亥(1839年),卒光绪庚辰(1880年)。

颜文机,字孝时。

颜文传,字孝授。

颜来里,字孝邻,生道光己亥(1839年),卒同治己巳(1869年)。

颜呈色,字孝面,生嘉庆庚午(1810年),卒道光壬辰(1832年)。

颜泰交,字孝通,生道光甲申(1824年)。

颜振生,字孝申。

颜瑞凤,生道光丙申(1836年),卒咸丰壬子(1852年)。

颜孝褒

颜国盛,字孝粟,生道光辛丑(1841年),卒同治丙寅(1866年)。

颜成西,字孝自,生道光己亥(1839年)

颜成味,字孝知。

颜成扣,字孝十。

颜成坚,字孝石,生道光庚戌(1850年)。

颜成觳,字孝酒,生道光甲辰(1844年)。

颜成柴,字孝高,生道光癸卯(1843年),卒同治壬戌(1862年)。

颜赞兴,字孝参,生同治甲子(1864年),开往山头窑。

颜金满,字思完,生咸丰丁巳(1857年),卒民国丁巳(1917年),葬山头窑碱土垵小垄。

颜金杉,字思松,生光绪丙子(1876年),卒民国丙寅(1926年),葬山头窑新路厝路上。

颜金春,字思游,生光绪壬午(1882年),往山头窑。

颜金玉,字思献,生光绪戊子(1888年),往山头窑。

颜思麟,生咸丰辛酉(1861年),卒宣统庚戌(1910年),葬山头窑。

颜思生,生咸丰己未(1859年),卒光绪甲午(1894年),葬山头窑。

颜思开,生同治甲子(1864年),卒光绪庚子(1900年),葬山头窑。

颜占英,字思超,生同治丁卯(1867年),卒光绪丙申(1906年),葬山头窑。

颜珍兴,字思宝,生光绪壬午(1882年),卒民国丁巳(1917年),葬山头窑田井坑。

颜燔生,字思炎,生咸丰戊午(1858年),卒光绪庚子(1900年),葬山头窑后垄岭。

颜蝉生,字思鸣,生同治乙丑(1865年),卒民国壬子(1912年),葬山头窑后垄湖。

颜坤生,字思艮,生同治甲戌(1874年),卒民国壬子(1912年),葬山头窑。

陈氏眼娘(颜路生妻),生光绪辛卯(1891年),卒民国庚申(1920年),葬山头窑中仑尾。

颜思泉,生咸丰庚申(1860年),葬山头窑。

颜思义,生光绪年间,葬山头窑。

颜益世,生光绪辛巳年(1881年),葬山头窑。

颜韶,字思舜,生同治壬申(1872年),卒民国甲寅(1914年),葬山头窑。

颜金接,字声理,生光绪丙戌(1886年),往山头窑。

颜世金,字声范,生光绪戊子(1888年),卒民国甲寅(1914年),葬山头窑。

四、开往瓯宁县南山窑和沂田窑者

颜万铺,生乾隆甲辰(1784年),卒道光庚戌(1850年),葬瓯宁县南山窑。

颜万探,字永查,生嘉庆壬戌(1802年),卒道光庚寅(1830年),葬瓯宁沂田窑。

颜元锋,生乾隆间,卒咸丰壬子(1852年),葬上府南山窑。

颜云敬,字钦言,生嘉庆壬戌(1802年),卒道光丙午(1846年),葬瓯宁府南山窑。

五、开往其他地方者

颜茂殿,生乾隆庚辰(1760年),往建宁府碗窑二坝,卒葬其地。

《颜谱》付梓于民国十八年(1929年),在此之前的民国初年,泗滨颜氏仍有族民往外地业瓷,如颜欲,字声新,生于民国壬子(1912年);颜营,字声立,生于民国癸丑(1913年),两人随族人前往尤溪山头窑。

《龙浔泗滨颜氏族谱》还记载了泗滨族人往台湾、安南(今越南)和广东等地从事陶瓷贸易的情况。如:

"颜中山,讳及文,字思隆,生道光己酉(1849年),卒光绪戊申(1908年)。""商于台湾淡水县,运销瓷鼎获利颇厚,娶侧室郑氏春织娘,台湾淡水县人。居台时,施棺衾以殡邻友之客商者,收骸骨以运于族家者,虽耗巨缗不惜焉。"

"颜接凤,字泳蛟,生乾隆乙丑(1745年),卒道光壬辰(1832年),经商贩瓷安南,至船回广东遂溺没,葬其地。"

"颜万骥,字永名,生嘉庆丙寅(1806年),往商赤嵌(属台湾),道光壬辰(1832年)返舟覆于风,卒年二十七岁。"

"颜晋尾,字思首,生光绪戊戌(1898年),往广东贸瓷,娶广东南海县贵生翁次女黄氏盛阿为妻……"

《颜谱》还记载了颜文恭、颜振湖、颜廷德、颜德税、颜万苔、颜光炳、颜玉登、颜赛云、颜化云、颜克爽、颜怕水、颜成店等人卒葬台湾的资料,记载了颜亿殿、颜文二、颜理、颜克果等往浙江温州,颜东宰、颜振源、颜莲生、颜秋农等移居福州,颜登探、颜金调等移居厦门的资料。虽谱中无明确提及他们从事何种职业,但他们都生长于著名瓷乡,是否与陶瓷业有关,或可资研究参考。

原载《福建文博》1989年第1~2期合刊

宋元时期德化陶瓷科技的
发展和成就

　　德化窑是我国古代南方重要瓷器产区和外销瓷的重要产地。宋元时期是德化窑发展的重要时期,随着科技的进步和产品质量的提高,德化瓷已成为我国对外贸易的重要商品而畅销海外。宋元时期,德化窑科技的发展主要表现在瓷器的胎质、釉色、品种、造型、装饰、款式、窑炉、烧成等各个方面都比宋以前有了较大的突破。

一、胎质与釉色

　　宋以前出土的器物,胎质松脆。宋元时期,瓷胎虽有厚薄之分,但瓷胎致密度高,质地坚硬,有的非常薄细精巧。根据中国科学院上海硅酸盐研究所郭演仪和轻工业部科学研究院李国桢等先生对5种盖德窑址发掘的宋代残片样品、5种屈斗宫窑址发掘的元代残片样品的胎、釉的显微结构和陶瓷性能的化学分析,认为"瓷胎中均存在着一种游离石英。有时石英颗粒边界呈熔融边界,所有釉中均存在有或多或少的钙长石,特别是有的钙长石晶体呈现蝴蝶状的晶型,如在南宋影青样品釉中"。"北宋样品和现代德化瓷样品胎中有莫来石晶体生长。"从"吸水率、烧成温度、白度、分光反射率和分光透光率的测定结果,所有德化瓷胎的致密度都很高,而且不论致密度还是白度都达到了现代国产白瓷的水平"①。

根据考古发掘和古瓷窑普查发现,北宋碗坪仑窑的产品均为白釉瓷,南宋碗坪仑窑系青釉瓷、黑釉瓷和酱釉瓷共存。屈斗宫窑址以近于影青系统的白釉和白釉为主,有的白釉洁净滋润,光泽强,纹饰从釉色反映出来。此外还发现一些在焙烧过程中未烧熟和生烧所造成的或灰或黄、或深或浅等不同色调。历代以来,德化白瓷在瓷器中一直居于主流的地位,成为德化瓷的一大特色。其瓷胎和釉中含钾量高,采用的釉属于一种典型的钾钙釉。

上釉技术主要采用蘸釉和荡釉兼用的方法,比宋以前在技术上有了新的进步。

二、品种与造型

宋元时期,德化瓷器的器形种类主要有碗、盘、碟、洗、钵、壶、杯、盒、罐、瓶等类,各类形制和大小又有多种的变化。碗坪仑北宋窑址还发现象棋子,南宋窑址发现青釉瓷狮子等等。

(一)碗

碗是北宋碗坪仑窑器形中最丰富、数量最多的品种。有的碗心有5～6个支钉痕迹,圈足露胎或外壁施半釉;有的碗心刮釉一周;有的碗内有一道弦纹;有的圈足或假圈足;有的足露胎,细开片;有的仿建窑兔毫盏制作,胎体厚重;有的带盖。南宋碗坪仑窑出土的碗有的碗心刮釉一周,轮旋纹,外壁施半釉或满釉;有的圈足露胎,芒口;有的带盖,口底露胎;有的花口或光沿,其中有48件仿建窑兔毫盏制作,有圈足、实足

---

① 郭演仪、李国桢:《历代德化白瓷的研究》,载中国科学院上海硅酸盐研究所编:《中国古陶瓷研究》,科学出版社1987年版。

和实足微凹三种。屈斗宫窑出土的碗有芒口的、光口的,平底的、圈足的和实足的。有素面的,印花的,以碗外印莲瓣纹的为最多,底与足皆露胎,施半釉。还有一种墩仔式碗。

（二）盘

北宋的盘器大胎薄,优美大方,或圆唇或花口,装饰以云水篦纹为主体。有的盘心有 5 个支钉痕迹,足底露胎,口径 31.2～35.2 厘米,底径 9 厘米,高 8～8.7 厘米。南宋碗坪仑窑的盘造型与北宋无多大差异,但略小,口径18.1～29 厘米,底径 8.5～9.8 厘米,高 5.9～7 厘米。盘心有 6 枚支钉痕迹,内壁划篦纹,外壁施半釉,底露胎,有的有细开片。屈斗宫窑的盘有芒口、光口和花边的,有平底、浅圈足或实足的,有素面的也有印莲瓣纹的。有的盘翻过来,足底凸出,呈铜锣状,底露胎,口径 12～23.5 厘米。

（三）碟

北宋的碟外壁素面或弦纹,底露胎,口径 9.2～12.2 厘米,底径 3.1～4.3 厘米,高 2.1～3.2 厘米。南宋的碟口、底露胎,口径 9.6～9.8 厘米,底径4.2～4.8 厘米,高 2.5～3.2 厘米。屈斗宫窑的碟芒口,小平底,口径 9 厘米左右。

（四）洗

北宋的洗,口、底露胎,器心印花,口径 9.2 厘米,底径 7 厘米,高 1.9厘米。南宋至元出土的洗有二式,一为折腰弦纹洗,一为大口浅腹平底洗,或饰以卷草纹,或饰以直道纹,或作瓜瓣形,口径 9.8～16.8厘米。

（五）钵

北宋的钵内壁和底露胎,外壁压印莲花瓣或划篦状曲折纹,口径

8~10 厘米,底径 5.7~8.5 厘米,高 5~10.5 厘米。南宋的钵有圈足、实足和平底三种,施半釉,呈细开片,口径 9~25.2 厘米,底径 5.2~10.2 厘米,高 6.5~18.2 厘米。

(六)罐

南宋碗坪仑窑出土的罐六系,芒口,腹部有三组弦纹,施满釉。屈斗宫窑的罐共四种:第一种与军持壶形制基本相同,只是无流无把。第二种是子口带盖,平底,腹饰凤纹。第三种是大口,直腹,平底,腹饰凤纹或菱形纹。第四种是小口宽肩折腰,平底,素面。

(七)壶

北宋有二式。Ⅰ式口、流、把均残,瓜棱形,内壁和底露胎,腹径 13.5 厘米,底径 7.8 厘米,残高 16.4 厘米。Ⅱ式带盖执壶,内壁和底露胎,外壁压印莲瓣纹,口径 2.5 厘米,底径 7.6 厘米,高 7.8 厘米。南宋碗坪仑窑发现三式。Ⅰ式壶小口,砂足,胎接成型,口径 6.8 厘米,底径 8.2 厘米,腹径 15 厘米,高 20.8 厘米。Ⅱ式执壶,带盖,瓜棱腹,扁平把,施半釉,冰裂纹,口径 3.2 厘米,底径 5.6 厘米,高 7.4 厘米,有素面或弦纹。Ⅲ式即军持壶,有流和有把无把两种,喇叭口,细颈,折腰,矮平底,下腹内外壁露胎,胎接成型。南宋碗坪仑窑的军持壶造型比较丰满,腹部较圆鼓,颈部较高,形体较大,有把或无把。到了元代,军持壶形体变小,颈变短,呈折腹状,整体由丰满变成矮扁,并一律圆把。

(八)瓶

南宋碗坪仑窑的瓶,以器形大,形状多样,造型丰富而突出。内壁和底露胎,冰裂纹,胎接成型。屈斗宫窑的瓶一种是小口长颈,鼓腹圈足,颈间饰以相轮,形似多层宝塔,通高 17.6 厘米。一种是敞口高颈,鼓腹,平底内凹,通高 9.2 厘米。

（九）盒

宋元时期的粉盒有圆形、八棱形和瓜棱形。一般盖内不施釉，子母口，有盖有底，盒底稍平或内凹，露胎。盒盖一般印有 2～3 重图案，模制，大小差距较大，最大的直径 18 厘米，最小的只有 4.3 厘米。北宋的形状较高，棱角分明，种类和大小规格较多。到了元代，则全变为扁圆形。

（十）杯

形状比较复杂，有高足的，有矮足的，有平底的，有圆形的，也有七棱形的和八棱形的。杯外有印花的，也有浮雕莲花瓣和素面的。

从宋元时期古瓷窑出土的各种模具和制坯（修坯）用的转盘及器物可以看出，当时的成型方法已广泛采用模印、轮制和胎接成型，其中大部分用模制，只有高足杯、壶类和瓶类是采用分段制作而后胎接起来的。采用正烧的器物，一般器壁近口沿处较薄，近底处较厚。"墩仔式碗"近底处厚达 0.9 厘米，外形非常稳重，真像个"墩子"。覆烧器则相反，芒口，小底，敞腹，一般口沿处都较厚。

二、装饰与款识

宋元时期，德化窑装饰方法以刻花、划花、印花为主，南宋开始使用堆贴技术，纹饰也丰富得多。宋代碗坪仑窑装饰以莲荷、牡丹、宝相花、团花、云水、蕉叶、芦苇和缠枝花为主体，兼有篾纹、菊瓣、葵纹、麦穗、卷草、珠点、鱼、鸟、蝴蝶、飞凤等几十种纹样，有的纹饰穿插着弦纹和直道纹。构图严谨，生动秀丽，重于写实。南宋器物多重釉色，器表多素面，花纹较前期显著减少，仅有少量画粗糙和模印的瘦长莲瓣纹、云水纹、弦纹。屈斗宫窑的纹饰以盒盖上的图案花纹最为丰富，有莲花、梅花、葵花、菊花、牡丹等,每种花卉又有多种变化,极少相同。也有一些印云纹、钱纹、凤纹和人物。有的花卉中还夹印"福"、"寿"、"卍"、"般"、"金玉"、"金玉满堂"、"寿山福海"、"长寿新船"等文字。盖上的边纹和盒底的纹饰,大多是卷草纹。这些花纹和文字,都是模印阳文,线条比较流畅。

款识已在宋代出现。北宋碗坪仑窑一部分盒底和盒盖凸印有"林立"、"三卿"、"前"、"上"、"飞"等文字,有的盖面凸印反书字,有的盒底凸印"前""合""上"等字反书和花押。有一件果盒的盖面印有"颐草堂先生雕造工夫"的文字。用毛笔书写釉下的款识在碗坪仑南宋窑址已经出现,有的碗内壁用毛笔手书"舍"、"大"、"永"、"浔"、"真"、"藏"等文字,有的碟内壁用毛笔隶书"林"、"正"款。屈斗宫窑址的莲瓣纹碗底刻有"郑"、"会"、"只皮"、"小心"、"后"、"贤君"等字的反书和"三十夜月再得圆"款识。有些三足垫饼还印有蒙古人特征的头像和元代的花押和八思巴文字,具有鲜明的元代特征。有的匣钵上还刻有"丁未年"纪年款。

三、窑炉与烧成

宋元时期,德化窑的窑炉根据考古发掘的碗坪仑窑和屈斗宫窑的发现,经历了从龙窑到鸡笼窑的转变。

碗坪仑窑发掘时虽然窑床已经残坏,但仍明显留下龙窑的痕迹。该窑下层(北宋)发现一个窑头和近似半椭圆形的残窑床,残长约3.7米,身宽1.4米,残高约0.7米。窑券顶已经倒塌,火腔、通火孔及窑壁保存尚好。上层(南宋)窑头尾已被破坏,窑残长12米,宽2.6~2.8米,残高0.15~0.25米。窑壁用长方形砖砌成,两壁有残窑门5处。从出土的残窑床表明,两宋时期这里使用的龙窑,在形态上有共同的特征:坐向基本接近于南北,窑底铺砖,坡度较小,窑室较低。北宋的窑体较小而窄,南宋的窑身较宽,亦可能较长。其结构与大小,可能与宋代建阳芦花坪窑接近。

然而与屈斗宫窑又有区别。屈斗宫窑窑炉保存较为完整,坡长57.1米,宽1.40～2.95米,共有17间窑室。窑体宽大,火腔狭小呈半圆形。火腔与窑床界处,保留有5个通火孔,窑室一般呈长方形,两边都留有火路沟。室与室之间保留有隔墙(挡火墙),隔墙底设通火孔。隔墙的设置,其作用是将原来火力流通时的平行焰改成为倒焰,而且通火孔的设置也有利于火焰的流向。这种发展和改进,不仅是量的变化,而应该说是质的变化,是龙窑过渡到阶级窑进程中的一大飞跃。窑室底部斜平,有分间但不分级,上铺石英细沙,沙上放置匣钵垫或托座。窑床共残存14个窑门,其中11个开在东边,3个开在西边,窑身两壁外附有护墙。一般建在两个窑门的中间,以保护窑壁。从坍塌窑室内出土的楔形砖推测,窑顶应为拱形。根据窑床的结构分析,它既不同于龙窑,也不同于阶级窑,而是属于由龙窑发展到阶级窑的一种独特的窑炉类型——"鸡笼窑",与福建的安溪、闽清以及广东潮州一带的平底窑有相类似之处。屈斗宫窑的发现,证明自宋元以来,在德化窑炉发展史上由龙窑到阶级窑的过程中尚存在一种古老的"鸡笼窑"类型的窑炉,填补了德化窑炉发展中的一空白,为研究德化窑炉结构、类型的发展史,提供了重要的新资料,有其重要的价值和意义。[①]

宋元时期,烧成的方法有正烧、覆烧、对口烧和套烧等,其烧成的工具也伴随着不同的烧成方法和器物而日趋丰富。北宋的碗坪仑窑已经使用了匣钵,从地表散布的大量出土的垫圈、垫柱、支圈等窑具看,当时应以支烧为主,烧法比较简单。其中以托盘和垫托组合的伞形多层粉盒支烧器,造型独特,装坯大,是迄今为止我国北宋瓷器装烧方法的新发现。其装法是先在窑底平放一件径约15厘米,高约6厘米的垫饼,

① 叶文程、徐本章:《也谈德化屈斗宫"鸡笼窑"类型问题》,载《厦门大学学报(哲社版)》1983年第4期。

上置托盘,托盘当中放置垫托,然后在垫托上再放一件托盘。由此依次累叠约 6～7 层,每层的盘周再放置 5～6 个大小不同的粉盒。此外,用支圈做间隔器的深腹钵对口烧法,也是在福建首次发现。这些产品不用匣钵装烧,坯釉直接与火焰接触,绝大部分产品釉色透明,白里泛青,说明了当时的技术水平。但由于窑体小,器形大,胎体薄,瓷坯装烧支点小,以及火候控制不佳,致使一些器物生烧和二次氧化,造成变形黏着和黏有沙粒的缺陷。南宋以后,烧法渐趋复杂,支烧工具减少,匣钵有所增加。尤其是芒口覆烧窑具和支圈迭烧方法的广泛采用,减少了器物的变形和沙粒黏着,增加了窑炉的装烧量,提高了成品率。特别是不同瓷系的青瓷和黑瓷碗同窑一次套烧成功,反映了南宋无论在瓷器釉料的配方,还是坯体的装烧和窑温的控制技术都有进一步的提高。

屈斗宫窑器物的装烧方法。如墩仔式碗,是采用正烧的,其烧造方法是:先将大圆底匣钵放置于匣钵垫上,然后在匣钵内装入瓷坯。其上又放置一匣钵,匣钵内又再装入一瓷坯,一个个依次装叠,一直叠到窑顶。瓷坯与匣钵中间加一垫饼或垫圈,使瓷坯与匣钵保持一定的距离,避免器物粘连。盘、碟、盒的烧法也一样,只是采用的匣钵不同。盘、碟等浅形器,是采用钵体宽矮的平底钵或小圆底钵。折腰弦纹碗也是正烧,采用圆底钵。高足杯则采用凸底钵,钵的下部附加一套圈,特别是钵的内底心有凸起的护钉,以保持足部放置平稳,避免震动时左右倾倒。直道纹洗采用匣钵复叠法,钵口朝下,其下加一套圈,其上复置一匣钵,然后装入瓷坯。如此依次叠装,一个匣钵正放一件瓷坯。至于莲瓣纹碗,烧窑时不采用匣钵,而是将碗正放在托座上,上面再覆扣一瓷碗坯。这样仰覆装叠,是为对口烧,其他一些浅形器,也采用这种烧法。

四、发展的主客观条件

宋元时期,德化陶瓷科技发展的原因是由主客观条件多种因素形成的。

（一）德化县有着发展陶瓷得天独厚的优越条件和陶瓷生产的基础。

德化境内瓷土资源蕴藏丰富，瓷土都是由石英斑岩及长英岩等富含长石的岩石风化而成，大都呈现脉状或其他不规则形状，生于白垩纪火山岩系中。风化程度深，质地较硬的，可以制瓷坯；风化程度较鲜，质地较软的，可做瓷釉。这里瓷矿的特点是含矽量较高，含铁质较少，质地优良、洁白，磨细漂净后，即可直接制坯。而且瓷器坯、釉结合紧密，色泽洁白，滋润光亮，不易磨损。除高岭土外，尚有钾长石、钠长石、石英、叶蜡石、莹石、石墨，以及紫砂、陶瓷黏土、耐火黏土等制瓷原料矿藏。德化地处山区，森林茂盛，也为发展瓷业提供充足的燃料。

宋代以前，这里陶瓷生产已有一定的基础。据考古发现，远在新石器时代和青铜时代，陶器已在境内萌芽。唐代的青釉器在今盖德、浔中、葛坑一带都有出土。五代时，北方战乱，南方相对比较稳定，颜仁郁治理归德场（德化置县前身）时，重视生产的发展，"一年襁负至，二年田莱辟，三年民用足"。颜仁郁的侄儿颜化綵（864—933 年）总结了当地前人制作陶瓷的经验，编著德化史上第一部陶瓷工艺专著《陶业法》，并绘制介绍泗滨梅岭制瓷工场和工艺技术的《梅岭图》，传授陶瓷制作工艺。这些都为宋元时期德化陶瓷业的发展打下了基础。

（二）泉州港海外贸易的繁荣，促进德化陶瓷业的迅猛发展。

宋元时期是泉州港的黄金时代，一度跃为世界最大港口之一。陶瓷器在对外贸易中占有重要的位置。德化又隶属泉州，宋代从泉州西门入南平的剑州路（后改由北上仙霞路）就从德化经过。这条大道不仅是德化至泉州的大路，也是当时全省的主要大道之一。同时与德化毗邻，又是德化至泉州必经之地的永春县于宋开宝二年（969 年）与泉州已"互通舟楫"，德化的瓷器可挑运至永春，经水运直达泉州。

根据国内外考古发现，北宋德化窑的瓷器已经销往国外。在菲律宾的北吕宋、怡老戈、锋牙丝兰、描沓安、邦邦牙、黎刹、民都洛、描实描

地、怡朗、武六干和苏禄等省,都先后大批出土了德化窑的瓷器。据
1980 年 7 月英国前任驻华大使、古陶瓷专家约翰·曼斯菲尔德·艾惕
思来德化考察后指出,菲律宾出土的南宋和元朝的德化瓷至少在上万
件以上。"马来西亚联邦境内出土的宋代青白瓷壶、瓶、盒、洗和碗等类
器物,这类瓷器大部分来自福建德化等地区"。① 考古调查发现,马来
西亚莫包河口南边的布吉巴士林登就出土了不少元代景德镇窑的青白
瓷和德化窑阳纹印花瓷,在马来西亚沙捞越也发现过大量的德化窑瓷
器。在沙捞越国家博物馆藏品中,有德化窑的军持、仰覆莲瓣纹小碗、
印纹盒子、折沿刻花大盘等青白釉瓷和白釉瓷。新加坡南洋大学李光
前文物馆收藏有宋代德化窑的高 80 厘米的桶形白瓷罐。在韩国新安
海底沉船出土物中,经中国社会科学院考古研究所李德金副教授等的
鉴定,其中有元代德化窑的枢府洗与高足杯。日本出土的宋元时期德
化外销瓷也不少,其中有莲花瓣碗、篦纹碗、莲花萱草纹碗、高足杯、弦
纹洗和各种瓷盒、葵花碟等等。印度尼西亚的西里伯斯和爪哇出土不
少与德化碗坪仑窑、屈斗宫窑、后坑垄窑和后垄生产风格完全相同的宋
代军持壶,苏门答腊棉兰近郊也发掘出大量中国宋元陶瓷碎片,其中有
德化窑的白瓷,宋代碗坪仑窑生产的花瓶,它们和德化窑出土相同的执
壶和碗在印尼首府雅加达亦有收藏。泰国湄公河出海口及其附近水域
出土了元代德化窑的瓷器。

　　宋元时期,德化瓷还远销到中东地区,埃及早在 11 世纪至 12 世纪
的法蒂玛王朝时就从德化输入白瓷,用拉斯地彩绘制作伊斯兰式的花
纹,制成别具一格的合作陶瓷,在发掘的福斯特遗址中,出土了不少德
化宋代白瓷。宋元德化瓷器在阿拉伯半岛的苏哈尔和亚丁也有发现,
阿曼索哈地区出土了德化元代的白釉印花碗。伊朗东部古城内沙布尔
在遗址发掘中,发现了德化窑宋代带有自由画风格的白釉刻花花草纹、
白釉刻花几何纹的白瓷碗和大盘的残片,还有器外饰有刻花莲瓣纹碗

---

① 　吴仁敬、辛安潮:《中国陶瓷史》,商务印书馆 1937 年版。

的碎片。1938年在叙利亚哈马遗址进行发掘时,发现有宋代德化窑白色透明的白瓷残片,这些残片现由叙利亚哈马国立博物馆收藏。甚至远达欧洲的意大利,元代马可·波罗曾把德化瓷器带回国,至今还有一些器物保留在意大利的博物馆。

由于社会对瓷器的需求不断增加,海外贸易的迅速发展,又进一步刺激了瓷器生产的发展和生产技术的提高。宋以前,德化窑青釉器虽相继出土,但窑址尚未发现。至宋元时期,德化窑生产遗址已发现42处,其中以县境南部城关附近的浔中、三班、盖德二镇一乡最为发达,同时延伸到境内北部的上涌、葛坑、汤头和西部的春美等共17个村落。

(三)宋元王朝采取了对外开放政策,推动了陶瓷业的发展。

宋朝重视海外贸易,鼓励外国商人来华通商,同时中国商人也可自由到海外各国进行贸易。吴自牧在《梦粱录》中曾记载:"若欲船泛外国买卖,则自泉州便可出洋。"又说:"若有出洋,即从泉州港口至岱屿门,便可放洋过海,泛往外国也。"与海外贸易发展而来的是钱币的严重外流,造成国内钱荒。宋政府为了防止钱币流出海外,规定凡外货,不用金银铜钱,而以绢帛、陶瓷为代价。南宋这个措施的实行,促进了陶瓷更加大量的生产和外销。摩洛哥旅行家伊本·白图泰在其游记里提到"中国瓷器仅产于刺桐(泉州)、兴克兰(即广州)两城……中国人将瓷器转运出口至印度诸国,以达吾乡摩洛哥。此种陶器真是世界上最佳者也"。元代意大利旅行家马可·波罗在他游记中对德化窑给予很高的评价,冯承钧译本指出,这里"制造碗及瓷器,既多且购价甚贱","此城之中,瓷市甚多,物搁齐亚钱一枚,不难购取八盘"。张星烺译本也提到德化"做各种大小瓷碟子,品质皆是可想象的那样最美丽。它不在别的城制作,只是在这一城,由那里分散到世界各处。这里制作很多,但极便宜。一个威尼斯格罗梭币可以买三个碟子,并且皆是顶好的,比那再好的是你们想不到的了"。

(四)宋元时期陶瓷科技的进步是中外文化交流的结果。

陶瓷与人类日常生活密切相关,陶瓷的外销对改善、丰富和美化当地人民生活有着直接的影响。为了适应外国人习俗的需求,宋元德化窑已注意吸取外来的文化,根据国外的不同习俗对瓷器的造型、装饰艺术进行了变革,进一步丰富了德化窑的造型、装饰艺术,相应地推动了德化窑技术的发展。如德化窑为东南亚穆斯林教徒特制的军持壶,马来人改崇伊斯兰教以后,对军持的需要更多,日常拜功可为小净之用,朝觐麦加可以携贮溪水,归途为备产装麦加阿必渗渗井水和蔷薇水,以赠送亲友和自用。德化窑生产的军持大量外销,满足了马来人的需要。又如粉盒大量生产和外销,也是根据国外需求而生产的。高足杯造型也是吸收国外的造型而设计的。宋元时期,装饰上大量出现莲瓣、荷花、蕉叶纹、"卐"纹,在一定程度上也深受外来文化的影响。这些外来文化与中国传统艺术紧密地结合在一起,形成了独特的民族风格,它是中外经济文化交流的象征。在研究宋元时期德化陶瓷科技时,我们可以看到在悠久的历史长河中,中外人民在友好往来、共同创造物质文明和精神文明中结下的深情厚谊。

　　本文写作时还参考了福建省博物馆梅华全执笔《福建省德化碗坪仑宋瓷窑址发掘简报》(载《德化瓷研究文集》,华星出版社1993年8月版)和德化古瓷窑址考古发掘工作队屈斗宫窑址发掘简报编写组《福建德化屈斗宫窑址发掘简报》(见《文物》1979年第5期),在此向提供资料的同志表示谢意!

1994 年 6 月初稿

近代德化陶瓷科技发展初探

公元 1840 年的鸦片战争,揭开了中国近代史的序幕。从这时起至 1919 年五四运动时止的近代中国社会发生了重大的变化,正如毛泽东同志指出的"帝国主义列强侵略中国,在一方面促使中国封建社会解体,促进中国发生了资本主义因素,把一个封建社会变成一个半封建社会。但是在另一方面,它们又残酷地统治了中国,把一个独立的中国变成了一个半殖民地和殖民地的中国"。[①] 这一时期,"外国资本主义对于中国的社会经济起了很大的分解作用:一方面,破坏了中国自给自足的自然经济的基础,破坏了城市的手工业和农民的家庭手工业;又一方面,则促进了中国城乡商品经济的发展"。[②] 近代(1840—1919 年)德化陶瓷科技就是在这种特定的社会环境下走过了艰难曲折的历程。其特点主要表现在以下几个方面。

---

① 毛泽东:《中国革命和中国共产党》,《毛泽东选集》第二卷,人民出版社 1960 年版,第 630 页。

② 毛泽东:《中国革命和中国共产党》,《毛泽东选集》第二卷,人民出版社 1960 年版,第 626 页。

一、大批瓷工离乡背井
开拓新的发展领域

自清末以来,中国历史上最后一个封建王朝已经十分腐朽衰败,阶级矛盾日益激化。在德化地区接连发生了反抗残酷统治压迫的农民斗争:主要有 1853 年(咸丰三年)受太平天国影响的林俊红钱会起义,1891—1892 年(光绪十七至十八年)响应陈拱的反盐税斗争,1911—1913 年响应辛亥革命的苏亿起义。这些农民斗争大大地动摇了封建统治,但最后都遭到反动势力的残酷镇压。广大农村的农民和瓷工因受政治压迫、农村破产和经济穷困,纷纷携眷出洋谋生,根据 40 部地方族谱(含 49 个村)记载:清代(主要是清中期以后)出洋人数达 1335 人(由于有些族谱残缺不全,个别族谱系光绪间所修,因而即使看到的族谱也无法包括清代该地出洋的实际总人数),仅陈拱的故乡瓷村丁溪,因陈拱反盐税斗争的失败,遭清政府的镇压,祖厝民房被焚达 13 座,家家户户都有人出洋逃难谋生,当地的瓷窑遂之倒闭。①民国以后,出洋人数有增无减。瓷工背井离乡迁到省内外也不少,仅著名瓷村三班泗滨颜氏,清代中晚期族民开往外地务瓷者有宁德县飞鸾梅溪窑 21 人,闽清窑 15 人,尤溪山头窑 67 人,瓯宁府南山窑和沂田窑 4 人,建宁府碗窑 1 人。瓷村隆泰村乐陶孙氏也有 3 人开基飞鸾窑,3 人开基尤溪山头窑。还有不少村落同样有类似的情况,这里不再枚举。这些外出从事瓷业的工人传授德化窑的技艺,有的在当地建家立业,世代相承,与当地人民一道,为发展瓷业做出了积极的贡献。由于瓷工大批外出,德化的瓷业相应衰落,据《福建编年史》记载:德化在清康熙、乾隆"最盛

---

① 徐本章、郭清汉整理:《清代德化出洋人数粗略统计》,载《德化文史资料》第 10 辑,1989 年 9 月。

年代,全县从事瓷器生产的工人约有二万五千人,大小瓷窑有六十余座",至清末已一蹶不振,纷纷倒闭。"迨至民元而来,因德化瓷被日本瓷之打击已渐见衰落,窑已废半"①。据新中国成立后瓷窑的普查,民国期间全县瓷窑由清代的 62 个村 177 处下降到只剩下 15 个村 55 处,处于发展的低潮时期。

二、传统名优产品相对衰落
新的陶瓷科技有所发展

至清代中晚期,驰名中外的"象牙白"瓷逐渐消失,而变为灰青色的白釉,即使是白釉瓷,白度也逊于明代。各种瓷塑艺术品的品种也大为减少,工艺也比较粗糙。釉下青花瓷虽断续有所生产,但生产规模和工艺水平已不如以前。陶瓷品种大部分保留在碗、盘、碟、罐、壶等日用瓷,造型只求实用简朴大方,远不如明代的丰富和精致。传统名优产品相对衰落。

辛亥革命前后,随着民族资产阶级地位的提高,中国出现了兴办资本主义工业的热潮。瓷业工人为摆脱瓷业的困境,参与市场的竞争,对瓷器生产技术进行了一些改革,使德化瓷业出现了一个短暂的发展时期。

生于瓷村隆泰乐陶的孙为创(1858—1927 年),号锦春画士,一号岐山氏。陶瓷彩画和壁纸画自成一格,驰名海内外,山水花鸟一经点染神气自生,曾在南洋展画瓷器赛会中获优等奖,南洋报刊专题做了采访报道。② 当地的陶瓷装饰也深受其绘画技法的影响,至今该村龙图宫尚保存其光绪年间的染画和八仙、龙吟虎啸、异花艳菊、千灾扫去、百福

---

① 徐曼亚:《瓷史》,福建德化瓷艺学社编印,1948 年春油印本。

② 《德化乐陶孙氏族谱》,民国三十六年(1947 年)三修本。

招来、合境平安、吉祥如意、双龙戏珠、双凤牡丹等壁画。他的粉彩画也别具一格,其瓷器画作民间尚有保存。

清末民初,德化窑开始采用电光水涂抹白瓷表面,入炉烤成红、蓝、赤、紫等釉上变色釉,开创了瓷器的新釉面,收到了良好的效果。

此一时期,德化瓷雕较有代表性的是苏学金和许友义、许友官、许友簪三兄弟。苏学金(1869—1919 年),号蕴玉,在继承何朝宗传统技艺的基础上,有所创新。民国四年(1915 年),苏学金以精湛瓷雕工艺"手制瓷梅花参加巴拿马万国博览会获得优奖,余如雕塑模型均见工巧"。在德化陶瓷史上第一次夺得国际大奖的桂冠,得到当时新任的县官吴承铣的嘉奖,赠以"极深研究"的匾额。他还擅长用浮雕和镂空制作各种花瓶、笔筒,其作品曾销往西欧。1964 年,在英国乡村农居家中就发现大量盖有"苏蕴玉"名款的以观音为主的人物瓷塑、浮雕和镂空笔筒。在一段记述苏学金留传西欧作品中,还提到同时期盖有苏加善名款的杜甫瓷塑一尊和大批珍藏于英国伦教格鲁伯基金会的西王母瓷塑。[①]

瓷雕艺人许友义(1887—1940 年),字云麟,在创作上也有新的突破,创作了活动马链的木兰从军及各种古代仕女、神话人物和龙舟。许氏三兄弟的作品曾在英国、日本和上海、台湾举办的博览会荣获 4 次金奖,许友义被誉为"特等雕塑师","至今在英国爱丁堡苏格兰博物馆尚保存一尊署有许云麟制印章款的韦驮瓷塑一尊,另外一尊渡海观音和一尊坐地达摩,由英国收藏家 P.J.唐纳利所收藏"。[②]

民国五年(1916 年),德化瓷业界有识之士提倡改良瓷器装饰、造型等式样。彩画艺人郑少陶改良彩画,恢复古彩。这种古彩瓷,以铜、

---

① P.J. Donnelly(P.J.唐纳利), *Blanc de Chine : the Porcelain of Tehua in Fukien*(《中国白——福建德化白瓷》),London: Faber and Faber, 1969.陈建中摘译。

② P.J. Donnelly(P.J.唐纳利), *Blanc de Chine : the Porcelain of Tehua in Fukien*(《中国白——福建德化白瓷》),London: Faber and Faber, 1969.陈建中摘译。

铁、锰、钴等氧化物为着色剂,与铅粉、石英粉配制颜料,画面具有红、黄、绿、蓝、紫五种颜色,色彩鲜艳,对比强烈,有浓厚的民间装饰风格。随着西方科学技术的传入,彩瓷商林凤鹏引进日本产洋彩颜料和金水,运用国画技法,绘制各种山水花鸟人物画面,开创德化瓷釉上彩的新时期,为现代的釉上彩技术的发展打下了基础。

三、排除困境,面向国内外市场,
求生存、求出路、求发展

  18 世纪和 19 世纪上半叶,西方科学技术已取得了迅猛的发展,科学技术的大部分领域已经把闭关自守的清王朝统治下的中国,远远地抛到了后面。宋元时期,德化陶瓷之驰名世界,离不开对外开放和面向国内外开拓产品市场,离不开泉州港的繁荣。清代后期,厦门港兴起,一跃成为国内外商品的海上中心,同时也是海外商人形成的沿海贸易网之间的连接点。厦门航海贸易的主要对象是日本和东南亚国家,福建地区的陶瓷都从厦门港出口,并运销台湾和山东、东北、天津等地。在鸦片战争前,我国的生产技术水平远胜西方国家,出口商品备受欢迎,丝绸、织造品、瓷器、茶、糖等,长期成为厦门重点出口商品。道光十二年(1832 年)刊行之《厦门志》卷五"洋船"条中所述厦门输南洋之商品,瓷器仍属一重要货物,"其出洋货物,则漳之丝绸、纱绢,永春窑之瓷器(指德化窑,时德化归永春州管辖)"[1]。鸦片战争后,厦门是《南京条约》被迫开放的五个通商口岸之一。此时,航运和对外贸易的主动权丧失殆尽,外国的轮船取代了厦门的帆船运输,不仅国外市场的控制权握在外国资本主义国家手中,国内市场进出口商品的价格,也在外商洋行控制之下,为外国商品输入大开方便之门,对外贸易从出超转为入超,

---

  [1] 韩槐准:《南洋遗留的中国古外销陶瓷》,新加坡青年书局 1960 年 1 月初版。

土特产和陶瓷的出口受到种种限制,出口量一落千丈。为改良和抵制舶来品,振兴陶瓷,厦门于 1904 年筹资创立华宝制瓷公司。但是由于大势所趋,杯水车薪,终至昙花一现,不足以挽回颓势。

在内外交迫的情况下,德化陶瓷界有志之士以坚强的毅力冲出山区,投入国内外市场参与竞争,发展贸易,在困境中求生存、求出路、求发展。根据地方族谱记载,瓷村宝美苏荣中(1797—1864 年)"贩磁器于潮州、温陵以及榕城等处,殚心贸易,颇获盈余"。苏及金(1826—1907 年)"俭守逾常,故商贩潮汕而左券独操,克臻富有,营田建屋"①。瓷村泗滨颜中山(1849—1908 年),少时从事瓷业,壮年学武不就,往台湾淡水县从事陶瓷贸易,经销德化瓷器,并娶台湾籍郑春为侧室,作为经销店内助,获利颇厚。颜嘉猷(1777—1844 年),一生以从事陶瓷对外贸易出名。嘉庆初年,经商泉郡,利用蔡牵船队,多次满载瓷器扬帆出海,畅销香港、台湾地区,直至安南(今越南)等国家,一跃成为当地巨富。后蔡牵被清廷所剿,嘉猷的瓷业随之衰落。颜桂堂(1833—1909 年),少时丧父,辍学业瓷,与堂兄敏修、弟德修从事陶瓷贸易 40 余年。所做瓷器颇有名声,远销海内外。营商致富后,董建梅岭桥石址,便利于梅岭瓷工不遭洪水桥梁时毁之苦。颜晴川(1874—1920 年),壮年弃学就商,从事陶瓷经营,贩瓷仙游、泉州、福州等地,颇获厚利。晴川疏财仗义,光绪二十二年(1896 年)冬月,乡人销瓷至台湾,至东沙处遭劫一空,几至丧命。晴川悉该寇籍贯,控告于仙游,上诉于兴化府,震动很大,交通因之无阻。光绪戊戌年(1898 年),税差任意抬高税厘,瓷商贩至仙游常在湖洋被拦截克剥。事关德化瓷业销售大局,晴川不畏阻力,直言上诉于永春州,据理力争,州判按旧章规定缴纳,不得随意追加,营私舞弊。自此德化销往仙游的瓷器各卡畅通,对瓷业的销售颇受其益。②

---

① 《龙井苏氏族谱》,民国二十七年(1938 年)秋刊本。
② 《龙浔泗滨颜氏族谱》,民国十八年(1929 年)刊本。

陶瓷贸易的发展,给陶瓷业带来了生机,陶瓷进入市场接受检验,提高了竞争力,也促进了产品的革新,推进了陶瓷科技的进步。近代德化瓷科技的发展虽然步履艰难,但在整个德化陶瓷发展史上有着它的重要位置,它为掀开现代德化陶瓷科技史的新篇章奠定了基础。

1994 年 6 月 4 日

　　26年前，即1993年10月"第一届中国德化国际陶瓷节"召开前夕，德化县地方志办公室组织出版了《德化瓷史与德化窑》一书（香港：华星出版社1993年5月），作为盛会的献礼。该书是徐本章和叶文程两位先生对德化陶瓷研究的共同成果，它集合了文献记载、考古调查、馆藏文物以及中外学术界的研究成果，成为德化陶瓷爱好者、研究者必读的佳作之一。

　　据该书《编后》云："收入本书的两篇初稿，曾在1980年全国性的德化窑学术讨论会暨中国古外销陶瓷研究会成立大会上进行交流，引起专家学者的兴趣，并肯定是'有史以来第一部较系统地总结德化瓷历史的专著'，南京博物馆副院长宋伯胤教授还咏诗赞颂'喜看佳作夸后隽，瓷中生面待君开'，给以鼓励。日本专家来德化访问看到书稿，认为'资料丰富，很有价值'，建议尽早出版。改革开放十四年来，德化陶瓷发展迅猛，日新月异。作者再次对原书稿进行修订，充实新的资料和新研究成果，力求较全面地反映在改革开放浪潮中，德化瓷发展的新面貌。期望本书的问世，能起到推进德化瓷的研究，弘扬优秀的陶瓷文化，促进中外文化交流，更好地为现代化建设服务的作用。"

　　以下仍保持该书原貌，以《德化瓷史》、《德化窑》为上下篇，全文转载。

——编者按

德化瓷史

　　瓷器是中国劳动人民的伟大发明,福建省德化县是我国南方著名产瓷地区之一。德化县制瓷历史悠久,源远流长,曾与江西景德镇、湖南醴陵并誉为中国的三大瓷都。历代以来,这里的制瓷因政治、经济的变化而有盛有衰,但始终绵延不断。质地优良的瓷器一直是我国重要的对外输出品,宋代的青釉器、青白釉器,明代的"象牙白"瓷雕,清代的青花瓷,在国际上均获得高度的评价,受到各国人民的喜爱。新中国成立后,尤其是改革开放以来,随着我国国际地位的提高,对外贸易的增进,德化瓷业得到了空前的发展,产品畅销世界五大洲90多个国家和地区,在促进中外文化交流和贸易往来中谱写了新的篇章。

　　我们怀着对德化瓷器的极大兴趣,对德化瓷业的发展渊源及其现状进行了初步的考察。

一、千山万壑中的瓷都

　　打开中国地图,在东经117度55分至118度32分,北纬25度23分至25度56分之间,便是瓷都德化所在地。

　　德化县位于福建省中部,泉州市最北。东与仙游、永泰县毗邻,北与尤溪县交界,西与大田县接壤,南与永春县相连,全县土地面积2232平方公里。

　　德化周代属七闽地,秦时属闽中郡。汉代以来,隶属名称多次更换。唐贞元中期析永泰之归义乡设归德场,场址就在今县城一带。五代唐长兴四年(933 年),正式建立德化县。

德化的瓷业,历代烧制规模之大,分布之广,确实壮观,从人口密集的城关到偏僻的山村,从田野到丛山密林,经常可以发现古瓷片和古瓷窑的遗址,白莹莹、花艳艳的瓷片,像颗颗星斗撒在人间,似片片白玉镶织大地,把青翠翠、绿葱葱的山乡点缀得更加秀丽。全县目前已发现的宋、元、明、清迄至民国时期的窑址达 237 处,有的重重叠叠,延续烧制,难以计数。还有些年代久远,早已湮没,期待今后发现。这些古瓷窑址从东部与仙游交界的朱地到西部与大田交界的尤床,从北部与尤溪交界的双溪口到南部与永春交界的岭头,星罗棋布,到处可以听见诸如车碓岭、窑坂、碗坪仑、碗洋坑、窑垄山、碗窑山、窑垄仔、瓷窑岭、瓷窑垄、瓷窑岐、瓷窑坪、瓷窑坑、瓷窑仑、瓷寮坝、新窑、旧窑等带有陶瓷特色的地名。这里,确实是"瓷的世界"。

德化瓷业发展有着优越的自然条件。海拔 1856 米的戴云山主峰就在境内,是闽中地势最高的县份。地势大致由中部向四周倾斜,群山环抱,重峦叠嶂,森林密布,河流交错。气候温和,年平均温度为摄氏 18 度,绝对温度最高 38 度,最低零下 4 度,每年无霜期 192~210 天。主要河流浐溪和涌溪,分别绕行戴云山南北两侧,构成环形水系。这两条溪在县东北水口汇合,流入永泰通往闽江,直达省会福州。明清时期,从水口至福州可通帆船,至今仍有木筏来往。县境东南的大溪经永春、南安两县,汇桃溪、东溪入晋江,直达泉州。这条溪从永春至泉州地段在宋开宝二年(969 年)已"互通舟楫",成为永春、德化、大田货物的中转站和集散地。县境西南的小尤溪和西北的大张溪、岭脚溪入大田和尤溪县,汇均溪、坂面溪、尤溪入闽江,水力资源丰富。全县山地多为中生代火山岩及花岗岩所构成,瓷土矿藏极为丰富,分布面也很广,素有"取之不尽,用之不完"之称。由于历来未曾做过全面科学勘探,其实际储量至今难以估量,现已发现的矿点 100 多处,经常采用的 30 多处。沿西北行之汤岭、下店、双溪口、上涌、葛坑,沿东南行之瑞坂、南埕、科荣、东漈,均系瓷矿山脉;县之西南由矿山岐而儒山、蒲坂、高阳、凤翥山、观音岐、五凤山,均系瓷矿山脉。依全县山脉之测探,可谓尽是瓷矿。[①]

根据近几年来勘探提供的资料,全县高岭土分布可分为 3 个环形矿带。一是以浔中镇的坂仔、观音岐,盖德乡的宝坑、山坪、有济、林地,雷峰镇的潘祠、蕉溪,霞碧镇的苏洋、硕儒为代表的浔中地带环形带;二是以美湖乡的金竹坑、双尖、上田、黄石、阳山白岩格,春美乡的双翰、桂地,赤水镇的大尖山、永嘉,国宝乡的佛岭头等为代表的美湖地带环形带;三是以上涌乡的桂林,桂阳乡的王春,汤头乡的半岭,葛坑乡的富地、湖头等为代表的桂阳地带环形带。瓷土都是由石英斑岩及长英岩等富含长石的岩石风化而成,大都呈脉状或其他不规则形状,生于白垩纪火山岩系中。风化程度深,质地较硬的,可以制瓷坯;风化程度较鲜,质地较软的,可做瓷釉。这里瓷矿的特点是含矽量较高,含铁质较少,质地优良洁白,磨细漂净后,即可直接制坯,不需调和其他原料,可省漂制工序。而且瓷器坯、釉结合紧密,色泽洁白,滋润光亮,不易磨损。它的质量较其他地区为优,无论烧成日用瓷器或化学上需要的蒸发皿等,都很适宜。

建设厅矿产事务所曾经对德化浔中宝美小岭出产的原土进行分析研究,其组成成分如下[②]:

氧化矽:70.963%

氧化铝:痕迹

氧化铁:0.060%

氧化钙:0.418%

氧化镁:2.051%

---

① 徐曼亚:《瓷史》,福建德化瓷艺学社编印,1948 年春油印本。

② 高振西:《福建永春、德化、大田三县地区矿产》,福建省地质土壤调查所地质矿产报告第三号,1941 年。

碱化物：11.073%

水分：0.61%

灼热减量：0.622%

20世纪70年代，省地质队曾对德化桂亭、下楼坑、下涌、阳山格仔仑、卓地、尖山、湖头、吉山、桂格、西口（佛岭）、罗城、国宝、盖德、蔡养、大湖、山坪、林地、凤山、龙翰、仙境、下坂、观音岐、乐陶、宝美、上蕉溪、小湖、三班、下楼、割竹仔、苦坑仔、有济、苏洋、下十二岸、阳山等瓷矿的调查。以原瓷研所对阳山文岭土化验的数据为例：

氧化硅（氧化矽）：44.13%

氧化铝：38.64%

氧化铁：0.22%

二氧化钛：0

氧化钙：2.63%

氧化镁：0

氧化钾：1.66%

氧化钠：0.40%

灼减：11.40%

总量：99.08%

现代新发现和开发的九户林瓷土矿，其所产的一号高岭土，经景德镇陶瓷研究所等专业科研部门检测，以原矿土制成的试片在小型煤窑中经1350度烧成后的样片，通过检测，其白度高达94.4度。

德化除高岭土外，尚有钾长石、钠长石、叶蜡石、莹石、石墨和紫砂、陶瓷黏土、耐火黏土等制瓷原料矿藏。

由于德化气候温和，山川秀丽，适宜人类生息繁衍，瓷土矿藏和森林资源丰富，为发展瓷业提供了极其丰富的原料和充足的燃料。同时，德化地近东南沿海，自古以来，与我国东南的重要港口福州、泉州有着直接的隶属关系，利于瓷器的外销。这些都给德化瓷业的发展提供了极其有利的条件。同时，由于德化瓷质的洁白坚硬，工艺精良，色泽莹润,能耐高温而不破裂,在冰点以下也不会变色、变形或釉色损败,历来在国际市场上享有很高的声誉。

德化瓷业在整个国民经济收入中占有相当大的比重,特别是大量德化瓷器的外销,不仅改善、丰富和美化了当地人民的生活,促进了文化交流,而且对繁荣本地的社会经济,提高人民生活也起了一定的作用。宋代,德化瓷器已经大量倾销国外,至今在印度尼西亚、菲律宾、日本等地尚可发现当时德化外销瓷。元代,泉州已成为当时世界最大商港之一,《伊本·白图泰游记》曾称泉州港"大帆船百艘,辐辏其地。至于小船,则不可胜数矣"。意大利旅行家马可·波罗来泉州,还称赞德化"制造碗及磁器,既多且美","购价甚贱"[1]。1976年,在德化城郊发掘的屈斗宫古瓷窑,出土了大批外销瓷器,证实当时德化瓷器大量外销的事实。明代,德化别具一格的象牙白瓷的创制成功和各种艺术瓷器雕塑的高度成就,震动国内外。其产品成为"东西洋"热门货,各方以高价竞相争购,至今在东南亚一带和美国、英国、法国、日本等国和香港地区,以及国内的北京、上海、南京、广东、广西、福州、泉州、厦门等文博单位或私人尚留藏有当时的器物。在清代乾隆以后的最盛时期,全县瓷器"年产值一百数十万元,从事瓷器工艺的工人,约两万五千余人,大小瓷窑有六十余座"[2]。萨嘉椠《建窑考》也提到:"德化陶区经营瓷业者,在昔人口占全县人口十分之一,约一万余人。"清代乾隆道光年间,德化人郑兼才目睹当时瓷业的兴旺,写道:"骈肩集市门,堆积群峰起。一朝海舶来,顺流价倍蓰,不怕生计穷,但愿通潮水。"[3]说明当时瓷器的外销与人民生活的紧密联系,息息相关。鸦片战争后,由于帝国主义的入侵,清政府的闭关政策,外销停滞,瓷业一落千丈。民国初期,有一段时

---

① 沙梅昂注,冯承钧译:《马可·波罗行纪》,第2卷第156章"刺桐城"条,中华书局1935年10月版。

② 陈遵统等编:《福建编年史》,1958年11月,刻印本。

③ 民国《德化县志》卷十六,《艺文志》。

间瓷业再次得到复苏,据民国十八年(1929年)的统计,"德化业磁者有数百家,专业者居少数,余皆于农隙经营"、"全境瓷窑数目多至五六十座,故几可与景德镇同称"。① 以后由于日寇的侵略,军阀土匪的烧杀掠夺,德化窑相继倒闭殆尽。虽然民国政府做了一些改良,欲行挽救,也只是昙花一现。至德化解放前夕,全县只剩下改良瓷场三间窑一条,旧房子三幢,一些破烂工具和7个职工。

1949年,德化解放了,德化瓷业生产在历史上开始了新的一页,瓷业得到了迅速的恢复和发展。特别是改革开放以来,把发展陶瓷业作为发挥德化"林、瓷、电、矿"四大优势的中心环节和振兴德化经济的突破口,在积极抓好国有瓷厂技术改造的同时,大力创办陶瓷加工区,为发展乡镇陶瓷企业大开绿灯,引导广大群众走股份制办企业的新路子。还注重能源的改革,鼓励创新,努力开拓国际和国内市场,使古老的瓷都焕发出生机和活力,陶瓷工业产量、产值、出口供货都达到了空前的水平,巩固和发展了全国十个陶瓷重点产区之一和全省陶瓷出口主要基地的地位。1992年,经过县工商行政管理部门登记的陶瓷生产厂家441个,比1991年增加105个,比1978年增加了397个;从业人数2.63万人,比1991年增加0.48万人,比1978年增加2.13万人。陶瓷器产量1.58亿件,比1991年增长12.96%,比1978年增加3倍,14年间平均递增10.33%。陶瓷工业产值2.23亿元,比1991年增长41.03%,比1978年增长15.6倍,年均递增22.25%。在全县工业总产值中的比重由1978年的53.7%提高到59.79%。②

随着我国外贸事业的蓬勃发展,德化瓷外销日益繁荣,特别是1985年1月德化被列为沿海开放县。对外开放以来,德化出口商品生

---

① 陈文涛:《福建近代民生地理志》第一篇第六章,福州远东印书局1929年5月版。

② 中共德化县委宣传部、德化县统计局编:《改革开放十四年瓷都德化巨变》,1993年3月。

产紧紧围绕陶瓷这一重点,加强宏观指导和协调,摸索出一条以县外贸公司收购为主,民间贸易和有条件企业的自营出口为辅的多渠道出口的路子,出口商品供货总值不断刷新历史纪录。1992 年出口商品供货值1.83亿元,比 1991 年增长 29.12%,比 1978 年增长 17.8 倍,年均递增23.32%,在全县出口商品供货总值中的比重由 89.33%提高到 91%。乡镇陶瓷企业年产值和实际出口陶瓷交货值上百万的有第五瓷厂、宝美瓷厂、福美瓷厂、国宝瓷厂等 24 家。

二、德化瓷溯源

德化瓷器生产始于何时,这是目前考古工作者和学术界正在研究和探讨的问题。

瓷器的产生和发展是我们的祖先在与大自然斗争和物质生活实践中,经过长期摸索创造出来的。根据新中国成立后德化的考古发现,早在新石器时代原始社会的后期,在德化浔中镇丁溪村的云尾山、牛尾寨、四埔山等三处新石器时代遗址和美湖乡尊美村后坪山的新石器时代遗址上,先后采集到石锛、石斧、石矛和印纹陶片以及釉陶片。

恩格斯指出:"陶器的制造都是由于在编制的或木制的容器上涂上黏土使之能耐火而产生的。"这几处新石器时代遗址出土的印纹陶片和釉陶片的发现,说明了在原始社会后期,德化已有人群居住,并且开始生产和使用陶器。可以肯定,在当时的历史条件下,这些陶器不会是也不可能是从外地传进的,而是就地生产的,这是原始工艺的杰作,也应是德化陶瓷生产的起源。

德化县早期的瓷器是属于青釉系统的青瓷,以后随着生产技术的日益精进,质量的日益提高,逐步发展为青白瓷以至白瓷。

1968 年,在修建城关至三班的浔三公路时,曾在石排格古瓷窑址的附近发现相当于魏晋时期的青釉谷仓、青釉壶、青釉罐和时代可能较晚的托具等器物。这是德化继新石器时代釉陶被发现之后，又一比较早期产品的发现。这些属于青釉系统产品的发展，为探索德化县早期的瓷器提供了新的线索。

至唐末五代，由于中原混乱，藩镇割据的混战接连发生，南中国比较安定，北方人口大量南移，单随王审知兄弟入闽的光州固始一带的兵士就达万人以上，他们散居到晋江流域各县。据目前已发现的德化地方族谱记载：德化三班泗滨颜氏、浔中坪埔陈氏、上涌桂格郑氏、上涌黄井蒋氏、上涌下涌赖氏、上涌平炉林氏、大铭上宅林氏、浔中浦坂涂氏，都是在唐代从外地迁徙来德化开基的。至五代时，迁移来德化的还有浔中科荣仙苑曾氏、赤水小铭涂氏等。由于北方人口大量南流，南方经济的上升，泉州地区瓷器手工业获得了新的发展。据晋江地区文管会的普查，发现五代以前窑址 18 处，制作技术和产品质量都有很大提高，产品以青瓷为主，还有青白釉瓷，品种有四系或双系罐、钵、碗等，除可供日常用具外，还大量作为随葬品。这个时期，由于留从效重视海外贸易，陶瓷产品不仅供应国内市场需要，而且还输出国外，"陶瓷、铜铁，泛于番国，取金贝而返，民甚称便"[1]。德化就是在这种经济迅速发展的条件下，于五代后唐长兴四年（933 年）开始正式建县的。据史料记载，德化建县前，经济已有了显著的进步，唐贞元中（785—805 年），析永泰之归义乡置归德场，德化地属归德场。三班颜仁郁任归德场场长时，"时政荒民散，郁抚之，一年襁负至，二年田莱辟，三年民用足，有诗百篇传至民间"[2]。

至唐后期，德化三班、泗滨一带制瓷业已比较发达。据《龙浔泗滨颜氏族谱》记载：其开基祖教先公居河南，被取为"明经"，于唐代迁来德化。其第五子文丽公得中明经博士，第七子颜仁郁初举进士，文丽公子化綵举国子博士及第。颜化綵并著有《陶业法》、《绘梅岭图》，传授陶瓷

---

① 《清源留氏族谱》,《鄂国公传》。
② 民国《德化县志》,民国二十八年（1939 年）五月版。

工艺供后人学习。从颜氏一族的身世看来,在唐代三班一带文化已很发达。颜化綵生于唐咸通五年(864 年),卒于长兴四年(933 年),因而著《陶业法》《绘梅岭图》的时间约在唐末五代,说明唐后期三班一带不仅有陶瓷生产,而且还有著作传于后世。梅岭,即今三班南岭之别称。新中国成立后,曾在这里发现有明清迄至民国时期的瓷窑遗址,至今仍在继续生产。附近一带有宋窑多处,说明这里瓷业的生产有悠久的历史基础。颜化綵的《陶业法》《绘梅岭图》和附近公路旁采集的相当魏晋时期的青釉谷仓等器物,说明唐代三班泗滨一带有瓷业生产是毋庸置疑的。

徐曼亚在《瓷史》中曾谈到:"据德化旧窑废墟之瓷片与古寺(指九仙山灵鹫岩)之灼台有唐年号,此可知有窑之时即在唐时。不过惟制兰花白瓷的茶碗粗器及宫庙一部分陈列品而已。"虽然现在九仙山古寺记有唐年号的灼台已不知去向,徐所指的旧窑废墟亦不知是哪座旧窑,无法进行科学的研究和分析。但据近年来,我们相继在盖德、浔中和葛坑等乡镇 4 座唐墓中,出土了 8 件青釉器物,却为我们提供了重要的佐证。

1974 年,在德化往盖德公路 5 公里处的路旁断崖的土坑墓上,采集到盘口壶、双耳罐和碗各一件。盘口壶,口径 15.2 厘米,底径 12 厘米,通高 25.2 厘米。器形为盘口、广肩、平底,双复系对称立于肩上,可称为双复系盘口壶,釉色呈酱色及红褐色。口、腹施釉,器下部露胎,釉多脱落成斑驳状,胎质灰白、松脆。双耳罐,口径 9 厘米,底径 7.5 厘米,通高 12 厘米。直口,唇微外撇,双耳,假圈足(稍内凹),呈灰黄色。器表下部及底露胎,露胎部分呈黄褐色或红褐色,胎质灰白,松脆。碗,口径 19.7 厘米,底径 9.5 厘米,通高 6.5 厘米。敞口,唇微外撇,假圈足。青釉泛黄,内外施釉,近碗底及假圈足露胎,釉多脱落。碗底留有 5 个支钉痕迹,灰白胎,质松脆。

同年,葛坑乡富地村民苏美塔在盖房子时,在距离地表 4 米处发现一土坑墓,出土青釉碗两件,发现时两碗对口相扣。两碗一大一小,大者口径 17 厘米,底径 6.5 厘米,通高 6.7 厘米。敞口,唇微外撇,假圈足稍内凹,碗内及碗外上部施釉,碗外下部及底露胎。釉为深绿色,滋润有光泽。碗壁有 5 道竖压印纹(碗内为凸纹,碗外为凹纹),灰白色胎,碗内底部有 6 个支钉痕迹。小者口径 12.7 厘米,底径 6 厘米,通高 4.5 厘米。敞口,唇外卷,假圈足稍凹,青釉,光泽如上述大碗。碗内及碗外上部施釉,碗外下部及底无釉,灰白胎,碗内底部有 4 个支钉痕迹。

1976 年 1 月间,浔中镇浔中村尾糍墘群众开山造田时,出土了两件青釉碗。一件口径 16 厘米,底径 9 厘米,通高 5 厘米。另一件口径 15.5 厘米,底径 8.5 厘米,通高 4.5 厘米。两件器形相同,均为敞口,直唇,假圈足。釉色为淡绿色,施釉不均匀,两件均脱釉,其中一件釉脱落殆尽。碗内底部均有一道圈凹旋纹,均为灰白色胎,碗外假圈足表面有 5 个半圆形钉痕迹。同年,在浔中镇土坂村公路断崖中发现一件双耳盘口壶,口径 13 厘米,底径 10.5 厘米,通高 26 厘米。盘口,鼓腹,颈下左右各有一耳对势立于肩上。属青釉,呈橘红色和酱色,口、腹施釉,腹下及底露胎。腹部表面有酱色横道纹饰,此横道纹应是和表面凹凸不平、施釉和烧成后形成有关,似不是特意加工的。从瓷器表里凹凸不平看来,应是用泥条叠制法制成的,制造粗糙、厚重。

上述出土的唐代器物均属青釉系统,但釉的色调不完全相同,有深绿、浅绿、灰黄、橘红、酱色等。这些青釉器的器形有双复系盘口壶、双耳罐、假圈足碗等。大多数器内及上部均施釉,器下部及底露胎,釉层均有不同程度的脱落现象。以素面为主,极少数有压印纹和横道纹。均为轮制,仅其中 1 件为泥条叠制。青釉碗的器内及假圈足表面,留有支钉痕迹,说明是支烧(正烧)的。胎均为灰白色,质松脆。上述青釉器,其造型和釉色,均和福建历年出土的东晋南朝和唐朝的青釉器的风格雷同,且更接近于唐代。同时,近几年来,在德化古窑址的普查中,在盖德碗坪仑,浔中墙坪山、太平宫和汤头的西墓丘等窑址中,也采集到一些具有唐、五代风格的标本。上面种种的事实也为探索德化窑的起源,提供了非常重要的线索。

三、德化瓷大规模进入国际市场的开始

五代时,泉州海外交通贸易的发展,特别是五代后期,商品经济不断增长,商业繁盛,大量贩陶瓷于番国,换回金贝,民甚称便。陶瓷已成为当时对外重要贸易品之一。

至北宋,全国都市人口在 20 万以上的有长沙、汴京、京兆府(西安)、杭州、扬州、福州、泉州 6 处,泉州都市的发展,就是整个社会经济进一步繁荣的反映。据万历《泉州府志》卷三十记载,宋初在倚洋(即绮阳,属德化)、安溪的青洋,德化的赤水都设立铁场,说明当时德化的冶炼业也在发展。元祐二年(1087 年),泉州港正式设立市舶司,与广州、明州(宁波)、杭州并列为我国四大商港,南通占城诸国,北通朝鲜诸国。这时,我国制瓷业已进入了全面发展的时期,不仅国内人民已普遍使用瓷器,而且与丝绸一样列入对外贸易的重要商品,大量附舶,运销国外到日本、朝鲜、东南亚、西亚和非洲等地,受到国外人民的一致好评。南宋偏安江南,福建被认为"民安土乐业,川源浸灌,田畴膏沃,无凶年之忧"①的地方。宋室南渡,仅皇族宗室来泉州居住的即有三千多人,官僚、地主与随他们南来的佃客、劳动人民之多更无法计算。一些官营手工业也随着宋政权迁移到南方来,使瓷器手工业的质量和数量,在北宋的基础上有了更大的发展。同时由于战争关系,陆路国际交通路线被阻断,促使南方海上交通贸易的发展。当时泉州已是一个著名的国际贸易港,也是陶瓷外销的重要港口,"宋末,荷兰人由福建贩运瓷器至欧洲,价值每与黄金相等,且有供不应求之势"。② 南宋吴自牧《梦粱录》

---

① 《宋史》卷八十九,《地理志·福建路》,中华书局 1959 年版,第 2210 页。
② 冯和法:《中国陶瓷业之现状及其贸易现状》,载《国际贸易导报》第 3 卷第 2~4 号合刊,1932 年 4 月 10 日。

云:"若欲船泛外国买卖,则自泉州便可出洋。"荷兰人由福建贩运瓷器至欧洲,必然是从泉州出口的。由泉州港输出的陶瓷器,除国内其他各窑产品,泉州附近的闽南地区(包括德化)瓷窑的产品占有相当大部分。南宋后期至元代,泉州港已凌驾于广州之上,不仅是我国最大的对外贸易港,而且是世界东方第一大港,为我国海外交通与亚非各国经济文化友好往来的最大港口。元代世界著名的旅游家马可·波罗和伊本·白图泰,在他们的著作中,对当时泉州港和陶瓷贸易的情况有记载和高度的评价。所以说,宋元时期是我国对外贸易的重要时期,是陶瓷外销的重要时期,是泉州港的黄金时代,也是德化瓷器大规模进入国际市场的兴盛年代。

宋元时期,由于大力奖励发展海外通商贸易,瓷器是当时对外贸易的重要输出商品之一,泉州地区的制瓷业是突飞猛进的,不仅瓷窑大量兴建,而且产品的数量、质量都大为提高。据近几年的调查,在泉州地区已发现的古瓷窑址 350 处中,宋元窑址达 74 处,比宋以前的窑址总和多了 10 倍以上。德化宋元时期的窑址 42 处,在全市各县(区、市)同时期窑址中居于领先的地位,可以看出,德化制瓷业在泉州地区中所占的重要位置。这些窑址是祖龙宫窑、屈斗宫窑、石排岭窑、岭兜窑、后窑、太平宫窑、墙坪山窑、大草埔窑、蜈蚣牙窑、碗洋坑大坂窑(甲乙两址)、碗坪仑窑、宫后头公田仑窑、后坑垄窑、后垄仔窑、尾林窑、大垄口窑、内坂窑、窑垄山窑、东坪窑、碗窑山窑、家春岭窑、厝尺仔窑、湖枫林窑、碗窑、下仓尾窑、潭仔边窑、西墓丘窑等等。从这些窑址出土的器物来看,有很多是为外销特制的产品。

根据国外考古发现,证实德化的瓷器在宋元时期已大批进入国际市场,畅销国外。"1964 年以来,在菲律宾遗址与墓葬中发现了数以千计较完整或能够复原的德化瓷器,其中以马尼拉圣安娜、贝湖西端的内湖(距马尼拉约 50 英里)、岷都洛的加莱拉港等遗址最为集中";"印度尼西亚全境内都发现有青白瓷(影青),在数量上仅次于青瓷。从景德镇影青瓷器到德化瓷器都有。德化瓷器在西里伯斯和爪哇就出土过不

瓷 都 探 论

少……位于加里曼丹岛北部的东马来西亚的沙捞越地方,也曾经发现过大量的德化瓷器";①"1959 年,在斯里兰卡的亚拉虎瓦地方,曾出土宋代德化窑烧制的瓷碗二只"、"屈斗宫窑的标本在国外都有发现,证明在宋代曾大量外销";②"在印度尼西亚西里伯岛(现称苏拉威西)南部出土了一个白瓷盒,有细线样的花纹。就照片来看,确实是德化的白釉器";③"在沙捞越曾发现一件德化窑白釉印花小瓷盒"。④ 在我国西沙群岛的北礁也发现与宋代德化窑相同的瓷盒。"叙利亚阿西河畔有个哈马城(Hama)。故城存在于 950 年(五代后汉乾祐三年)至 1400 年(明建文二年),丹麦考古学家曾在哈马故城发掘出许多中国青瓷、德化白瓷和青瓷。这些出土文物,大部收藏于大马士革博物馆,其中有些青花圆盘、青花大圆盘、多角形盘等,可能属元代烧造"。⑤

目前发现宋元时期德化窑外销的主要产品有:

1.军持,或称军持壶、净瓶

德化窑军持发现于碗坪仑、屈斗宫、后坑垄、后垄仔等宋元时期的窑址中,这些特殊器物是专供销售东南亚各国的一种产品。从德化窑出土的军持标本看,有的与韩槐准在《南洋遗留的中国古外销瓷》一书中所介绍的印度尼西亚雅加达博物院陈列的宋瓷相同。⑥ 有的在东爪哇出土。⑦ 在菲律宾马尼拉圣安娜、贝湖西端的内湖、岷都洛的加莱拉

---

① 李辉炳:《关于德化屈斗宫窑的我见》,载《文物》1979 年第 5 期。

② 冯先铭:《新中国陶瓷考古的重要收获》,载《文物》1965 年第 9 期。

③ 陈万里:《调查闽南古代窑址小记》,载《文物参考资料》1959 年第 9 期。

④ 郑德坤:《沙捞越考古》(*Archaeology in Sarawak*),英国剑桥大学出版社 1969 年版。

⑤ 欧志培:《中国古代陶瓷在西亚》,载《文物资料丛刊》第 2 辑,文物出版社 1978 年版。

⑥ 韩槐准:《南洋遗留的中国古外销陶瓷》,新加坡青年书局 1960 年版,第 9 页,图 3。

⑦ 李辉炳:《关于德化屈斗宫窑的我见》,载《文物》1979 年第 5 期。

· 158 ·

港等遗址也有发现,①证实德化窑生产的军持曾远销到印度尼西亚、东爪哇和菲律宾等地。

2.盒,或称印泥盒、粉盒

宋元时期已大量生产。在屈斗宫、碗坪仑、后垄仔、家春岭、内坂、大垄口、尾林、太平宫、墙坪山、湖枫林、潭仔边等窑址都有大量的发现。盒的造型精美,器形一般较低矮,盒身呈圆形或八棱形,子母口,底平而稍内凹。胎白细坚,青白釉,口及底部无釉。装饰花纹丰富多彩,盒盖一般印有各种花草和图案,有莲花、牡丹花、菊花、葵花、云纹、凤鸟纹、钱纹和其他缠枝花草,有的盒盖中部还有"福"、"寿"、"金玉"等吉祥文字,屈斗宫窑还发现盒盖上有明显外销象征的"长寿新船"文字,盒身周边印有瓜瓣纹或直道纹。菲律宾出土的青白釉盒②与德化碗坪仑及其他窑址出土的完全相同,可以证实是德化窑生产的外销瓷,还有一些其他类型的盒子,也应是德化窑的产品。菲律宾马尼拉圣安娜、贝湖西端的内湖、岷都洛的加莱拉港等遗址发现的盒,"装饰均以印凸细线条纹为主,装饰有莲瓣、卷叶、牡丹、飞鹅、钱纹、万字符号、水生植物、玫瑰花等。这些器物的造型与纹饰(根据能见到的照片与材料),均与德化屈斗宫窑窑基内的出土物基本相符","应属于元代初期"③的产品。

日本在挖掘由平安时代后期至镰仓时代(即我国南宋至元代中期)的经冢时,出土的"盒的量最多,从一个遗址中挖出几个盒子来是不稀奇的。盒子有大小几种,很多是模制的,盒子的表面有花草纹、小花纹、七宝纹、双凤纹等等,用型押表现出来"。从保存在东京国立博物馆佐世保文化哲学馆、靖国神社、御山神社、施福寺等处各地经冢出土的宋

---

① 李辉炳:《关于德化屈斗宫窑的我见》,载《文物》1979 年第 5 期。

② [英]艾迪斯:《菲律宾出土的中国瓷器》,载《东方陶瓷协会学报》第 37 卷,1970 年,第 25 页图 39。

③ 李辉炳:《关于德化屈斗宫窑的我见》,载《文物》1979 年第 5 期。

代白磁盒子与德化窑的盒子基本相似,也应是德化窑外销到日本的产品。① 这些白瓷盒子分别出土于长崎县、佐贺县、爱媛县、德岛县、山口县、大坂府、京都市、和歌山县、静冈县、长野县、神奈川县、崎玉县各地经家,分布很广,可见当时是一种畅销的重要产品。1974 年,泉州湾发掘出一艘宋代远洋货船,在船上发现了不少陶瓷器,其中就有德化窑生产的白釉瓷盒和瓷碗。

3.瓶

在盖德碗坪仑出土的各种花瓶中,有一种花瓣口,外折,长颈,鼓腹,矮圈足,底稍内凹,胎白质坚,青白釉器底与内腹壁无釉,表面呈冰裂纹,颈部有两组割纹,腹部印云气纹;一种敞口,尖唇,长颈,鼓腹,平底,胎白质坚,青白釉,器底与内腹壁无釉,颈及腹部各有一组弦纹;另一种颈间刻画两组弦纹,并堆贴有一条蟠龙。上述瓶和韩槐准在《南洋遗留的中国古外销陶瓷》一书中介绍的雅加达博物院所藏的宋瓷相同②,这是德化外销瓷的一种。

4.小瓶

小瓶在屈斗宫、家春岭、内坂、碗坪仑、尾林等窑址都有出土,式样颇多。其中有一种敞口,呈喇叭状,长颈,鼓腹,圈足,底深凸,青白釉,胎白质坚,装饰花纹,一般自颈肩以下模印有条状纹、草叶纹(或莲瓣纹)、缠枝花纹,模印花纹少者二层,多者五层,制作方法系分段模制而成,造型小巧玲珑,颇为美观。德化出土的这类小瓶,同菲律宾出土的标本③造型特点和装饰花纹完全一样,在加里曼丹岛北部的沙捞越,也发现过与屈斗宫窑产品相同的小瓶④,为德化外销到菲律宾和马来西

---

① 东京国立博物馆:《日本出土的中国古陶瓷特别展览》,1975 年。

② [英]艾迪斯:《菲律宾出土的中国瓷器》,载《东方陶瓷协会学报》第 37 卷,1970 年。

③ [英]艾迪斯:《菲律宾出土的中国瓷器》,载《东方陶瓷协会学报》第 37 卷,1970 年。

④ 李辉炳:《关于德化屈斗宫窑的我见》,载《文物》1979 年第 5 期。

亚的产品。同类器物在意大利博物馆也有保存,传为马可·波罗带回的遗物。

5.小口瓶

碗坪仑窑址采集多件,小口,颈极短,鼓腹,腹下部逐渐收缩,肩部有一道凹线圈。这种小口瓶,与菲律宾的标本①颇为相似,应是德化窑烧造的产品。

6.飞凤碗

在家春岭、祖龙宫和屈斗宫等窑址均有生产,碗的外壁模印飞凤纹饰。凤鸟,在国外称为不死鸟。这种碗为青白釉,底部和圈足无釉,底部中间凸出一圆圈。这和菲律宾出土的飞凤碗纹饰一致②,从造型特点和釉色看,应是德化外销瓷的一种产品。

7.莲瓣碗

8.墩仔式碗

以上两种碗在德化的屈斗宫等宋元时期的窑址都有发现,在斯里兰卡出土的同类器物也证实为德化窑的一种产品。

9.盖壶,或称酒壶、水壶

壶的造型是小口,折腹,带盖,平底微凹,前附流,后附把,腹壁模印缠枝花纹、莲瓣纹或草叶纹。釉色青而微泛黄,底足无釉,胎色黄。质松脆,或许是未烧熟的缘故。屈斗宫窑出土的这种壶,与菲律宾出土的标本③完全一样,应为德化外销的产品。

10.罐形壶

在碗坪仑窑采集的另一种壶,敛口,颈极短,鼓腹,肩部有流,带把,

---

① ［英］艾迪斯:《菲律宾出土的中国瓷器》,载《东方陶瓷协会学报》第37卷,1970年。

② ［英］艾迪斯:《菲律宾出土的中国瓷器》,载《东方陶瓷协会学报》第37卷,1970年。

③ ［英］艾迪斯:《菲律宾出土的中国瓷器》,载《东方陶瓷协会学报》第37卷,1970年。

底平而稍内凹。胎色白,青白釉,底部无釉,器物中部有一道凸棱,为分段模制的痕迹。一件上腹壁印卷草纹,下腹壁印波浪纹,另一件肩部印莲花瓣一圈,器壁作瓜棱形。这种罐形壶与菲律宾出土的标本①完全相同,应为德化烧制的一种外销瓷。

11. 钵

直口,方唇,深腹,圈足。胎色白,质细坚,口沿无釉,釉面有大小开片。器表一般为素面,无任何装饰。碗坪仑窑出土的这类瓷器与菲律宾出土的标本②对照比较,其造型特点基本相似,应是德化窑的外销产品。

12. 弦纹洗,或称枢府洗

这种洗在屈斗宫窑大量生产,与江西景德镇元代枢府碗有相似之处,故亦称枢府碗。这种洗,口微敞,浅腹,腹部有一道凸弦纹,圈足,平底,足底无釉,有的白略带黄。这种器物在菲律宾的一些地方也有发现③,同类器物在韩国新安海底沉船也有发现,应为元代德化窑外销产品。

13. 高足怀

高足杯在屈斗宫、祖龙宫、碗坪仑等窑址均有发现。敞口,鼓腹,高足,青白釉,素面或阳印瘦莲瓣纹。这种高足杯与菲律宾出土的相同④,在韩国新安海底沉船也有发现,应为元代德化窑外销产品。

此外,在日本平安时代后期到镰仓时代的经冢里,与中国白瓷盒子

---

① [英]艾迪斯:《菲律宾出土的中国瓷器》,载《东方陶瓷协会学报》第 37 卷,1970 年。

② [英]艾迪斯:《菲律宾出土的中国瓷器》,载《东方陶瓷协会学报》第 37 卷,1970 年。

③ [英]艾迪斯:《菲律宾出土的中国瓷器》,载《东方陶瓷协会学报》第 37 卷,1970 年。

④ [英]艾迪斯:《菲律宾出土的中国瓷器》,载《东方陶瓷协会学报》第 37 卷,1970 年。

同时出土的还有小壶、小盖壶、小盘、香炉、小皿、碗、白瓷花小皿、四耳壶、梅花瓶、水注、涡纹瓶、白瓷唐草纹瓶。这些白瓷产品有的带青白色（影青）①，虽然我们没有见到原物和图片可以对照，无法肯定是属于我国哪个窑口所产，但它们与宋元时期德化窑的釉色和造型有类似，也为研究德化窑的外销品种提供了新的线索。

宋元时期，德化窑生产外销瓷的规模是巨大的。我们可以从1976年重点发掘的屈斗宫窑为例，这条窑基长达57.1米，共有17间窑室，从已倒塌废弃的窑床里出土了6000多件器物，产品在日本、东南亚等地均有发现。如此巨大的生产规模，目前在全国发现的宋元古窑址中还是少见的。

宋元时期，德化瓷器的外销对改善、丰富和美化当地人民生活做出了有益的贡献。如东南亚一些国家在中国陶瓷传入以前，多以植物叶子为食器，"饮食以葵叶为碗，不施匕箸，掬而食之"②。中国陶瓷输入以后，提供了精美实用的器皿，改变了原来的生活风俗，寻常人家盛饭用中国瓦盘。德化瓷器在菲律宾大量发现，说明当时外销数量是相当可观的。"从中国运入菲岛的陶器，对菲人早年的社会及农村生活有着密切的关系，菲人拥有陶器成为估量个人财富及声望的主要准绳。"③又如德化窑生产的军持，就是中外人民文化交流的结晶，是根据东南亚一些国家宗教生活的需要而特制的。马来人改崇伊斯兰教以后，对军持的需求更多，日常拜功可以小净之用，朝觐麦加可以携贮溪水，归途为备装麦加阿必渗渗井水和阿拉伯蔷薇水，以赠送朋友和自用。德化窑生产的军持大量外销，满足了马来亚人的需要。雅加达博物院收藏的为适应东南亚伊斯兰教徒需要生产的3件德化窑军持，上有阿拉伯

---

① 东京国立博物馆：《日本出土的中国古陶瓷特别展览》，1975年。

② （宋）赵汝适：《诸蕃志》卷上，"登流眉国"条，冯承钧校注本，中华书局1959年版，第10页。

③ ［菲］富斯：《菲律宾发掘的中国瓷器》，许其田译，载菲律宾《新闻日报年鉴》，1962年。

文字。由此也可看出,德化外销瓷在发展中外文化交流和友好往来中起到了积极作用。

四、宋元时期德化瓷的特色

宋元时期,随着外销的空前繁荣,德化瓷业得到了空前的发展,出现了较大的作坊和工场。屈斗宫窑全长 57.10 米,有 17 间窑室。这样大规模的窑场,它既不是官窑,也不是单家独户经营的私窑,而是由几家几户合建的民窑。这些合建的有姓郑的、姓张的、姓颜的。可见当时的生产已经逾越了单家独姓的界线,进入到联合起来,统一经营的大规模发展阶段。

据目前发现的宋元古窑址的现状和出土的器物来看,宋元时期不仅生产规模大,而且在工商经济发达科学技术进一步提高的基础上,在承继古代优良传统,尤其是唐、五代文化的启发和外来文化的影响下,德化瓷业有了更大的发展。这种发展的特征是青瓷的成熟和以青白釉为代表的产品达到高度成就,同时逐步开始向白釉瓷发展。

北宋德化以碗坪仑窑、下仓尾窑为代表的青瓷在唐五代的基础上有所发展,碗坪仑窑的青瓷釉汁较薄,深浅区别不大,泛灰或泛黄,下仓尾窑的青瓷胎质细密坚致,釉质莹润明亮,施釉均匀。这些青瓷釉面常呈冰裂纹,应为宋代较早期的产品。

青白釉亦称影青瓷,在宋元时期的窑址中发现最多,是当时德化窑的代表。这种青白釉瓷,釉汁薄,有光泽感,有的微带水青色,以屈斗宫窑、碗坪仑窑、碗洋坑窑、大坂窑和家春岭窑最为突出。家春岭窑的青白釉已很洁白,接近于白釉瓷,可说是白釉瓷前身的萌芽。屈斗宫窑某些器物又略呈粉红色,可以是象牙白瓷诞生的前兆。

宋代,德化窑除了青瓷和青白釉外,在碗坪仑北宋窑址中还有黑釉。这种黑釉碗与建窑的兔毫盏近似,但纹路脉络和釉色逊于建窑,可能是为适应国外(尤其是日本)茶道的需求仿建窑而生产的。

宋元时期,德化窑瓷器的装饰技法和装饰艺术已达到技术娴熟、匠心独运的境界。

这个时期,德化窑器物的装饰方法,除了刻画花纹外,还开辟了用模印花的新天地。花纹细致工整,优雅精巧,多种多样,达到了新的高度。发现为数较多的军持、盒、小瓶等类器物的装饰花纹,都是模印的。印制花纹的种类有龙纹、莲花瓣纹、缠枝花纹等,尽管种类不多,变化不大,但从图案的组成上却显得纹样清晰,线条流畅,朴素大方,实用美观。由于这些器物在造型上所具有的优美特点,再加上花纹的选择、安排、组合和处理得当,印制技术的匀称、自如、协调,使人一见便有一种清新明快的感觉。

至于粉盒盖上印制的花纹,无论从图案的组成和纹饰的采用上,尽管不是太繁复,却富于变化。盒盖花纹一般是选用简单的花卉等图案,如牡丹、莲花、菊花、荷花、梅花、葵花、云纹、单凤、双凤、婴孩、钱纹等等。盖心饰以一朵花,周边以简单的花纹做陪衬,有的盖心印制"福"、"寿"、"福海寿山"、"金玉"等吉祥文字和"卐"等图案。有的还印有蒙古族人头像,构成了图面上的庄重、协调、大方的特点。这在装饰技法和装饰艺术上不能不说是技巧运用自如,风格独树一帜。

大型碗、盘、花瓶纹样的装饰,则是采用刻画的方法。它的做法是用竹笔或篦梳在瓷器的坯体上刻画花纹,刻画出来的花纹特点是线条流畅,朴素大方。有的豪迈奔放,有的活泼潇洒,生动优美,可说是尽态极妍,充分体现民间趣味。

堆贴技术在少数瓷器上也被应用,但并不普遍,如瓶类的颈腹间堆贴有龙纹或其他兽头纹饰。这种堆贴也达到一定的水平。

宋元时期,德化窑的造型和类别按照青釉器和青白器来划分,大体有如下几个方面。

(一)青釉瓷器

青釉瓷器可分为壶、瓶、罐、钵、碗、盘、碟、盏、杯等九大类。

1.壶

单从碗坪仑窑来看,就有以下八种。

第一种为东南亚宗教国家特制的军持壶,造型颇为特别,口呈喇叭状,长颈,鼓腹,长流,平底,色呈白或灰白,颈部无花纹或饰有弦纹,腹部饰有龙纹或莲瓣纹、蕉叶纹、直道纹、缠枝花纹、水波纹和云气纹。

第二种是执壶,敞口或盘口,高颈,鼓腹或圆腹,圈足,器身和颈部有的饰有弦纹。

第三种,小口,斜肩,鼓腹,圈足,肩部饰弦纹两道,器身有冰裂纹,属大型壶类。

第四种,小口或敛口,矮颈,鼓腹,圈足,底平微向内凹,前附流,后附耳,似有盖。腹部无纹或饰有莲瓣纹,呈冰裂纹,造型小巧玲珑,颇为美观。

第五种,造型与军持一样,一边增加一把手,器腹饰卷枝花,造型颇为别致。

第六种,小口双耳,鼓腹,平底,短流,小耳,颈腹间饰弦纹,属大型壶类。

第七种,口沿带流,一边附耳,平底,素面。

第八种,敛口,鼓腹,平底,肩部留有两个系的痕迹,素面。

2.瓶

有的大口,矮颈,鼓腹,高圈足,器身饰两层直道纹;有的喇叭口,长颈,鼓腹,高圈足,腹部饰两组花草纹;有的喇叭口,鼓腹,矮圈足,腹中部饰两组缠枝草纹,上下饰仰覆莲瓣纹,各种纹饰间以弦纹相隔。上述3种小瓶,为家春岭出土,其他窑址也有发现。胎质坚致,呈白色,属外销国外产品。还有些较大型的瓶,有的荷叶口,细颈,鼓腹,圈足,颈腹间饰有弦纹、兽头纹、叶形纹和龙纹,或成组篾状纹,器表有冰裂纹。有的小口,长颈,鼓腹,圈足,颈腹间饰有弦纹和篦状纹;有的小口,长颈,椭圆腹,平底,颈腹间饰两道弦纹,并呈现冰裂纹;有的喇叭口,短颈,双耳,鼓腹、圈足;有的小口,广肩,瘦腹,假圈足,肩腹间饰弦纹。

3.罐

芒口,六系,鼓腹,假圈足,肩腹间饰三组弦纹。

4.钵

有的大口深腹,圈足,外腹壁饰莲瓣纹、弦纹和菱形状;有的敞口,深腹,圈足,腹部饰弦纹,并有冰裂纹。

5.碗

碗的造型多种多样,可分为 11 种,其中有敞口、敛口、大口的;有的芒口、光口或花口。有圈足、实足微凹的;有深腹、浅腹的。有的还带有盖,内底心有的残留有叠烧涩圈。有素面的,也有纹饰的。从纹饰来说,有的器内饰篦刷纹和卷云纹,有的刻画成组的直道纹,有的有莲瓣纹、弦纹或斜线纹,有的内壁饰菊瓣纹。值得注意的是,在一些碗内开始出现用色釉写上的文字,如"张"、"戊"、"藏"、"永"、"浔"、"舍"、"大",说明在宋元时期彩绘已经开始萌芽了。

6.盘

以敞口为多,同时都是圈足,也有大口、芒口、花边口或光沿的。盘心留有叠烧支钉的痕迹,盘内饰有变化多样的划纹或菊瓣纹。

7.碟

有的芒口、小平底,有的敞口、浅腹或折腹、折沿,全部为圈足。内腹壁有的饰弦纹,外腹壁有的有划纹,内底心留有涩圈。碗坪仑的小碟有的还写有"林"、"正"字样。

8.盏

敞口微敛,斜腹,假圈足,器外有一道轮刮刀痕,造型小巧玲珑。

9.杯

直口,深腹,圈足,外壁刻画竖细线纹。

(二)青白釉器

青白釉器可分为壶、瓶、罐、钵、碗、盘、碟、盏、杯、洗、盒、高足杯、盅、小水注等十四类。

1.壶

有的喇叭口,长颈,鼓腹,平底,流长而高(即军持);有的敛口,矮颈,鼓腹,肩部有流,带把,底平而稍内凹;有的小口,折腹,带盖,平底微凹,前附流后附把;有的前附流后附把,腹呈瓜棱形;有的小口,带盖,扁腹,平底,短流。腹部纹饰有的饰凸弦纹、仰覆莲瓣纹、蟠龙纹或云纹,有的饰卷草纹、波浪纹、缠枝花纹或瓜棱状纹。

2.瓶

有的小口,长颈,鼓腹,高圈足;有的花瓣口,长颈,鼓腹,矮圈足,底稍内凹;有的敞口,尖唇,长颈,鼓腹,小平底;有的敞口外侈如喇叭状,长颈,鼓腹,圈足;有的口微敛,短颈,鼓腹,大圈足。纹饰有的饰多层莲瓣纹或卷草纹;有的颈部饰两组划纹,腹部饰云气纹;有的颈部堆附一对兽头或堆一蟠龙。腹部也有饰草叶纹和直道纹的。

3.罐

有的小口带盖,折腹,平底微凹,两边附有管状耳;有的大口,平底,腹壁近直;有的大口,直腹,底平微凹;有的圆唇,宽肩,平底,肩以下向底斜收;有的敛口,鼓腹,肩部附一对称耳。纹饰有的素面,有的饰卷草纹和莲瓣纹、飞凤、弦纹、菱形纹或瓜棱纹。

4.钵

敛口,假圈足。

5.碗

品种多样,可分为20类。有大口、敞口、芒口、花口的;有深腹、浅腹、折腹、撇腹、斜腹、斜弧腹、深圆腹的;有圈足、假圈足、实足、矮圈足、平底微凹和实足微凹的。有的形体成漏斗状,有的似建盏,别具风格。纹饰有素面的,有的碗内饰篦刷纹、花叶纹、缠枝花纹、凹弦纹,有的外壁饰斜纹、花卉纹、莲瓣纹、凤纹、弦纹、凹直道纹、缠枝花纹或圈点纹。

6.盘

有的敞口,圈足,口沿或做外折;有的芒口,浅腹,大平底;有的光口,浅腹,平底;有的光口,浅腹,小实足,形似铜锣;有的花口,浅腹,矮圈足;有的大口微侈,浅腹,小圈足;有的敞口,细花口,折沿,圈足。纹饰有的素面,有的饰各种花纹,如篦状纹、花卉、花枝、花草、草叶、莲瓣或直道纹。

7.碟

多系敞口小平底,有的浅腹、斜腹或折腰,圈足,也有芒口的。纹饰简单,有的仅有弦纹,内底心有一涩圈。

8.盏

有敞口和敛口的,有斜腹和深腹的,有假圈足、矮圈足和实足的。多系素面,少数有莲花纹和小冰裂纹。

9.杯

有直口、敞口、敛口或敞口微敛的,有直腹、鼓腹、斜腹和斜弧腹的,有实足、圈足和矮圈足的。器表有的饰莲瓣纹或瓜棱纹,有的口沿有一道凸弦纹。

10.洗

有大口、敞口、芒口、口微敛或微外侈的,有浅腹、斜腹、直腹、斜直腹、微鼓腹的,有平底微内凹或矮圈足的。纹饰精致,有的洗内心饰莲花、荷花或双鱼纹,器表有的饰卷草纹、莲瓣纹或直道纹。

11.盒

有圆形、八角形、瓜棱形,分盒盖和盒底两部分,子母口。纹饰丰富多彩,有各种花卉,也有吉祥文字。

12.高足杯

一般是敞口、芒口或光口,大腹或浅或深,足呈喇叭形,杯身饰以莲瓣纹或其他花卉纹。

13.盅

敛口,鼓腹,小平底,素面。

14.小水注

有的小口内敛,鼓腹,肩腹间附流,后附把,平底。有的小口,鼓腹,平底,肩腹间附流和提梁,器表饰直道纹。

除了上述品种和类型外,宋代还采用瓷器做骨灰罐。在浔中镇东头村出土1件青瓷骨灰罐,罐上还用釉彩写上文字,罐盖写“富”,罐身写“贵”。这是祈求死者庇佑的寄托。由此也可以看到宋代德化民间的葬俗。

值得一提的是,瓷器雕塑在宋代已经出现,元代已很盛行,为明代瓷塑的发展和成熟奠定了基础。同时,根据《安平志》记载,元代德化瓷已成为上贡朝廷御用的器物,这也是元代德化瓷高度发展的一个标志。

元代意大利旅行家马可·波罗曾游历我国各地并顺运河而下,到达扬州、苏州、杭州以及福州、泉州等地。公元1291年取道海路,由福建泉州出海归国。在他记载德化当时瓷器生产情况时提到:“刺桐城附近有一别城,名称迪云(Tiunguy),制造碗及磁器,既多且美。除此港外,他港皆不制此物,购价甚贱。”冯承钧译时已注明刺桐港即指泉州港,迪云即指德化。该书注甲云:“抵于刺桐港之河流甚宽大,流甚急,为行在以来可以航行之一支流。其与主流分流处,亭州城在焉。此城除制造磁质之碗盘外,别无他事足述。制磁之法,先在石矿取一种土,暴之风雨太阳之下三四十年。其土在此时间中成为细土,然后可造上述器皿。上加以色,随意所欲,旋置窑中烧之。先人积土,只有子侄可用。此城之中磁市甚多,物搦齐亚钱一枚,不难购买八盘。”①在另一版本的《马可·波罗游记》(张星烺译)中,记载瓷器生产情况说,这里“做各种大小磁碟子,品质皆是可想象的那样最美丽。他们不在别的城做,

---

① 沙海昂注,冯承钧译:《马可·波罗行纪》,第2卷第156章“刺桐城”条,中华书局1935年10月版。

只是在这一城。由那里分散到世界的各处。这里制造很多,价极便宜。一个威尼斯格罗棱币可以买三个碟子,并且皆是顶好的,比那再好是你所想象不到的了。这些碟子是用一种土做的。关于这土,我将要告诉你们。你们必须知道,这城里的人民收集一种泥,或腐烂的土,集了一大堆,放在那里三四十年,暴露于风雨太阳之下。所有这些年,他们不去动它,经过这些时间,这泥土就被精炼了。所有拿这土做成的碟子皆是蓝的,发出奇异的光,是特别的美丽。他们可以涂上他们喜欢的颜色,然后放在炉中焙干。你们需要知道,一个人集一大堆土是为他的子孙的。因为在这长时间里,必须在那闲摆着,直等到他精炼。他不希望他本人由此得到利益,或者自己能利用这土。他后来的儿子,可是要由此得利了"。①

这些记载给我们提供了元代德化瓷业生产的轮廓:一是生产规模大,"磁市甚多",二是瓷质精美,三是价钱便宜,四是很受国外的欢迎。这些已经为屈斗宫窑发掘的生产规模和附近窑址密布的盛况所证实。马可·波罗记载的生产方法和炼泥的经过也为研究当时生产情况提供了线索。从记载中还提到瓷器表面加色的问题,虽然目前还未发现元代德化窑有上色的器物,但从北宋碗坪仑窑出现的黑釉碗和马可·波罗的记载,元代德化窑器物加彩是无可置疑的。

元代另一位著名的旅行家伊本拔都他(今译伊本·白图泰)说:"中国人将陶器产于刺桐与兴克兰(广州城)——中国人将瓷器转运出口至印度诸国,以达吾乡摩洛哥。"他还说,这种瓷器是"世界最佳者也"。②既然当时德化是泉州地区重要瓷产区,泉州又是世界重要大港,马可·波罗和伊本·白图泰都盛赞这里的瓷器,可见德化瓷器由泉州港销往意大利和摩洛哥的可能性也完全是存在的。

---

① 张星烺译:《马可·波罗游记》,商务印书馆 1936 年 8 月版,第 338 页。
② 张星烺《中西交通史料汇编》第二册,中华书局 1977 年版,第 69 页。

五、恢弘的古外销瓷窑址——屈斗宫窑

在距德化县城约 1 公里的东部城郊,浔中镇宝美村的破寨山西南坡上,有一条像卧伏在山上的巨龙,雄伟壮观的古瓷窑址。这就是 1961 年列为福建省第一批重要文物保护单位,1988 年 1 月 13 日国务院颁布为第三批全国重点文物保护单位的屈斗宫窑。

这座 1976 年由省、地、县、厦门大学历史系联合组成“福建省德化屈斗宫古瓷窑址考古发掘工作队”发掘的宋元时期窑址,范围较大,东西宽约 300 米,南北长约 150 米,窑基全长(坡长)57.1 米,宽1.4～2.95 米。共有 17 间窑室,出土了 800 多件生产工具和 6790 多件的生活用具标本,特别是大量的外销瓷器的出土,对研究德化窑宋元时期的烧造规模、烧制工艺、窑炉发展和当时社会经济的发展,以及中外人民经济文化交流和贸易往来,有着重要的意义,并且为填补元代德化窑的空白,提供了重要的历史见证。

屈斗宫窑的窑头火腔和窑床基本保存完好,从现存窑基构造看,窑体宽大,火膛狭小,呈半圆形。火膛与窑床交界处,保留有 5 个通火孔。窑室一般呈长方形,窑室两边都留有火路沟。室与室之间保留着隔墙(或称挡火墙),隔墙底部设通火孔。由残存隔墙观察,隔墙系由窑室底部砌叠至窑顶部。隔墙的设置,其作用由原来火力流通时的平焰而改成倒焰,这是一个关键性的变化。通火孔的设置,也有利于火焰的流向,这与火路的设置作用是相同的。窑室底部斜平,有分间(或室),但不分级,上铺石英细沙,然后在上面放置匣钵垫或托座。

这座窑床共残存 14 个窑门,其中 11 个开在东边,3 个开在西边。窑门大多数开在一边,可能与作业者出入通道有关,便于装窑和出窑。同时利于保持窑温,节省燃料,这是窑炉结构和烧造技术进步的一种表现。窑身两壁外附有护墙,俗称“窑乳”。一般建在两个窑门的中间,起着保护窑壁的作用。窑顶全部坍塌,但从窑室内出土的楔形砖来看,估计原来窑顶可能是拱形。

从这座窑床出土的现状和结构来看,窑身宽大,火膛狭小,窑室斜平,不分阶级,有隔墙通火孔和火路沟,门开单边。它是我国古代南方(包括德化)窑炉结构和类型的一项新发展、新收获,既不同于龙窑,也不同于阶级窑,而是属于由龙窑发展到阶级窑的一种独特的窑炉类型——"鸡笼窑"。

过去有关记载,对德化窑炉发展只提龙窑和阶级窑,并认为自明代以来,德化的阶级窑最为有名,肯定它是日本串窑的始祖。但从龙窑发展到阶级窑,中间是如何发展的却没有解决。宋元时期屈斗宫鸡笼窑类型窑炉的发现,填补了德化窑发展中的空白。它说明了德化窑早期的窑炉是龙窑,而后发展为鸡笼窑,再发展为阶级窑,这是代表三个不同发展阶段的三种类型。所以屈斗宫窑的发现,对于研究宋元以来德化窑炉的结构、类型及其发展史,具有很重要的价值。

屈斗宫窑出土的生产工具有印制铜锣盘、小盘、直道纹洗、莲瓣纹碗、缠枝花纹洗和军持的印模,制坯(修坯)用的转盘,有敲开匣钵的铁窑刀,有作为承托各类匣钵的匣钵垫,有装烧各种器物的匣钵(其中有平底钵、凸底钵、圆底钵)和匣钵盖,有覆烧芒口碗的支圈,有莲瓣碗和洗形器对口烧的托座,有放置支圈用的垫底饼,还有垫圈。在出土的6790多件日用瓷中,就造型来说,有碗、盘、碟、壶、罐、瓶、洗、盅、盒、高足杯等十余种。而每种又各有不同形状的变化,多样别致。瓷器的釉色大致可分为两种:第一种是近乎影青系的白釉,有的洁净莹润,光泽强,纹饰从釉色反映出来,显得非常美丽。第二种是白釉,有的洁白无疵,滋润莹净。此外,或灰或黄,或深或浅等不同色调,都是在焙烧过程中未烧成熟和生烧所造成的败色。装饰方法有印花、刻花、贴花、浮雕等。纹饰有弦纹、卷草纹、篮纹、云纹、直道纹、篾纹、钱纹、凤纹、莲瓣纹和人物,还有莲花、梅花、葵花、菊花、牡丹等各种花卉,丰富多彩。特别是盒盖上的图案花纹更是千变万化,有的在图案花卉中还夹有"福"、

"寿"、"卐"、"般"、"金玉"、"金玉满堂"、"寿山福海"、"长寿新船"等吉祥文字。这些花纹和文字,都是模印阳文,线条比较流畅,反映了当时制瓷匠师的高超艺术水平。

根据屈斗宫窑基内出土的器物和堆积层中的器物对比进行分析。从发现有大量存在着具有宋代鲜明特征的覆烧方法的支圈(窑具)芒口碗,和宋代风格的造型特征与影青釉色上看,该窑址生产的上限应是南宋时期。另外从出土的大量具有元代作风和特点的产品,如墩仔式碗、高足杯、直道纹洗、粉盒、军持、壶、瓶、折腰弦纹洗,两件直道纹洗的底部刻画着长袍、袖手戴冠、冠后似有缨、面部无胡须等具有明显蒙古人特征的头像,和三足垫饼上阴印元代花押与蒙古八思巴文,其窑址废弃年限应在元代。所以屈斗宫窑应是南宋至元代初期的遗存。

值得重视的是,在屈斗宫窑中出土了大量外销的瓷器,其中如军持、盒、小瓶、飞凤碗、执壶、弦纹碗、高足杯、瓷壶等器物,分别在菲律宾、日本、印度尼西亚等好几个国家都有发现,说明是畅销国际市场的重要商品,特别是有的器物上面阳印有"长寿新船"的文字,可以看出当时制瓷工人对外销瓷和中外人民友好往来的无限寄托,祈望外销一帆风顺和中外友好往来长期得到不断发展的愿望。规模庞大的屈斗宫窑的发现,为宋元时期德化窑外销的旺盛和中外贸易的繁荣提供了重要的历史资料,它是中外人民友好交往的历史见证。

屈斗宫窑址的发现,引起了国内外陶瓷专家、考古工作者和史学界的重视。现已建有窑棚,妥加保护。

六、"东方艺术"何来观音与"国际瓷坛明珠"中国白

明代,手工业和商业资本开始迅速发展,增加对外贸易便成为当时历史条件下一项强烈的客观要求,也促进了瓷业生产的向前发展。德化瓷器正式见诸古代史册者都始于明代,可见明代在德化瓷业发展史

上是一个比宋元时期更引人注目,值得重视的黄金时期。

根据考古发现,德化明代的窑址有屈斗宫窑、岭兜窑、后窑、东头内窑、西门头窑、大草埔窑、后所窑、祖龙宫窑、三班内坂窑、新垱寨窑、桐岭窑、三班旧窑、新窑啤坝窑、石坊窑、双溪口窑、苏田窑等 30 处,其中以祖龙宫窑、岭兜窑、桐岭窑、后所窑的产品最为丰富,质量最为精美,为明代德化窑的代表。

明代德化窑无论是烧制技术、瓷器质量、生产品种、工艺水平等多方面的综合发展,都远远超过宋元之上,其主要标志是何朝宗的瓷塑观音闻名世界,被誉为"东方艺术"。独树一帜的象牙瓷创制成功,被誉为"国际瓷坛的明珠"、"世上独一无二的珍品",并作为中国白瓷的代表,称之为"中国白"。阶级窑的出现并传入国外,对国际瓷窑的设计产生了巨大的影响。

明代以何朝宗为代表的德化瓷塑艺术以独树一帜,获得了高超的成就。何朝宗,又名何来,德化县浔中镇隆泰村后所人。他是一位具有高超艺术才能的瓷塑大师。何朝宗早期善于为宫庙泥塑各种神仙佛像,如为德化宫庙泥塑的有碧象岩的观音、下尾宫的大使、程田寺的善才、东岳庙的小鬼,形态逼真,惟妙惟肖,栩栩如生,各具特色。这些佛像有的保留到清末和民国时期。更有名的还是在瓷塑上的成就,他不仅善于继承吸取泥塑的传统,而且有着既师古而不泥古,独创自成一格的创造性。他塑造的瓷佛像流传国内外,见于文献记载的有释迦牟尼、观音大士、弥勒、达摩、罗汉、吕洞宾……尤以观音最负盛名,被称为"何来观音"。他所塑的观音,超凡出俗,别出心裁,造型优美,神态慈祥静穆,衣纹简练飘动,深秀清晰,加上注意原材料的精选,他所用的瓷土、釉料都比当时德化一般白瓷更有独优之处。瓷佛显得质地滋润,胎骨均匀坚硬,美如脂玉,使人爱不释手。他所塑造的其他古佛、神仙,在造型方面都能别有立意,独具风格神韵。从整个形象来看,修短合度,立体感强,衣褶线条,飘逸生动,栩栩如生,不仅塑出了各种人物的特定仪态,且能表现出各有不同思想性格的艺术手法。由于他创作态度的严谨认真,创作上坚持宁缺不滥的原则,所以他留在世上的每一件作品,都非常精萃,外国朋友称赞为"东方艺术"。他的作品当时"在东西洋市场上都是热门货,各方以高价争购,也有一部分华侨携带出国,日本及东南亚佛教国家对它格外喜爱"①,有"天下共宝之"的赞誉。他的高超塑造艺术垂范后世,为后人所敬仰与学习。

目前在北京故宫博物院、福建省博物馆、泉州市文管会等一些文博单位尚留藏着他的珍品。帝国主义在旧中国盗窃不少文物,何朝宗所塑的观音、如来、罗汉等作品,亦在泉州、厦门、莆田等地被美日帝国主义分子掠去不少。根据《莆田县志》(初稿)的记载,何朝宗的作品在莆田县被日本掠走的有瓷观音二尊,造型为趺坐,袖手披裙,其中一尊高六寸,有一念珠露袖外,极为别致。另一尊高七寸。达摩像一尊,盘坐,有台,高一尺二寸。被美国掠走的何朝宗作品有伏虎祖师像一尊,骑虎状,一手擒虎头,一手擎环,高二尺二寸。目前保留在莆田县民间的尚有何朝宗瓷观音三尊,一尊趺坐式,高七寸;一尊趺坐式,高一尺许。另一尊趺坐式,高一尺二寸。还有一尊文昌帝君立像,左手执如意,高二尺余。保存在泉州市文管会的有何朝宗"渡海观音",足踏海波,作渡状,高46厘米,底座阔14厘米。面庞椭圆形,头额正中一珠状,髻纹很有条理,髻插如意,上披一巾,整个面部充分表现美与慈悲感。胸前衣褶做打结状,胸间略露一串珠饰,双手藏在袖里,做左拱势。一足踏水波,足被水淹没。像背后盖有"何朝宗印"方形小印,雕刻技术高明。面目端秀,精巧细致,神态如生。瓷色乳白,滋润如凝脂,令人百看不厌。

何朝宗除擅长观音佛像瓷塑外,亦兼制精巧雅致的香壶、小瓶和供人玩赏的用具。

明代瓷塑大师见于史料的还有张寿山、林朝景、陈伟等人,他们的作品都在像背盖上印记,其瓷塑的技术亦达到高超的成就。所以说,明代是德化瓷业史上瓷塑艺术最为繁盛的时期,当时瓷塑观音的品种很

---

① 鸿鹄:《明代瓷塑大师何朝宗》,载菲律宾《华侨周刊》第22卷第5期,1958年。

多,有送子观音、把膝观音、多臂观音、千手观音、立云观音、渡海观音、立像执经观音、趺坐观音、袖手披裙趺坐观音、善才龙女观音、立像旁立童子观音、彩观音,各种神仙佛像瓷雕有达摩、弥勒、如来、文殊、普提、十八手准提佛、布袋和尚、三仙游宴、文昌帝君、福德正神(土地公)、钟离权、伏虎祖师、真武帝、寿仙、关羽、童俑以及各种瓷人像。北京故宫博物院收藏的达摩立像,作乘风渡海之状,衣裙飘拂,波涛汹涌,是一件优秀的艺术品。上海博物馆明代陈列室陈列的万历德化窑"千手观音像"和"福德正神像",人物形象性格刻画得非常逼真,表现了精湛的雕塑技巧。千手观音,高22.4厘米,分上下两段塑制,上段塑观音结跏趺,坐于莲花上,双目微合,直鼻小口,容貌秀美。正身双手合十,神情肃穆。另有十六手臂自背部上下展开,恰似背光。腕内各执火焰、灵芝、桃实等物,肩部围披巾,下垂腰膝。下段为座,刻以海水,海面一龙昂首凝视观音,其左右各置神像,捧笏侍立。像的背部有印章一方,已模糊不能辨认。这尊千手观音虽然层次比较复杂,但塑像各部分的处理比例匀称而又协调,观音上身集中了莲冠、飘带、披巾、璎珞以及多种花纹的装饰,可是看上去并不烦琐,反而增加了华美绮丽的感觉。"德化窑人像"(福德正神),高16.4厘米,釉莹白,有如老人端坐状,目微眯,口角含笑。下颌绕以美髯,双耳加以夸大,面部表情和蔼可亲,宽袖长袍下垂至足面。整个塑像线条刻画简练、质朴,着重面部的神情表现,其他冠带、衣褶自然浑厚,给人有浑厚柔和的感觉,非高手不能有所成就。据史载:当时瓷雕的背面,往往有篆体"何朝宗"、"张寿山"、"林朝景"等印章,除了名款外,还有篆体和楷体的"宣德"、"大明宣德年制"、"宣德年制"、"弘治三年何制"、"大明成化"、"大明成化年制"、"大明万历年制"、"大明国天启年制"、"大明年制"等年款,还有的在葫芦形内刻篆体"福建德化制造"、"德化"和方形内刻篆体"福建德化"、"福建德邑"等地名款的。

见于史料评价明代德化瓷塑的还有观世音:"有建窑坐像、立像者,有素衣而蓝风兜者。像以似美女者为劣,似美男者为贵。"①"观音佛高一尺,趺坐,面如美男子,丰而且丽,不可多得之品也。""明建窑文殊佛,德化窑所造。高一尺,叉手趺坐,色泽光润可爱,如象牙然。"②这些评价都可看出明代德化瓷塑的高度成就。明代的瓷塑一直延续到清代,康熙、雍正、乾隆是德化窑行销欧洲的全盛期,为了迎合顾客的嗜好,部分的瓷塑也接受外国的影响,如"送子观音"就有点像"圣母与圣婴"。同时也塑造了一些专销欧洲的欧洲人像,这种瓷塑在国内很少看见。

根据《莆田县志》(初稿)记载,与何朝宗的作品同时被日美帝国主义分子掠走的还有明代的其他产品,其中被日本掠走的有十八手准提佛一尊,高一尺,有莲花台座,台旁有海龙王二,色极滋润。被美国掠走的有观音像一尊,高一尺。观音盘坐于山洞之内,两旁有十八罗汉错杂盘绕,姿态万千,骑有龙虎等兽。像前立有韦驮一,极为珍奇。鹿葱式古铜制花瓶二支,一支高一点三尺,一支高七寸,及手卷式花瓶一支,颈绕梅花一支,高十五寸;天球大口花瓶一支,口际有两笔铜耳,肚有虬龙盘绕,高七寸;龙式彝炉一只,径五寸;虾式炉一只,径大三寸,高四寸;一粒珠龙线炉一只,口微缺,肚为壳式,径四寸。还有方形瓷图章一个,章首有九虬龙盘绕,高三点五寸,周二寸。法国人波西尔也藏有明代德化极精工巧制白如象牙,全身釉色如鹅绒的关公雕像以及菩提、达摩、钟离权等产品。③

明代不仅是各种人物雕塑达到了杰出的成就,就是其他动物雕塑也很盛行,如蹲踞麒麟、小麒麟、白釉坐狮、酱釉小狮、瓷人骑马、瓷人骑龙、瓷牛、瓷鼠狗、瓷狮子等等,无不活灵活现,逗人喜爱。

明代德化窑的另一突出成就,是"象牙白"(亦称"乳白""猪油白",

----

① 寂园叟:《陶雅》。

② 施景琛:《泉山古物编》。

③ [英]波西尔著,戴岳译:《中国美术》卷下,商务印书馆 1923 年版,第 37~38 页。

新中国成立后称为"建白")瓷创制成功。宣德以前,德化已经有乳白的"建白"瓷生产,并为北方定窑所仿制。日本上田恭辅的《中国古陶瓷研究的手引》曾提到:"宣德的定窑有纯白釉的东西和牙色(即乳酪色)两种,虽然也是仿造德化窑的东西,但在手法上鲜明突出,非常引人注目。在制造技巧及造型方面都比宋朝的东西要来得卓越的多。""建白瓷"的创制成功,把德化瓷业发展提高到一个新的高峰。这种闻名国内外、独树一帜的"建白瓷",其色乳白,质地坚硬莹润,细腻匀洁,素净淡雅,稳重大方,在白色中微闪黄色,犹如凝脂,似白玉,或隐约中现肉红色(即所谓"孩儿红"),使人一见顿然有静穆之感。瓷之坯釉结合紧密,半透明度高,在灯光映衬下,更见其柔和雅致,惹人喜爱。以"建白瓷"塑造的人物,色泽滋润,衣带飘拂,栩栩如生。用它制作的各种艺术品,显得精美华贵,似脂如玉。传到国外,在国际上获得很高的评价,称赞它是"国际瓷坛上的明珠"、"世上独一无二的珍品"。流传到欧洲,法国人称之为"中国白"(Blanc de Chine),谓中国瓷器之上品,也有的称它为"象牙白"或"鹅绒白"。日本人称它为"白瓷中的白眉"(意最为杰出的作品)、"白高丽",认为"对白高丽式的白瓷,如果以客观而公正的高度给予评价的话,可说是比白玉更要美观华丽"、"甚至胜于白玉"、"可称为中国古今独一无双的优秀作品"。这种"优秀产品,虽然胎壁较厚,却比灯罩更透明,显出光亮美观的肌面。以光滑度来说,可称为天下第一"、"如果是明朝以前的白建,就是对陶瓷毫无欣赏水平的人,只要一见便可发出赞赏之声"①,"建白瓷自宁波流入日本,日本富人至不惜以万金争购之,足见其精美矣"②,"福建德化窑生产的手抱婴孩的白高丽式观音,在日本的基督信徒中当作玛丽娅的圣像,而大受欢迎。其需用量之

---

① 以上分别引自[日]上田恭辅:《中国古陶瓷研究的手引》,东京大阪屋号书店发行,1941 年 9 月;[日]上田恭辅:《中国陶器时代的研究》,东京大阪屋号书店发行,1929 年 5 月。

② 吴仁敬、辛安潮:《中国陶瓷史》,商务印书馆 1937 年版。

大,几乎达到惊人的程度"、"大约从 16 世纪起,这种白瓷偶然通过葡萄牙的东洋贸易船介绍到西欧以后,立刻得到全欧洲贵族阶层的欣赏和欢迎,并接受无限的订货"①,因而"建白瓷"和瓷雕艺术一直成为德化瓷器的代表,其传世佳作成为中外公认的珍品。

叶喆民曾对德化"建白釉"的成分做过分析,结果证明:"在明中叶前后,因为是用氧化焰烧成,所以釉色与定窑同为闪红、闪黄或米色,而且釉光很好,往往有呈珍珠光的。"②日本人将这种釉面稍带暗底光亮的称为"棕眼"或"宝光"。

奶油白,即象牙白瓷,是明代德化窑闻名中外的独特产品,但在欧志培的《中国古代陶瓷在西亚》一文中,引用住在古波斯的阿拉伯作家阿塞·泰阿利比(生年不详,死于 1038 年,即宋宝元元年)所作有关珍宝的著述里,和西亚著名学者阿·比鲁尼(973—1049 年,宋开宝六年至皇祐元年)的著作中,在提到中国瓷器时,都谈到有奶油色的瓷器。同时这种奶油色的瓷器次于杏色或杏黄色(即青瓷),说明在宋代奶油色瓷已与青瓷同时存在。这为研究我国奶油色瓷的产生年代提供了新的资料。

七、精湛的明代瓷器艺术及其国际影响

明代德化窑不仅以瓷塑和"象牙白"瓷闻名世界,就是日用瓷和陈列瓷,在继承传统工艺的基础上,也有创新和突破。品种繁多,制作精巧,开创了百花争艳的工艺新时代。

综观明代日用瓷和陈列瓷,可分为碗、杯、洗、瓶、盘、炉、壶、盒、水

---

① 〔日〕上田恭辅:《中国古陶瓷研究的手引》,东京大阪屋号书店发行,1941 年 9 月。

② 叶喆民:《中国古陶瓷科学浅说》,轻工业出版社 1960 年 12 月版,第 47 页。

注、灯、瓠等类别。各种瓷器的造型丰富多彩，别出心裁，既是日用和陈列品，也是优秀的艺术品。

目前国内外藏品、文献记载和窑址出土的品种主要有：

1.碗类有素面碗、刻字碗、浮花碗、平心碗、暗花蝉纹小碗。

2.杯类有素面杯、叶形杯、堆菱叶形把杯、八角酒令杯、八角小杯、暗花八角杯、堆花八角杯、高足杯、套杯、堆花杯、刻字小杯、印花爵杯、马蹄杯、龙虎杯、树头杯、花鸟杯、荔枝小把杯、梅花杯、梅花爵形杯、八角人物杯、直方耳六角小杯。

3.洗类有荷叶洗、透雕荷叶式洗、堆花螃蟹式洗、叶形小洗、秋叶式洗。

4.瓶类有象耳瓶、狮耳小瓶、狮首双耳瓶、浮花观音瓶、白釉胆瓶、青花小胆瓶、青花天球瓶、青花双耳瓶、鹿葱式古铜型瓶、颈绕梅花手卷式瓶、天球大口瓶、印花楞纹小瓶、梅花纹贴花在、五彩贴花螭龙瓶。

5.盘类有暗花盘、画花牡丹盘、五彩花卉小方盘、五彩松鹤小方盘。

6.炉类有小炉、双耳炉、狮耳炉、三足炉、三足小炉、素耳三足炉、簋式炉、双耳兽足贴花窃曲纹簋形炉、夔纹三足炉、弦纹三足炉、古铜器纹炉、古铜制六角炉、有盖六足龙耳炉、戟耳扁炉、刻竹石牡丹三足圆炉、如意耳印花八角熏炉、印花八角系熏炉、龙式彝炉、竹节炉、八卦炉、刻字炉、兽足实底炉、双兽炉、天官耳象足六角炉、双耳印花夔龙雷纹鼎、半月沉江炉、五彩花鸟香炉。

7.壶类有扁执壶、瓜楞执壶、荷叶盖钮龙把壶。

8.盒类有印花牡丹楞纹盖盒、印花白瓷盒、粉绘白瓷盒。

9.水注类有高士枕卧水注、圆形小水丞、童子捧葫芦形水注、童子骑象水注、鹅形水注、笔山水注、蟹形花插水注。

10.灯类有龙瓠、小花瓠、画花缠枝花纹瓠、白瓷花瓠、印纹花瓠。

11.印章有圆形狮子印章、方形狮子印章、方形印章、九虬龙盘绕图章、莹白双獾纽方印、蟠虎钮印章和坐猴、玉兔钮印章。

此外还有镂空笔筒、白瓷花盆、印花仰覆莲瓣三层罐、天鹅尊、达摩渡江案屏、印花仿铜匜等等。在明墓中还发现瓷器明器,如瓷俑、瓷棺垫以及瓷板墓志铭等等。

上述明代德化窑的产品,史册上也有过评价。如陆廷灿《南村随笔》云:"德化瓷箫,色莹白,式亦精好。但百枝中无一二合调者,合则其声凄朗,远如竹上。"寂园叟《陶雅》云:"今德化所出白瓷花瓶,瓷质雪白,价廉而式样不俗";"建窑于碗内作人立形,其陆鸿渐也。下有小孔,酒满则漏去,曰平心碗也"。施景琛《泉山古物编》云:"明建窑龙觚,口径一尺零四分,高二尺,一对,腹部凹,雕团龙四,上下各绘芭蕉大小各五,式极堂皇。"日本上田恭辅《中国陶器时代的研究》一书图版、《天下逸品的白高丽水壶》介绍德化窑建白水壶说:"根据蒙古硕学罗氏关于此件的说明书里说,福建的这个白瓷壶,在明清两朝时称为'陶精',而保存在北京皇室里。后来在兵乱中失窃而流入市场。"此件水壶"口径三寸强,高度约七寸,圆径约二尺五寸。釉是纯白的。壶面层全为梨皮纹,其中有冰裂模样的花纹。虽然是相当厚的瓷器,用指头插进后经过光照,不但整个手指,就连指头尖也能够清清楚楚的被映出来"。

明定陵(神宗墓)出土的一件德化窑的花觚,可以证明这一类觚形产品最迟在万历年间已有生产,而且为宫廷所采用。

明代德化窑的装饰手法有印花、贴花、刻花和透雕四种。

印花是花纹采用印模压印的。从八仙杯、瓷印盒等器物的纹饰可以看出,花纹清晰美观,达到相当逼真的程度,具有很高的水平。值得注意的是,印花装饰所用的图案,有仿铜器上的传统花纹,如夔龙纹、饕餮纹、云雷纹等,都是继承传统的技法和艺术。有的造型也采用传统的形制,如双耳印花夔龙雷纹鼎、双兽耳印花夔龙雷纹炉、双兽耳饕餮纹簋形炉和白瓷花觚等就是仿古的例子。

贴花亦称堆贴,这种技法在许多器物上都普遍被使用,具有独特的风格。如一件圆底形如爵杯器物堆上梅花枝,底周再附上一笔架形的梅花树干,有的是堆贴梅花、玉兰,有的是堆贴梅花和动物。再如在胆瓶上堆贴梅花枝或者螭虎纹,也具有特色的。

刻画技法的使用,也有其独特之处。在瓷器坯体上刻画花纹,是宋元时期德化窑产品中常见的,但在器物上刻画文字题记或诗句,作为器物上的装饰,是明代德化窑的又一特色。

透雕技法在德化窑的采用,可能在时代上是较晚的,可说是后起之秀。透雕套杯、透雕瓷熏炉、透雕笔筒和透雕的瓷狮子,都是非常别致、不可多得的艺术精品。

从明代的传世品和出土器物中可以看出,明代德化窑产品除以白釉(特别是"象牙白")的独特风格闻名于世外,同时也开始出现了釉下青花、五彩、粉彩的生产了。

明代,德化瓷器仍然是畅销国际市场的重要商品,它的独特风格和精湛的艺术深受国际市场的欢迎,在国际瓷坛上有着重要的位置。

朱元璋建立明朝以后,为了迅速恢复因元代的残暴统治而被破坏的中国社会经济与巩固新建立起来的封建政权,除了采取高度中央集权,解放劳动力,恢复和发展农业生产,扶植工商业等措施外,重视对外贸易也成为当时历史的迫切要求。因而在攻克福州时,俘获海舟一百多艘,即于洪武元年(1368年),利用海舟到南洋贸易。在洪武元年至三年间,先后遣使至占城、爪哇、三佛齐、渤泥等南洋一带,招谕各国。虽然明初为防倭寇侵犯,沿海成为军事地带,海禁森严。

明洪武三年(1370年),规定市舶"浙(江)通日本,福(建)通琉球,广(东)通南洋西海诸国",但瓷器仍为明代对外贸易的一种主要交易品。洪武十六年(1383年),各以瓷器一万九千件,豪赐予占城、真腊以及暹罗。可见当时瓷器出口的兴盛。永乐、宣德年间,郑和下西洋后,曾以他们带去的丝绸、瓷器和金银等交换或购买香科和象牙等物,瓷器更是大量外销。郑和随行人员马欢《瀛涯胜览》、费信《星槎胜览》、巩珍《西洋番国志》对这一时期我国陶瓷外销东南亚各国都有记录,其中中印半岛和马来半岛有暹罗、满剌加、龙牙犀角,菲律宾群岛有三岛、苏禄国,东印度群岛有交栏山、旧港、苏门答腊、花面、淡洋、吉里他、假里马打、爪哇、占城等地。自成化至正德年间,与南洋群岛的贸易,几为我国所独占,豪门巨室亦有乘巨船贸易海外。

正德、嘉靖、隆庆及万历期间,"漳泉的商船每年至少有三十四只,停泊于马尼剌"。万历三十一年(1603 年),"泉商贩吕宋者数万人"。明代中叶,尤其是嘉靖之后,中国与南洋贸易已处于秘密走私阶段,特别是葡萄牙侵入东方后,中东、远东海上贸易权几被其控制,我国广东、福建沿海出入口之货物,以秘密走私方法交易。荷兰与我国贸易后,南洋一带的陶瓷贸易完全在荷兰东印度公司垄断贸易之中,据最保守的估计,万历三十年(1602 年)至明末崇祯十七年(1644 年),贩运到印尼的中国陶瓷总数在 420 万件以上。公司还积极插手亚洲各国,包括中印半岛的陶瓷贸易,万历三十三年(1605 年)至清顺治十八年(1661 年),就运载了 500 万件中国瓷器到印尼和马来亚各岛屿之外的越南、泰国、缅甸、锡兰、印度、伊朗和阿拉伯各地。当时德化瓷器的外销除继续销往东南亚各国外,还大量销往日本,仅崇祯十四年(1641 年)一年,由福州输出日本的瓷器就有 2.7 万件,其中多数是德化窑的产品。可见一直到明末,德化瓷的外销还是很旺盛的,曾有"明代德化白瓷及瓷雕,在国际市场上商贩竞争采购"的盛况。

根据目前国外发现和文献史料的记载,明代德化外销的瓷器除了上面介绍的瓷观音和各种瓷塑艺术品外,还有如下几种:

1.梅花杯

梅花杯在德化的屈斗宫、祖龙宫、后窑、岭兜、铜岭、新窑、窑垄山等明代窑址都有发现,其中祖龙宫窑发现最多,大小不一。现选择两式介绍:一式是口径和底径呈椭圆形,口径 9.8 厘米×7.6 厘米,高 6.8 厘米,底径 3.4 厘米×4.8 厘米。口沿外侈,杯外一边堆梅花枝和三朵梅花,一边梅枝上堆贴一朵花蕊和二片花叶。底周附上一笔架形的梅花树干,作为杯的承托脚架,足架与底周间有些缝隙,整个器身颇厚重,色泽为牙白色,腹壁薄能映见指影。另一式造型与前式相同,只是较小巧,口径 7 厘米×4.8 厘米,高 4.8 厘米,底径 2.8 厘米×3.5 厘米。腹壁一边堆贴树枝和三朵梅花,另一边堆一朵含苞待放的花蕊和两片花叶,釉色光泽滋润。上述两款白釉梅花杯与波西尔《中国美术》一书采自外国博物院藏品的图录和剑桥大学出版社 1924 年出版的《远东陶瓷手册》一书中介绍陈列于英王爱德华七世陈列室的藏品相同,证明德化窑的梅花杯曾传到英国和其他国家。

2.瓷狮子

1963 年,厦门大学人类博物馆曾在屈斗宫窑址发现一件。以后又在屈斗宫、祖龙宫和岭兜窑址各采集一件,其中岭兜窑的产品最为精致,造型与波西尔《中国美术》一书中图录所介绍的非常相似,可以确定为德化烧造的外销瓷。

3.盒,或称印泥盒、粉盒

1963 年,厦门大学人类博物馆曾在屈斗宫窑采集一件,口径 6.9 厘米,底径 4.4 厘米。盒分盖和底两部分,盖顶印有牡丹花一朵,边缘装饰有直道纹,底部边缘也有此装饰。在岭兜后山窑址也发现两件,均缺盖。一件口径 10 厘米,底径 7.6 厘米,高 2.8 厘米,子母口,内敛,盒身呈椭圆形,顶部微敛,足低矮,外腹壁印缠枝花纹。另一件口径 8 厘米,底径 6.7 厘米,高 4 厘米,子母口,内敛,盒身六棱,腹壁直,平底矮足,口底呈六角形,六个棱面各印有花草纹。这种圆盒在国外已有多地发现。

4.龙鹿爵形杯

这种杯在德化的祖龙宫窑曾有不少发现,规格有大有小,与波西尔《中国美术》介绍在国外发现的“模(印)树干状,上塑凸起树枝及龙首斑鹿仙鹤诸像”的形状和图版相同。

5.瓷印章

根据目前发现,明代德化窑的瓷印章有蹲狮方形、蹲狮圆形、九虬龙盘绕等几种。波西尔介绍的爱尔兰之泽中的一枚德化窑狮首四方印章,还谈到“此印章之发现,昔颇引起英人之研究”。其造型和德化窑址出土的印章相似,说明当时德化窑的瓷印章曾传到欧洲爱尔兰一带。

6.梅花高足杯

波西尔介绍购自波斯的德化窑梅花高足杯,"状若古时笔器,雕有凸花"。其书上图版和德化窑出土的相同,可见这种杯曾远销到波斯。

7.透雕荷叶式洗

霍卜荪著录介绍德化外销国外的透雕荷叶式洗在德化祖龙宫窑也有发现,应为祖龙宫窑的外销产品。

8.釉外云彩大盘

雅加达博物院收藏的中国古陶瓷,其中第二十橱有:"书阿拉伯文字,釉外云彩大盘一件。其文字大意是赞颂主宰安拉,至圣穆罕默德的伟大及教长阿布伯加,奥斯曼和阿利等的贤明与继宏大道。此二盘时代是元代或明初,属福建德化窑出品。"

9.白地青花阿拉伯文字碗

雅加达博物院藏有一件书阿拉伯文字白地青花碗,碗外绘 5 个楔边圆圈,每一圈中都写同样的阿拉伯文字,意思是:"除安拉及其先知穆罕默德外,无其他上帝。"各圈中所写该文的终点,别书一个教长的名字(如奥玛、奥斯玛等)。此碗底有"成化年制"的款式,也是德化窑烧造的。[①]

此外,根据屈志仁编著的《德化瓷》一书介绍,在香港举办的德化瓷展览简介的目录中,德化瓷运销国外流散或珍藏在香港的还有明初时期的印花缠枝纹小碗、兽足突底炉,明时的弦纹高足杯、双耳兽足贴花竛曲纹簋形炉、鹅形水注、童子捧葫芦形水注,明中期的印花牡丹楞纹盖盒、圆形小水丞,嘉靖万历间的直耳六角小杯,晚明的刻花折枝牡丹纹、大盘、刻花牡丹纹碗、荔枝小把杯、凤头小匙羹、双兽耳瓶、素身一统瓶、刻花缠枝花卉觚、荷叶盖钮龙把壶、双兽耳炉、天官耳象足六角炉、双耳印花夔龙雷纹鼎、蟠虎钮印章、达摩渡江案屏、梅花蟹洗、童子骑象

---

① 江西省轻工业厅景德镇陶瓷研究所编著:《中国的瓷器》,中国财政经济出版社 1963 年版。

水注、蹲踞麒麟、印花仰覆莲瓣三层罐、印花八宝纹小爵杯、印花仿铜匜、佛立像等。屈志仁认为"德化瓷的断代远不如景德镇瓷那样有一定的规律",故"目录内所定的产品年限也只好放宽"。所以我们把该书中的刻花牡丹纹碗、素身一统瓶、双兽耳炉、双耳印花夔龙雷纹鼎等几件定为"明末清初"的产品,暂时划入晚明时期。

综观明代德化窑的发展,是根据当时国内外的政治、经济(特别是外销)的情况所决定的。按照屈志仁的看法,德化窑从创始时期直至明代中叶都是以生产出口瓷为主,市场是东南亚各地。这时瓷器的质地是比较粗陋的,器形也只限于盒和浅碗之类。到明代嘉靖以后,因为西洋人东来,东南亚的政治和贸易情况都有很大的转变,德化瓷的海外销路一度转弱。同时,江南地区渐渐富庶,为了迎合新兴市民阶级和士大夫对工艺美术品和案头雅玩的需求,德化窑便开始生产文房用具和书斋的陈设品以及各种塑像。当时的德化"象牙"瓷创制成功,瓷质洁白,透光则泛红色,釉面光莹润泽,比之明代中期及以前的牙黄色无光泽的制品,于技术和美术上都有进步。造型方面,大部分是仿古器物,尤其是古铜器。晚明的仿古有两个特点,一是造型比较简练,符合当时美术风尚;二是无论是仿古或是"创新",都顾及陶瓷的属性,不会产生不自然和生硬之感。更重要的是,晚明对古物形式的处理灵活,使人一见既古雅又有新意。另外,至明代后期,德化瓷工逐步掌握德化瓷土质软、可塑性强而又易于变形的特性。民国《德化县志》载:"罂瓶罐瓿,洁白可爱。饮食之器多粗拙,虽有细者,较之饶州所作,终不能及。"明陈懋仁《泉南杂志》卷上载:"厚则绽裂,薄则苦窳,土性然也。"芳若《福建省德化县之瓷器》云:"瓷质洁白、光润,如脂如玉,制作精美,尤以人物塑像见长。"凭借这些德化瓷土的特点,制成"美术瓷"极受欢迎,决定了德化窑向美术瓷发展的路子。这一发展路子一直影响到现在,所以明末清初是德化瓷业发展史上的重要转折时期。

随着瓷业生产的发展,明代德化在国内最早出现了阶级窑,同时也最著名。这种窑的设计保存了龙窑的基本优点,但烧成质量比龙窑好。

明代德化窑产品之精美,与阶级窑的出现、窑炉的改进是分不开的。德化阶级窑产生后,不但为华南其他地区所采用,而且对日本窑的设计影响极大,"日本的窑,是深受德化的影响而设计的"。在日本铃木已代三所著《窑炉》一书中,曾把德化窑"估计为串窑的始祖"。在屈志仁《德化瓷》一书中,也提到"现在香港比较大的制砖工场所用的砖窑,也是从德化的阶级窑发展而来的"。

八、清代青花瓷的全盛期

　　明清之际,是古代德化窑发展最为繁盛的时期。当时,沿海由于连年战乱,清政府为了加强镇压郑成功抗清义师,于顺治十八年(1661年)实行迁界、海禁,把沿海50里内的村落市镇拆迁,田舍为墟,强迫村人迁入内地山区,沿海一带瓷窑随之衰落,只好向山区发展。尽管康熙二十二年(1683年)清廷平定台湾后,准许人民"复界"迁回故地,但毕竟经过迁界这一毁灭性的破坏后,一时很难恢复,直到雍正朝以后,各方面才陆续恢复起来。

　　据晋江地区古瓷窑址的普查,明清时期,泉州、晋江、南安、惠安沿海一带的古瓷窑址由宋元时期的62处下降到剩下11处,而山区县的安溪、永春、德化,明清窑址却突然增加,得到很大的发展。其中德化窑址由宋元时期的42处跃增到177处,为历代以来窑址数的最高峰。全县除美湖和盖德两个乡尚未发现清代窑址外,其他乡镇都有清代窑址,分布在浔中、丁溪、隆泰、高阳、英山、三班、蔡径、岭头、桥内、龙阙、奎斗、苏洋、村兜、朱地、南埕、蟠龙、瑞坂、湖坂、丘坂、葛坑、下岭、湖头、龙塔、大岭、白叶、下村、门头、后坂、桂格、辉阳、云路、黄井、汤头、岭脚、福山、涌溪、王春、梓溪、彭坑、联春、大铭、琼山、南斗、苏坂、尤床等62个村。这些窑址是浔中镇的屈斗宫窑、后井窑、岭兜窑、石排格窑、东头内窑、福源窑、九间窑、田边窑、杏脚窑、蛇目窑、西门头窑、坂头窑、坪埔尾山窑、乐陶窑、六车窑、后所窑、宏祠窑、杨坪张窑、大路巷窑、布伏山窑、坂园窑、窑坂窑(甲乙两窑址)、杉林烘窑、石辟仔窑、后仔窑、竹林仔窑、后宅窑、羊广岭窑、后溪窑、草埔窑、松柏林尖窑、岭头窑、大路后窑、窑坂窑、孝坊山窑、宝寮格窑、梅垄窑、陈公窑、潭边窑、罗溪窑等58处。

三班镇有大垄口窑、内坂窑、南岭窑、溪碧窑、下村林窑、新垱寨窑、上寮窑、桐岭窑、洞上窑、东坪窑、碗窑山窑、窑仔林窑、石尾山窑、新窑、啤坝窑、水吼窑。

霞碧镇有坎脚窑、公所窑、东漈窑、古洋水尾窑、真武亭窑、水头窑(甲乙两址)、林地窑、水尾窑、枋山窑、桶坪窑、尾仑窑、山垄窑。

南埕镇有瓷岭窑、瓷窑垄窑、瓷窑岐窑。

雷峰镇有瑞坂窑。

水口镇有涌口窑、下楼坂窑、白潭坂窑。

葛坑乡有胡须窑、坷垄窑、石坊窑、龙广窑、二板桥窑、李田窑、阿腊窑、乌山岭窑、双溪口窑、路舌坂窑、龟洋窑、苏田窑。

杨梅乡有下坂窑、仑仔坪窑、牛头尾山窑、荣福堂后山窑。

上涌乡有陈七垄窑、后格垄尾窑、羊条窑(甲乙丙三址)、黄仔坂窑(甲乙两址)、吾洋窑、后坂窑、和玉窑、明龙桥头窑、凤坑后碗窑、麒麟斩尾窑、许坑林窑、仙亭厂窑、东洋尾窑、陈篮坂窑、瓷窑坪窑、虎龙头窑、虎垄坪窑、后寮埕窑、碗窑山窑、花树格窑、桌头家窑、水尾林窑、常思窑、西溪炉窑、炉坂窑、陈仔坂窑。

汤头乡有羊头瓷窑、石公格窑、格头窑、赤土寨窑、山边洋窑、石坊垄窑、社里岭窑、下楼坂窑、路尾窑、苦竹坂窑、牛头格窑、瓷窑坪窑。

桂阳乡有洪朝坑窑、瓷窑坑窑、后洋坂窑、颠倒村窑、下甜洋窑、斜岭脚窑、下林坑湖头坂窑、永丘村窑。

大铭乡有瓷窑、瓷窑仑、瓷窑坑、下格坑窑、后溪窑。

国宝乡有南斗溪口窑、上云窑。

赤水镇有瓷寮坝窑。

春美乡有洋头窑、仑头坪窑。

　　生产地区几乎遍及全县,甚至最偏僻的深山密林,没有村落的地方都可找到清代的窑址。其中以上涌、葛坑、汤头、浔中、三班等乡镇最为密集,浔中镇的宝美村、浔中村、高阳村、隆泰村和三班镇的三班村、泗滨村,几乎家家户户都有人从事瓷业生产,老人妇女和儿童把瓷业作为家庭副业。青壮年农忙务农,农闲务瓷,亦农亦瓷。高阳村清代窑址多达 23 处,重重叠叠,遍布每个山头。

　　清初迄至康雍乾时期,是德化窑极盛时期,同时,所产的瓷器已列入贡品。[①] 在德化史志上第一次出现县官和文人墨士把瓷窑的景色赋诗咏颂的记载,其中如连士荃的《龙浔竹枝词》有关瓷器部分颂道:"郁起窑烟素业陶,瑶台一望震松涛。白磁声价通江海,谁悯泥涂穴取劳。"(注:瑶台为城郊宝美村瓷乡的别称)康熙五十一年(1712 年),来德化任职的知县殷式训在咏龙浔八景时,就把《瑶台陶烟》作为一景描述,写道:"宇内闻声说建窑,坚姿素质似琨瑶。乘闲每上峰头望,几道青烟向暮飘。"乾隆六十年(1795 年),来德化任职的知县胡应魁在《郊外漫兴》一诗中写道:"万山深处辟云关,室宇回环碧玉湾。百丈岭泉凭行引,千声水碓笑人闲。俗醇最便官藏拙,意给遑嫌语作蛮。何事鼓吹盈苍陌,林边迎得使君还。"

　　自 16 世纪以后,东南沿海地区经历了早期资本主义侵略的影响,西洋科学文化的输入,中国封建社会的商品经济,孕育着资本主义的萌芽。当时我国的手工业已经有了相当高的水平,手工业工场有了很大的扩展,其特点在于生产过程的细密分工,并使用了雇佣劳动。这在德化窑中也有了较明显地反映。建于明代的三班南岭窑在清光绪年间发展到 20 至 22 条窑正常生产,宝美、隆泰一带陶瓷生产规模也很大,后所、后井、隆泰均系大窑,都建在大溪边,盖有规模很大且成片的春瓷土的水车碓。后所协益窑、隆泰的曾云深,都拥有颇大的资本,雇有窑工

---

　　① 　江西省轻工业厅景德镇陶瓷研究所编著:《中国的瓷器》,中国财政经济出版社 1963 年版。

一二十人,而且兼营瓷器商业。曾云深经营窑业发家,并建五座大屋,而且买个"卫千总"的官号。宝美一带亦有不少从事瓷业而发家的。据《龙井苏氏族谱》记载,苏明铜长子英讲、次子清德、三子荣中、四子荣金、五子德亲均从事瓷业,与诸叔同建大安堂、荣美堂,后又自建金安堂。苏及金亦因商贩瓷器于潮汕而左券独操,克臻富有,营田建层。苏亮元亦经营瓷业,有志建屋。

清代早期和中叶,德化窑的特点是白釉器延续明代的风格继续发展,青花瓷达到全盛时期,色彩运用技艺也有了提高。

白瓷是德化窑的重要特色。清代白瓷的传世品系延续明代风格的印花、贴花和透雕的仿古作品。这些产品除畅销欧洲的英国、法国等地外,在东南亚、日本等地尚有不少遗留。根据屈志仁《德化瓷器展览目录》的介绍,在香港遗留的清代德化窑产品有撇口大洗子(清初),球形小杯(雍正乾隆间),素身小碗(雍正乾隆间),暗花八角形小杯(清初),八角刻花水仙三友纹刻字杯(清初),八角刻花水仙小杯(清初),贴梅花玉兰犀角形杯(清初),贴梅花小杯(清初),贴花犀角形杯(清初),瓶、觚、壶、刻字刻花瓶(18世纪),素身六角小瓶(清),素色胆瓶(清),贴花螭虎纹小胆瓶(雍正乾隆间),贴花梅花纹小胆瓶(清初),螭虎翻口瓶(乾隆嘉庆间),方耳双环扁肚瓶(18世纪),如意耳双环瓶(18世纪),茄形刻字刻花壶(早清),双耳兽足鼎炉(清初),双兽耳饕餮纹簋形炉(乾隆或之后),如意耳八角印花熏炉(清中叶),刻花竹石牡丹三足圆炉(清初),刻铭文钵(清初),戟耳扁炉(雍正乾隆间),印花雷纹双戟耳三足炉(清初),双戟耳三足炉(乾隆),象耳三足炉(雍正乾隆间),印花八角四系熏炉、文房、杂器、小砚、笔山水注(清初),蟹形花插水注、秋叶形洗(清初),印花楞纹小盖罐(雍正乾隆间),方口小雀食(雍正乾隆间),印花仿铜大爵杯、降龙罗汉像(晚清),观音坐像(乾隆)和狮子香插等。

在国内文博馆藏传世品中也可看到清代白瓷的成就。如故宫博物院的海螺洗、凸雕蟠螭洗、兽耳瓶、镂空笔筒、刻花盘,南京博物院的白釉印花瓷杯、堆贴松鹿瓷杯、堆贴梅枝瓷杯、堆贴松鹤瓷钵、瓷盅、暗花牡丹盘、旋纹瓷炉、瓷炉、瓷匙、雷纹瓷鼎、瓷观音像、瓷人像、瓷狮、瓷壶，广西博物馆的兽耳炉、象耳三足炉、狮身炉，保存在厦门市文物商店的白釉鹤、胆瓶、水壶、花树、双耳瓶等等，都是清代白釉的代表作。这些产品都继承和发扬明代德化窑的风格。

对德化窑清代白瓷的各种器物，在一些史书上曾有过评述。清代一种仿犀角杯酒盏，曾风行一时，但少有佳品。又瓷性较脆，不经碰撞。因此，德化窑的制作，只能在陈设品方面去发展。传世器物以香炉为多、为精，仿犀角杯最劣。陆廷灿《南村随笔》云："德化瓷箫，色莹白，式亦精好。但百枝中无一二合调者，合则其声凄明，远出竹上。不意云梦柯亭之外，有此异种。"寂园叟《陶雅》云："德化所出白瓷花盆，瓷质雪白，价廉而式样不俗。"

清代的德化瓷器雕塑继承明代何朝宗的风格，仍然继续烧造。其中乾隆时期何朝春的降龙罗汉像和观音坐像，至今尚保存在香港和西欧一些国家。又如丁溪湖前艺人许良西不仅善于陶瓷塑，尤足奇者，他在一桃核雕成大士、善才、龙女、十八罗汉以及龙、虎、鹦鹉、竹石、杨柳，无不应有尽有，惟妙惟肖。精工巧雕，可谓鬼斧神工。[①]

清代初期，在象牙白瓷继续发展的同时，还出现了孔雀绿釉瓷，并传入法国，"从 1708 年以后，法国已能仿制中国德化白釉瓷和孔雀绿釉瓷。但火度较低，仍属软瓷。1725 年，法国的尚第里（Chantilly）和门尼西（Mennecy）两瓷厂成立，出品质量有所提高"。[②] 英王爱德华七世陈列室的德化瓷，"在 C 柜顶格的一尊牛奶白的欧洲人瓷像，根据其服装式样，可以断定大约是 1700 年（康熙三十九年）的产物。其他的一些陈列品，由于它们的样式在欧洲最早的瓷器当中有进行仿造，因此可以确定是康熙时期的作品。在 B 柜中格带有拱形柄和梅枝浮雕的瓶及

---

① 民国《德化县志》卷十五，《人物·方技》，民国二十九年（1940 年）刻本。

② 江西省轻工业厅景德镇陶瓷研究所编著：《中国的瓷器》，中国财政经济出版社 1963 年版。

果子形的茶壶,其式样都在 18 世纪早期被欧洲瓷器工人所仿造"。①

　　康熙年间,德化窑的粉彩已日臻成熟,现保存在第二瓷厂的一对康熙二十五年(1686 年)知德化县事鄞县范正辂选制供奉寺庙的粉彩九龙瓶,就是当时传世的代表作。粉彩在乾隆、光绪年间最为盛行。至今德化瓷厂陈列室尚保存着乾隆、光绪年间所制的粉彩瓷罐。康熙、乾隆年间还出现了以铜、铁、锰、钴等氧化物为着色剂,与铅粉、石英粉配制原料的古彩瓷画面,具有黄、绿、红、蓝、紫五种颜色,又称五彩瓷。这种五彩瓷彩工精致,花样逼真。五彩颜色部分是本县贺兰山(即现在驾云亭)的石英质矿石及绿矾、铜绿等配合而炼成的,颜色有红、绿、黄等。至民国初期,才由浔中彩瓷转卖商林凤鹏采入日产金水及洋彩颜料,本地颜料逐渐被洋彩所代替。②

　　德化窑釉下青花瓷在明代就已经使用,到了清代已经成熟并趋于精美,在技术上和质料上完全掌握了它的科学性能,所以广泛地被采用。釉下青花以氧化钴为主,配成颜料在坯体上作画,外施无色透明釉,高温烧成。由于青花是画在釉下,色料本来很细,经过烧制以后,完全熔化在胎釉之间,显得光滑平润,不致影响到釉面的光泽,使釉面保持晶莹透彻,层次多,色阶丰富。绘制图案可以产生"退晕"(由浅到深,层层烘染)的效果,又不易受外界氧化酸化各种影响,不致腐蚀脱落。所以青花瓷一进入国际市场,立即受到国外的普遍欢迎。因而大量生产青花瓷就成为对外贸易中一项重要的商品。在这种情况下,便促进了德化青花瓷的飞跃,使全县生产青花瓷的窑址猛增到一百多个,几乎所有清代窑址都生产青花瓷。生产规模之大,产量之多,达到了空前的程度。

　　德化窑的青花瓷花式丰富,取材很广,概括起来有以下几个类型:

　　1.历史故事、人物仕女。这里包括神话传说、游仙图、高士图、福禄

　　① R.L.霍布森:《远东陶瓷手册》(英文版),英国剑桥大学出版社 1924 年版。
　　② 《德化瓷业简史》,1961 年 3 月,油印本。

寿三星图、婴戏图等和一些描写生产活动和社会风俗的作品,如耕牧、渔猎、攻读之类。有不少窑址生产的盘碟上有"志在书中"、"晨兴半炷香"题字的人物画,抒发了时人向往仕进、追求功名的思想感情。有的青花瓷画有楼阁行船纹饰,旁边附上王勃的"画栋朝飞南浦云,珠帘暮卷西山雨"的诗句,情景交融,浑然一体。

2.自然景物。多为小品山水,简洁深秀,充溢着一种清微幽冷、深居逸致、厌恶烦世的气氛,也表现了自然环境的秀丽风景。有的从日常生活中剪裁出来的小景,配一句简短的,但又意味深长的抒情语句,颇有浓厚的生活气息。

3.动物图案。在德化窑较常见的有云龙、云凤、麒麟、雄狮、梅雀、虫鱼、松鹤、蜂蝶之类,云龙、雄狮、麒麟大气磅礴,气魄雄浑;梅雀虫鱼自由豪放,生气蓬勃,有一种发荣滋长的气息。

4.植物图案。德化窑较常用的有梅、松、竹,还有葡萄、佛手、牡丹、牵牛花、葵花、芭蕉、杨柳和瓜果等。

5.其他装饰图案。边饰图案有蕉叶纹的仰叶,垂叶,莲瓣纹的仰莲、覆莲,还有卷线纹、雷纹等等。另外还使用了各种以吉语文字为主题的文字图案,如双"喜"字和"寿"字古篆文,以及一些和宗教有关的佛梵字或八卦,有的还采用八吉祥的符号作为纹饰。

青花图案的配置方法也多种多样,有缠枝花、折枝花果、团花、散花等各种花式布局。缠枝有时作为边饰图案,有时作为填充画面的图案,有时又转变为散花式的图案,纵横往复,宛转流转,飘扬流转,构图优美。在图案的装饰上,以白底勾青花的数量最多,也有少数是青底白花的。尤以三班镇蔡径村洞上"月记"窑最为突出,其青花釉色幽靓而雅洁,构图严谨工整绮丽明快,表现了高度的艺术成就,堪称德化窑青花瓷的代表。

德化窑青花瓷器的款,多半写在器物的底部,最常见的是两个字的商号款。这些商号款,基本上都寄托着对生产发展、生意兴隆、财源广进、产品精美的追求。也有以画代字的款(如画小兔、秋叶、双鱼、火焰)

和其他画款。这种不写字的款,从全国来说,多半是在明代中叶以后才出现的,到了明末则盛行起来。这种以画代字的款,在德化窑还是普遍被运用的,明末全国出现的印章款,在德化窑中的应用也很广。此外还有写年号款的,如"成化年制"、"康熙二十五年知德化县事鄞县范正辂选制"等等。

德化窑器物用单字做款的有"兴"、"才"、"士"、"中"、"山"、"瑞",用双字做款的有"胜玉"、"永玉"、"瑞玉"、"山玉"、"琨玉"、"同玉"、"和玉"、"眸玉"、"世玉"、"如玉"、"梅玉"、"合玉"、"吉玉"、"珠玉"、"美玉"、"金玉"、"上玉"、"振玉"、"朗玉"、"宝玉"(第二字用"玉"字),"瑞兴"、"福兴"、"珍兴"、"员兴"、"和兴"、"长兴"、"顺兴"、"美兴"、"胜兴"、"美兴"、"锦兴"、"齐兴"、"源兴"、"合兴"、"重兴"、"新兴"、"尚兴"、"永兴"、"众兴"、"全兴"、"宝兴"、"成兴"、"振兴"、"顺兴"、"盛兴"、"笔兴"、"仁兴"、"玉兴"、"洽兴"(第二字用"兴"字),"丰盛"、"全盛"、"玉盛"、"兴盛"(第二字用"盛"字),"沣裕"、"源裕"、"浦裕"(第二字用"裕"字),"元珠"、"玉珠"(第二字用"珠"字),"协利"、"合利"、"盛利"、"束利"、"兴利"、"万利"、"胜利"、"源利"(第二字用"利"字),"合吉"、"永吉",(第二字用"吉"字),"川源"、"德源"、"亿源"(第二字用"源"字),"合珍"、"新珍"、"全珍"(第二字用"珍"字),"众美"、"新美"、"和美"、"金美"、"全美"(第二字用"美"字),还有"合众"、"源茂"、"万全"、"北全"、"武城"、"合记"、"广合"、"荣胜"等款识。

自从青花瓷大量流行之后,逐渐取代了"象牙白"瓷而占主要的地位。各种雕塑品和在器物上堆贴各种人物、动物、花草的图案逐步减少,器物的品种也不如明代的丰富和精巧,而生活日用瓷却相对地大大增加了,这是清代德化窑青花瓷的特点。

清代德化窑青花瓷也是畅销国际市场的重要商品。据目前发现可以证实的有:

1.青花圆圈点纹碗。《文物》1963年第1期刊登夏鼐先生《作为中非古代交通关系证据的瓷器》一文中的附图7"坦噶尼喀出土的中国青花瓷器"（现藏牛津东方艺术博物院）。这种青花瓷器在德化的桐岭、岭兜、后井、东头、石排格、后所、宏祠、布伏山、垵园、窑垄、石僻仔、竹林仔、苏田等窑址都有出土。其造型纹饰和坦噶尼喀出土的完全相同，这种产品在德化窑的大量生产，可以证实当时曾大量外销。

2.吉祥纹（梵文）青花盘、碟。同上夏鼐文中图2"陈列橱中的中国瓷器和伊斯兰瓷器"的吉祥文字花盘，盘内中部写有吉祥文字，周边由四层重叠的短直半寿字纹图案组成。这种盘和碟在德化的洞上窑、下玲石坊窑、石排格窑都有发现，构图近似，半寿字（梵文）纹图案有二、三、四层不等。应为德化窑远销非洲的器物。

3.花篮纹青花盘。远销非洲的中国花篮纹青花盘（同上夏鼐文图2），在德化的后所窑、大垄口、内坂、溪碧、桐岭、窑仔林、林地、水尾、枋山、尾仑、瓷窑垄、二板桥、苦竹垵等窑址都有发现，应是德化窑的外销产品。

西沙群岛自古以来就是我国领土不可分割的一部分，是我国与各国海外贸易的南大门和必经之地。1974年3月至5月和1975年3月至4月，先后两次在西沙群岛中发现了大量的清代德化窑产品，其中有牵牛花纹青花碟、碗、盘，云龙纹青花盘、碗，云凤纹青花碗，云龙火珠纹碗，城楼纹青花碗，佛手纹青花盘，寿字纹碗，半寿纹青花盘等。这些在德化的岭兜、石排格等50多个窑址均有发现。西沙群岛出土物被定为德化窑产品的还有山石花碟纹青花盆。西沙群岛发现的大量德化瓷，有的是当地人的生活用具，有的应为德化外销瓷途经西沙群岛留下的遗物。

清代，德化大批瓷工纷纷赴省内外各地传授制瓷技术和从事陶瓷贸易。历史上，三班镇泗滨村和浔中镇宝美村是德化产瓷的重要地区，几乎家家户户都从事陶瓷生产，涌现出一大批能工巧匠。据《泗滨颜氏族谱》（1929年刻本）记载统计，清代该村开往外地务瓷者有宁德飞鸾梅溪窑21人，闽清窑15人，尤溪山头窑67人，瓯宁府南山窑和沂田窑4人，建宁府碗窑1人。这些外出从事瓷业的匠人，不仅传授德化窑的技艺,有些还在当地成家立业,世代相承,为发展当地的瓷业做出了贡献。该族谱还记载族人到台湾、广东、福州、厦门以及安南(今越南)等地进行陶瓷贸易的情况。浔中镇宝美村《龙井苏氏族谱》(1948年刻本)记载该族民往广东、潮州、汕头、泉州、福州、吕宋等地从事陶瓷贸易的史料。三班镇《龟迪郑氏族谱》(光绪二十一年即1895年抄本),浔中镇《蒲坂李氏族谱》(民国丁亥年即1947年刻本),国宝乡《龙浔甲头连氏族谱》(1946年刻本)、《荥阳郡厚德郑氏族谱》(民国二十三年即1934年手抄本)和《德化国宝叶氏族谱》(民国二十七年即1938年刻本),赤水镇《李山陈氏族谱》(民国二十一年即1932年刻本),都记载清代该族民往浙江温州陶瓷贸易和从事陶瓷生产,并在该地定居者达39人。浔中镇《武城曾氏族谱》(民国二十六年即1937年刻本)、《丁墘苏氏宗谱》(同治己巳年即1869年刻本)和盖德乡《儒山徐氏宗谱》(民国十八年即1929年刻本)还记载族民往浙江衢州、处州、开化、常山等地贸易的信息。民国二十八年(1939年)修《德化县志》记载了清代德化浔中镇丁墘村湖前许良西往浙江宁波府福建会馆,及永春县金峰殿雕塑佛像,"形神逼肖,见者咸叹观止"。

随着封建统治的逐渐没落,外国资本主义的侵入,鸦片战争以后,中国逐步沦为半殖民地半封建社会,因而使自给自足的自然经济遭到破坏。加之外国瓷器大量涌入,我国瓷业更受到严重摧残,从此走上了日益衰退的道路。

九、民国时期的德化瓷业

1911年辛亥革命推翻了清朝统治,结束了两千多年的封建君主专制制度,宣布了中华民国的成立。辛亥革命后,随着民族资产阶级社会地位的提高,中国出现了兴办资本主义工业的热潮,中国的民族工业得到进一步的发展。无产阶级队伍的壮大,工人运动的发展,新文化运动的兴起,使德化瓷业在辛亥革命以后至抗日战争前有一段新的发展。

清末民国初,德化窑即采用电光水涂抹白瓷表面,入炉烤成红、蓝、赤、紫等釉上变色釉,收到了良好的效果。

民国四年(1915年),德化宝美村瓷雕艺人苏学金"手制瓷梅花参加巴拿马万国博览会获得优奖,余如雕塑模型均见工巧"。新任县官吴承铣赏识之,并赠以匾额,题词"极深研究",以示鼓励。

民国五年(1916年),德化瓷业界有识之士提倡改良装饰、瓷雕造型式样等,老艺人许友义(字云鳞)负责研究瓷雕,创作了活动马链的木兰从军及各种古代仕女、神话人物和龙舟。彩画艺人郑少陶改良彩画,恢复古彩,并由彩瓷商林凤鹏购进日本产洋彩颜料和金水,运用传统国画技法绘制各种生动的画面,使德化瓷釉上彩焕然一新。

清末民初,德化瓷塑较有代表性的是许友义三兄弟。他们继承了何朝宗的瓷塑风格,其作品曾在英国、日本和上海、台湾的博览会上荣获4次金奖。许友义被誉为"特等雕塑师",至今在西欧一些国家的博物馆里还保存着他的作品。特别是民国十九年(1930年)他为仙游龙纪寺精心雕制的"五百罗汉"系列瓷雕,其形态逼真,开创了古今系列瓷雕的新纪录。

民国初年,福州湾边人瓷雕能手游长子,继承何朝宗的传统瓷塑技法,到江西景德镇传授"何派"瓷雕技艺,景德镇所有雕塑艺人群起仿效,推进了景德镇瓷雕工艺的发展。

根据民国十八年(1929年)统计:"德化业瓷者有数百家,专业者居少数,余皆多于农隙经营";"所产瓷器类为白色素色,所制佛像花瓶等,均至精绝。据专家考察,其品质为全国第一。最近该县有模范瓷业公司之设立,出品优美,颇受国内之欢迎";"产瓷区域广泛,有后井、黄祠、南岭及其他十余场,尤以后井之出产为最盛。全境瓷窑数目多至五六十座,故几可与景德镇同称".① 民国二十七年(1938年)的《龙井苏氏族谱》亦记载,民国初期"本乡物产以瓷业为大宗……而后井瓷厂荟萃,为本县瓷业中心,出产最盛时期年可三十万元。其次为米,再次为蔬菜"。可见当时瓷业生产在全县经济中占有重要的地位。

但是在中国民族工业发展的同时,日本和美国乘欧洲帝国主义国家忙于打仗,无暇东顾之际,加紧侵略中国,日货充塞市场,德化窑产品的部分市场为日瓷所掠夺,本县自产的颜料也被欧、美、日所制的外输颜料所代替。加上帝国主义和封建军阀互相勾结,发动长期的内战,后通过买办资产阶级组成的反动政府,更加深了人民的痛苦和灾难。德化瓷亦"如国势之江河日下",受到很大的打击,市场日趋萧条,瓷业陆续倒闭。1933年,颜肃斋在描述泗滨南岭(梅岭)窑衰退的《梅岭陶烟》一诗中写道:"陶开梅岭散烟波,岭上梅花白几何。玉骨虽无尘气染,压姿惟有雪添多。"《岐山白泥》一诗描述观音崎窑矿萧条的景象:"天产岐山遍白泥,熔成陶冶御钦题。遗今崩陷营千窑;玉积金堆难屈稽。"1934年9月3日《华侨商报周刊》刊载的《闽南旅行记》也指出:德化"瓷质和江西景德镇齐名,往年产的观音像,价值每尊千余元。惜民国以来,土匪横行,该地瓷业尽歇。而精制品虽间有收获,多埋藏地下,不轻于示人,盖防盗劫也"。1933年,大土匪林青龙为了掠夺苏日禀家传的瓷公鸡,逼得苏家卖掉女儿,再卖田园家产,被勒索去白银900元。日禀的儿子被杀害,媳妇被变卖,他自己得了精神病,害得家破人亡妻离子散就是一个典型的事例。

在全国抗日民主运动新高涨和抵制日货斗争推动下,为了振兴德化瓷业,经县乡村师范要求举办陶校之申请,民国二十四年(1935年)秋季,由省建设厅、教育厅拨款3000元,在德化合办省立陶瓷职业学校及德化陶瓷改良场,并派员赴景德镇学习专艺。建有厂房3幢,三间小

---

① 陈文涛:《福建近代民生地理志》第一篇第六章,福州远东印书局1929年5月版。

瓷窑 1 座,作为德化瓷校的实习工场,改良场拥有职工 50 余人,瓷校开设初中两年制 1 班,教职员 4 人,学生 30 多名。翌年建造了工场和校舍 3 座。当时学校是贪官污吏当道,把学生当作劳力使用,学不到什么技术。第一届学生 28 人毕业了,政府也不分配工作就这样失业了。学校也因政府不拨款,经费枯竭而停办。时改良场开始制石膏模型,由陶车改为石膏模型注浆法,并建倒焰实验室 1 所,改进光面品种及手工业彩绘,尤以绘画山水人物更为生动,曾受各界的欢迎。当时民窑有了合作之组织,全县有 10 个瓷业合作社,一村设一公窑,具有统一联合社,下设中心实验瓷场,制造各种新式模型及试验色瓷作为各瓷村的楷模,丁墘窑、大兴窑、上涌窑、瑞祥窑、虎山窑、洞上窑亦相继恢复。

民国二十五年(1936 年),福建省在福州设立福建省瓷业改良场,在闽清设立瓷业指导所,着手研究本省瓷土之性质,采用新式机械制瓷方法,以改良产品。同年十月,在福州开瓷器品评会,德化、闽清、古田各县产品及各地珍藏古瓷参加了展出。会后发表宣言,期望唤起各界对制瓷工业的重视。当时全县制瓷区共有宝美、东头、高洋、南岭、黄祠、乐陶、后所、丁墘、科荣、程田寺格 10 处 53 座瓷窑。工人 5000 余,年产值仅 10 余万元。且产品质量也甚差,瓷质多系斑点,其中三分之二用人工挑至永春,再从永春转运至泉州、福州等处,其余三分之一肩挑至仙游。至永春每百斤大银七八角,至仙游大洋二元五角。运往仙游多属纯白之瓷器,到仙游后再施加彩绘,以减轻税率。主要生产品种多是日用品,如杯、壶、碗、盘、碟、汤匙、花瓶之类。时制瓷工人工资甚为低微,就以制坯而言,一日之所得,技术佳者,可得大洋五六角,普通之工人得三四角而已。每个碗工资三厘半,茶杯三厘,果罐一分四厘,刻花果罐四分,酒壶一分七厘,羹匙半厘。当时虽有瓷业改良场之设,但对德化瓷业影响不大,正如闽侨社民国三十年(1941 年)四月初三日特稿《龙浔名产消长》所载:"前福建省建设厅在这里设有瓷业改良场,因管理不当,亏本万余元,仍改停办。这对于德化改良前途殊无妨害,因改良场根本不曾在德化发生作用吧!"

1937年7月抗日战争全面爆发,福建省各县瓷器在华北的天津、大连、烟台、日照等地之销路早已减至最低限度。而华南最大销场之香港、汕头、广州、温州,因福州、厦门相继沦陷,而处于停顿,德化瓷器销售市场只得缩小,改向仙游、涵江、永春、晋江、永安、南平等地销售,生产空前衰落,德化瓷校亦于1937年停办。据10月21日《泉州日报》载:"全县工人失业三千余。"

国民政府为了挽回瓷业的危机,以安定民生,遂于1938年在德化初级中学附设三年制实用陶瓷职业班1班,招收学生50名。但不到1年,因经费得不到解决就停办了。1939年3月,将德化改良场改为德化瓷业指导所,扩大工作范围,兼办瓷业贷款及代售制品等业务。同年11月,又将德化瓷业指导所改组为德化实验瓷场,专办实验工作,而将贷款业务划归合作事业管理局办理。

德化实验瓷场以办理实验工作为主,兼办本省瓷业调查、窑区推导、技工训练及其他有关瓷业工作。在研究试验工作方面,主要是:(1)制售彩料。以往釉上及釉下彩颜料,十分之九系日本产品,德、美两国产品亦散见于市上。因价格高昂,用者较少,抗战开始,海口封锁,来源断绝,严重影响瓷业生产,实验瓷场试制成功各种彩料并大量出售,解决了彩料的危机。(2)改进民间炼土的方法,尽量去其杂质,同时使外来杂物不至于炼时渗入,提高炼土质量。(3)制造地砖的实验。(4)电用瓷之研究。这项工作在德化瓷场时就已开始制造,因设备简陋,研究未精,仅能用于低电压之装置。经过研究,利用他县耐温较佳的瓷土,配合其他化学品,效果良好,大有供不应求之势。(5)进行化学瓷器的研究和生产,分售省立科学馆及各校教学应用,反映尚称满意。(6)采用石膏模型成坯及机器制造,改进制造方法,克服手工操作产生的厚重笨拙,大小厚薄不能一致,各种器物之曲线不能循一定公式而造成凹凸失态的缺陷。上述的各种实验对当时瓷业的发展在一定程度上是起了促进作用的,特别是实验瓷场实验品和自制彩料销售市场后,使民窑的产品在彩饰及式样上,有了很大的改观。全县瓷业生产稍有恢复,与

1938年的"失业三千余"的状况对比有了减少,处于半失业的工人有土工167人,坯工、窑工767人,彩工252人,而其中纯粹工人仅410人。产瓷区主要集中在高阳、泗滨、后所、后山洋、乐陶、西墩等10个村及浔中一街。

1940年,在抗战进入紧张阶段,福建省政府在永安举办了"福建省工商展览会",德化送展瓷器单位除实验瓷场外,还有真美美、艺一、陶玉、华美、春玉、顺镒、拓玉、美星、裕光、步玉、捷升、蕴玉、后井、东头等瓷业社,和德化彩瓷社的产品、瓷矿石、釉土石、釉上水、自制的彩绘颜料,以及各种生产模具共778件。瓷产品有日用瓷的壶、瓶、碟、杯、碗、盘、罐、匙、盒、地砖,雕塑品有瓷观音、麻姑、寿星、精忠报国、关云长、花木兰、孙中山、三仙大士。电用瓷和化学瓷用有瓷灯头、瓷夹板、酒精灯、蒸发皿、隔电子、漏斗,文化用品有象棋子、笔筒等,彩绘品种有釉下青花、釉上五彩、彩金、黑花、电光,还有贴花。其中艺一瓷业社的釉下彩笔筒获得特等奖,后井瓷业社的瓷器、蕴玉的瓷塑关云长、裕光的瓷塑精忠报国获得优等奖,华美的电光茶壶、美星的香烟灰缸、德化瓷社的四方花瓶、步玉的大瓷瓶获得甲等奖。当时德化瓷塑还有独木舟之八仙过海、动舌道佛立体浮雕,获得群众好评。这个时期,由于洋货充斥市场,有些瓷器产品仿洋瓷生产,如用高跟鞋的形状制成的烟灰盒。1941年,瓷业指导所又改为福建省德化县示范场。1944年复改为官商合办的福建示范瓷公司,名目变幻频繁,实质上是加强对德化瓷业的掠夺。改良虽略有进展,但设备还是差,生产工具还很落后,全厂职工42人,仅有5匹柴油机1台,辘轳车5台,小型球磨机1台,三间小窑1座,在生产上还不能建立一个独立的完整的生产体系,矿石开采、瓷釉土都是向附近农民收购现成的原料。从成型到烧成产品无法采用流水作业,产量少,每窑一次仅可烧成30担左右,每月产品仅有两三万件。后期产量虽略有提高,也只有七八万件而已。1945年日本投降后,国民党当局发动内战,大抓壮丁,官绅勾结一起,利用入厂做工免受抽壮丁为诱,大批招收青壮年入厂。一入厂就等于卖身一样,有些青年为逃避壮丁,被骗入厂当雇工,受尽敲剥,挨打受骂,甚至被抓入狱。每逢过年过节还要送礼请客,否则随时都有被解雇和克扣工资的可能。当时德化瓷业已陷入层层危机。至 1948 年省建设厅成立改良瓷厂时,已处于日落西山,奄奄一息,一蹶不振的境地了。

纵观民国时期,德化瓷业处于风雨飘摇之中。自从帝国主义势力侵入我国以后,洋瓷大量倾销,德化瓷业已陷于无法招架的地步。随着这种侵略的加剧和封建势力的摧残,军阀连年混战,民不聊生。从民国元年(1912 年)至民国三十年(1941 年)的 30 年间,全县就先后更换了70 多个县长,他们进城为官,出城为匪,城乡受尽洗劫。外销市场丧失,内销遭受浩劫,在民族压迫和阶级压迫的双重摧残下,德化的自然经济遭到严重的破坏,物价暴涨,农村破产,瓷业工人旦不保夕,以致生产衰落,技术倒退,造瓷技术的优良传统几乎濒于灭绝。尽管采取了种种的改良,却浮光掠影,亦无可挽回百孔千疮的残局。到解放前夕,全县瓷窑已倒闭殆尽,就是规模最大的省厅举办的利民瓷厂也仅有破烂的厂房 3 座,占地面积 396 平方米,5 匹动力机 1 台,动力辘轳车 5 台,粗炼泥机 1 台,瓷筒球磨机 1 台,200 公斤小型球磨机 1 台,三间小型阶级窑 1 条和为数不多的坯板。德化这个举世闻名的瓷乡,一落千丈,满目凄凉,瓷质的低劣,也达到历史上从来没有的程度。

十、中华人民共和国成立后德化瓷业的兴盛

1949 年 11 月 24 日,德化解放,德化瓷业史掀开了新的一页。奄奄一息的德化瓷业获得新生,被扼杀的传统工艺得到抢救,瓷业生产逐步恢复和发展,呈现出欣欣向荣、蒸蒸日上的景象。

新中国成立后,着手医治战争的创伤,开始了艰巨的国民经济的恢复工作,积极组织、恢复瓷业生产,使长满蒿草的荒窑重新冒烟,失业的瓷工逐步归队。在抓好手工业生产的同时,积极发展国营经济。1949

年底,人民政府即接管了民国官商合办的改良瓷厂。由于社会秩序尚未安定,工人纷纷回家,无法进行生产,只有一些零星瓷商和农民兼营瓷业,总产量324000件。1951年9月,晋江专署派出干部,吸收工人,在改良瓷厂旧址办起国营利民瓷厂。又在原国民党关押壮丁的宝美土楼,由政府投资办起了国营德化劳改工厂。两个厂共有工人56人,产量19600件,产值2400元。当年手工业社、组、户陶瓷产品285440件,全县产量324800件。在完成国民经济恢复工作的1952年,全县瓷业生产达到8338300件,其中手工业组织309480件。1953年,我国进入了第一个五年计划,逐步完成对农业、手工业和私人资本主义工商业的社会主义改造。这一年,手工业合作的陶瓷产量增加到462640件,全县总产量达到1335450件。在手工业和私人资本主义工商业的社会主义改造中,1956年2月,由几个小厂组合起来办起了公私合营的集联瓷厂(后改名"人民瓷厂")。在农业合作化期间,宝美、隆泰、三班等地相继办起了瓷业社,丁墘、高蔡等地的农业合作社也办起了一些小瓷厂,使全县瓷业生产有了较快的发展。到1957年第一个五年计划完成时,手工业组织的瓷业生产年产1526770件,全县瓷业总产达到12314000件。

1958年,隆泰、三东、三班、高蔡、浔中、宏祠、丁溪、奎斗、上涌、葛坑、瑞坂、岭坑、蔡径相继办起了13个社办瓷厂。这些社办瓷厂共有职工1144人,投入生产的瓷窑有30条。到1959年的时候,仅德化、红旗、集联3个大厂的统计,国家投资110多万元,新建厂房32000多平方米,直接从事瓷业生产职工2800多人,全县拥有瓷窑55条,日用瓷产量达3006800件,年产值389万余元(其中13个社办瓷厂产量18776500件,产值74万余元),占全县工业总产值41.5%。以后又根据在"大跃进"中出现的问题,贯彻"调整、巩固、充实、提高"的方针,瓷业生产得到持续的恢复和发展。到1965年,全县瓷业总产量达到11541500件,产值259万余元。"文化大革命"期间,德化瓷业生产遭到严重的破坏。从1966年至1972年这段时间里,虽然总产值比1965

年略有增长,但历年的总产量都比1965年下降。特别是1970年,用所谓的"粮瓷之争",来摧毁瓷器生产。全县砍掉了二十几个社队瓷厂,造成1971年全县瓷业总产量下降到只剩下5867200件。1973年贯彻了周总理提出的发展传统工艺的重要指示和国务院的有关文件,瓷业生产才恢复到1965年的总产水平,达到11957500件。粉碎"四人帮"后,1977年全县瓷业总产量由1976年的29112800件迅速跃上44864900件,总产值由594万总万多元跃上838万余元。1979年总产值又达到1420万余元,超过历史的最高水平。

改革开放14年来,德化瓷业得到了前所未有的发展。1986年前,全县有全民瓷厂2家,部门创办的陶瓷厂9家,乡镇及村办陶瓷厂59家,合作和个体瓷厂30家,加工兼销售企业19家,销售企业71家,配套服务企业11家,直接从业人员9216人。1986年下半年开始,随着改革开放政策的深化,德化掀起了创办陶瓷热。自1987年3月至1991年,先后创办的陶瓷厂有集体191家,合作的85家,个体的75家,计新办陶瓷厂351家。此外在龙浔、浔中、三班3个镇,尤其是城关一带还涌现出大量陶瓷生产加工户。近年来,城关还建成东大路、土楼洋、西墩、马丘洋等陶瓷加工区。乡镇陶瓷企业形成浔中、宝美、南斗3个陶瓷工业村,各村陶瓷年产值分别达到1500万元和3000万元以上。在乡镇企业的陶瓷群体中,年销售额上千万元的有东方公司、宝美瓷厂、福美瓷厂、国宝瓷厂4家龙头群体。据不完全统计,1992年,陶瓷行业在册从业人员达到2.63万人。此外,尚有一批家庭陶瓷加工作坊的人员。

下面我们举几个瓷厂的事例,看一看新中国成立后德化瓷业发展的概貌:

1.德化瓷厂

德化瓷厂是德化现代最早创办的瓷厂,前身系官商合办的"福建省示范瓷厂",1948年改为德化改良瓷厂。瓷厂在新中国成立后,人民政府接管时,只有7个工人,3间破厂房,占地面积396平方米,5匹动力机 1 台,动力辘轳车 5 台,粗炼泥机 1 台,瓷筒球磨机 1 台,1 条烧柴的小瓷窑和一些较为简单的生产工具,全靠手工操作和笨重的体力劳动。1951 年 9 月,由晋江专署接管,改名为"福建省晋江专署公营利民瓷厂"。1953 年,利民瓷厂扩建车间 3 座,占地面积 536 平方米,仓库、彩画车间楼房 1 座,占地 360 平方米。增添 1619 动力机 1 台,3 间小窑,改建四间阶级窑 1 座。1954 年,利民瓷厂升隶省工业厅,改名为"地方国营德化瓷厂",添建水力动力机 1 台,动力辘轳车 7 台,小型空气压缩机 1 台,四间阶级窑 1 条,办公室、职工宿舍楼房 1 座,占地 170 平方米。手工拉坯全面改为机器压坯,手工彩画部分改为喷花。1955 年,增设水力动力机 1 台,加工器 40 个,利用水力机带动解决瓷土原料的供应。消灭了手工拉坯,全部采用机器压坯,产量比原来提高 4 倍。手工拉碗坯日产 130 块,机器压坯增加到 650 块,喷花比手工彩画提高 5 倍。1956 年,征购附近 5 座民房作为匣钵车间、雕塑工艺车间、汤匙车间和仓库,新建彩画车间、炉房、仓库各 1 座,四间阶级窑 1 条,碗窑 1 条,面积计 2150 平方米。

1957 年,上级选择现在厂址,再次拨款扩建原料加工车间 1550 平方米,生产车间 3212 平方米,窑车间及匣钵工场 3398 平方米,成品车间包括选瓷工场、白瓷仓库、包装工场、成品仓库、彩画车间、炉房 2383 平方米,同时建设膳厅、厨房及职工宿舍。同年增添 45 匹煤机 1 台,24 千瓦发电机 1 台,自动调浆机 1 台,动力辘轳车 40 台,动力加工碓 76 个,修坯机 15 台,煤气发电炉 1 座,大窑 4 条,碗窑 3 条,5000 瓦发电机 1 台,带动球磨机 6 台,粉碎机 2 台,60 匹煤气机 1 台,同时增设木丝机 1 台,供制木花作为包装出口瓷之用,代替不卫生的稻草。1962 年,改隶省轻工业厅,定名为福建省德化瓷厂。1970 年 8 月下放为县属企业,厂名不变。1957 年以来,厂房设备和机械化设备得到了较大的发展,职工福利生活得到较大的改善。解放前,生产几乎全部是手工劳动,人们要把瓷土一担担从山上挑到河边,靠水碓将它粉碎,经过洗浆后,再把瓷土搬到制坯车间制坯。制成的泥坯,或靠太阳晒,或放在棚内等待自然干燥,遇到阴雨季节,生产就受影响,人们形容当时的情景是"牛踩泥,手拉坯,干燥太阳晒"。现在,用球磨机和真空炼泥机将瓷土粉碎捣炼,炼制好的瓷土直接传送至链式烘干机,进行机械烘干。过去烧瓷用的是"蛇目窑",燃料是松柴,烧起来烟雾腾空,灰尘满天,烧一窑得花上好几天。现在建了隧道窑,用煤气、重油做燃料,不但烧窑速度快了许多倍,而且减轻了工人的体力劳动,排除空气污染,保障了工人健康。

历年来,德化瓷厂增加了一批又一批的新职工,配备技术人员,使这个厂由小到大逐步发展起来,产量逐年增长。粉碎"四人帮"后的1979年,德化瓷厂认真贯彻国民经济"调整、改革、整顿、提高"的方针,把提高产品质量、增加花色品种作为主攻方向来抓,深入开展增产节约运动,提前80天完成全年生产计划,主要技术经济指标刷新本企业的历史最好水平。日用瓷产量1174.9万件,完成计划的117.41%,比1978年增长38%,其中出口瓷1066.9万件,完成计划的142.26%,比1978年增长56.82%。产品质量的一级品率74.15%,比计划提高4.15%,比1978年提高15.52%;出口合格率88.69%,比计划提高4.15%,比1978年提高13.54%;烧成合格率97.60%,比计划提高3.60%,比1978年提高3.62%。工业总产值由1952年的45万余元跃增到442.49万元,完成年计划的14.93%,比1978年增长19.36%。利润总额84.62万元,完成计划的112.83%,比1978年增长16.96%。全年每个职工生产值4917元,完成计划的108.07%,比1978年增长10.47%。

现在德化瓷厂在册职工1600多人,厂房占地面积16万多平方米,拥有固定资产原值4000多万元。主要产品有以建白瓷、高白瓷、普白瓷、宝石黄等瓷种生产的各种中西餐具、酒具、茶具、咖啡具、文具等日用细瓷,以及各种传统的瓷雕、现代瓷雕人物,各种瓷雕动物、花卉和花瓶、花盆、花篮、灯具、小玩具等艺术陈设瓷。其中以建白瓷、高白瓷的产品和瓷雕观音等传统艺术瓷最为出色,是全国产品品种最全的一家瓷厂,也是全国出口瓷的重点生产厂,年产量三千多万件,年产值四千多万元,生产设备居于全国先进水平。

1988年,德化瓷厂从日本引进液压成型生产线,总投资2000多万元。现已分出成立德化第三瓷厂,投入建白瓷高档配套生产。

2.第二瓷厂

第二瓷厂的前身是红旗瓷厂。创办于1951年,接晋江专署公安处指示,投资200元,抽出有瓷业生产技术的24人,租用群众瓷窑进行生产,称为"德化劳改工厂"。当年年产值仅1600元。1953年,扩充生产设备和人员,改属省公安厅管辖,更名为"德化新人瓷厂"。1955年进行大规模扩建,1956年建成,改名为"地方国营德化新建瓷厂",生产进一步发展,年产值43.1万元。1958年为80.3万元,1959年为146.4万元,比初建厂时增长914倍。全厂厂房44座,17036平方米,成功创造低温白釉、薄胎白釉、自制花纸,运用国画技法创造思想性和艺术性较高的画面,在全国展出时获得好评。1970年3月,德化人民瓷厂并入,合并后改名"德化红旗瓷厂"。1981年12月16日,定名"福建省德化县第二瓷厂"。

"文化大革命"期间,红旗瓷厂生产遭受严重的干扰和破坏。粉碎"四人帮"后,取得了较大幅度的增长。1979年以来,随着工作重点的转移,加强了班子建设,认真落实各项政策,调动了积极因素,把加强企业管理,提高产品质量,降低消耗,增加花色品种作为中心工作,狠抓产品转向,大搞创新活动。由原来的盘类生产转向高中档、成套餐茶具的试产、投产工作。提前半个月完成全年的生产计划,工业总产值完成369.9万元,比计划提高2.77%,比1978年的358.6万元提高了3.15%,比1976年的192.8万元提高了85.71%。总产量完成9431600件,比计划提高4.8%,比1978年的8979800件提高了5.03%,比1976年的4509400件提高了一倍多。烧成合格率达95.49%,比计划的94%提高了1.49%,比1978年的94.73%提高了0.71%;烧成一级品率73.89%,比计划的70%提高了3.89%,比1978年的70.41%提高了3.48%,比

1976 年的 45.26％提高了 28.63％,创历史最好水平。出口合格率
85.16％,比计划的 80％提高了 5.16％,比 1978 年的 82.40％提高了
2.76％。全员劳动生产率 4613 元,比计划的 4600 元提高了 0.28％,比
1976 年的 2708 元提高了 70.35％。利润完成 66.4 万元,比计划的 65
万元提高了 2.11％,比 1978 年的 65.1 元提高了 2.10％,和 1976 年亏损
42.75 万元相比,等于增加了 109.15 万元。

在大搞产品转向和创新活动中,该厂克服了基础差、技术力量薄弱
的困难,创出了一批适销不同国家的新产品和新画面,使这个厂的产品
首次进入美国和日本市场。扩大了声誉,打开国外销路,为国家争取外
汇,支援"四化"建设做出了新的贡献。

现在第二瓷厂在册职工 1200 多人,厂区占地面积 18 万平方米,建
筑面积 6 万多平方米(不包括新建项目),固定资产原值 792.88 万元,
年产量 2500 多万件,年产值达 2000 多万元。主要产品以高白瓷和普
白瓷生产的各种中西餐具、酒具、茶具、咖啡具等日用细瓷和系列花瓶、
挂盘、灯具以及瓷雕人物、动物艺术陈设瓷,尤以高白瓷产品和透影杯、
鸣翠瓶最为出色。产品以出口外销为主,是全国的重点出口瓷生产厂
之一。

1989 年,第二瓷厂从德国引进喷雾干燥等静压成型生产线,总投
资 2000 多万元,将投入高白瓷高档配套产品生产。生产设备居于全国
同行业先进行列。

乡镇陶瓷企业是德化陶瓷业的一个重要支柱。改革开放以来,乡
镇陶瓷业如雨后春笋,得到蓬勃的发展,涌现出乡镇办、村街办、联户
办、个体办陶瓷厂的热潮,其中以浔中、三班两个镇最为突出。

3.浔中镇

该镇充分利用陶瓷传统工艺及其丰富资源,立足本地优势,大力发
展陶瓷支柱产业。1992 年上半年,全镇已办有集体、联合体、股份制、
个体等各种经济形式并存的外向型乡村陶瓷厂(坊)403 家,遍及全镇
各个角落。以宝美、浔中、隆泰为代表的三大陶瓷基地已形成规模生产

经营,数千种陶瓷工艺产品备受外商欢迎,畅销西欧、美国、日本、东南亚等40多个国家和地区。陶瓷出口交货值3960万元,比1991年同期增长96.3%。该镇重点陶瓷厂有:

(1)德化第五瓷厂。该厂为浔中镇的骨干企业,厂区面积达4万平方米,职工455人,固定资产100多万元。1985年以前,主要生产各式杯、壶、花瓶、仕女、佛像等传统产品。是年,该厂厂长温克仁赴法国、比利时、丹麦、荷兰等国考察市场,回厂后即改变产品结构,由日用瓷转向生产西式"乐美牌"工艺美术陈设瓷。品种多至千余种,产品畅销西欧市场,产值由1980年的111万元增至1987的217万元。1989年又升至280万元,当年生产工艺美术陈设瓷397万件,全部出口。温克仁被评为省优秀厂长和农民企业家。

(2)浔中锦艺陶瓷厂。原为锦砖厂,生产瓷面砖。1986年,转向生产工艺美术陈设瓷。1989年有职工160人,产品60万件,全部出口。

(3)莹玉艺术陶瓷研究所。1987年,由宝美村陶瓷艺人苏清河独资开办,职工12人,成功研制银丝釉和开片釉、莹玉白、莹玉红等新产品。先后接受日本、马来西亚和我国香港、台湾等客商订货,产品供不应求。

4.三班镇

改革开放以来,该镇传统的陶瓷生产得到迅速的发展,除镇办的三班瓷厂和新亭瓷厂外,还有村办的奎斗、东山洋、泗滨、蔡径、岭头、三班、龙阙、桥内和龙阙"五一"瓷厂。联户办的祥云、协兴、含待、外洋、东溪、三贵、旭东、东桥、旭日、联胜、昌荣、中兴、东兴、新联、嵩玉、龙春、月兴、振兴、艺联、兴文、长泉、龙阙二厂、东桥二厂和一些个体办的瓷厂。

(1)三班瓷厂。1954年创办,是全县最早开办的集体瓷厂。1970年,县提出"粮瓷之争"时停办。1972年重办。1980年增添机械设备,提高生产能力,产值由1980年的64万元至1989年的160万元,职工540人。1987年,生产日用瓷1554.3万件,其中出口瓷316.3万件。产品远销马来西亚、菲律宾、伊拉克、新加坡等国家。

(2)三班新亭瓷厂。开办于 1978 年,1980 年开始生产中档工艺美术瓷,继而创新"四新花插"。产品销往英国、中东、欧美等国家和地区。1987 年拥有职工 310 人,产值达 100 万元,出口工艺美术瓷 341.1 万件。

为加强陶瓷科研和学术研究活动,德化现有原轻工业厅创办于德化、现改隶于泉州市科委的陶瓷科学研究所,苏清河创办的德化莹玉艺术陶瓷研究所,林睦殿的爱德华陶瓷研究所和碧晖陶瓷颜料研究所,可达陶瓷研究所等民办科研所,以及浔中陶瓷研究所和三班紫砂陶瓷研究所等 10 多家瓷研所。另有由陶瓷工程技术员、工艺美术人员和陶瓷研究专家等先后组织的陶瓷学会、工艺美术学会、陶瓷研究会等学术组织,不少会员还加入全国性或省级陶瓷研究学术团体。

德化县把"科技兴瓷"作为一项重要战略决策,重视培养陶瓷科技人才。1958 年 5 月,县工业科在德化瓷厂创办"德化瓷业技术学校",分为中、初二班,学生 141 人,修业 3 年。1960 年停办,首届学生毕业后大部分分配在德化瓷厂、新建瓷厂、集联瓷厂从事专业工作,并输送 5 人到中央美术学院、11 名到景德镇陶瓷学院学习。1965 年夏,在德化瓷厂创办"德化瓷业学校",向德化、永春、泉州招生 50 人,毕业后多数分配在德化瓷厂和第二瓷厂工作,省承认为中专学历。1980 年,在城关寨头创办泉州市技工学校德化分校,学制 2 年。该校设陶瓷专业科,开设陶瓷工艺、窑炉、雕塑、彩画、陶瓷机械、政治、体育、企业管理、电工、物理、化学、分析化学等课程,数届毕业生均分配至全民陶瓷企业。1981 年春,在宝美创办德化县城关职业中学,开设陶瓷专业班。1989 年增设陶瓷中专班,每届毕业生大多分配在全民或乡镇陶瓷企业中就业。此外,县科委、陶瓷工业公司等还经常举办各项陶瓷专业技术培训班,为陶瓷企业培训专业技术人才,陶瓷科技取得了重大的进展。

1956 年 7 月,德化瓷厂试验用白煤(即无烟煤)块烧烤花炉获得成功。首次烤花质量达 99.8%,开创了以煤代柴的先例。1958 年 3 月,实施柴窑改煤窑,6 月建成第一座混合煤气窑炉,7 至 11 月煤气窑经

11次试烧,获基本成功,成品率达84.2%。用煤柴混合烧龙窑,经10次试烧亦获成功,阶级窑亦改为煤柴混烧,全面展开了以煤代柴烧瓷的改革。1972年5月4日,德化瓷厂建成的热煤气站点火,进行热煤气隧道窑试烧。6月1日,第一座70米热煤气隧道窑正式投产。

1974年12月,德化瓷厂建成70米油烧隧道窑。1975年至1976年,德化第二瓷厂分别建成56米和72米两条油烧隧道窑,并先后投入生产,从而开拓了以油代柴烧瓷的新途径。1979年,德化第二瓷厂建成油烧辊底烤花炉,并投入生产,有效地降低了劳动强度,提高了烤花质量。

1976年7月,德化瓷厂投建电烧隧道窑。窑长22米,并装配可控硅自动控温系统,于1977年2月建成投入试验并获得成功,4月正式投产,用于烧制建白瓷产品。1978年通过省级鉴定,开创了德化用电烧瓷的新时期。

在德化县电气化办公室支持推动下,德化大铭实验瓷厂于1980年建成电烧烤花炉,烧成效果极佳。随即在全县推广普及,现已有电烤花炉347个,从而结束了以柴以炭烤花的历史。

德化历来以木柴为燃料进行烧瓷,造成对森林资源和水土保持的严重破坏。通过以煤代柴、以油代柴、以电代柴的燃料改革,现已成功普及电、煤、油烧瓷,每年节约木柴10万立方米以上,既解决了林、瓷二者之间的矛盾,又有利于陶瓷业的空前发展。

1982年11月4日,中共中央总书记胡耀邦和水电部副部长李鹏等领导同志视察德化时,在德化瓷厂指出德化改革陶瓷传统燃料结构的方向是"以电代柴",肯定德化在这一方面已取得的成绩。

1982年,县电气化办公室建成罩式电窑。采用罩式电热空气煤气还原烧成白瓷,白度达74℃,成品率达90%以上,填补了国内此项技术的空白,为大型瓷雕的创制提供了烧成条件。

1984年,德化陶瓷科学技术研究所王其昌、郭德生、王云敦、颜启沮、陈继承等研究设计的节能蒸笼窑,于1990年3月28日获得国家专利(实用新型第 39515 号)。

德化技术开发中心在莹玉艺术陶瓷研究所协助下,研制稀土陶瓷系列新产品开发获得成功。列为德化 1989 年首次实施的高科技火炬计划项目,用以创制的稀土陶瓷捏塑西洋人物等新产品获得国家专利,效益显著。

1977 年 7 月至 1989 年,在德化 15 项重大科技成果项目中,陶瓷科技成果占 14 项,居于主要地位。

陶瓷科技队伍不断发展壮大,至 1992 年,经省审批获得高级工艺美术师 7 人,高级工程师 3 人(其中陶瓷工程 2 人,陶瓷机械 1 人),省特授工艺美术大师 2 人,省特授工艺美术专家 6 人,省特授雕塑艺人 1 人,彩画艺人 1 人。全县还有工艺美术师 10 人,工程师 17 人,县特授陶瓷专家 7 人,县评授陶瓷艺人 8 人,县评授陶瓷技术能手 5 人。

为了适应陶瓷业的发展,陶瓷配套机构和企业相继建立。1979 年 2 月,成立德化县陶瓷工业公司。1987 年,成立德化县陶瓷管理委员会,与此相配套的陶瓷机械厂、包装纸箱厂和花纸试制、瓷土开采、色泥色釉加工、瓷器彩画装饰加工以及销售配套企业近百家也相继创办。瓷土加工厂亦纷纷兴办,除德化瓷厂、第二瓷厂两个较大的瓷土加工车间和部分自设瓷土加工的之外,还有浔中瓷土加工厂、盖德瓷土精制厂以及浔中、宝美、隆泰、东漈、三班、高阳、英山、土坂、石鼓、上涌、雷峰、瑞坂、南斗、国宝、赤水等各乡村的瓷土加工专业户。

作为全县陶瓷文物的收藏、陈列和科学研究、宣传教育的重要基地德化县陶瓷博物馆,于 1989 年 3 月间正式建立。1992 年,择龙南路新建了一座拥有 2000 多平方米的馆舍,集古今德化陶瓷珍品。该馆将于 1993 年 10 月"第一届中国德化国际陶瓷节"期间正式开馆,对外开放。

新中国成立以后,德化瓷以其精湛的技艺,为国家制作礼品瓷和国家用瓷,在国际和全国、省一级陶瓷创作评比中先后获得多种奖励,为国家争得了荣誉。

1958 年,省邀请有关美术家、工艺美术家到德化瓷厂,协助设计制作一批仿青铜器式样和装饰的国家礼品瓷,包括花瓶、瓷罐、花盆、茶具等数十种。全系采用白瓷浮雕加金彩,古色古香,富丽堂皇,颇具特色,并设计国宴配套餐具71种,亦为浮雕图案花边。并制成浮雕印花压坯机1台进行投产。1959年2月完成任务。

1960年1月,该厂再次承担国家领导人出国访问的礼品瓷"青春"、"丰收"、"和平万岁"3件瓷雕。

1964年,德化承制北京人民大会堂福建厅用瓷,集中当时的德化瓷厂、新建瓷厂、集联瓷厂的主要技术人员,于德化瓷厂进行研制高白瓷釉下青花成套餐具,以福建水仙花为青花装饰图案。计有各种盘、碟、碗、大盖汤碗、大中小汤匙、酒具、烟灰缸、杯等成套品种。

自承制人民大会堂福建厅用瓷的釉下青花成套餐具以后,德化瓷厂的建白羊头花瓶、芭蕉花瓶曾被选为国家礼品瓷,建白刻花中西餐具、茶具先后被选为人民大会堂福建厅、钓鱼台国宾馆用瓷。

德化第二瓷厂生产的高白瓷,以建兰浮雕、新彩武夷风光、水仙花高级成套餐具、茶具、咖啡具、盖杯,于1959年、1980年、1983年、1992年先后多次入选北京人民大会堂福建厅用瓷。

为迎接西藏解放40周年,福建省承担西藏宾馆的援建任务,宾馆用瓷的研制由德化县陶瓷工业公司承担。1976年,德化组织有关人员到西藏参观了解并征求意见,回来后又组织工艺美术人员、技术人员进行造型和装饰设计。根据所选中的两套316个建白、普白中餐具等设计的不同要求和特点,分别由德化瓷厂和第二瓷厂组织投产,于当年10月如期保质保量完成任务,送交西藏宾馆验收。陶瓷工业公司还为西藏宾馆援建人员设计制作纪念品宝石黄、梅花酒具各一套。同时,县人民政府赠送西藏宾馆一件由邱双炯为表现西藏风情特做的瓷雕《牧羊女》和一套建白15个咖啡具。任务圆满完成后,受到省援建指挥部的表彰。

1993年3月,邱双炯的薄胎瓷"贵妃醉酒"、林睦殿的玉白瓷"托珠弥勒"荣获为德化名瓷,敬献给江泽民总书记和李鹏总理。

德化瓷获得国际博览会奖励的有：

1989年，德化瓷研所研制的"千手千眼观音"系列产品获得北京国际博览会金牌奖；1992年，德化爱德华陶瓷研究所林睦殿研制的玉白瓷新瓷种产品获得巴黎国际发明博览会雷比那竞赛特别荣誉奖。

德化瓷在全国陶瓷评比中获奖的有：

1979年，轻工业部授予德化瓷厂的建白瓷雕优质产品证书。该厂的34厘米"十八手观音"和建白刻花45个西餐具分别于1981年和1984年获得部优产品。1985年，轻工业部授予德化瓷厂360个建白刻花玉卉中餐具优质产品银质奖。

1985年，龙浔陶瓷工艺厂的玉螺茶具被农牧渔业部授予优质产品奖。

1983年，举行全国陈设瓷质量评比，德化瓷厂陈德卿的32厘米瓷雕"披坐观音"和许兴泰的瓷雕"坐石观音"均获优胜产品奖。

1984年，在全国陶瓷质量评比中，德化瓷厂杨剑民的建白刻花45个西餐具，获优胜产品奖和优质产品先进奖。刘万居研制的宝石黄玉芝茶具，获优胜产品奖。1985年，德化瓷厂林质彬的新彩雪景挂盘、杨剑民的建白刻花西厢皮灯、周雅各的嫦娥皮灯、杨剑民的建白刻花玉卉中餐具、苏仁森等的华泰厚胎餐具，均获优胜产品奖。

在全国工艺美术历次评比中，德化瓷作品历届均获奖励。1977年，德化瓷厂杨剑民新作瓷雕"孔雀水仙花瓶"获优秀作品奖；1978年，杨剑民所做跨凤酒具又获优秀作品奖；1980年，德化瓷厂许金茂所做瓷雕"八仙舟"、吴远昕所做"莫愁女"同获设计优秀奖。1982年，德化瓷厂陈德卿所做瓷雕"观涛观音"获设计一等奖，周雅各所做瓷雕"李铁拐"和莲花茶具双双获设计二等奖。第二瓷厂李国章所做瓷雕"妙玉"和梅花酒具获设计一等奖，瓷雕"天山行"、蓓蕾、酒具、水仙花插均获设计二等奖。1986年，德化瓷厂柯宏荣所做瓷雕"济公"获设计二等奖。

1984年，全国工艺美术陶瓷质量评比在德化举行，东漈瓷厂苏清河的14寸银丝釉寄艳花瓶和浮雕芭蕉花瓶双双获优秀创新作品一等奖,18寸瓷雕"达摩过江"获优秀创新作品二等奖;陈进宝的仿古双龙花瓶获优秀创新作品三等奖;德化工艺美术陶瓷厂苏玉峰的瓷雕《孔雀开屏》获优秀创新作品二等奖,"飞天女"、"十八罗汉朝观音"获优秀创新作品三等奖;龙浔陶瓷工艺厂许金盾所做瓷雕"骑马关公"获优秀创新作品三等奖。

1984年,德化高级工艺美术师许兴泽在德化工艺美术陶瓷厂创作的1.7米大型瓷雕"立龙观音",以及1990年在县技术开发中心与王金枝、王金堆合作的1.92米大型瓷雕自动回水的"滴水观音",分别在全国工艺美术"百花奖"第四届、第九届评比中,荣获两次国家(珍品)金杯奖。

德化陶瓷产品参加过全国工艺美术"百花奖"第四、第五、第八、第九共4届评奖,除两件大型瓷雕获国家(珍品)金杯奖,并列为国家工艺美术珍品馆藏品外,工艺美术陶瓷厂许兴林、许兴凯合作的"24手观音"获得批量产品质量银杯奖,苏玉峰的瓷雕"飞天女"获优秀创作设计二等奖,东漈瓷厂苏清河所作的寄艳花瓶、芭花花瓶均获优秀创作设计二等奖。1988年,苏玉峰的豪华花篮获优秀创作设计二等奖。1990年,德化瓷厂周雅各的建白瓷雕"济公"获银杯奖,许兴泰的"坐岩观音"获优秀创作设计一等奖,训鹏观音获二等奖,德化瓷厂瓷雕类获美术陶瓷同行评比第二名。

1985年,德化瓷厂的建白瓷和建白出口产品,在全国出口商品生产基地专场建设成果展览会上获对外经贸部授予的荣誉证书。1984年,德化瓷厂的大型瓷雕"立莲渡海观音"获对外经贸部颁发的荣誉证书。

1988年,德化县技术开发中心紫砂陶瓷工艺厂研制的朱玉瓷获全国星火计划成果展览交易会金奖。同年,在全国轻工业出口产品展览会上,德化瓷厂的日用细瓷获金牌奖,艺术瓷雕获银牌奖,该企业获出口产品铜牌奖,建白瓷雕获消费者满意产品奖,一举连获4种奖项。

在全国青工小发明创新等"五小"智慧杯竞赛中,德化第二瓷厂李国章所做的迎春茶具、赖锦珍所做的兰花通花瓶均获一等奖,德化瓷厂柯宏荣所做"李白"、"云中子进剑"、凤凰文具,林建良所做的儿童餐具、陈国建所做的白花瓶同获纪念奖。

1984年至1988年,在全国陶瓷行业质量评比中,德化瓷厂的宝石黄小茶具、建白西厢皮灯等11项产品获优胜产品奖。

1990年,在全国陶瓷艺术展评会中,德化瓷厂柯宏荣所做的瓷雕"广陵散"、陈桂玉所作瓷雕"龙女牧羊"均获设计一等奖,陈桂玉所做瓷雕"卖炭翁"获设计二等奖。

1992年3月,德化莹玉艺术陶瓷研究所苏清河研制的莹玉红瓷种参加在北京举办的全国新技术新产品博览会,获银奖。

在省一级陶瓷产品评比中,德化瓷获奖的有:

自1956年至1980年,省先后举办6次陶瓷工艺美术展览评比,德化先后获奖作品有德化瓷厂陈其泰所做的瓷雕"母爱"、"王昭君"获特等奖,"李时珍"、"备考"、"上山采药"、"乘舟采药"获一等奖。许兴泰所做的瓷雕"坐岩观音"、"嫦娥奔月"、"坐荷观音"获优秀作品奖,林质彬所做的环彩山水花瓶、浮雕梅花花瓶获优秀作品奖,许兴评所做的瓷雕"提珠弥勒"获优秀作品奖。第二瓷厂颜锦杰、黄聪敏合作的龙耳人物花瓶获优秀作品奖,孔雀花瓶获表扬奖;杨达生所做的15个水仙咖啡具获优秀作品奖;东漈瓷厂苏清河作品6个开片釉文具、雪梅茶具、鲤跃花瓶获优秀作品奖。德化瓷厂杨剑民作品45个玉新餐具、15个玉卉咖啡具,周雅各所做的6个荷花茶具、瓷雕"童子拜观音",陈德卿瓷雕"贵妃",康新禄所做的45个双凤青花餐具,第二瓷厂徐金川、李文忠合作的黑蓝均釉6个提梁茶具及杨达生所作的15个梅竹咖啡具,均获优秀设计奖。

省工艺美术产品评比:

德化瓷厂许兴泰所做的53厘米瓷雕"天女散花",获优秀产品奖。

省工艺美术第三届创作设计专业技术人员代表会作品展览,德化瓷厂林质彬所做的14寸雪景挂盘,许兴泰所做的瓷雕"鲤鱼朝观音",

同时获优秀作品奖。

德化瓷厂的鸣凤牌普白艺术瓷雕,细瓷餐具、茶具,1.85米大型瓷雕"立莲渡海观音"分别于 1982 年、1983 年、1984 年获省优质产品证书。

1986 年,在省乡镇企业产品赴北京展销会中,德化浔东陶瓷工艺厂的 2.15 米大型瓷雕"净瓶观音"、"千手观音",第五瓷厂的 16 寸浔昌花瓶,新亭瓷厂 4、6、8 寸三种手型花插,猫头鹰壶。长泉陶瓷工艺厂的"滴水观音",龙浔陶瓷工艺厂的海螺茶具,浔中陶瓷工艺厂的"渡海观音"、茶具,同时获得优秀产品证书和优秀产品奖。

1987 年,在省乡镇企业陶瓷评比中,德化浔中陶瓷工艺厂的乳白瓷雕"披坐观音"、"滴水观音"双双获瓷雕类优质一等奖,蕴玉瓷厂的瓷雕"孔雀开屏"获瓷雕类三等奖,龙浔陶瓷工艺厂的加彩瓷雕"财神"获彩雕类优质二等奖,三号"寿星"获彩雕类优质三等奖;东漈瓷厂的花釉 8 寸雄狮镇纸获彩雕类一等奖,开片釉象头花瓶获器皿类优质一等奖,银丝釉笔筒获器皿类优质二等奖;浔中陶瓷工艺厂的 10 寸刻花象形灯台获器皿类优质二等奖;龙浔陶瓷工艺厂的玉螺茶具获器皿类优质四等奖;德化县炻器厂的新彩 15 个咖啡具获器皿类优质一等奖。

十一、传统产品重见天日　创新品种大放异彩

在漫长的历史长河中,德化劳动人民在"德化瓷"上创造了许许多多闻名世界的珍品,形成了独树一帜的"德化瓷窑"风格和优秀传统工艺,其中以德化瓷塑、象牙白瓷为最突出。新中国成立后,这一早已失传的优秀传统工艺得以恢复、继承和发扬。它与创新的高白度瓷深受中外行家的赞赏,被誉为"德化瓷坛的三朵金花"。

（一）瓷雕艺术

瓷雕艺术是德化独树一帜，在国际上享有崇高声誉的传统产品。早在元代，德化瓷雕就很盛行。明代的何朝宗瓷塑在国际市场上被视为"天下共宝"的珍品，获得"东方艺术"的称誉。其高超的瓷塑艺术和独特的风格，垂范后世。

近百年来，由于帝国主义的入侵，国内长期兵灾匪乱，地方不宁，瓷业衰败，瓷塑艺术早已失传，面临人亡艺绝之危险。新中国成立后，德化瓷厂重视瓷雕艺术传统的继承和恢复，1954 年开始建立雕塑车间，组织艺人投入生产。当年首批生产"陈三五娘"、"牛郎织女"、"木兰从军"、"散花女"、"琵琶女"、"麻姑"、"四美坐莲"等 38 种。1955 年生产"卖油郎"、"王母舟"、"八仙舟"、"孟姜女送寒衣"、"爱和平"、"爱劳动"、"学文化"等 40 种。1956 年生产"三姐下凡"、"采茶女"、"苏武牧羊"、"屈原"、"捕雀"、"造林"、"小狮子"、"杜甫"等 46 种。1957 年生产"48寸大观音"、"七仙女"、"天仙配"、"文天祥"等 37 种。1958 年生产"月里嫦娥"、"红与专"、"十五贯"、"今年好"、"放学拾粮"、"五娘观灯"等65 种。到"文化大革命"前夕，雕塑历年都有发展，艺人和学徒曾经一度发展到 100 多人。其中，德化瓷厂雕塑的"牛郎织女"、"木兰从军"、"陈三五娘"、"天女散花"、"观音佛像"、"八仙"、"王母"和现代题材的"火箭游月宫"、"女民兵"、"母爱"、"爱和平"等数十种，历年在国内外展出都受到好评。

"文化大革命"期间，这一深受国际市场欢迎的传统雕塑工艺受到摧残，雕塑车间被砸，产品被毁，人员被撤，外销被禁。"文革"后，德化瓷塑工艺重见天日，瓷观音重登国际瓷坛，并得到空前的发展，各种形态和不同规格的瓷塑佛像多不胜举。这些仪态各异的形象，继承并发展了"传神写意"的传统手法，无不形神兼备，动静相乘，超凡出俗，既保持着神化的色彩，又蕴含美好、健康、幸福的意境，给人以艺术享受和感染力。一位旅日画家参观后，欣然提笔，写了"白色的佛国"的赞词。

新中国成立后,瓷塑除发挥德化瓷以白取胜的特点,生产建白、普白、高白的瓷塑外,还发展了加彩、镀金和玉白、玉红、莹玉红和开片釉的瓷塑工艺,紫砂陶塑也有新的发展。瓷塑题材除佛道神仙外,还有历史人物、古代仕女和各种动植物、花卉,反映西欧各国习俗的瓷塑也有较大的发展,尤其是传统瓷塑和现代科技相结合,取得了可喜的成果。1990 年,德化县科委紫砂陶工艺厂研制的自动回水特大滴水观音,在其体内装上电子感应器件,让滴水不休止地自动循环,并随人体感应而变化,人接近观音 2 米之内时,观音便频频滴水。该瓷塑高 1.92 米,重 90 多公斤,坯体高达 2.3 米,经 1300 多度高温烧成。该件作品在洛阳举办的 1990 年度全国工艺美术百花奖的评奖中荣获国家珍品金杯奖,创造了德化瓷雕史上的新纪录。

(二)建白瓷

建白瓷是德化窑传统的产品,瓷色白中闪黄,宛如象牙,故又名象牙白,它萌芽于宋元,驰誉于明代,延制至清初。由于具有瓷质高洁纯净、细腻坚致,釉色优美柔和,整体滑腻如脂,温润似玉,莹明凝重,典雅优美的特质,在国际上享有"国际瓷坛的明珠"、"世上独一无二的珍品"之称誉,并被推为中国白瓷的代表,称为"中国白"。

其后技艺失传。长期以来虽经各方千方百计地尝试,想找到其中配方的秘密,均未获成功。新中国成立后,德化瓷厂职工经过反复试验,终于攻克了道道难关,1965 年恢复少量生产,易名为"建白瓷"(福建独特的白瓷之意)。后来因为原料供应不上,又中断了。1972 年春,德化瓷厂的干部、工人和技术人员决心用本地瓷土做原料配方,重新恢复"建白"瓷的生产,以老工人为骨干的"三结合"试验小组,以故宫博物院收藏的"建白"瓷为样品,参照德化出土的瓷片,精心挑选了三千多斤本地瓷土,反复进行试验。为了寻找配方的可靠数据,他们一丝不苟地把好选矿、下碓、起碓、淘洗、配料直至烧成等环节,经过两个多月的努力,"建白"瓷的原料配方试验成功了,失传已久的名瓷从此获得新生。

第一批"建白"瓷品,已有 36 种被选送全国美术工艺展览会展出。又如为国家特制的建白礼品瓷——双凤花瓶、用建白瓷浮雕牡丹图案的花瓶、羊头花瓶和芭蕉花瓶,造型别致,古朴雅静,纯润透明,如脂似玉。用它制成的台灯,能闪出一种乳白色的光亮,胜似乳白色的玻璃罩。用它制成薄胎茶具,轻巧白亮,把茶水倒进杯里,可从外面看到杯中的茶色。

建白瓷雕更是独具一格,不论传统产品,还是现代题材的作品,尽显雕刻精细、线条柔和、衣纹洗练,表情丰富,宛然如生,其中如"巡哨"、"螺号手"、"长征路上"等作品,送到法国、加拿大、黎巴嫩等国展出,获得高度的称赞。1979 年,德化瓷厂的建白瓷雕还获得了轻工业部颁发的"优质产品证书"。

(三)高白度瓷(高白瓷)

1958 年,德化瓷厂为迎接国庆十周年,创制礼品瓷。由该厂技术员、全国劳动模范吴维金主持研制高白度瓷,当年获得成功。经省科研部门测定,白度高达 88.1 度,超过当时国际上瓷器白度最高纪录的西德。

德化的高白度瓷,其白度超过普通白度的 75 度以上,并且具有瓷质细腻坚致、纯净无瑕、高洁雪白、冰肌玉骨,釉色纯白莹润、雪冻霜凝,胎釉结合完美,色质一致高雅,高洁素雅,适于制作各种高级日用瓷和高档艺术瓷。

高白瓷产品洁净明快,高雅动人,尤其是用以创制的薄胎产品素雅透明,珍贵难得。1960 年,全国出口瓷参观团留笔"薄如纸,白如玉,万里无云"和"瓷质冠居全国"的赞语。1965 年,在全国陶瓷会议评比中又享有"白度冠居全国第一"的称誉,并与建白瓷先后多次被国家选为北京人民大会堂、钓鱼台国宾馆用瓷和国家礼品瓷。

由于高白瓷质地纯白透明,釉面光泽照人,整体如鹅绒白雪,产品坚实耐用,用它制成咖啡具,绘上数枝碧绿的竹叶或跃然如生的墨虾,浓淡相宜,雅致新颖。用它制成的平安茶具,杯、壶、托盘,用艺术化的竹模样造型,设计构思独特,再饰以简练的碧绿青翠加勾金的竹叶,形象活现,地方色彩浓厚,使人一见犹如置身于翠竹林荫之中,清气沁人。以福建特产"建莲"命名的"建莲茶具",其造型和装饰虽无莲的纹样构刻,但仔细一看,整体却似一朵含苞待放的白莲。加之再饰以鲜艳的红双喜,衬以交缠花卉组成的半月形图案托座,使画面气质红白交辉,红绿相间,充满了喜气。此外,以空气压缩原理制成的"鸣翠壶",十分逗人喜爱,用它倒酒时,那只站在壶顶的瓷鸟儿发出如莺啼的叫声,耐人寻味。奇特的瓷笛,色白如玉,声音嘹亮,也是受人们欢迎的产品。

除了上述被誉为"三朵金花"的特品之外,德化还恢复了一些传统的工艺,涌现了许多新瓷种,新装饰工艺,真是百花齐放,琳琅满目,美不胜收。

(四)其他

1.粉彩

1955年,德化瓷厂老艺人张佩玉曾创作黑艳百花满彩瓷杯碟和勾草满彩汉汤碗等粉彩产品。1958年,德化瓷厂老艺人林质彬等以粉彩制作的花瓶、茶具、笔筒、盖杯等高白瓷产品,人物、花卉构图精致,画工精细,色彩鲜艳,层次分明,在高白如雪的瓷质衬托下,更加精美无比。之后,亦应用于部分瓷观音等产品的精工加彩。

2.印花

德化瓷器采用的印花方法有二。一是盛行于宋元,明代以来白瓷装饰仍有部分沿用。1958年,德化瓷厂用以制作成套餐具礼品瓷的模范坯体印花。二为釉上胶模印花,这是为适应现代出口瓷饰彩规格统一而采用的,现已被花纸贴花所取代。

3.喷花

德化瓷器的装饰,除古代的印花、贴花、堆花的白瓷装饰和釉下彩青花装饰而外,釉上新彩皆以手工彩画,直至1951年才开始采用釉上喷花装饰,部分产品以喷花结合手法加工,既提高了工效,又使画面规格达到一致,并且色彩层次分明,增加了装饰的艺术效果。

4.釉画

釉画是以纯白釉水为颜料,以没骨画法在各种釉瓷坯上作画,或结合贴花技法进行装饰,一次高温烧成,既节省颜料、烤花成本,又有色彩对比强烈并具中国画装饰的韵味。此法为德化著名艺人陈其章于1982年所创,并大批应用出口花盆等产品的装饰。

5.釉下青花

釉下青花也是明清时期德化窑著名产品,曾远销非洲、东南亚。民国时期也因生产技艺失传而停止生产。新中国成立后,经过刻苦攻关,这一深受国际市场欢迎的产品也恢复了。新中国成立十周年时,德化瓷厂为北京人民大会堂专门设计生产的成套青花餐具,共有21种273件。以福建南部特有的水仙花为装饰图案,质地细腻,精美绝伦,破除了纯粹白瓷的单调,增加了清纯美妙和明映秀雅的情调,受到了国内外来宾的好评。1979年,红旗瓷厂成功创新的釉下青花长空花瓶,高达80厘米,是福建省历年来最大的一尊花瓶。造型优美,风格独特,画面新颖,在全国及省工艺展览会上受到良好的评价。1989年12月以来,设于德化的泉州市陶瓷科学技术研究所把仿古釉下青花瓷作为科研项目立项,经反复试验,仿制出多种传统产品并开发了10多种新产品,参加1991年广州出口商品秋季交易会,受到外商的好评,要求批量订货。

6.开片釉

开片釉在德化宋代的窑址就有发现,但只是自然的裂纹,从来没有正式研究和特地生产过。1978年以来,东漈瓷厂苏清河利用瓷器烧制中的裂纹,人为地仿制了人工绘画所不能比拟的自然开片。他所设计的开片釉产品,不仅继承了优秀的传统工艺,而且还有新的突破,质坚饱满,永不剥落,美观大方,使人有端庄肃静,古朴清新之感。这种开片釉开片均匀,有大开片、小开片之分,大开片奔放有致,简洁明快;小开片古朴幽雅,深厚清秀。用开片釉制成的博古、花魁、争华、静止、寄艳、留春等花瓶,配以浅红、浅绿、浅蓝、浅灰或白的色调,加上古老的釉下山水、亭台楼阁、行船等画面和恰到好处的造型,古色古香,引人入胜。用开片釉制成的成套文具、香炉和盆景,独出心裁,别有风格,适于生产旅游出口等仿古产品。1979 年,他的釉下青花开片釉等 8 种产品赴广州秋交会展销,很受港澳同胞、海外侨胞和意大利外商的欢迎,一一成交订货,是供不应求的热门货。1980 年,配有底座的开片釉大笔洗,获得晋江地区陶瓷展览评比会一等奖。还有 16 种开片釉的花瓶和 8 个成套文具被选送参加厦门出口陶瓷展销会获得好评。还有成套的开片釉产品送到美国、新加坡和香港地区展览,深受当地人民的赞赏。

7.窑变釉

明代,德化白瓷中偶然出现白中蕴红的"孩儿红",应属较早的窑变釉。1982 年,苏清河研制成功的窑变银丝釉,属于天目釉系的新品种。它不同于"兔毫"、"油滴",而是在黑褐色的底釉上,显出绚丽的条纹和星点的银灰色纹样,为国内窑变釉的首见,是德化采用科研手段获得最新的窑变釉。

8.结晶釉

德化曾先后研制过多种结晶釉,以德化瓷厂晶光闪耀、瑰丽堂皇的铁红结晶釉和第二瓷厂的珠光银花、斑斓叠出的硅酸锌结晶釉最为出色。第二瓷厂的赤釉蓝花,蓝釉白花,晶花最大达 12 厘米,状如冰花,错落有致,巧夺天工。

9.变色釉

德化自清末民初,即用化工手段制成釉上变色釉,采用电光水涂抹白瓷表面,入炉烤成红、蓝、赤、紫等釉上变色釉。近几年来,又采用真空等离子磁性溅射技术在白釉上镀膜,装饰富丽堂皇的钛金釉和清新幻彩的珍珠釉(又名彩虹釉)。

10.莹玉红

莹玉红是德化莹玉艺术研究所苏清河最近研制成功的新瓷种,并以该所名称定名。它是采用本地一种含稀有元素的优质高岭土配合其他原料制成的,此种原料稀有难得,所制产品瓷质优美独特,世上无匹,可与明代的孩儿红媲美。1992 年,获全国新技术新产品展览评比银杯奖。

11.玉白瓷

该瓷种系在爱德华陶瓷研究所所长兼爱德华陶瓷厂厂长林睦殿主持下研制成功的最新名贵瓷种。瓷质高雅,细腻纯净,釉色洁白晶莹,润泽明亮。胎釉密贴,浑然一体,在光线透视下,白中呈嫩黄色半透明。整体温润似脂如玉,用它制作的观音、弥勒,堪称瓷中高级珍品。1992年荣获巴黎国际发明博览会雷比那竞赛特别荣誉奖,我国首届新技术新产品博览会银杯奖。次年 3 月,用玉白瓷制作的"托珠弥勒"作品荣选为德化名瓷,敬献给江泽民总书记和李鹏总理。

12.玉红瓷

系爱德华陶瓷研究所林睦殿继"玉白瓷"之后成功研制的又一名贵新瓷种。该瓷种瓷质细腻坚致,高洁纯净,胎釉一体,白中泛红,如脂似玉。色调柔和明快,釉面润泽晶莹,在光线透视下,犹如美人雪白粉嫩透出醉红的肌肤,分外优美动人。

此外,近 10 年来研制成功的陶瓷种还有宝石黄、莹玉黄、堂玉白、莹玉绿、轻质瓷、建红瓷、朱玉瓷及紫砂陶、花釉陶等。自 1958 年以来,新研制的装饰艺术釉还有艳黑、桃红、矾红、天青、海碧、淡红、蛋黄、浓青、大绿、浅绿、紫绿、棕赤、灰青等各色釉和各种颜色开片釉、流动花釉等艺术釉,美化并丰富了德化陶瓷的装饰。

十二、德瓷销四海　交往遍五洲

德化制瓷历史悠久,技艺精湛,产品丰富多彩,具有独特的风格,在国内外享有盛誉。自宋代开始大量外销,代代相传,延续不断,深受国外人民的欢迎。在我国陶瓷外销史上谱写了不朽的篇章,在促进中外贸易和友好往来,发展中外经济和文化的交流上有着重要的贡献。

新中国成立后,德化瓷业生产继承传统,推陈出新,更加蓬勃地发展起来,为出口提供了较充足的货源。出口的品种越来越多,数量越来越大,地区也越来越广,取得了前所未有的成绩。

1954 年,德化瓷厂产品开始销往东北各省。1955 年增加到山东、江苏等省。1956 年至 1958 年期间,先后扩大到河北、浙江、北京、山西、湖北以及全国各重点省市,普遍受到欢迎。1955 年,产品也开始对外出口销售。自 1856 年由厦门土产出口公司及福州特艺出口公司出口的销售额达 190 件,金额 9.9 万余元。1957 年增至 50.8 万余元,1958 年再增到 103.1 万余元,1959 年出口金额比 1956 年增长近 15倍。国内销售地区除本省各县市外,遍及东北、山东、江苏、河北、浙江、山西、湖北、辽宁、广东、四川和北京、上海、天津等地。在国际市场上,远销到苏联、蒙古、越南、缅甸、泰国、西德、埃及、马来亚、芬兰、匈牙利、荷兰、英国、法国、意大利、西班牙、葡萄牙、摩洛哥、阿尔及利亚、斯里兰卡、印度尼西亚、新西兰、墨西哥、美国、加拿大、冰岛、丹麦等 27 个国家。

当时的江盅、茶盅、汤盆、各种碟类、四寸半汉汤碗被称为"五大名牌"。国际友人来信反映:"五大名牌等多种品种,已打垮日本的同类名牌产品。"一位外国陶瓷专家舍依柯写道:"我到过各国所看到的瓷器生产,在瓷器精细与艺术方面,贵地所生产的瓷器已超过日本、西德、法国及其他各国瓷器的质量。"1965 年,全县出口瓷达到 797.8 万余件,比1956 年出口初期增长 3 倍多。1972 年,德化瓷器销售从 1959 年的 27个国家增至 78 个国家和地区,遍及五大洲,在国际上获得广阔的市场。根据 1978 年 4 月间,厦门市土产进出口公司提供的材料,全省有 25 个县市 49 座瓷厂有瓷器出口,德化县出口数就占了全省瓷器总出口数的三分之一。全省外销瓷器品种有 200 多种,德化就占了 100 多种。1978 年,全县出口瓷器达到 1837 件,比 1976 年增长 68.8%;金额达到1034万元,比 1976 年增长 53.3%。1978 年出口工艺美术瓷 26 万件,金额 62 万元,其中瓷观音 2608 件,金额达 14.7 万元。1979 年出口瓷收购 2110.4 万余件,瓷雕收购金额完成年计划的 132.94%,比 1978 年增长 35.25%。

改革开放以来,德化瓷外销发展迅猛,1992 年陶瓷生产出口供货值 1.83 亿元,比 1978 年增长 17.8 倍,年均递增 23.32%,在全县出口商品供货总值中比重由 89.33% 提高到 91%。国际市场不断扩大,自 1955 年恢复出口以来,至今已先后远销至世界五大洲的新加坡、菲律宾、马来西亚、沙捞越、文莱、印度尼西亚、婆罗洲、越南、老挝、柬埔寨、泰国、缅甸、斯里兰卡、巴基斯坦、孟加拉国、印度、阿富汗、伊朗、伊拉克、叙利亚、黎巴嫩、科威特、约旦、沙特阿拉伯、阿拉伯联合酋长国、卡塔尔、塞浦路斯、巴林、阿曼、日本、蒙古、也门、埃及、苏丹、利比亚、迪拜、突尼斯、阿尔及利亚、摩洛哥、加蓬、塞内加尔、象牙海岸、利比里亚、刚果(布)、尼日利亚、肯尼亚、毛里求斯、留尼汪、纳米比亚、俄罗斯、博览、匈牙利、南斯拉夫、罗马尼亚、德国、希腊、奥地利、芬兰、瑞典、挪威、丹麦、英国、爱尔兰、荷兰、比利时、西班牙、法国、葡萄牙、马耳他、意大利、捷克斯洛伐克、澳大利亚、斐济、新西兰、墨西哥、巴西、洪都拉斯、委内瑞拉、乌拉圭、智利、苏里南、美国、加拿大、康纳利群岛、沙巴、圭亚那、特立尼达、冰岛等 90 多个国家,以及我国香港、澳门、台湾地区。

为了促进瓷器产品的外销,关键在于产品适销对路。在继承和发扬优秀传统的基础上,不断提高产品的质量和艺术水平,增加花色品种,努力适应不同国家和地区,不同销售对象的需要和爱好,适应国际市场的变化。对此,德化县加强了工业、外贸和商业部门的紧密配合,派出人员到港澳地区和国外进行市场的调查考察,同时请外商来县进行贸易洽谈。组织产品参加我国每年举办的春秋季出口贸易展销会和参加国际展览。

1954 年 11 月 18 日,德化瓷厂选送"木兰从军"、"木兰脱靴"、"牛郎织女"、"四美舟"、"琵琶女"、"提篮女"、"麻姑鹿"7 种瓷雕艺术瓷和餐具、茶具等日用瓷,首次参加 1955 年 2 月在德国莱比锡举办的国际技术展览会。1955 年至 1985 年,先后选送各种优秀瓷雕、花瓶、灯台、挂盘等艺术瓷和餐具、茶具、酒具、咖啡具等日用细瓷 350 多种 2000 多件产品,分别参加在德国、挪威、日本、法国、伊拉克、黎巴嫩、苏联、美国、巴西、新加坡、香港等举行的国际技术展览会、国际文化艺术展览会、国际陶瓷展览会、国际科学技术博览会、路易斯·安娜世界博览会、中国陶瓷展览会、国际艺术博览会等展出。德化文物管理部门于 1981 年至 1982 年间,选择宋元时期古瓷片参加由国家文物事业管理局和故宫博物院筹办的"中国古窑址瓷片展览",到英国大英博物馆、牛津大学博物馆、日本出光美术馆和香港大学冯平山博物馆等地展出,扩大德化瓷在国际上的知名度。根据国际市场的需求,在继续和发扬传统技艺和传统风格的基础上,注意研究和借鉴外来艺术的长处,引进先进技术和先进工艺,为我所用。积极创新,不断提高外销产品的质量和生产水平,增强产品的竞争能力。

德化瓷在国内销售市场也日益广阔,在注意产品外销的同时,也注意抓好国内市场的贸易,1979 年 5 月 24 日至 29 日,德化县举办了瓷器展销会,参加这次展销会的有来自全国 18 个省(市)97 个市县。这些省(市)是黑龙江、浙江、安徽、甘肃、广东、辽宁、山西、贵州、湖北、江苏、河南、云南、江西、山东、四川、福建等省和上海、南京。市县有黑龙江的齐齐哈尔,浙江的台州、嘉兴、海宁、萧山、绍兴、象山、金华、兰溪,安徽的淮南、合肥、安庆,甘肃的广阳,广东的海康、宝安,辽宁的沈阳,山西的大同、太原、忻县、阳泉,贵州的岭巩、铜仁、都匀、独山,湖北的松滋、武汉、襄阳、黄冈、荆州、阳新,江苏的海安、淮阴、江都、兴化、盐城、泰州,河南的邓县、开封、濮阳、新绛,江西的瑞金,山东的青岛、禹城,四川的万县,福建的霞浦、南平、永泰、建阳、龙海、晋江、厦门、同安、永安、三明、上杭、浦城、崇安、福鼎、宁德、柘荣、龙溪、南靖、云霄、尤溪、邵武、龙岩、清流、闽清、福清、建瓯、福州、莆田以及黑龙江、湖北、云南、福建等省的日杂公司、福建三明市日杂公司和晋江地区土产公司。为了便于各地代表的选购,各瓷厂改进和创新了 140 种新产品,并在会上陈列了 298 种造型和 1030 件瓷器的 241 种花色,以及 14 种造型、10 种装饰的 39 件陶瓷样品。在短短的 4 天展销会期间,各省市地区纷纷要求订货,签订了 176 份订货合同,成交瓷器 4672000 件,金额达 144.5 万元。至今仍有一些陶瓷厂专制内销产品,但随着国内市场的日益扩大,难以满足市场的广泛需求。

改革开放给德化瓷业带来了生机,德化瓷业的迅猛发展,引起了国内外的重视。先后有国内 20 多个省、市、自治区和新西兰、英国、日本、美国、德国、法国、新加坡、丹麦、荷兰、比利时、印度尼西亚、马来西亚、澳大利亚、加拿大、菲律宾等国家和香港、澳门、台湾等地区的专家学者、各界人士、旅游团体、客商及华侨纷纷前来德化参观考察,学术交流,洽谈贸易。

"德化名瓷,瓷国明珠",李鹏总理的题词对德化陶瓷史做了精辟的概括,对今后的发展提出了新的更高需求,鼓舞着德化人民再接再厉,向新的高峰攀登。

德化,这一古老的瓷都,正迎着改革开放的强劲东风,迈开新的步伐。选择陶瓷业作为振兴德化经济的突破口,走以瓷为主,以城带乡的"小县大城关"发展之路,创建十个"一流水平"(抓城建,创一流县城;抓配套,创一流投资环境;抓陶瓷,创一流生产规模;抓技改,创一流生产设备;抓教育,创一流技术队伍;抓科研,创一流陶瓷产品;抓推销,创一流经济网络;抓"三产",创一流产业结构;抓乡村,创一流城乡结合;抓文明,创一流精神风貌),向"把德化建成全国重点陶瓷产区一流瓷城"的宏伟目标奋进,在德化陶瓷发展史上续谱更加辉煌灿烂的篇章。

1980 年 6 月初稿,1993 年 3 月修订

德化窑

一、德化县的历史地理和瓷土矿藏分布

德化县位于福建省的中部,是泉州市最北的一个山区县。东面与永泰县、仙游县交界,南面与永春县接壤,西面与大田县毗邻,北面与尤溪县相接。县境内有戴云山脉,最高峰海拔达 1856 米,是闽中也是福建省的"脊梁"。据《福建永春、德化、大田三县地质矿产》一文说:"新生代之红砂岩⋯⋯在本区未有代表。河谷两岸,较河面高十余米至四五十米之位置,颇有显著台地。其上且每有红土沙砾之沉积,皆新生代后期之产物也。河流近旁之冲积层,乃近代泛滥之所致。"①

德化县的历史沿革,周时为七闽地,秦汉至五代前先后隶属闽中郡、建安郡、晋安郡、晋平郡、泉州(地今福州)、建州、福州和长乐郡。据民国《德化县志》载:"唐贞元中,析永泰之归义乡,置归德场。五代后唐长兴四年,闽王延钧升长乐郡为长乐府,升归德场为德化县。"德化县在后唐长兴四年(933 年)正式建置后,先后隶属东都(今福州)、清源军(今泉州)、平海军(今泉州)和泉州路、泉宁府、泉州府。到清雍正十二

---

① 福建省地质土壤调查所学术研究与中央地质调查所合作:地质矿产报告第三号,高振西:《福建永春、德化、大田三县地质矿产》,福建建设厅地质土壤调查所印行,1931 年 12 月。

年(1734年),划归永春州管辖,民国时期隶属福建省兴泉永道、第四、第六、第七行政督察区。1949年11月24日德化解放。此后,德化县先后隶属永安专区、晋江专区、晋江地区,现属泉州市管辖。

至于德化瓷土矿藏的分布,据民国《德化县志》"矿之属·瓷器"类载:"泥产山中,穴而伐之,绠而出之。"据1931年《福建永春、德化、大田三县地质矿产》调查,德化瓷土产地甚多,其中有:

褒美:在褒美乡第一区,城东南三里。瓷土产地甚多,以山岭开采最盛,并有瓷窑(今浔中镇宝美村)。

乐陶:在褒美乡第一区,城东偏南约五里。开采颇盛,瓷窑三四十家(今浔中镇隆泰乐陶村)。

后所:在褒美乡第一区,城东偏北约五六里。开采甚盛,瓷窑约四五十家(今浔中镇隆泰后所村)。

后山洋:在褒美乡第一区,城东偏北二三里。开采甚盛,运后所烧瓷(今浔中镇隆泰后山洋村)。

丁墘:在褒美乡第一区,城西南五六里。地点甚多,开采甚盛(今浔中镇丁墘村)。

高洋:三高乡第一区,城南六七里,羊公岭等三处。开采制瓷(今浔中镇高阳村)。

三班:三高乡第一区,城东南十七八里。瓷土产地甚多,开采甚盛,瓷窑近百家(今三班镇)。

科荣:锦屏乡第一区,城北偏西七八里。现未开采(今浔中镇)。

盖德:锦屏乡第一区,城西十五里。昔曾采土制瓷,现停(今盖德乡盖德村)。

土坂:锦屏乡第一区,城西六七里。昔采现停(今中镇薄板村)。

世科:锦屏乡第一区,城西约五里(今浔中镇世科村)。

南埕:瑞坂乡第二区,城东北七八十里。现未开采(今南埕镇南埕村)。

蕉溪:瑞坂乡第二区,城北十五里。无人开采(今雷峰镇蕉溪村)。

梓溪：水口乡第二区,城北八九十里,水口西三四十里。详情不明(今桂阳乡梓溪村)。

上涌：上涌乡第三区,城西北八十里,赤水北二十里。东坑洋洋尖峰仔等处均有瓷窑,三家制半细瓷(今上涌乡)。

葛坑：葛岭第三区,城北偏西一二十里。近尤溪处,瓷土产地甚多,现未开采(今葛坑乡)。

下村：葛岭第三区,葛坑东五里。二三十年前瓷业颇盛,成品可比德化,近年停止采制(今葛坑乡下岭村)。

洪田：葛岭乡第三区,葛岭西五六里。瓷土甚多,无人开采(今桂阳乡洪田村)。

杨梅：葛岭第三区,葛岭东二三十里。无人开采(今杨梅乡)。

感存：桂阳乡第三区,桂阳北三十里,葛坑东三十里。无人开采(今桂阳乡涌溪村)。

下楼坑：桂阳乡第三区,桂阳西二十余里(今上涌乡下涌村)。

割竹尾：双翰乡第四区,城西北二十里。十八格南五里近大田,有制粗瓷者(今春美乡上春村)。

十八格：双翰乡第四区,十八格西三四里。烧制粗瓷(今春美乡上春村)。

徐曼亚在《瓷史》一书关于"德化各地瓷矿之发现"一节中也曾提到,他说："德化为闽中之腹地,处于万山之中,而戴云山雄立于县之西北,沿西北行之山脉,如汤岭、下店、双溪口、上涌、葛坑等处均系瓷矿山脉;沿东南行,而瑞坂、南埕、科荣、东漈等处,均系瓷矿山脉。此县之东北山系均出有瓷矿。县之西南山脉,由山岐而儒山、土坂、高洋、凤翥山、观音岐、五凤山均系瓷矿山脉。依全县山脉之探测,可谓尽是瓷矿,可以分为两大山系。"[①]由此可见,德化瓷土之分布实为福建全省之冠,而瓷土分布之广泛,蕴藏量之丰富,瓷土质量之优良,实为德化古代瓷

---

① 徐曼亚：《瓷史》,福建德化瓷艺学社编印,1948 年春油印本。

业之兴起与近代瓷业之发展,提供了自然条件和物质基础。所以说德化瓷业的发展与丰富的瓷土矿藏关系极为密切。

在《福建永春、德化、大田三县地质矿产》一文中,"瓷土产状"部分对德化瓷土含量、特性及其成分曾做过分析:"德化瓷土皆由石英斑岩等富含长石之岩石风化而成。多呈弧状或其他不规则之形,大都生于白垩纪火山岩系中。火山岩岩性变化甚多,且亦有喷出式之石英斑岩,风化后亦类瓷土。故在火山岩区内,瓷土脉体之边界,恒不甚明晰,因作量亦难。但由其脉形之产状,可证为其较晚之侵入体风化而成。近地表者,风化程度甚深,可作瓷土;深处之新鲜部分,可作瓷釉。盖取其长石部分,此亦可间接证明其成因矣。德化瓷土,细磨漂净,即可直接制坯,不须调和其他原料。大都较软,故易变形。烧制盘碗,口径在八寸以上者,每多拗曲,较小者亦不能太薄。致成品谓嫌笨重,不甚精巧。用制电用瓷料,裂罅常多,易于折断,尚未达成功境地。此其缺点也。"城东宝美村小岭所产瓷土,曾经建设厅矿产事务所分析,成分如下:

氧化硅	70.693%
氧化铝	14.688%
氧化铁	痕迹
氧化钛	0.060%
氧化钙	0.418%
氧化镁	2.051%
碱化物	11.073%
水　分	0.61%
灼热减量	0.622%

20世纪70年代,经省地质部门的普查,全县主要瓷土矿有阳山、桂亭、下楼坑、下涌、阳山格子仑、卓地、尖山、湖头、吉山、桂格、溪口(魁斗)、罗城、国宝、盖德、林地、凤山、龙岸、仙境、下坂、观音岐、乐陶、宝美、上蕉溪、小湖、三班、下楼、割竹仔、许坑仔、有济、苏洋、十二岸等。

阳山高岭土矿,经德化陶瓷研究所化验,其成分如下:

氧化硅　　44.13%

氧化铝　　38.64%

氧化铁　　0.22%

氧化钛　　0

氧化钙　　2.63%

氧化镁　　0

氧化钾　　1.66%

氧化钠　　0.40%

灼热减量　11.40%

在菲律宾出土的德化瓷器,经选取 3 种不同类型器物进行化学分析,其成分如下:

构成	软的或低火度德化白瓷,乳白釉,有美丽的碎纹裂釉,盖盒底部碎片。分类第 17SA（出自圣安娜）	更多瓷器似的德化白瓷,乳白釉,大碟碎片。分类第 947SAC（出自圣安娜）	更多瓷器似的德化白瓷,白垩质,青白釉,大碟碎片。分类第 1031ASAC（出自圣安娜）
氧化硅	74.24%	73.32%	74.79%
氧化钙	21.03%	21.27%	21.15%
氧化铁	0.36%	0.38%	0.74%
氧化钛		0.06%	0.10%
氧化锰	痕迹	痕迹	痕迹
氧化钙	0.17%	0.08%	0.20%
氧化镁	0.07%	0.07%	0.22%
氧化钠	0.19%	0.17%	0.19%
氧化钾	2.42%	2.86%	0.83%
灼热减量	0.75%	125%	1.43%

光谱定性分析：

结构	软的或低火度德化白瓷，乳白釉，有美丽的碎纹裂釉，盖盒底部碎片。分类第 17SA（出自圣安娜）	更多瓷器似的德化白瓷，乳白釉，大碟碎片。分类第 947SAC（出自圣安娜）	更多瓷器似的德化白瓷，白垩质，青白釉，大碟碎片。分类第 1031ASAC（出自圣安娜）
硅	VS	VS	VS
钙	VS	VS	VS
铝	S	S	S
镁	WtoS	WtoS	WtoS
钾	WtoM	WtoM	WtoM
钠	WtoM	WtoM	WtoM
铁	Tr	Tr	Tr
钛	Tr	Tr	Tr
锰	FtoTr	FtoTr	FtoTr
铅	ND	ND	ND
铜	ND	ND	ND

缩写		定性估计排列
VS	（很强）	较大于 10％
SC	强	较大于 1 ％
M	中等	从 0.10％～1％
WC	弱	从 0.01％～0.10％
Tr	痕迹	从 0.001％～0.01％
Ft	弱痕迹	较小于 0.001％
ND	无发现	

由于德化瓷土原料中含钾、钠化合物较高,因而烧成温度较低,接近软质瓷。[1] 这是由德化瓷土原料特性决定的。

中国科学院上海硅酸盐研究所郭演仪和轻工业部科学研究院李国桢对德化历代白瓷的研究,经过科学分析,得出如下结论:

1.德化白瓷的特点是胎和釉中含钾量高,这与当地瓷石原料的特性有密切关系。

2.德化地区的瓷石主要含石英和绢云母或高岭石等矿物,加之含铁量又低,该地瓷石可以说是一类制作高质量白瓷的天然混合的矿物原料。

3.德化釉应当属于一种典型的钾—钙釉。

4.德化地区在北宋和南宋时期使用还原烧成技术,元代以后,特别是明代才熟练掌握氧化烧成技术。

5.明代"猪油白"瓷胎的钾含量与釉的钾含量相近,有时甚至比釉更高些。因此胎中所生成的玻璃相是高的,这就是为何明代德化白瓷透明,看起来像玉的感觉的缘故。

6.近代德化白瓷中氧化铝含量比古代瓷高约 5％～9％,需要高温烧成。从节约能源出发,减低瓷胎中的氧化铝含量是有利的。[2]

二、德化窑的起源和分布

关于德化窑的起源,是一个值得加以探讨的重要问题。探讨德化窑的起源,也是一件很有意义的事。在未谈到德化窑的起源时,我们先

---

[1]　江西省轻工业厅景德镇陶瓷研究所编著:《中国的瓷器》,中国财政经济出版社 1963 年版。

[2]　见《历代德化白瓷的研究》一文,原载中国科学院上海硅酸盐研究所编:《中国古陶瓷研究》,科学出版社 1987 年版。

谈一谈德化县境内发现的几处新石器时代遗址、早期的青釉器以及唐墓出土的青釉器等有关器物。

1958年8月,在德化浔中公社丁溪村,曾发现过云尾山、牛尾寨、驷埔山等3处新石器时代遗址。在这几处新石器时代遗址中,有采集到石锛、印纹陶片和釉陶片。

1974年,在美湖公社保健院后面的山坡上,也发现1处新石器时代遗址,同样采集有石锛、石斧、石矛和陶片。

1968年,曾在石排格附近的公路旁发现相当于魏晋时期的青釉谷仓、青釉罐、青釉壶和托子(时代可能较晚)等器物。从这些器物的造型特点和作风看,都是时代较早的东西。

据《龙浔泗滨颜氏族谱》记载:其开基祖教先,生于唐贞元三年(787年),卒于咸通元年(860年),由河南迁来德化。颜教先孙颜化綵曾著有《陶业法》、《绘梅岭图》,传授制陶工艺。颜化綵生于唐咸通五年(864年),卒于长兴四年(933年),其著作《陶业法》时间当在唐末五代之际。所以由此推知德化制瓷业,特别是德化三班、泗滨一带的制瓷业在此时已经兴起,且有了一定的基础。

1974年,在德化往盖德公路5公里处的路旁断崖,发现唐土坑墓1处,采集3件青釉器。(1)青釉双系盘口壶1件,可复原。口径15.2厘米,底径12厘米,通高25.2厘米。盘口,广肩,平底,双系对称在肩上。釉色略呈酱色和红褐色,仅口、腹施釉,腹下部及底部无釉。釉多脱落,呈斑驳状。胎质灰白,松脆。(2)青釉双耳罐1件,完整。口径9厘米,底径7.5厘米,通高12厘米。直口,唇微外撇,双耳,假圈足。釉呈灰黄色,器表下部及底部露胎,露胎部分呈黄褐色或红褐色。胎质灰白,松脆。(3)青釉碗1件,稍残,可复原。口径19.7厘米,底径9.5厘米,通高6.5厘米。敞口,唇微外撇,假圈足。青釉泛黄,内外施釉,外底处及圈足露胎,釉多脱落。碗底留有5个支钉痕迹。灰白胎,质松脆。

1974年,葛坑公社富地大队社员苏美塔盖房屋时,在距地表4米处发现一处唐代土坑墓,出土青釉碗2件,发现时二碗对口相扣。

(1)青釉大碗：1件，可复原。口径 17 厘米，底径 6.5 厘来，通高 6.7 厘米。敞口，唇微外撇，假圈足。碗内外上部施釉，碗外下部及底露胎，釉为深绿色，滋润光泽。碗壁有五道竖压弦纹，灰白胎。碗内底部留有 6 个支钉痕迹。(2)青釉小碗 1 件，完整。口径 12.7 厘米，底径 6 厘米，通高 4.5 厘米。敞口，唇外卷，假圈足。碗内外上部施青釉，外下部及底无釉，灰白胎。碗内底部留有 4 个支钉痕迹。

1976 年，浔中公社浔中大队社员在尾糍墘开山造田时挖出 2 件青釉碗。在浔中公社土坂大队公路断崖中也发现 1 件青釉盘口壶。这些碗和壶的造型与上述器物一样。

上述早期和唐墓出土的青釉器物，尽管无纪年可考，但与本省一些唐墓出土的青釉器相似。这为我们探讨德化窑的起源，提供了非常重要的线索。

近几年来，在德化古窑址的普查中，虽然还没有发现唐、五代的窑址，但在盖德碗坪仑、浔中墙坪山、太平宫和汤头的西墓丘等窑址中，曾采集到一些具有唐、五代作风的标本。尽管所采集到的标本数量不多，可是这些标本的出土是可贵的证据，也是值得我们注意的。

徐曼亚《瓷史》提到："德窑之源，以九仙山古寺之灼台有唐年号，似乎比建瓯为早一朝也。初之传入瓷窑，即尤溪边界二十九都与德毗邻之双溪口及葛坑、汤头、赤土寒等一带。至今虽成废墟无考，但其崩塌时，而有古瓷器之发现。"徐曼亚所说的上述这段话，特别是提到九仙山古寺有唐年号灼台，如果不是纯属编造的，那么还有两种可能：其一，九仙山古寺有唐年号的灼台是一种传说，根本不存在此类器物，不足为信。其二，在九仙山古寺确实曾有过唐年号的灼台，但后来遗失了，至于散失原因不得而知。这样，对我们探讨德化窑的起源，提供了一条可资参考的线索。又据说，在尤溪县和德化交界处的双溪口、汤头及葛坑等地，古窑址中出土的器物，在式样和釉色上，其时代要早，这种说法也是有可能的。

有人认为："德化在五代时期还是属于永泰县的归德场，而归德场的设立,最早是在唐代贞元年间(785—805 年)。之后,到了后唐长兴四年(938 年),王延钧才'升归德场为德化县',这样才有德化县之名。'五代以前,更析无定,隶属靡常'。而这时的德化还是'山多田少,舟楫难通',其'可耕之地,什不二三','农居山谷,专事稼穑。妇女辟绩之处,无他业'。"据此断言:"在五代的时候,这里还不曾有过烧窑的活动。"我们认为这种说法未免过于武断,值得商榷。

唐五代时,德化确未建县,但不能由此就推论唐五代归德场没有人从事陶瓷生产活动,也不能说这里"山多田少,舟楫难通",就没有从事陶瓷生产的可能和条件。正因为这里山多,才蕴藏着丰富的矿藏资源,为古代人们从事陶瓷生产创造了有利的条件,更不能说"农居山谷,专事稼穑。妇女辟绩之外,无他业"。现在是这样,古代恐怕也是如此,从事陶瓷生产活动的,有女人,也有男人,也许女人还可能多一些。由于记载少或者还没有发现有关记载,就否定人们没有从事这项生产活动,这恐怕也不完全符合客观实际。退一步说,要是今后在德化发现唐五代的窑址或者发现更多的唐五代器物(现在已有发现),要算永泰县,或是算作归德场,或是算作德化县的呢?

总之,关于德化窑的起源问题,尽管目前还没有发现唐、五代的窑址,但是仅从唐代和唐以前青釉器的发现,或在一些窑址中曾出土具有唐、五代风格的器物看,德化窑起源于唐、五代的可能性是存在的。

至于有人主张,德化是在北宋末期才逐渐繁荣起来的,这大概也包括瓷业在内吧!诚然,德化北宋末期才逐渐繁荣起来,特别是瓷业方面,这固然"也是和当时的海外交通和对外贸易分不开的",这样说是对的。至于说当时德化的逐渐繁荣(包括瓷业在内),是由于"所谓士风在政和而后称极盛",这恐怕不能这样看吧!我们说德化瓷业(其他也一样)的逐渐繁荣,是有多种原因的,也不是突然繁荣起来的,而是需要经过一段较长时间的酝酿准备过程。说明德化瓷业起源于北宋以前,而到北宋末期以后才逐渐繁荣起来的,这是完全可能的,也是符合客观实际的。

德化古瓷窑址的分布,以前知道的仅是少数几个,同时又是较晚期的窑址。如徐曼亚《瓷史》谈到德化窑的分布说:"窑几遍于全德,如双翰、上涌、瑞坂、南埕、东漈、大路下、石路、奎斗等处。清中叶已停。至今窑地之犹存,瓷质可证。家传用器,又有其瓷。平埔、尾山、岭兜、石排格,清末窑废。至清初中叶,崛兴之后所窑、后井,除器用外,多已兼制美术玩品。如后所之十八手观音,后井之各种瓷佛,早驰名于国际,此均系大窑。洞上之月记窑,亦为德化负有盛名之瓷窑。至清末,东头、黄祠、乐陶、高阳各大窑,亦皆继起,可谓极盛一时。迨民元而来,因德瓷被日本瓷之打击,已渐见衰落,窑已废半。"他这里讲的德化窑分布,实际上都是清中叶以后民国初年的窑址以及当时瓷业生产简况,对于古代的窑址可以说是一无所知,或者知道甚少。

到目前为止,全县发现古窑址共 237 处,分布在 16 个乡镇,67个村。

1.浔中镇

窑址分布在 11 个村,共 96 处。

浔中村,共 14 处。(1)西敦边鼓垄窑(宋、元),(2)西敦谢厝窑(民国),(3)西敦王厝窑(民国),(4)西敦叶厝地窑(民国),(5)东头外窑(宋、元),(6)东头内窑(明、民国),(7)东头九间窑,又称"仑仔窑"(清、民国),(8)东头杏脚窑(清、民国),(9)东头田边窑甲址(清、民国),(10)东头田边窑乙址(民国),(11)东头隆泰窑(清、民国),(12)东头福源窑(清、民国),(13)东头福兴窑(民国),(14)东埔窑(民国)。

宝美村,共 26 处。(1)屈斗宫窑甲址(宋、元),(2)屈斗宫窑乙址(明、清),(3)屈斗宫窑丙址(明、清),(4)祖龙宫窑甲址(宋、元),(5)祖龙宫窑乙址(明),(6)拱桥垄窑(宋、元),(7)公婆山窑(宋、元),(8)寨后窑(宋、元),(9)五斗垄窑,又名"虱母岭头窑"(宋、元),(10)水堀垄窑,亦称"后窑乙址"(明),(11)后深埯窑(宋、清),(12)后店仔窑(宋、元),(13)后窑(宋、元),(14)后井窑(清、民国),(15)潭边窑(清、民国),(16)石排格窑甲址(宋、元),(17)石排格窑乙址,亦称"车碓岭右窑"(清),

(18)石排格窑丙址(清、民国),(19)岭兜前欧窑(宋),(20)岭兜窑(明、民国),(21)岭兜月记窑(清),(22)甲杯山窑(明),(23)程田寺格窑(民国),(24)下井亭窑(清),(25)尾库窑(清),(26)石排岭窑(民国)。

丁墘村,共5处。(1)太平宫窑(宋、元),(2)庠柄山窑(宋、元),(3)窑坏窑(清),(4)崇道宫窑(清),(5)丁墘窑(民国)。

丁溪村,共4处。(1)西门头窑(明、清),(2)坂头窑(清),(3)坪埔尾山窑(清),(4)坪埔窑(民国)。

隆泰村,共16处。(1)乐陶窑(清、民国),(2)乐陶宫兜窑(明、清、民国),(3)六车窑(明、清、民国),(4)六车寨仔山窑(清),(5)后所大草埔窑(宋、明),(6)后所窑(明、清、民国),(7)宏祠窑(明、清、民国),(8)凤洋桐上窑(明、清),(9)凤阳大路口窑(明、清),(10)凤阳陶铸坑窑(宋、元),(11)凤阳宫山尾窑(民国),(12)坂上大珍窑(明、清、民国),(13)后所虎头山窑(明、清、民国),(14)乐陶格仔窑(明、清、民国),(15)后山洋水尾窑(明、清、民国),(16)后山洋堀仔窑(明、清、民国)。

龙翰村:1处。黄竹林窑(清)。

高阳村,共25处。(1)杨坪张窑(清、民国),(2)大路巷窑(清、民国),(3)布伏山窑(清、民国),(4)坏园窑(清、民国),(5)窑坏窑甲址(清、民国),(6)窑坏窑乙址(清、民国),(7)杉林烘窑(清、民国),(8)土厝坂窑(民国),(9)石僻仔窑(清、民国),(10)后湖窑(清、民国),(11)后宅窑(清、民国),(12)羊广岭窑(清、民国),(13)后溪窑(清),(14)草埔窑(清、民国),(15)松柏林尖窑(清、民国),(16)岭头窑(清),(17)大路后窑(清),(18)蜈蚣垄窑(宋、元),(19)窑坏窑(清),(20)孝坊山窑(清),(21)宝寮格窑,又称"破寮格窑"(清),(22)蜈蚣牙窑(宋),(23)梅垄窑(清、民国),(24)今厝荇窑(清、民国),(25)陈公窑(清、民国)。

英山村:1处。罗溪窑(清、民国)。

世科村:2处。(1)释仔山脚窑(清),(2)改良场窑(民国)。

石山村:1处。初溪窑(宋、元)。

石鼓村:1处。解路窑,又称"科荣窑"(民国)。

2.盖德乡

共 6 处,均在盖德村。(1)碗坪仑窑(宋),(2)碗洋坑大坂内窑(宋、元),(3)碗洋坑大坂外窑(宋、元),(4)宫后头公田仑窑(宋),(5)后坑垄窑(宋),(6)后垄仔窑(宋)。

3.三班镇

窑址分布 8 个村,共 28 处。

三班村,共 4 处。(1)火炉脚窑(明),(2)窑垄山窑,又称"上寮内窑"(宋、明、清),(3)上寮外窑(明、清),(4)桐岭窑(明、清)。

泗滨村,共 6 处。(1)大垄口窑甲址(宋、元),(2)大垄口窑乙址(宋、元),(3)尾林窑甲址(宋),(4)尾林窑乙址(清),(5)梅岭窑,俗称"南岭窑"(明、清、民国),(6)溪碧窑(清)。

东山洋村:共 3 处。(1)下村林窑(清),(2)新垯寨窑(明、清),(3)乌鲁坪窑(宋)。

蔡径村:1 处。洞上窑(清)。

岭头村:1 处。东坪窑(宋、清、民国)。

桥内村:共 4 处。(1)佳春岭窑,又称"家春岭"、"脚疮岭"、"王厝山"窑(宋、元),(2)邱尺仔窑(宋、元),(3)碗窑溪窑,又称"碗窑山窑"(宋、清),(4)店仔地窑(民国)。

龙阙村:共 2 处。(1)窑仔林窑(清),石尾山窑(清、民国)。

奎斗村:共 7 处。(1)湖枫林窑(宋、元),(2)碗窑(宋、元),(3)旧窑(明),(4)新窑(明、清),(5)啤坝窑,又称"窑垄窑"(明、清),(6)水吼窑(清),(7)溪口徐碗窑(清)。

4.霞碧镇

窑址分布在 3 个村,共 13 处。

苏洋村:共 4 处。(1)坎脚窑(清),(2)公所窑(清),(3)古洋水尾窑(清),(4)东漈窑(民国)。

村兜村:共 3 处。(1)真武亭窑(清),(2)水头窑甲址(清),(3)水头窑乙址(清)。

朱地村：共 5 处。(1)林地窑（清），(2)水尾窑（清），(3)坊山窑（清），(4)尾仑窑（清），(5)山垄窑（清）。

5.南埕镇

窑址分布在 2 个村,共 3 处。

南埕村：共 2 处。(1)瓷窑岭（清），(2)瓷窑垄窑（清）。

蟠龙村：1 处。瓷窑岐窑（清）。

6.雷峰镇

1 处。

瑞坂村：瑞坂窑（清、民国）。

7.水口镇

窑址分布在 2 个村,共 3 处。

湖坂村：1 处。涌口窑（清）。

邱坂村：2 处。(1)下楼坂窑（清），(2)白潭坂窑（清）。

8.葛坑乡

窑址分布在 5 个村,共 13 处。

葛坑村：1 处。胡须窑（清）。

下岭村：共 4 处。(1)坷垄窑（清），(2)石坊窑（明、清），(3)龙广窑（清），(4)二板桥窑（清）。

湖头村：共 3 处。(1)李田窑（清），(2)下仓尾窑（宋），(3)阿腊窑（清）。

龙塔村：共 3 处。(1)乌山岭窑（清），(2)双溪口窑（明、清），(3)鹭鹚坂窑（清）。

大岭村：共 2 处。(1)龟洋窑（清），(2)苏田窑（明、清）。

9.杨梅乡

窑址在白叶村,共 4 处。(1)下坂窑（清），(2)仑仔边窑（清），(3)牛头尾山窑（清），(4)荣福堂后山窑（清）。

10.上涌乡

窑址分布在 14 个村,共 31 处。

上涌村:1处。月形仑窑(明、清)。

云路村:共2处。(1)东洋尾窑,又称"屈斗楼窑"(清),(2)陈兰坂窑(清)。

曾坂村:1处。瓷窑坪窑(清)。

黄井村。1处。瓷窑坪窑(清)。

辉阳村:1处。仙亭厂窑(清)。

下涌村:共7处。(1)虎龙头窑(清),(2)虎垄坪窑(清),(3)后寮垵窑(清),(4)碗窑山窑(清),(5)桌头坂窑(清),(6)花树格窑(清),(7)潭仔边窑(宋)。

桂格村:共5处。(1)和玉窑(清),(2)胡龙桥头窑(清),(3)麒麟斩尾窑(清),(4)许坑林窑(明、清),(5)凤坑后碗窑(清)。

后坂村,1处。后坂窑(清)。

西溪村:4处。(1)常思窑(清),(2)水尾鳞窑(清),(3)炉坂窑(清),(4)西溪炉窑(清)。

门头村:共3处。(1)黄仔坂窑甲址(清),(2)黄仔坂窑乙址(清),(3)吾洋窑(清)。

中洋村:1处。陈七垄窑(清)。

下村村:1处。后格垄尾窑(清)。

桂林村:共3处。(1)羊条窑甲址(清),(2)羊条窑乙址(清),(3)羊条窑丙址(清)。此三处窑址所在地昔为桂林片——包括桂林、中洋、下村、门头、东山5个共有,暂计在桂林村。

11.汤头乡

窑址分布在4个村,共16处。

汤头村:共5处。(1)洋头瓷窑(清),(2)石公格窑(清),(3)格头窑(清),(4)赤土寨窑,又名"水尾山窑"(清),(5)山边洋窑(清)。

岭脚村:共3处。(1)石坊垄窑(清),(2)长坂窑(清),(3)瓷窑垄窑(清)。

格中村:1处。丘埕窑(清)。

福山村：共 7 处。(1)社里岭窑(清)，(2)下楼坂窑(清)，(3)西墓丘窑(宋)，(4)路尾窑(清)，(5)苦竹垵窑，又名"桥头窑"(清)，(6)牛头格窑(清)，(7)瓷窑坪窑(清)。

12.桂阳乡

窑址分布在 5 个村，共 9 处。

涌溪村：共 3 处。(1)洪朝坑窑，又名"龙泽坑窑"(清)，(2)瓷窑坑窑(清)，(3)后洋坂窑(清)。

王春村：共 2 处。(1)镇倒村窑，又名"颠倒村窑"(清)，(2)下地洋窑，又称"下甜洋窑"(清)。

梓溪村：1 处。斜岭脚窑(清)。

彭坑村：共 2 处。(1)下林坑湖头坂窑(清)，(2)永丘村窑(清)。

安章村：1 处。下过路窑(清)。

13.大铭乡

窑址分布在 3 个村，共 6 处。

联春村：共 2 处。(1)瓷窑(清)，(2)瓷窑仓(清)。

大铭村：1 处。瓷窑坑窑(清)。

琼山村：共 3 处。即(1)下格坑窑(清)，(2)后溪窑(清)，(3)单山隙窑(清)。

14.国宝乡

窑址分布在 3 个村，共 4 处。

南斗村：1 处。溪口窑(清)。

祥云村：1 处。上云窑(清)。

格头村：2 处。(1)格头窑甲址(清)，(2)格头窑乙址(清)。

15.赤水镇

窑址分布在 3 个村，共 3 处。

苏坂村：1 处。瓷寮坝窑(清)。

铭爱村：1 处。漈头尾窑(清)。

东里村：1 处。东官洋窑(清)。

16.春美乡

窑址 1 处。

尤床村:尾桥下窑(宋、元)。

上述这些窑址,就分布的情况来看,范围很广,遍布全县 16 个乡镇,无论是深山密林中,还是较低洼的平原地带,都有留下古代烧窑的痕迹。窑址分布较集中的有两个地区,一是南部地区,即德化城关附近,包括浔中、三班两个镇,古窑址分布非常密集;二是西北部地区,这与德化窑的起源发展传播路线由西北向东南是有关系的,只是德化中部戴云山主峰地区古窑址分布较稀疏。

这些窑址就年代的早晚看,首先绝大多数是清代的,其次是明代的,最后是宋元时期的。这些窑址中有不少烧造延续时间较长,几乎贯穿宋元明清几个朝代,如屈斗宫窑、岭兜窑、后窑、后所窑、大草埔窑、内坂窑、垄窑山窑等都是。

就这些窑址的保存情况看,虽然有不少窑址受到不同程度的破坏、扰乱,但窑址仍可看到堆积成山的碎瓷片和匣钵。有些窑址规模大,范围广,烧瓷的窑炉也还很好地保存着。这是德化县一批宝贵的文化遗产。

更为重要的是,在已有发现的这些古窑址中,其中就有 70 多处窑址发现有外销瓷器。同时,我国的西沙群岛发现的德化瓷产品,如寿字(梵文)纹青花盘、寿字(梵文)纹青花碗、云龙纹青花碟、云龙纹青花碗、云凤纹青花碗、城楼纹青花碗、半寿纹青花盘、云龙火珠纹青花碗、牵牛花纹青花碗、牵牛花纹青花碟、佛手纹青花碟、山石花纹青花碟,已在德化 51 处古瓷窑址中发现。此外,西沙群岛发现的宋代青白釉莲花纹碗、青白釉刻花平底大碗和盒等产品,在德化宋元时期古窑中也有出土。

总之,新中国成立后发现的这些窑址,只有屈斗宫窑址和碗坪仑窑址局部进行科学发掘,已有发现的器物都是从窑址的废堆上采集的。同时,所采集到的标本也非常有限,因此可以说有相当的一部分窑址还不能窥见其全貌。只有将来通过科学发掘,才能进一步弄清楚窑址的内涵,以及窑址之间的年代先后关系和相互关系。如已发掘的屈斗宫窑址和碗坪仑窑址,堆积物很丰富,出土数以千计的瓷器和窑具,再结合其他窑址采集的标本,对于研究德化窑的起源和发展,对德化古窑址的分布范围、器物的造型特点、釉色和烧造方法等问题,提供了一批新颖的资料,具有非常重要的价值。

三、德化窑瓷器原料、胎质和制作技术

德化古代烧瓷所采用的瓷土原料,我们所掌握的材料不多,但就原料矿物的组成成分看,其所包含的主要原料,据 1931 年福建建设厅矿产事务所对城东宝美村小岭所产瓷土分析,成分有氧化硅、氧化铝、氧化铁、氧化钠、氧化钙、氧化镁、碱化物、水分和灼热减量等。

关于这种瓷土原料的生成,"皆由石英斑岩或长英岩等富含长石之岩石风化而成。多呈弧状或其他不规则之形,大都生于白垩纪火山岩系中。火山岩岩性变化甚多,且亦有喷出式之石英斑岩,风化后亦类瓷土";"德化瓷土,细磨漂净,即可直接制坯,不须调和其他原料。大都较软,不需太高温度,即可成瓷。颜色洁白,可省漂制手续,均其优点。但其质软,故易变形。烧制盘碗,口径在八寸以上者,每多拗曲,较小者亦不能太薄"。[①] 根据上述瓷土原料特点,再结合窑址发掘出土和采集到的标本看,凡是较大件的器物,每多拗曲变形,如盘类器和碗类器等。就器物厚薄的程度来看,一般厚度在二三毫米以上,最薄的也有 0.5毫米。

用于雕塑的瓷土,比做器物的要硬些。据高振西的调查,这种瓷土

---

① 高振西:《福建永春、德化、大田三县地质矿产》,福建建设厅地质土壤调查所印行,1931 年 12 月。

采自四班,"四班,在永春之境,距德化之三班只十余里。该地附近瓷土产地颇多,均为火山岩系中石英斑岩侵入体风化而成。四班所产,以硬土著称。德化之施制瓷佛及瓷观音者,惟取用四班土。德化土均不适用。因佛像之衣纹装束及耳目口鼻均极细致,软土烧制,恒流动拗曲而不清晰"。[①]

关于德化窑瓷器的胎质和制作技术,为叙述方便起见,现按瓷器的釉色分为下列几类加以介绍。

（一）青釉瓷器类

这类青釉器一般胎质细坚,呈白色,但也有带灰或带黄的。这可能与烧窑时火焰强弱,温度高低有关。一般器物如碗形器和碟类器都是采用轮制的,器形规整匀称大方。至于瓶形器或其他器物,系采用分段模制,而后加以黏接。

（二）青白釉器类

此类青白釉器,胎质细腻坚硬,呈白色。但有相当一部分器物,胎质较松脆,略呈黄色,亦与烧成温度不够有关。这类器物有轮制或模制的,器形颇规整。

（三）白釉器类

德化窑白釉器,胎质细坚,色泽洁白。由于瓷性较软,经烧窑后容易变形。所以形成德化窑白釉器胎壁较厚,少见薄者。一般器物采用轮制,但也有不少器物采用模制,器形相当匀称规整。特别应当指出的是,在不少窑址中曾发现有杯、盘、洗、碟的印模,可知相当部分器物是用模印的,其印制技术已达到相当的水平。由发掘和采集的标本看,器壁厚薄均匀,模印花纹线条清晰,器形规整,说明当时对各类器物的模

[①] 宋伯胤:《谈德化窑》,载《文物》1955 年第 4 期。

制技术已达到相当成熟的程度,也说明模印方法普遍被采用。

(四)青花瓷器类

青花瓷器一般胎质细坚,呈白色。器物均系轮制,匀称规整。当时对青花瓷器的制作,也具相当的水平。

四、德化窑瓷器的造型和类别

关于德化窑的瓷器造型和类别,过去和现在一些文献著录中提到的及所附的图片,在各地博物馆、有关单位所收藏的以及私人所珍藏的传世品中,还能见到一些。新中国成立后,特别是最近对德化古窑址的调查和重点的科学发掘,采集和出土了很多的实物,大大地丰富了我们对德化窑瓷器产品形状和种类的认识,使得我们对德化窑的内涵有一个比较全面的了解。当然,由于我们目前所搜集到的资料不够广泛,而发掘的窑址也不够多,这对于我们系统地、全面地了解和掌握历代有关德化窑所生产的瓷器形制和类别,还存在一定的局限性。现在,只能根据已有采集到和发掘出土的标本,结合文献记载和传世品目录,按青釉瓷器、青白釉(即影青)瓷器、白釉瓷器和青花瓷器四类,分别进行综合介绍。

(一)青釉瓷器的造型和类别

1.壶

第一类:或称军持、军持壶、净瓶。其造型颇为特别,它与明代仿自外国的两口带乳头状的军持不同。口呈喇叭状,长颈,鼓腹,长流,平底。胎质细坚,一般呈白色或灰白色。颈部无花纹或饰有弦纹,腹部装饰花纹,多种多样,如龙纹、莲瓣纹、蕉叶纹、直边纹、缠枝花纹、水波纹和云气纹等。这类器物在碗坪仑窑、屈斗宫窑和窑垄仔窑均有发现,特别是盖德碗坪仑窑出土数量最多。

第二类：可称为执壶,式样颇多。敞口或盘口,高颈,鼓腹或圆腹,圈足。胎质坚硬,呈灰色,表面有的呈现冰裂纹,器身和颈部有的饰有弦纹。这种壶个别地方也有采集到,但釉色略有差别。此类器物在传世品中尚没有见到,是碗坪仑窑新发现的产品。

第三类：小口,丰肩,鼓腹,圈足。胎质坚硬,呈灰白色。肩部饰弦纹两道,器身有冰裂纹。属大型壶类。此类器物过去未曾见过,也是碗坪仑窑新发现的产品。

第四类：小口或敛口,矮颈,鼓腹,圈足,底平微向内凹,前附流,后附耳,似有盖。胎质坚硬,呈灰色。腹部无纹或饰有莲瓣纹等,有冰裂纹。造型小巧玲珑,颇为美观,属小型壶类,亦不多见。碗坪仑窑出土。

第五类：造型与军持一样,一边增一把手,器腹饰卷枝纹,造型颇为别致。此类器物亦属少见。

第六类：小口,双耳,鼓腹,平底,短流,小耳,颈腹间饰弦纹。属大型壶类。碗坪仑窑出土。

第七类：口沿带流,一边附耳,平底。表面无任何纹饰。碗坪仑窑出土。

第八类：敛口,鼓腹,平底,肩部留有两个系的痕迹。胎质较松脆,呈土黄色,素面。碗坪仑窑出土。

2.瓶

第一类：大口,矮颈,鼓腹,高圈足。胎白细坚,制作精细。器身饰两层直道纹。

第二类：喇叭口,长颈,鼓腹,高圈足。胎质坚致,呈白色。底部露胎,腹部饰两组花草纹。

第三类：喇叭口,长颈,鼓腹,高圈足。胎质坚致,呈白色。底部露胎。腹中部饰两组缠枝草纹,上下饰仰覆莲瓣纹,各组纹饰间以弦纹相隔。

上述三种瓶系小型瓶类,家春岭窑出土,其他窑址也有发现。这类瓶为近年来德化窑新发现的重要产品,国内传世品中没有见到,而在国外则有发现。

第四类:荷叶口,细颈,鼓腹,圈足。质坚致,呈灰色。颈腹间饰有弦纹、兽头纹、叶形纹和龙纹,或成组篦状纹。器表有冰裂纹。碗坪仑窑出土。

第五类:小口,长颈,鼓腹,圈足。胎质细坚,呈白色。器表有冰裂纹,颈腹间饰有弦纹和篦状纹。碗坪仑窑出土。

第六类:小口,长颈,椭圆腹,平底。胎质松,呈灰色。颈腹间饰两道弦纹,并有冰裂纹。碗坪仑窑出土。

第七类:喇叭口,短颈,双耳,鼓腹,圈足。胎质坚致,呈灰色,器表有冰裂纹。碗坪仑窑出土。

第八类:小口,广肩,瘦腹,假圈足。胎壁较薄,肩腹间饰弦纹。碗坪仑窑出土。

3.罐

颈口,六系,鼓腹,假圈足。胎质坚硬,呈灰色。肩腹间饰三组弦纹。碗坪仑窑出土。

4.钵

第一类:大口深腹,圈足。外腹壁饰莲瓣纹、弦纹和菱形纹。碗坪仑窑出土。

第二类:敞口,深腹,圈足,胎呈灰色。腹部饰弦纹,并有冰裂纹。碗坪仑窑出土。

5.碗

第一类:敞口,圈足,胎色灰白。碗内壁有两道直道纹,内底心涩圈。下仓尾窑出土。

第二类:敞口,圈足。碗内残留有叠烧的涩圈。胎质坚致,呈灰色。有的碗内有"张"、"戊"、"藏"、"永"、"浔"、"舍"、"大"等字样。碗坪仑窑出土。

第三类:敞口,圈足,有芒口,也有光口。器表有冰裂纹,器内饰篦刷纹和卷云纹。碗坪仑窑出土。

第四类：敞口，圈足。胎质坚硬，呈灰白色。器的内外壁刻画成组直道纹。碗坪仑窑出土。

第五类：敛口，圈足，也有实足，形如钵。碗心留有涩圈，碗外无纹或饰有莲瓣纹和弦纹。

第六类：芒口，带盖，深腹，皆圈足。器表有的饰有斜线纹。碗坪仑窑出土。

第七类：大口，圈足，深腹。或花边，或光沿，也有芒口。胎作灰色。碗坪仑窑出土。

第八类：大口，实足微凹，胎壁较厚，呈灰色。碗外壁饰莲瓣纹。碗坪仑窑出土。

第九类：敞口，莲花边，实足微凹。碗内壁饰菊瓣纹。碗坪仑窑出土。

第十类：敞口，实足微凹。胎作灰色。碗坪仑窑出土。

第十一类：敞口，实足或圈足，实足有的微凹。碗坪仑窑出土。

6.盘

第一类：大口，圈足，花边或光沿。盘心留有叠烧支钉痕迹，有的盘内饰有划纹。碗坪仑窑出土。

第二类：芒口，圈足较浅。有的器表呈冰裂纹。碗坪仑窑出土。

第三类：敞口，宽沿，圈足。胎质作灰色。器内饰菊瓣纹。碗坪仑窑出土。

第四类：敞口，圈足，盘心留有涩圈。胎作灰色。碗坪仑窑出土。

7.碟

第一类：芒口，小平底。胎作灰色。碟内写有"林"、"正"字样。碗坪仑窑出土。

第二类：敞口，浅腹，圈足，内底心留有涩圈。外腹壁近底处有划纹。碗坪仑窑出土。

第三类：敞口，折腹，圈足。胎作白色。内腹壁饰弦纹。下仓尾窑出土。

第四类:折沿,圈足。胎质白色。有冰裂纹。下仓尾窑出土。

8.盏

敞口微敛,斜腹,假圈足。胎灰色,器外有一道轮刮刀痕。造型小巧玲珑。碗坪仑窑出土。

9.杯

直口,深腹,圈足,胎质粗,呈灰色。器外壁刻画竖细线纹。碗坪仑窑出土。

(二)青白釉瓷器的造型和类别

1.壶

第一类:即军持壶,喇叭口,长颈,鼓腹,平底,流长而高。胎细色白,腹部饰凸弦纹、仰覆莲瓣纹、蟠龙纹或云纹。碗坪仑窑出土。

第二类:敛口,矮颈,鼓腹,肩部有流,带把,底平而稍内凹。胎白,腹部饰卷草花纹、波浪纹、莲瓣纹或瓜棱纹。碗坪仑窑出土。

第三类:小口,折腹,带盖,平底微凹,前附流,后附把,饰莲瓣纹。碗坪仑窑出土。

第四类:叶纹,屈斗宫窑出土。口流、把均残,腹呈瓜棱形,平底,前附流,后附把。饰莲瓣纹。碗坪仑窑出土。

第五类:小口,带盖,扁腹,平底,短流。碗坪仑窑出土。

2.瓶

第一类:小口,长颈,鼓腹,高圈足。饰多层莲瓣纹或卷草纹。碗坪仑窑、屈斗宫窑和家春岭窑均有出土。

第二类:花瓣口,长颈,鼓腹,矮圈足,底稍内凹。颈部饰两组划纹,腹部饰云气纹。有的颈部堆附一对兽头饰。碗坪仑窑出土。

第三类:敞口,尖唇,长颈,鼓腹,小平底。胎白质坚,颈腹部各饰一组弦纹。碗坪仑窑出土。

第四类:仅有颈部,颈粗。颈部堆缠一条蟠龙。胎质细白,器表布满冰裂纹。碗坪仑窑出土。

第五类:小口,长颈,鼓腹,圈足。颈间饰有相轮。屈斗宫窑出土。

第六类:口残,广腹,矮圈足。胎色白,腹部饰有草叶纹。家春岭窑出土。

第七类:敞口外侈如喇叭状,长颈,鼓腹,圈足。胎色白,腹部饰有草叶纹。家春岭窑出土。

第八类:口微敛,短颈,鼓腹,大圈足,胎白。有的器表开冰裂纹,腹部饰直道纹。家春岭窑出土。

3.罐

第一类:小口,带盖,折腹,平底微凹,两边附有管状耳。腹部饰以卷草纹和莲瓣纹。屈斗宫窑出土。

第二类:大口,平底,腹壁近直,子母口缺盖。腹部饰卷草纹、莲瓣纹和飞凤。屈斗宫窑出土。

第三类:大口,直腹,底平微凹。腹部饰弦纹和菱形纹。屈斗宫窑出土。

第四类:圆唇,宽肩,平底,肩以下向底斜。无纹饰。屈斗宫窑出土。

第五类:敛口,鼓腹,肩部附一耳,底稍内凹。四壁作瓜棱状。岭兜窑出土。

第六类:敛口,鼓腹,附一对称耳。器表饰缠枝花纹。岭兜窑出土。

4.钵

敛口,假圈足。碗坪仑窑出土。

5.碗

第一类:大口,圈足,深腹或浅腹。碗内饰篦刷纹和花叶纹等。碗坪仑窑出土。

第二类:敞口,圈足,腹较深。碗内饰各种花纹。碗坪仑窑出土。

第三类:敞口,浅腹,圈足。无纹饰。碗坪仑窑出土。

第四类:敞口,撇腹,圈足或假圈足,如漏斗状。碗坪仑窑出土。

第五类:敞口,深腹,圈足。有冰裂纹。碗坪仑窑出土。

第六类:敞口,圈足,胎薄。饰有花纹,制作精细。碗坪仑窑出土。

第七类:敞口,圈足,厚重,似建盏制作。碗坪仑窑出土。

第八类:带盖,大口,深腹,圈足。器表饰斜纹或花卉纹。碗坪仑窑出土。

第九类:芒口,实足微凹,碗内心有个圆圈。深腹或撇腹,器表无纹或饰有莲瓣纹。屈斗宫窑出土。

第十类:敞口,光边,实足。口沿较薄,胎质厚重,称"墩子碗"。屈斗宫窑出土。

第十一类:芒口,平底微凹。器表饰凤纹或莲瓣纹。屈斗宫窑出土。

第十二类:敞口,折腹,实足微凹。腹部饰一道弦纹,故称为"弦纹碗"。屈斗宫窑出土。

第十三类:敞口,平底浅挖,口沿以下内收。屈斗宫窑出土。

第十四类:芒口,矮颈,实足。器表饰莲瓣纹。屈斗宫窑出土。

第十五类:敞口,斜弧腹,矮圈足。器表饰花草纹、莲瓣纹和凤鸟纹。家春岭窑出土。

第十六类:敞口,斜腹,小圈足。器内饰一周缠枝花纹。

第十七类:直口,深圆腹,圈足。胎白质坚,腹部饰缠枝花纹。内坂窑出土。

第十八类:敞口,芒口,实足。外腹壁有四道粗凹直道纹,内心有一道较粗的凹弦纹。太平宫窑出土。

第十九类:花口,敞口,斜腹,圈足。直道纹有粗有细,并伸向碗心,有的内腹有两道凹弦纹。碗坪仑窑出土。

第二十类:口稍敛,芒口,深腹,圈足。素面,或饰圈点纹、直道纹。太平宫窑出土。

6.盘

第一类:敞口,圈足,口沿或作外折。盘内饰各种花纹,如篦刷、花卉、花枝、花草、草叶等。碗坪仑窑出土。

第二类:芒果,浅腹,大平底。盖外素面或饰以莲瓣纹。屈斗宫窑出土。

第三类:光口,浅腹,平底。无纹饰。屈斗宫窑出土。

第四类:光口,浅腹,小实足。形似铜锣,故称为"铜锣盘"。屈斗宫窑出土。

第五类:花口,浅腹,矮圈足。盘外和内底心饰直道纹和花纹。屈斗宫窑出土。

第六类:大口微侈,浅腹,小圈足。内底心饰花瓣纹。家春岭窑出土。

第七类:敞口,细花口,折沿,圈足。盘内饰不规则的纹饰。后垄仔窑出土。

7.碟

第一类:敞口,浅腹,小平底。器表饰有弦纹。碗坪仑窑出土。

第二类:芒口,小平底,无纹饰。屈斗宫窑出土。

第三类:敞口,斜腹,圈足。内底心有一涩圈,近底处有划纹。

第四类:敞口,折腰,圈足。内腹壁有一道弦纹和一道粗涩圈。

8.盏

第一类:敞口,斜腹,平底稍内凹。胎细白,体厚重。碗坪仑窑出土。

第二类:敞口,斜腹,假圈足。胎白质坚。

第三类:敞口,芒口,矮圈足。胎质白而泛黄。器表呈细小冰裂纹。大垄口窑出土。

第四类:敛口,深腹,平底稍内凹。胎质青灰。碗坪仑窑出土。

第五类:敛口,深腹,实足。胎质白。碗坪仑窑出土。

第六类:敞口,斜腹,圈足。器内饰莲瓣纹。后垄仔窑出土。

9.杯

第一类:敛口,鼓腹,小平底。碗坪仑窑出土。

第二类：直口，实足。胎厚。屈斗宫窑出土。

第三类：敞口微敛，斜弧腹，圈足。胎白质坚硬。外腹壁饰莲瓣纹，口沿饰一道凸弦纹。内坂窑出土。

第四类：敞口，斜腹，矮圈足。胎质坚，素面。内坂窑出土。

第五类：敞口，直腹，矮圈足。器表呈瓜棱状。岭兜窑出土。

10.洗

第一类：芒口，浅腹，平底微凹。洗心饰莲花一朵。碗坪仑窑出土。

第二类：大口，平底，腹壁近直。器表饰卷草纹和莲瓣纹。屈斗宫窑出土。

第三类：口微敛，腹微鼓，圈足。表面有冰裂纹。碗坪仑窑出土。

第四类：芒口，斜腹，平底微凹。有冰裂纹，器表饰直道纹。屈斗宫窑出土。

第五类：大口，平底，腹微凹。器内外均无纹饰。

第六类：大口，平底，或平底微凹，腹壁向底微收。芒口或光口，饰蓝纹或弦纹。屈斗宫窑出土。

第七类：口微外侈，浅腹，平底稍内凹。器内底饰鱼纹。家春岭窑出土。

第八类：敞口，腹壁斜直，平底稍内凹。胎薄，色洁白。器内底饰荷花。家春岭窑出土。

第九类：敞口，斜腹，器浅，平底稍内凹。胎质细坚，呈白色。器内底饰双鱼纹，称为"双鱼洗"。内坂窑出土。

第十类：敞口，腹斜直，矮圈足。器表饰莲瓣纹。内坂窑出土。

11.盒

第一类：圆形，分盒盖和盒底两部分，子母口。盖顶和器身饰有牡丹花纹、缠枝花纹和直道纹。家春岭窑和屈斗宫窑出土。

第二类：八角形，分盒盖和盒底两部分，子母口。盒盖和器身饰菊花、莲花和牡丹花等。碗坪仑窑出土。

第三类：瓜棱形，分盒盖和盒底，子母口。盒盖饰各种花卉。碗坪仑窑出土。

第四类:缺盖,只留底部。内底有 5 个小碟,子母口。屈斗宫窑出土。

上述四类,特别是盒盖饰以各种纹样或间以文字符号等,如"福"、"寿"、"玉"、"金玉"、"般"、"金玉满堂"、"长寿新船"、"寿山福海"、"卐"等。

12.高足杯

一般是敞口、芒口或光口,大腹或深或浅,足呈喇叭形。杯身饰以莲瓣纹或其他花卉纹。此类杯出土数量多,是德化屈斗宫窑的重要产品。

13.盅

敛口,鼓腹,小平底。素面。屈斗宫窑出土。

14.小水注

第一类:小口,内敛,鼓腹,腹做上下对接,有接合痕迹。肩腹间附流,后附把,平底。岭兜窑出土。

第二类:小口,鼓腹,平底。肩腹间附流和提梁,器表饰直道纹。岭兜窑出土。

(三)白釉瓷器的造型和类别

1.壶

第一类:带荷花盖钮,龙把。壶身上近中部饰云雷纹一圈。传世品,出土地点不明。

第二类:带瓜蒂盖,腹部阴刻 4 行文字,能句读,底有"宣德"年款。传世品,出土地点不明。

第三类:扁执壶。传世品。

第四类:瓜棱执壶。传世品。

2.瓶

第一类:口及瓶身呈六角形,分上下两节,似葫芦状。器外饰草席纹图案。三班桐岭窑出土。

第二类:盘口,粗颈,双兽耳,鼓腹,平底。底部饰一双圆圈。传世品。

第三类:卷沿,短颈,直筒形,平底。素面。传世品。

第四类:直口,长颈,大腹,假圈足。器身刻花刻字。传世品。

第五类:瓜棱形,假圈足。素面。传世品。

第六类:长颈,胆腹,假圈足。器身堆贴梅花枝。传世品。

第七类:长颈,胆腹,假圈足。器身堆贴花枝和螭虎纹。传世品。

第八类:直口,长颈,胆腹,假圈足。素面。传世品。

第九类:卷沿,长颈,圆腹,平底。颈部饰螭虎纹,腹部饰圆圈纹。传世品。

第十类:卷沿,长颈,扁腹,方耳双环,平底。素面。传世品。

第十一类:卷沿,长颈,圆腹,平底,如意耳双环。素面。传世品。

第十二类:卷沿,丰肩,瘦腹,狮头双耳,平底。素面。传世品。

第十三类:鹿葱式,仿古铜制。传世品。

第十四类:手卷式,颈绕梅花一枝。传世品。

第十五类:天球大口,口际附两笔筒耳,腹部一蛟龙盘绕。传世品。

此外,属于瓶类在传世品中能看到的还有浮龙胆瓶、双梅小瓶、梅花纹贴花瓶、象耳瓶、狮耳瓶、天球瓶、双耳瓶等。

3.罐

第一类:敞口外折,短颈,丰肩,鼓腹,胎白。器表饰草叶花卉纹。桐岭窑出土。

第二类:敞口,鼓腹,平底。胎色白。桐岭窑出土。

第三类:带盖,鼓腹,假圈足。盖顶和器腹周身饰瓜棱纹。传世品。

第四类:带盖,鼓腹,平底。盖和器腹周身饰仰覆莲瓣纹。传世品。

第五类:小口,短颈,鼓腹,平底。器腹周身饰两层瓜棱纹。传世品。

4.钵

敛口,鼓腹,假圈足。器身刻文字,字迹不清。传世品。

5.碗

第一类:侈口,圆腹,矮圈足。素面。碗内底残留两个支钉痕迹。岭兜窑、石坊窑、新窑和后窑均有出土。

第二类:敞口,或口沿稍外卷,矮圈足。圈足留有 3 个或 4 个支钉痕迹。素面。岭兜窑、桐岭窑出土。

第三类:敞口,沿外侈,斜弧腹,圈足。器内底留有 4 个支钉。内坂窑出土。

第四类:直口,圆腹,圈足。器表饰三层莲瓣纹。内坂窑出土。

第五类:大口,口沿外敞,浅腹,矮圈足。胎厚重,碗内有割底。屈斗宫窑出土。

第六类:折口,鼓腹,圈足。底微凹。屈斗宫窑出土。

第七类:边唇稍外侈,腹微折,矮圈足。碗内底部饰叶脉纹。屈斗宫窑出土。

第八类:直口,深腹,圈足。素面。屈斗宫窑出土。

第九类:敞口,浅腹,矮圈足。胎厚,厚重。碗内留有 4 个支钉痕迹,器内外饰弦纹。屈斗宫窑出土。

第十类:口稍敛,浅腹,圈足。器外饰花草纹。传世品。

第十一类:敞口,浅腹,圈足。素面。传世品。

第十二类:卷沿,深腹,高圈足。器腹饰弦纹和缠枝花纹。传世品。

第十三类:暗花蝉纹小碗,口径 7.7 厘米,底径 3 厘米,高 10.5 厘米。传世品。

第十四类:敞口,浅腹,矮圈足。饰牡丹纹,底有"清制"款。传世品。

此外,还有刻字碗和白瓷小碗等,亦属传世品。

6.杯

第一类:敞口或芒口,口沿或稍外卷,深腹,圈足。足部留有支钉痕迹。多素面,也有饰以莲瓣纹或其他花朵。岭兜窑、内坂窑、祖龙宫窑、桐岭窑和后所窑均有出土。

第二类：敞口，浅腹或深腹，圈足。多素面，也有堆贴 3 朵梅花枝。竹林仔窑、岭兜窑、西门头窑、祖龙宫窑和桐岭窑均有出土。

第三类：敞口，浅腹，平底微凹。素面。后所窑出土。

第四类：敞口，深腹，圈足。形似小筒杯。宏祠窑和后所窑均有出土。

第五类：敞口，底足处稍外折，圈足。有的底印"兴"、"美"字款。石排格窑、竹林仔窑、杉林烘窑、宏祠窑、岭兜窑和杨坪窑均有出土。

第六类：敞口、花口或直口，单耳，底稍内凹。宏祠窑出土。

第七类：敞口，杯身呈八角形，底有 8 个圆柱足或 4 个屈尺足，中有凸圈心。素面，或饰花卉、梅花、鸵鸟等。祖龙宫窑出土。

第八类：敞口或芒口，杯身呈 6～8 个瓜瓣形。底圈足或呈齿轮状、朵花状。器外素面或堆贴花枝，或草书文字等。祖龙宫窑出土。

第九类：敞口，口呈八角形，圈足。足部有"介"、"禾"、"米"、"美"字款。杨坪窑、松柏林尖窑、后井窑和双溪口窑均有出土。

第十类：撇口，芒口，口呈椭圆形，浅腹或深腹，平底。素面或饰花鸟纹，底部有钱纹。祖龙宫窑出土。

第十一类：敞口，鼓腹，矮圈足，似鼓或似盂，器外印缠枝纹。祖龙宫窑出土。

第十二类：敞口，杯身呈八棱形。器表印八仙形象，底足呈 4 个对称的屈角。桐岭窑出土。

第十三类：敞口，口呈椭圆形。口大底小，底足成五角形，由 5 个小圆点配屈角组成，似朵花。器外印花卉。祖龙宫窑出土。

第十四类：敞口，口呈八角形，两边附对称双耳，为八棱双耳杯。圈足，呈椭圆形或八角形。器身印花卉、人物像。祖龙宫窑出土。

第十五类：敞口，口外张成荷叶形，形似犀角。器外印龙、凤、云朵、松、鹿、蟾蜍、狗等小动物。足部呈圆形、粗齿轮状或椭圆形。祖龙宫窑出土。

第十六类:敞口,口沿外侈呈椭圆形,环底,形如爵形杯。一种杯的外表堆上梅花枝,底周附上笔架形的梅花树干,作为杯的承托脚架,足架与底周间有缝隙。另一种杯身较矮,承托脚架亦较矮,而紧贴于杯的底部。一般器外堆贴2~4朵梅花。屈斗宫窑、祖龙宫窑出土。

第十七类:敞口,鼓腹,圈足,为透雕套杯。杯外套一透雕花纹杯,形如兰状。底部也是透雕。透雕杯内套一环底敞口杯,映日光照时可透见透雕杯的花纹。这是一种颇为别致的透雕套杯,其形式亦属罕见,应是明代德化窑烧制技术的一项新成就。屈斗宫窑出土。

第十八类:椭圆口,环底,三足,形似铜爵。器身印八宝花纹。传世品。

第十九类:印花仿铜大爵杯,传世品。

第二十类:荔枝小把杯,传世品。

第二十一类:刻字玉兰杯,传世品。

此外,还有刻字杯、套杯、暗花角杯、堆花杯、叶形杯、堆菱叶形把杯、人物杯、花碟杯、印花爵杯、八棱酒令杯、荷叶杯、叶杯、圆杯、梅花杯、小杯、龙虎杯、马蹄杯、八角弥勒小杯、小爵杯、桃形杯、荷花杯、梅花爵形杯、花鸟杯等等。

7.洗

第一类:口微敞,浅腹,腹部有一道凸棱。圈足,平底。屈斗宫窑出土。

第二类:器内一只螃蟹作爬行状,周围饰3朵梅花,底有足,为梅花螃蟹洗。传世品。

第三类:呈叶形,如海棠叶,底有足,称"秋叶形洗"。传世品。

第四类:呈叶形,似荷叶,称"荷叶洗"。传世品。

第五类:撇口,平底。素面。传世品。

8.盘

第一类:口沿外折,浅腹,矮圈足。素面。器内外底部各留有3个支钉痕迹。岭兜窑出土。

第二类：口稍敛,浅腹,圈足。器表饰折枝牡丹纹。传世品。

第三类：素身盘。传世品。

第四类：暗花盘。传世品。

第五类：刻花牡丹盘。传世品。

此外,还有白瓷盘,小盘等。

9.盒

第一类：缺盖。小口,腰部微敛,足低矮。器腹饰有缠枝花纹。此类盒是印泥盒的另一种形式。屈斗宫窑出土。

第二类：盒分盖和底两部分,盖顶印有牡丹花一朵,边缘装饰有直道纹,底部边缘也有此类装饰。这种瓷盒,即文献上所谓"印泥盒"。屈斗宫窑出土。

第三类：盒盖、盒底均残。盒盖印花卉,周身饰直道线纹。有子口,盒底有母口。底部有6个矮足,底周印各种花卉。岭兜窑出土。

第四类：盒盖印莲花纹和缠枝纹,盒底周身呈八角形,底平微凹。传世品。

第五类：盒盖印牡丹花纹,盖边印直道纹,盒底周身也印直线纹。传世品。

第六类：缺盖,盒底有母口,内敛,盒身呈椭圆形。腰部微敛,足低矮。盒面周身印缠枝花纹。岭兜窑出土。

第七类：子母口,内敛,盒身分六棱,腹壁直。平底矮足,底足呈六角形。6个棱面均印有花卉纹。岭兜窑出土。

10.匙

第一类：匙身做叶形,前端向上翘起,匙柄向下弯曲成钩形,末端附堆上一朵花。可分大中小3种。《陶雅》谓:"广窑羹匙,极别致,惜柄太短。明建亦然。"屈斗宫窑和石排格窑发现的羹匙,其式样确实别致,但柄却并不太短,而是向下弯曲。因而《陶雅》的记载值得商榷。

第二类：匙长11.6厘米。柄向下弯曲成钩状,末端附堆上一朵花。后窑、祖龙宫窑均有出土。

第三类：匙身如船形,匙柄饰一凤头,称为"凤头羹匙"。传世品。

11.高足杯

此类器物在不少窑址均有发现,素面或印各种花纹。传世品中也有见到弦纹高足杯。

12.盏

第一类：卷唇,圆腹,矮圈足。器形低矮。器内有冰裂纹,外表有皱纹。屈斗宫窑出土。

第二类：口沿稍外折,腹壁斜直,圈足高。器底与圈足之间分别印有莲瓣纹、桃花纹等。屈斗宫窑出土。

第三类：直口,有的稍内收,有的稍作外折,腹直,圈足,有高有矮。屈斗宫窑出土。

第四类：有直口或口沿稍作外折两种。器壁由下向上逐渐增厚,矮圈足,圈足与器底之间有一道凸棱。屈斗宫窑出土。

第五类：直口,矮圈足,器深。屈斗宫窑出土。

第六类：直口,圆腹,圈足小而矮。轻巧玲珑。屈斗宫窑出土。

第七类：敞口,浅腹,矮圈足。足底留有两个支钉痕迹,内底心有一道深旋纹。

13.灯座(台)

第一类：盆形,只是底座及座顶边缘稍残损。中间把柄为圆形,把柄由上至底座中空。灯座整体厚重,柄上的托盘已残缺。座的内外均留有旋纹。屈斗宫窑出土。

第二类：有较低的一种灯座。底座有圈足,并有3个盘式足。盆座分内外唇,内唇内敛,外唇则外侈。把柄圆而细小,中间亦空。把柄顶端稍残缺,体颇厚重。屈斗宫窑出土。

第三类：敛口,鼓腹,平底。器内底部正中有一空管竖起,上细下粗,供插烛之用。器体厚而稳重。蜈蚣山明墓出土。

第四类：上为重盘式,下为鼓形。下盘大于上盘,二盘中贯有一器管(上小下大),上管中空,可供插烛之用。底座内空,造型稳重大方。

蜈蚣山明墓出土。

此外,还有独角兽烛台、球象烛台、莲瓣烛台、白瓷灯、海椿海棠式灯等,均系传世品。

14. 碟

第一类:口沿稍内敛,浅腹,平底。碟内有旋纹,内外并有细小冰裂纹。屈斗宫窑出土。

第二类:敞口,浅腹,低圈足,底平而稍内凹。碟的边唇及底部有冰裂纹。屈斗宫窑出土。

第三类:口沿内敛,浅腹,矮圈足。表面有冰裂纹,并有类似蚯蚓走泥纹。屈斗宫窑出土。

第四类:碟形如叶,底部成一叶脉状。屈斗宫窑出土。

第五类:敞口,或口沿稍作外卷,矮圈足。圈足留有 3 个或 4 个支钉痕迹,碟内心有一道明显的凹弦纹。

15. 簋

白瓷饕餮纹簋。传世品。

16. 爵

白瓷爵。传世品。

17. 匜

印花仿铜匜。传世品。

18. 尊

天鹅尊。传世品。

19. 觚

第一类:刻花缠枝花纹觚。传世品。

第二类:小花觚。传世品。

第三类:白瓷花觚。明定陵出土。

第四类:印纹花觚。传世品。

20. 灯

第一类:白瓷灯。传世品。

第二类：禅灯。传世品。

21.炉、熏炉

第一类：仿铜鼎，双耳，三足。刻夔龙纹和连雷纹。屈斗宫窑出土。

第二类：竹筒形，三足，素面。或刻连雷纹。

第三类：辅首身，圈足。内有叠烧的一个小辅首炉。祖龙宫窑出土。

第四类：刻饕餮纹、连雷纹，圆底炉。祖龙宫窑出土。

第五类：直筒形，三足，足雕仿铜器饕餮纹样。祖龙宫窑出土。

第六类：刻弦纹、雷纹、夔龙纹炉，祖龙宫窑出土。

第七类：兽足，光底炉。传世品。

第八类：双兽耳，底"文荣"款。双兽耳，"大明成化年制"6字款。传世品。

第九类：双耳，三兽足，鼎形。传世品。

第十类：天官耳，象足，六角形。传世品。

第十一类：双耳，印夔龙纹，三圆柱足鼎。传世品。

第十二类：双兽耳，印夔龙纹，底"大明成化年制"6字款。传世品。

第十三类：双耳，兽足，贴花窈曲，簋形。传世品。

第十四类：双兽耳，饕餮纹。传世品。

第十五类：戟耳扁炉。传世品。

第十六类：刻竹石牡丹，三足圆炉。传世品。

第十七类：如意耳印花八角熏炉。传世品。

第十八类：印花雷纹双纹耳炉。传世品。

第十九类：双耳三足炉。传世品。

第二十类：象耳三足炉。传世品。

第二十一类：印花八角系熏炉。传世品。

第二十二类：狮耳炉。传世品。

第二十三类：双索耳三足炉。传世品。

第二十四类：竹节炉。传世品。

第二十五类：双耳鼎炉。传世品。

第二十六类：仿铜制，双龙耳，六角，六足炉。传世品。

第二十七类：龙式熏炉。传世品。

第二十八类：一粒珠龙熏，口微缺，肚为圣壳式。传世品。

此外，还有八卦炉、统子炉和绣字炉等。

22.印章

第一类：圆形狮子印章。祖龙宫窑、岭兜窑出土。

第二类：方形狮子印章。祖龙宫窑、岭兜窑出土。

第三类：方形印章，阳刻篆书"天王"两字。岭兜窑出土。

第四类：方形，章首有九蛟龙盘绕。传世品。

第五类：椭圆形，螭龙钮印章。传世品。

第六类：莹白豹钮方印。传世品。

23.狮子香插

有大小两种。屈斗宫窑出土。传世品也有看到。

24.笔筒

第一类：釉下彩山水笔筒。传世品。

第二类：通花笔筒。传世品。

25.案屏

达摩渡江案屏，左上印"德化寿山"4字款。传世品。

26.水注

第一类：童子捧葫芦形水注。传世品。

第二类：鹅形水注。传世品。

第三类：笔山水注。传世品。

第四类：蟹形花插水注。传世品。

第五类：童子骑象水注。传世品。

27.水丞

第一类：缺盖。中间狭小，器表饰缠枝花纹，足部低矮。应是文房用的水丞，即文献上所说的盂之属。屈斗宫窑出土。

第二类：圆形小水丞。传世品。

28.砚台

小砚。传世品。

29.瓷雕塑

第一类：佛像雕塑,有观音、如来、菩提、达摩、弥陀、十八手观音、伏虎祖师像、文殊佛等神仙佛像。观音种类很多,有立像观音、坐像观音、十八手观音、送子观音、把藤观音、多臂观音、渡海观音等等。有窑址出土和传世品。

第二类：人像雕塑如钟离权、关羽、寿星、寒山、拾得、普贤、朱熹、布袋和尚、三仙游宴、女像、瓷人、瓷孩童等。有窑址出土和传世品。

第三类：动物雕塑有麒麟、狮子、瓷人骑马、瓷人骑龙、瓷牛、瓷鼠狗等。

30.瓷箫

传世品,祖龙宫窑发现。残件。陆廷灿《南村随笔》曾说："德化瓷箫,色莹白,式亦精好。但百枝中无一二合调者,合则其声凄朗,远出竹上。不意云梦柯亭之外,有此异种。"北京故宫博物院和日本箱根神社有收藏。

31.鼓形器

残,形如鼓。鼓面印花,鼓身外表附着乳钉。

32.桃形器

环底,底部装饰有花纹。从口部正面看呈桃形,是一件颇别致的器物。屈斗宫窑出土。

33.瓜形器

形如瓜瓣,仅残存瓣,体极厚重。屈斗宫窑出土。

34.方口小雀壶。传世品。

35.瓷墓志

平面略呈正方形,微弯曲。长 11 厘米,宽 11.5 厘米,厚 0.8 厘米。蜈蚣山明墓出土。

36.棺垫

形如鼓状。平顶,鼓腹,环底内空。器表满釉,呈冰裂纹。器内壁无釉,器表周边饰 8 个鼓钉。器体厚重。三班蜈蚣山和盖德等许多地方的明墓均有出土。

(四)青花瓷器的造型和类别

1.碗

第一类:口微敞,腹稍鼓,圈足。釉色白,胎质坚细。其表面一般画有各种花纹图案。如弦纹、花卉纹、鱼纹、龙纹、缠枝花纹、鸟纹、楼阁纹和双喜纹等。有的在器内底部也绘有简单的纹饰。底足内常书"元珍"、"吉"、"月记"、"宝兴"、"元合胜"等款识。竹林仔窑、大路巷窑、丁溪尾山窑、虎龙坪窑、后所窑、奎斗窑、石排格窑、窑埯窑、洞上窑、宏祠窑、桐岭窑等均有出土。

第二类:敞口,口沿稍外卷,鼓腹,圈足,胎质白。这类器物外腹壁饰有缠枝寿灯纹、寿灯纹、龙纹、牵牛花纹、花卉纹和草花纹等,圈足底也常书有"山玉"、"大盛"、"宝泉"、"协裕"、"新美"、"石玉"等款识。陈七垄窑、下岭石坊窑、宝寮格窑、龙广窑、琼山下格坑窑、内坂窑等均有出土。

第三类:敞口,口沿外侈,深腹,圈足。这类器物表面饰有花卉纹、葡萄纹、龙纹、火焰纹等,内底心有的也饰简单草花。圈足内有"立胜"、"双玉"、"朴利"等款识。桐岭窑、奎斗新窑、石坊窑、内坂窑等均有出土。

第四类:口外侈,深腹,近底处向外折出,圈足。有的内口沿饰一道弦纹,圈足内也有两道弦纹,中有款识。有的内口沿有一圈缠枝花卉,绘工细致,底心也饰一朵花卉。圈足内有方形图章款识。虎垄坪窑、石排格窑均有发现。

第五类:口外侈,腹中部向内弧折,圈足。碗外画有简单花纹,碗内则画有成组图案花纹。后寮坂窑、朱地林地窑、后格垄窑均有出土。

2.盘

第一类:敞口,外壁斜直,圈足。釉色白,胎质白。器内饰有团花、缠枝蝴蝶、缠枝三双喜、寿字吉祥纹、牵牛花纹等,有的外腹壁有两道弦纹。有方印底款。有的外腹壁饰一周牵牛花纹,圈足上端有一道弦纹。圈足有"三元"、"月记"款识。洞上窑和仙亭窑均有出土。

第二类:敞口,斜腹,矮圈足。器外画着极简单的图案。祖龙宫窑出土。

第三类:明福建三彩花卉盘,直径 30.6 厘米。传世品。

第四类:明福建陈文显三彩飞凤盘,直径 36.8 厘米。传世品。

第五类:明福建青花立凤盘,直径 36.2 厘米。传世品。

第六类:明福建哥釉盘,直径 35.5 厘米。传世品。

第七类:明福建三彩山水方章盘,直径 38.8 厘米。传世品。

第八类:明福建朱墨回经幻方盘。传世品。

第九类:清青花山水人物盘。传世品。

第十类:明五彩花卉方盘。传世品。

第十一类:明五彩松鹤小方盘。传世品。

3.杯

第一类:直口,圈足,足小。外腹壁饰三朵花纹或口沿有两道弦纹,下腹有一道弦纹。底心有草花纹饰。丁溪尾山窑、岭兜窑、宏祠窑、后所窑均有出土。

第二类:直口,平底,底向内凹。表面饰山水、鱼、寿纹等。石排格窑和后所窑均有出土。

第三类:敞口,深腹,圈足。器表饰简单花卉、草叶纹。后所窑和石排格窑出土。

第四类:敞口,腹壁斜直,圈足,形如漏斗。表面饰简单花卉。竹林仔窑出土。

第五类:敞口,深腹,圈足。圈足上端连接处有一明显的折纹,器表饰卷册、鱼纹和简单花纹。

4.碟

第一类:器浅,圈足,器内画青花卷草及几何形纹样。屈斗宫窑出土。

第二类:口稍内敛,浅腹,矮圈足。器内画青花鱼纹等。屈斗宫窑出土。

第三类:器浅,矮圈足,器内底画青花鸟纹。屈斗宫窑出土。

第四类:明福建花卉赤鱼青花碟。传世品。

第五类:清德化釉下青花碟。传世品。

5.盏

第一类:直口,深腹,圈足。器表画青花纹饰,如鸟纹、花草纹等。屈斗宫窑出土。

第二类:敞口,深腹,圈足。器内底部画一朵青花,器表画青花草纹。屈斗宫窑出土。

第三类:器形低矮,口沿稍内敛,圆腹,圈足。器表画青花纹饰。屈斗宫窑出土。

第四类:敞口,斜腹,圈足。器表画青花鱼纹、花草纹、几何形直线纹等。屈斗宫窑出土。

第五类:口沿稍内敛,圆腹,圈足。器形低矮,为小型盏。器表画简单的青花线条。屈斗宫窑出土。

第六类:敞口,矮圈足。口沿外表饰圆形青花圈点一圈,外腹底饰莲瓣4朵。岭兜窑出土。

6.匙

匙面画有青花纹饰,匙背饰三朵草花。器身厚重。宏祠窑出土。

7.盒

明印泥银饰青花盒。传世品。

8.盆

盆内底画一游动青花鲤鱼,边饰水草。传世品。

9.灯座

第一类:残底座,中间的把柄部分和上部盖把的形状不了解。底座中空,体厚重,像一种铜铃。外表画青花。石排格窑出土。

第二类:残缺。座为盆式,柄居于盆座的中央,作葫芦形。下粗上细,柄中空,上下相通,柄的中央突出。推测柄的顶端应该是一个小盘式的形状,以放灯盏。整器厚重。座及柄均画有几朵青花,座外底部釉"及节家"篆体款识3字。屈斗宫窑出土。

10.器盖

器表画青花竹叶和树丛,盖顶堆青花鼠虎各一,作为把柄。屈斗宫窑出土。

11.香炉

明德化窑五彩花鸟香炉。传世品。

12.瓶

第一类:德化窑五彩贴花螭龙瓶。传世品。

第二类:德化青花天球瓶。传世品。

第三类:德化青花双耳瓶。传世品。

第四类:德化青花人物瓶。传世品。

第五类:德化青花小胆瓶。传世品。

五、德化窑瓷器的釉色

德化窑瓷器的釉色,概括地说,有青釉、青白釉(即影青釉)、白釉和白地青花釉4种。

(一)青釉

釉汁较薄,釉色深浅不一,泛灰或泛黄。施釉颇均匀,亦属淡雅。釉面呈冰裂纹。

（二）青白釉

此类器物釉汁薄，有光泽感，有的微带水青色。具有这类釉色的器物，在不少窑址中均有发现，如屈斗宫窑、碗坪仑窑、碗洋窑、大坂窑乙址和家春岭窑等。

（三）白釉

白釉瓷器是德化窑独具的特色。但它的白与景德镇窑的产品不同，景德镇窑的白釉为青白，而德化窑则为"乳白"或"象牙白"，俗称"猪油白"或"葱根白"，也有称其为"鹅绒白"，法国人则称之为"中国白"（Blanc de Chine）。德化白釉器，施釉均匀，釉质细腻，光泽如绢，凝脂似玉，浑然一体，莹润可爱。有的白釉器，在灯光或日光下映照，闪出肉红色。

（四）青花釉

白地青花瓷器，釉地虽然也是白的，但它的白色中带有大量的青灰色，显得暗淡些。青花有两种：一种淡描，青色较浅；一种染色，微浓，显出黑色。这可能是由于处理图案的方法不同而形成的。处理器物上纤细的花纹，往往是一笔画成，青色就显得淡些。对于构造比较复杂的图案，从残片上可以看出操作的过程：先用单线条勾出轮廓，然后再染色，结果构成部分显得是黑青色，染色部分是淡的。另外还有不用先加笔勾，而是在器物上以"写意"的笔调直接画上的。这种画的主题大都是枝叶茂盛的花卉。着笔重的地方，釉子多，颜色黑，轻处就淡些。这是德化窑青花器的一个特点。

白釉的成分没有做过化学分析，根据德化瓷厂的釉药配方，主要的原料有 3 种，即正长石、石灰石和稻壳灰。用 10 斤石灰石和 450 斤稻壳，搅拌均匀，烧成灰。然后用这种灰去和长石配和：一成灰，三成长石，配成第 1 种釉药，适用于低温；一成灰，五成长石，配成第 2 种釉药，适用于高温。德化现在的产品,白釉中稍带青色,没有古瓷那光莹滋润的感觉,但其配方可以给研究古瓷釉药提供一个比较接近的条件。[①]

六、德化窑瓷器的装饰技法和装饰艺术

德化窑瓷器的装饰技法和装饰艺术,由于当时匠师的创造性劳动和技术水平的高超,可以说是达到技术娴熟、匠心独运的高超境界。历史上,瓷器的装饰方法经常采用印制、堆贴、刻画、透雕和彩绘 5 种。现在按早期青瓷、青白瓷和明清的白瓷、青花瓷器四部分来谈。

从已有发现的标本看,德化窑早期瓷器即青釉器的装饰方法,主要的可说是印制一种,也可说是普遍采用的。当然,这时期瓷器花纹的装饰上也采用刻画方法,但在应用上没有印制方法那样广。发现为数较多的军持、盒等类器物的装饰花纹,都是模印的。印制花纹的种类有龙纹、莲瓣纹、缠枝花纹等,尽管种类不多,变化不大,但从图案的组成上看,都显得纹样清晰,线条流畅,朴素大方,实用美观。由于这些器物在造型上所具有的优美特点,再加上花纹的选择、安排、组合和处理上恰当,印制技术上的匀称自如协调,使人看到具有一种清新明快的感觉。

至于粉盒盖上印制的花纹,无论从图案的组成和纹饰的采用上,尽管不是太繁复,却是富于变化。盒盖花纹一般是选用简单的花卉图案,如牡丹、莲花、菊花、荷花等。盖心饰以一朵花,周边以简单的花纹做陪衬,这就构成图面上的庄重、协调、大方的特点。这在装饰技法和装饰艺术上不能不说是技巧运用自如,风格独树一帜。

大型碗、盘的制作和装饰,则是采用刻画的方法。刻画方法则是我国陶瓷工艺上广泛采用的,它的做法是用竹笔、篦梳在瓷器的坯体上刻画花纹。根据这里出土的早期的盘、碗标本来看,刻画出的花纹特点是

---

① 宋伯胤:《谈德化窑》,载《文物》1955 年第 4 期。

线条流畅,朴实大方。

堆贴技术在少数瓷器上也被应用,但并不普遍。例如瓶类的颈腹间,就堆贴有龙纹或其他兽头纹饰。这种堆贴也达到一定的水平。

青白瓷的装饰方法,也是采用印制的。这时除了花纹的印制外,甚至连器物表面的文字也是采用印制的方法,都是印着阳文正体字或繁体字。一般的日常生活用器,如碗类器、盒类器和洗类器,都是采用这种装饰方法的。

到了明代,德化窑白釉瓷器在装饰上,除了印制外,堆贴技法是较普遍使用的。至于透雕技术,更有其突出的成就。

明代瓷器上的花纹印制,都是采用印模来压印的。在屈斗宫窑的调查中,曾经采集到一件印模。印模的整体为粗泥制成,内外再涂上一层细腻的泥土,并经烧过。模内周身有 6 个棱面,每一棱面都凸雕花枝纹饰。由此可见,这种模是印制大型缠枝花纹杯的印模。从这个杯模的发现,说明这里烧造的杯形器是印制的。尽管在现场中没有发现用这种模印制的瓷杯,但从印模制作精细看,用这个模印出的瓷杯,花纹一定是清晰美观的。其他如白釉八仙杯、瓷印盒等器物花纹的印制,也都达到相当自然逼真的程度,具有很高的水平。

值得注意和重视的是,这里印花装饰所用的图案,有仿铜器上的传统花纹,如夔龙纹、饕餮纹、云雷纹等,是继承传统的技法和艺术。在博物馆的传世品中都能看到的,诸如双耳印花夔龙雷纹鼎、双兽耳印花龙雷纹炉、双兽耳饕餮纹簋形炉和白瓷花觚等。当然,在其他一些印花纹样上,也有表现传统的技法,这里就不一一列举了。

堆贴技法的应用,在许多器物上都能看到。堆贴花纹的图案种类尽管不多,但能体现其装饰技法的独特之处。在一件环底形,形如爵形杯的器物上,堆上梅花枝,底周再附上一笔架形的梅花树干。有的是堆贴梅花玉兰,有的是堆贴梅花动物。这些装饰图案虽简单,能达到装饰与造型之间的匀称协调,因而增加了造型的美。

再如在胆瓶上堆贴梅花枝,或者堆贴螭虎,或者在案屏上堆贴达摩渡江像等。这种堆贴技法的运用,也是具有特色的。装饰花纹和器物的结合,都恰到好处。

刻画技法的使用,也有其独到的地方。在瓷器的坯体上刻画花纹是常见的,但在用刻画手法书写文字题记,作为器物上的装饰,这倒是德化窑较特别的。如刻字刻花瓶和茄形刻字刻花壶等。

德化窑白釉瓷器的装饰,还有一种应该特别提到的透雕技法。这种方法的采用,可能在时代上是较晚的,但应算是后起之秀。套杯透雕、透雕瓷熏炉、透雕笔筒和透雕的瓷狮子等,都是非常别致的不可多得的艺术精品。如德化屈斗宫窑发现的透雕套杯,外套为一透雕的花纹杯,形如兰状。底部也是透雕的。透雕杯里套一环底敞口杯,在日光的映照下可透见透雕套杯的花纹。这是一件颇为别致的透雕套杯,其形式实属罕见,应是德化瓷器烧制技术和装饰技法的一项新成就。

宋伯胤先生在分析德化窑瓷器的装饰时提到:"德化白瓷部分的装饰技术和图案是很丰富的。"确实如此。

青花瓷器的装饰艺术方面,这里也简单地谈一谈。德化青花瓷窑址发现很多,分布很广。从采集到的产品看,产品数量多,在德化古代瓷器生产中所占比例很大。青花瓷器的装饰,图案取材十分丰富,有山水人物、飞禽走兽、花卉果蔬、亭台楼阁、吉祥文字等,有的还题上古代的诗词。其结构整齐朴素,自然流利,色调适中,无华丽繁褥之感,表现了民间瓷器绘画的艺术技巧。

青花器物的装饰大部分是采用绘画的,还有一些是用印制的,如青花大盘的装饰,盘内画有缠枝蝴蝶组成的图案,或寿字吉祥纹组成的图案,或牵牛花组成的图案,或缠枝双喜字组成的图案等。碗的装饰是器表画有云龙纹、缠枝蝴蝶衔钱、缠枝双喜字、缠枝寿文、楼阁城墙、牡丹凤凰、双狮戏球、麒麟以及山水人物等构成的图案。所以德化窑青花瓷器的装饰内容丰富,变化较多。

至于装饰在器物中央的图案花纹,有的是团花,有的是山石或牡丹,有的是花卉或鱼纹。装饰在器物圈足外壁的图案都是画着两道或一道平行的直线。

总之,德化窑青花瓷器的装饰花纹图案是丰富多彩的,也是富于变化的。

七、德化窑的生产工具和烧造方法

关于德化窑的生产工具,我们这里要谈的是与烧窑有关系的工具,即窑内生产工具或窑具。至于窑外作坊的生产工具就不谈。

现按早期青釉器、青白釉器、白釉器和青花器几种产品所使用的窑具和烧造方法分别加以介绍。

新中国成立后,经过多次对德化窑进行调查和发掘,对于德化窑的生产工具有了较深入的了解和掌握,但也还很不全面,只能就已有看到的或采集到的做一个初步的记述。

匣钵是烧窑的一种重要工具,它是用粗泥制成,一般质量好,火度高的可用多次,差的只用一二次,最多三次。德化窑器物种类较多,故所使用匣钵种类也多。除使用匣钵外,早期也使用支圈、垫柱和盘状窑具等。

(一)早期青白釉器和青釉器

德化早期烧造的青白釉器和青釉器所采用的烧窑工具,有支圈、匣钵、垫托、托盘、垫柱、垫圈、垫饼和圆筒形垫具等几种。这一时期以碗坪仑窑址发掘时出土的窑具为代表。

碗坪仑窑烧造青白釉器窑具,共出117件。

1.垫托:5件。直径8厘米,高7.8厘米。粗沙陶,做两托盘间的支撑物。

2.托盘:4件。口径28.5厘米,高8厘米。微残,粗沙陶。盘周有5~8个粉盒排列痕迹,与垫托组合为粉盒托烧窑具。

3.垫柱:2件。直径 8.1～9 厘米,高 13 厘米。

4.匣钵:2件。口径 14 厘米,底径 5 厘米,高 7.7 厘米。

5.支圈:73 件。可分为两式。

Ⅰ式:11 件。白瓷胎,直径 9.5～16.8 厘米,高 2～2.7 厘米。为深腹钵对口烧之间隔器。

Ⅱ式:9 件。均残。直径 19.2～19.5 厘米,高 2.7～4.2 厘米。

6.垫圈:53 件。有大中小三种,直径分别为 9.8 厘米、7 厘米、3.8 厘米。白瓷胎,做大口盘或碗的支烧器。

7.垫饼:11 件。直径 8.2～12.5 厘米,厚 1.6 厘米。白瓷胎或黄砂胎。

此外,还出土一些窑外生产工具。

碗坪仑窑烧造青釉器窑具,共出土 27 件。

1.垫圈:共 10 件,可分为三式。

Ⅰ式:2件。直径 20.7 厘米。此器置于Ⅰ式匣钵之上,为芒口碗覆烧窑具。

Ⅱ式:1件。直径约 8.4 厘米,厚 1.2 厘米。

Ⅲ式:7件,残。叠于Ⅰ式支圈之上,与Ⅰ式匣钵组合为芒口碗覆烧窑具。

2.垫饼:4件。直径 10.5 厘米,厚 1.8 厘米。白瓷胎。

3.垫柱:3件。直径 9.8 厘米,高 9.2 厘米。做荷口瓶支烧窑具。

4.匣钵:共 7件。可分为三式。

Ⅰ式:5件。口径 21.3 厘米,底径 11.7 厘米,高 8.4 厘米。为垫底钵。

Ⅱ式:1件,残。直径 15.3 厘米,残高 14.4 厘米。为垫底钵。器表有青褐色或青黄色“釉泪”,并有轮旋纹,底有刀削痕迹。

Ⅲ式:1件,残。灰瓷胎。

5.筒形垫具:2件。直径 14.8 厘米,高 20.4 厘米。外壁釉泡隆起,并有一层厚约 0.1～0.2 厘米的青绿色“釉泪”,顶侧有数片青釉和酱釉

瓷片黏结。白瓷胎。（见福建省博物馆：《德化碗坪仑窑址发掘简报》）

至于烧造方法：如罐类器是采用垫饼的正烧法。碗类器有两种烧法，一种是碗内有割底，采用叠烧正烧方法。另一种较大型的碗类，则是采用加垫圈的支烧法。采用这种烧法的碗，一般在器内底部均留有垫圈支烧痕迹。碟类器和盘类器也是采用这种烧法。

瓶类的烧法，是将瓷坯直接放置在托座上烧的。在窑址现场出土很多瓶底部与托座顶部黏着的遗物。盒类器的烧法，是将盘状钵置于托座上，然后把盒坯安放在盘状钵的周围，一般是放置 6～8 个盒坯。又在盘状钵上加一垫托，其上再放置一盘状钵，再在钵的上面放置匣坯。如此依次叠装，这便是盒类器的装烧法。此种烧法，实属初次发现，颇为特别。

除上述烧法外，还有采用套烧的方法，即在大型的钵类器或碗类器内套烧小型的器物。一般有套烧一二件，或二三件，也有一些器物是采用对口烧的，中间套一支圈，与屈斗宫洗类器烧法不同。由此可见，德化早期各类器物烧造所采用的窑具种类颇多，烧造方法也是多种多样的。

这里要特别提出的是，不同釉色的青瓷与黑瓷同窑一次套烧成功，也可见当时烧造技术之一斑。这与闽北一些窑址发现的青瓷与黑瓷同窑套烧是一样的。

（二）青白釉器

青白釉器的烧窑工具，以屈斗宫窑址发掘出土的窑具为代表，现分别叙述于下。

这里出土样式较多的窑具，其中有盛烧各类瓷器的匣钵、支圈（或叫圆形钵）和各种承托瓷坯的托座、三足垫饼和垫圈等，还发现一些匣钵垫。

匣钵垫，或称垫脚钵和底钵，是放置在窑室的底部，作为承托和支撑各类匣钵的垫底钵。其行状是平沿，斜腹，平底而稍内凹。大型直径

22～24 厘米,中型 17～18 厘米,小型 12～13 厘米。粗泥轮制,钵体粗大厚重。

1.匣钵。发现数量很多,可分为三种类型。

第一类:平底钵。一般口径 17.2 厘米,高 3.6 厘米。形状为平沿,直壁,平底,内底心挖一圆圈。这类匣钵,钵体宽矮,用粗泥制成。它是装烧浅形器,如洗、盘、碟、盒等器物。

第二类:凸底钵。这种钵也可分为三种类型。大型一般口径 17～17.5 厘米,高 7～8 厘米;中型一般口径 15.8 厘米,高 6.8 厘米;小型一般口径 13 厘米,高 7 厘米。平沿,直壁,凸底,如"铜钟"形。有的底部略呈方形,有的略呈圆形,有的内底心凸起一炉钉。此类匣钵用作烧高足杯。在装烧时还附加一套圈,以免底部与匣钵垫碰撞。

第三类:环底钵。这类匣钵也可分为下列三类。

大型环底钵,一般口径 22～26 厘米,高 8.5～11.5 厘米。平沿,直壁,大环底,内底心凸起一圆圈。钵体宽大,粗泥轮制。环底刻有"大宛床"三字,意即大型匣钵。此类匣钵用作烧墩子式碗或大型碗类。

中型环底钵:一般口径 16.5～22 厘米,高 4.6～8.4 厘米。平沿,直壁,环底,小环底或环底稍平。钵体宽矮。有的内底凸起一圆圈或挖一圆孔,或凸起一炉钉。为粗泥制,是装烧折腰弦纹碗、直道纹洗、盘、碗、盒、杯(指小盅杯)用的匣钵。

小型环底钵:一般口径 11.4～11.7 厘米,高 5～5.7 厘米。平沿,直壁,小环底。钵体矮小,属小型环底钵。粗泥轮制,应是烧小型器物用的匣钵。

2.匣钵盖。一般口径 18～24 厘米,高 3.4～5 厘米。直口或敛口,平顶或圆顶,有的盖顶凸起一圆圈。有的匣钵盖顶部还刻写有"丁未年"字样。

3.支圈。或称圈形钵,大型的直径 21 厘米,高 6 厘米;中型的直径 15 厘米,高 28 厘米;小型的直径 11.7 厘米,高 2.4 厘米。直壁,顶端斜平,内呈弧形,有的呈锯齿状。粗泥轮制,为覆烧芒口碗的支烧窑具。

此类支圈窑具出土数量很多,满山遍野皆是,几乎堆积成山。

4.托座。现场发现的大部分标本都完整,可分为大中小三种类型。大型座径8～9.3厘米,高14～17厘米;中型座径6.5～8厘米,高8.7～10厘米;小型座径6.7～7.7厘米,高6.8～8.1厘米。圆形,平顶,中部束腰,底内凹,中空直通座顶。粗泥制成,厚重。为托烧莲瓣纹碗或洗形器的对口烧窑具。

5.垫饼。大部分都很完整。为承托器物的垫具,有下列几种形式。

第一类:直径10～21厘米,厚7～21厘米。圆形,中部凸起,饼面平坦,边沿略斜或稍凸起。粗泥制成。属大型垫饼,应是放置支圈用的垫底饼。

第二类:一般直径6.5～13.7厘米,底径8.5～11.8厘米,厚1.8～4.9厘米。圆形,平顶,饼身厚重。粗泥制成。

第三类:大的直径8.9厘米,中的7.1厘米,小的5.3厘米。圆形或扁圆形,用粗泥或瓷土制成。

第四类:一般直径9～11.5厘米,厚3.3～5厘米。圆形直壁,顶部内凹或稍内凹。粗泥制成。

6.三足垫饼:发现数量很多,又都较完整。大的直径5.4厘米,高1.4厘米;中的直径4.3厘米,高1.2厘米;小的直径2.8厘米,高0.6厘米。圆形,平顶,底部附有三足,瓷土制成,是承托器物的垫具。这类垫饼底下凸刻有"玉"、"Ø"等字样或符号。

7.垫圈:发现数量很多,地面上俯拾皆是。一般圆径4.4～5.5厘米,厚7～12厘米。圆形、扁圆形或椭圆形。用细泥土或瓷土捏成,有手捏和黏合痕迹。

从上述发现的窑具来看,并结合窑具与器物粘连情况观察分析,使我们初步了解当时的装烧方法。有的器物,如墩子式碗是采用正烧的。其烧造方法是,先将大型环底匣钵放置于匣钵垫上,然后在匣钵内装入瓷坯。其上又放置一匣钵,匣钵内又再装入一瓷坯,这样一个一个依次装叠,一直叠至窑顶。瓷坯与匣钵中间再加一垫饼或垫圈,使瓷坯与匣钵保持一定的距离,避免烧窑时器物粘连,而产生废品。盘、碟、盒的烧法也一样,同是采用正烧的方法,只是所使用的匣钵种类不同而已。

至于盘、碟和一些浅形器,是采用钵体宽矮的平底钵或小环底钵。折腰弦纹碗也是采用正烧方法,使用环底钵。高足杯则用凸底钵,钵的下部附加一套圈。这类钵的内底心有凸起的炉钉,以保持足部放置平稳,增加器物的稳定性,保持平衡,避免震动时向左右倾倒。

直道纹洗的烧造是采用匣钵覆叠法,钵口朝下,其下扣一套圈,其上复置一匣钵,然后把瓷坯倒覆装入。如此依次叠装,一个匣钵倒放 1 件瓷坯。装烧这类器物的也是环底钵,至于莲瓣纹碗,烧窑时不采用匣钵,而是将碗正放于托座上,其上再覆扣一瓷碗坯。这样依次仰覆装置,是为对口烧。其他一些浅形器,也是采用这种烧法。

支圈是一种复烧窑具,窑址堆积层大量散布和堆积着这种窑具,在窑基内也有发现。采用这种支圈窑具烧造的瓷器,口沿无釉(即涩边),是为芒口碗。其烧法是将未经焙烧过的支圈,放置于耐火泥饼(垫饼)上,然后再把瓷坯覆置于支圈上,如此依次叠烧,这便是芒口碗的覆烧方法。从发现的芒口碗与支圈粘连的情况看,支圈与器物的大小是一致的。支圈与芒口碗的大量出土,说明这里广泛采用覆烧方法。

如上所述,这里的青白釉器(或包括部分白釉器)在烧窑时所采用的匣钵,其形制和种类是多种多样的,也可以说使用的窑具颇为丰富齐全。根据不同器物的形制特点,使用不同的窑具,采用不同的烧造方法,以保证器物的烧造质量。这说明当时烧窑技术已达到相当高的水平。再由于此时鸡笼窑类型窑炉的出现,这对于瓷器的烧造质量也就更有保证了。

当时对各类器物装烧窑位的排列也颇值得注意和研究。从窑基残存的匣钵和托座的排列看,就是一个很好的说明。匣钵(一般装烧较大型的器物)都是排列或放置在窑室的前中部,因为窑室前段火力强,温度高,比较能够保证产品的质量。至于托座,则放置在窑室的后部,因所装烧的一般属小件器物,不需太高的温度和太强的火力。这样注意和合理使用窑位,也是烧窑技术上的一大进步。当然,这里也应指出的,排在窑室后部的器物,可能是由于烧窑的气温不够,也就出现不少未烧熟(即生烧)的器物。

关于德化窑使用支圈覆烧窑具年代问题,是值得特别注意和重视的。如盖德碗坪仑窑、碗洋坑窑、家春岭窑、后窑、福山西墓丘窑、碗窑、湖枫林窑等一些早期窑址,都是使用这种窑具的。此类支圈窑具的采用,江西景德镇是在北宋的中后期。至于德化窑什么时候使用这种支圈窑具?结合这些窑址出土器物造型特点、釉色和装饰作风看,当是晚于景德镇,在南宋当已出现和广泛使用,或许还有较早的可能。

(三)白釉器

元明以后,德化白釉器的生产,从遗址现场遗物和采集到的标本看,其烧窑工具仍是采用各类匣钵烧造器物的。而垫烧工具有垫圈和支钉两种,但大多数是用支钉的。在发现的多数器物底部或圈足都留有3~5个支钉或支钉痕迹。这说明当时器物的烧法,是普遍采用支烧,即正烧方法的,如碗、杯、碟、灯等器物都是采用这种烧造方法的。

至于白釉器是否还采用其他别的烧造方法呢?这是可能的,但到目前为止还没有发现。

(四)青花器

青花瓷器的烧造方法,从调查采集到的标本看,一般是采用正烧法和对口烧法两种。碗、盘、炉等器物,是叠装在匣钵里烧,一般是一钵装一器,在瓷坯与匣钵中间再加一垫饼。至于小型杯类器或盏类器,则是采用对口烧,在窑址现场发现不少此类标本。采用这类烧法的器物,其口部是涩口的。

八、德化窑窑炉的类型和变革

关于德化窑窑炉结构和类型问题,过去文献上都没有专门记载,故无法得知德化窑早期窑炉创建年代。至于窑炉的结构和类型及其演变的历史,也就不得而知了。

新中国成立后,有关单位经过多次的调查考察,特别是 1976 年对盖德碗坪仑窑和浔中屈斗宫窑进行科学的发掘,清理出两座窑炉基址,再结合现有的窑炉考察,才使得我们对德化窑炉的结构、类型及其发展过程情况有一些初步的接触和了解。因此,这里准备就德化窑窑炉结构、类型及其演变过程的简单历史,做一个初步的综合介绍和记述。

德化窑早期的窑炉结构和类型,根据我国南方和德化地方现存的窑炉类型——龙窑来看,无疑德化早期的窑炉类型是采用龙窑。龙窑在我国有着悠久的历史,根据现有出土的资料看,龙窑早在战国时就已出现。所以在很早时候,我国南方的很多产瓷地区就已广泛采用。德化地方当然也不例外。至于德化地方何时开始创建并使用龙窑,现在还难于准确下结论,但根据现有的资料看,至少在宋代(或者较早)就开始采用龙窑烧造瓷器。

德化地方早期使用的窑炉,民间叫它为"蛇窑"(或称"蛇目窑")。这种窑为长条形,从外形看,似蜿蜒于山坡的长蛇,故称"蛇窑"。这里民间叫一座窑为一"条"窑。新中国成立后,把蛇窑统称为"龙窑",所以大家也就叫它为"龙窑"。由此可见,德化使用的龙窑也有悠久的历史,这种龙窑现在仍然在使用。

德化早期使用的龙窑,一条龙窑所包含的"目"数,一般全窑分 30 目,30 个烧火口,长 29 米,窑内宽 1.6~1.7 米,高 1.3~1.7 米。窑头目较小,第一目宽只有 1.2 米,高只有 0.58 米。每个阶梯长 80 厘米左右,高 31 厘米。平均斜度 25 度。全窑分窑头、窑身和窑尾三个部分。窑身一般用土砖。窑顶部为半圆形,即拱券顶。窑的两边开有窑门,门宽约0.80米,高约1.50米,作为装窑和出窑之用。窑顶两旁设有火眼(即投柴火孔)。烧窑时,由窑头开始燃烧,然后依次逐"目"前进。窑尾一般设有烟囱。

1976年,在盖德碗坪仑窑发掘出两座窑基,编号为y1和y2。

y1依山坡而建,窑的头部和尾部已破坏。窑身残长12米,宽2.60～2.80米,残高0.15～0.25米。方向163度,窑底坡度约10度。窑基用长方形砖砌成,窑壁表面有一层"绿褐色"的烧结面。西壁有残窑门5处,窑门宽0.4～0.55米,西门之间的距离为1.90米。窑底厚约0.50米,自上而下累叠有7层相间的黄沙、白沙和红烧土。

y2是一个窑头近似半椭圆形的残窑基,窑身除顶端倒塌,火膛及窑壁保存尚好。窑身残长约3.70米,宽1.40米,残高约0.70米。方向129度,窑底面呈10度倾斜坡。

窑头保存有火膛和火口。

火膛:两边窑墙厚约0.70米,向南逐渐收缩,底平面为"U"形,长0.53米,最宽处为1米,残高1.90米。火膛凹下,低于窑床,故窑床高出火膛底部约0.43米。窑头火膛顶部已塌,但根据两壁砖头由下而上收缩,判断窑头(火膛部分)当为券顶。火膛底部至窑墙用长0.35米,宽0.20米,厚0.06～0.10米的长方形砖砌成,表面有一层绿褐色的烧结面。

火口:属火膛的组成部分,在火膛前面的尖端处,宽0.20米,残高0.75米。

通火孔:介于火膛与窑身之间,即火膛北面(窑身距火膛)2米处。有2行横排通火孔,2行通火孔相距0.20米,每行通火孔均有火孔7个,孔宽0.10～0.15米。

由于窑身仅保存一小部分,故未发现窑门。窑床铺沙。窑底厚约0.18米,上下为一层细沙和一层红烧土相叠压。窑身后面距通火孔约0.35米处,被一个晚期扰乱火坑所打破。因时间关系及遗址北面修了房子,动土范围很大,估计窑身及窑尾可能被破坏,故未继续扩方。从窑床里堆积有长0.23米,宽0.12米,一头厚0.06米,另一头厚0.05米的楔形砖分析,此窑应为券顶。

介于火膛和通火孔之间,有两排倒置相叠的空匣钵,排列不整齐并与窑底黏结。从它们的位置和烧结粘连来看,可能是作为挡烟灰之用。通火孔后(北面)的窑床上放置一些垫柱,有一个垫柱上还黏结着一件白瓷(大)碗,说明窑身前端有一部分器物是直接放在垫柱上烧的,并不使用匣钵。

在窑头(火膛)及窑床上,出土不少白瓷碗及其他器物残片。它们与堆积(下层)所出器物比较,无论造型、纹饰、釉色都相同或近似。这说明下层和窑内堆积,都是该窑同时代的产品。

从窑基出土的现状和德化目前使用的龙窑结构分析,它们之间有不少相似之处,这两条窑基很可能就是德化早期的龙窑。[①] y2 这座窑基建造年代可能早到北宋,这是目前已知德化早期使用窑炉类型——龙窑。

1976 年,在宝美屈斗宫窑址的发掘中,也清理出 1 座窑炉基址。这座窑基也是依山而建,南低北高,倾斜度在 12～20 度之间,水平高度14.4 米,方向南偏西 15 度。

窑基全长(坡长)57.10 米,宽 1.40～2.95 米。窑室共 17 间。窑头火膛和窑床基本保存完好,仅中段以后局部受破坏较厉害。从出土的现状看,窑头是几经维修和改造,因而逐渐向窑身后部收缩的。据分析,这座窑基的长度比现在还要长些。由此可见,这座窑基使用时间一定很长。

从窑基的现存构造看,窑体宽大,火膛狭小,呈半圆形。火膛半圆直径是 1.65 米,半径 0.50 米。火膛与窑床交界处(即火膛直径),保留5 个通火孔,宽 0.12～0.17 米。

---

① 福建省博物馆:《德化碗坪仑窑发掘简报》,载《文物》1979 年第 5 期。

窑室一般呈长方形,第十间最长 3.95 米,第九间最狭 2.45 米。

窑基西边窑壁后半段保存较好,残高 0.13～0.60 米,后壁高 0.40 米。其中第十六间窑壁保存较好,东壁高 0.60 米,西壁高 0.40 米。窑壁的烧结面局部地方也保存着,有的烧结面高达 37 厘米。

窑壁皆用土砖(或砖)砌叠而成,一般砖长 0.30 米,宽 0.20 米,厚 0.29 米。窑壁成直线,但有的中部外凸而构成转角。如第十五间窑室两壁前部转角宽 0.15 厘米,转角与前端相距 1 米,后部转角宽 0.08 厘米,转角与后端相距 0.85 米,因而使西壁构成"中"形状。

窑室两边都留有火路沟,并保留有烧结面,一般宽 0.12～0.20 米。第十七间西边火路沟宽 0.18 厘米,东边火路沟宽 0.22 厘米。

室与室之间保留着隔墙(或称挡火墙)和通火孔(或称通气孔),其中以第十六间和第十七间中间隔墙保存最好。其长度 2.23 米(不包括火路沟),隔墙系用砖块砌成,一般砖长 21 厘米,宽 20～25 厘米。由残存隔墙观察,隔墙系由窑室底部砌叠至窑顶部。

隔墙底部设置的通火孔,有 5～8 个都保存下来。通火孔一般高 0.26 厘米,长 0.20～0.22 厘米,宽 0.08～0.19 厘米。

隔墙的设置,其作用由原来火力流通时的平焰改成为倒焰,这是一个关键性的变化。通火孔的设置,也有利于火焰的流向,这与火路沟设置的作用是相同的。

窑室底部斜平,有分间(或室),但不分级。上铺石英细沙,然后在上面放置匣钵垫或托座。

这座窑基共残存 14 个窑门,一般都开设在窑室的前端。其中有 11 个开在东边,只有 3 个开在西边。窑门的残存高度 0.10～0.55 米之间,宽 0.40～0.80 米。有的窑门还残留着当时封堵的砖块和匣钵。窑门大多数开在一边,这可能与出入作坊通道有关,便于装窑和出窑,同时利于保持窑温,节省燃料。这是窑炉结构和烧造技术进步的一种表现。

窑身两壁外附残护墙,俗称"窑乳"。但大都是建于东壁,西壁只有

1处。护墙多用石头、废匣钵、碎瓷片堆砌,一般建筑在两个窑门的中间,这些护墙起着保护窑壁的作用,避免烧窑时窑壁的崩裂和爆炸。

窑顶全部坍塌,但从窑室内出土的楔形砖看,估计原来窑顶可能是拱形。

窑底残存托垫、匣钵垫、匣钵、垫饼和支圈等窑具,匣钵一般放置在窑室的前中部。匣钵的排列大小相间,一般横排 12 个,纵排 11 个,左右间隔 5 厘米。托座则放置在窑室的后半部。排列的方法,一般是3~7 行不等,每排托座 19~20 个。在窑基底部也发现一些支圈,根据匣钵和托座排列行数,可以看出当时瓷器的装烧量是很大的。

从这座窑基出土的现状和结构看,窑身宽大,火膛狭小,窑室斜平,不分阶级,有隔墙通火孔和火路沟,门开单边。它是属于龙窑、阶级窑以外的"鸡笼窑"类型。[①] 屈斗宫窑这座窑基的发现,以及同时出土的大量瓷器和烧窑工具,这对于研究德化窑瓷器发展史,特别是对于研究德化窑窑炉的结构、类型发展演变的历史,提供了极其重要的新资料。

屈斗宫窑发掘清理出的这座窑基,是我国古代南方,也是德化地方窑炉结构和类型的一项新发现、新收获。从窑基出土的现状和结构特点看,它既不同于龙窑,也不同于阶级窑,而是属于由龙窑发展到阶级窑的一种独特的窑炉类型。根据德化瓷厂和红旗瓷厂老窑工的现场观察,判断是属于"鸡笼窑"类型,与本省安溪、闽清以及广东潮州一带的平底窑有相类之处。

德化现在的古老窑炉,有龙窑和阶级窑两种。这两种窑炉的结构是龙窑有分级和不分级两种,一般都没有通火孔,也没有火路沟的设置。窑的两边相应开有窑门,窑体一般较矮小。至于阶级窑,有小型和大型多级两种,一般窑身宽且高,有双重隔墙,也有通火孔。两边开有对称的窑门。顶部呈半圆形,如蛋壳状。而屈斗宫这座窑基,窑身宽大,窑室斜平,火膛狭小,有分间而不分级,有隔墙、通火孔和火路沟,门

---

① 《福建德化屈斗宫窑址发掘简报》,载《文物》1979 年第 5 期。

多开单边。它与上述两种类型窑炉结构显然不同。

《中国的瓷器》一书在"龙窑"一节中说:"龙窑,在我国已有悠久的历史,在明以前南方各主要产瓷地区(如江苏,浙江、福建、广东、江西、湖南等省)已广泛采用。明以后,随着瓷器生产量的日渐扩大,以及对烧窑质量提出更高的要求,龙窑在长期使用中根据各地具体情况,在结构上有了很大的发展和改进。例如福建地区的龙窑逐渐发展成为阶级窑,这种阶级窑还对国外有一定影响。"[①]上述提到的明以后,福建地区的龙窑逐渐发展为阶级窑的问题,时间是不是明以后? 究竟怎样发展?由于当时还缺少地下出土的资料,特别是屈斗宫这座由龙窑发展到阶级窑的新窑炉类型尚未发现,德化由龙窑发展到阶级窑发展过程中失去的这一环尚未找到。因此,对于德化地方由龙窑发展到阶级窑的问题是说明不了的,也是说不清楚的,最多只能是一种设想或推测。现在,在德化关于由龙窑发展到阶级窑失去的这一环已经找到了,要解决福建地区的龙窑逐渐发展到阶级窑的问题有了新发现的材料可资佐证,这就为上述问题的解决奠定了基础。所以屈斗宫鸡笼窑类型窑炉基址的出土,其重要性和价值就在这里。

当然,过去有关记载(包括《中国的瓷器》一书),对德化只提及龙窑和阶级窑,中间如何发展解决不了,这是很自然的,也是不足为奇的,因为资料缺乏。同时,并认为自明代以来,德化的阶级窑最为有名,肯定它是串窑的始祖,这种提法也是对的。屈斗宫这座窑基的发现,可以证明自宋元以来,在德化尚存在一种古老的"鸡笼窑"类型的窑炉,这就填补了德化窑炉发展中的一个空白。我们初步设想:德化早期的窑炉是龙窑,而后发展为鸡笼窑,再发展为阶级窑。这是代表三个不同发展阶段的三种类型。所以这一窑炉的发现,具有很重要的价值和意义,对于

① 江西省轻工业厅景德镇陶瓷研究所编著:《中国的瓷器》,中国财政经济出版社 1963 年版。

研究宋元以来德化窑炉结构、类型发展史提供了重要的资料。① 上述这种分析和概括,我们是同意的。

关于屈斗宫窑炉类型问题,也有人主张称它为"分室龙窑"。对此,我们还是维护《屈斗宫窑发掘简报》的提法,用鸡笼窑更为准确、科学。因为:(1)鸡笼窑这一名称在民间中早已流传(不仅在德化,而且在闽清、安溪一带至今仍继续沿用),它既能区别于龙窑和阶级窑,也符合历史事实和体现地方特点。(2)窑炉的命名应充分体现窑炉构造的特色。"分室龙窑"仍沿袭龙窑的特色,属于龙窑的范畴,而鸡笼窑则不然。根据老窑工的分析,它整体构造像鸡笼,其顶部像"蛋壳状"或"馒头形",无论从外观和内部结构都单独成间(与屈斗宫窑"每间都有挡火墙,下面有吸火孔"是一致的)。这已不像龙,而是每间像一个鸡笼,好多鸡笼连接起来成为一座鸡笼窑。它无论从外观到内部结构,均与龙窑有着重大的区别。这一结构的重大变革,由原来倾向于平行焰而变为倒焰。它不是量的变化,而应该说是质的变化,是一般龙窑所不能比拟的,是龙窑逐渐发展改进成为阶级窑过渡中一个很大的飞跃,已不是什么"分室龙窑"这一龙窑体系所能代替的,已从龙窑独立出来,自成类型,别具一格、独树一帜的"鸡笼窑"了。(3)"分室龙窑"的支持者还提出屈斗宫窑和阶级窑的基本原理相同,只是没有阶级窑高大作为"分室龙窑"的根据。实际上,既然"和阶级窑的基本原理相同",为何不叫"阶级窑",又偏要称"分室龙窑"?至于用"没有阶级窑高大"来衡量窑炉结构名称也是不科学的。同是阶级窑也并不都一样高大,大型的阶级窑确实高大,中型的就矮小一点,小型的就更矮小了,何况鸡笼窑也有它自己的规格和标准,可能也有大中小之分吧。所以我们还是认为叫它"鸡笼窑"好,这样既能反映地方的习惯叫法,也具有地方特色。

由龙窑发展到鸡笼窑类型,从时代来看,也能反映当时的历史情况。鸡笼窑的出现,是在宋元之际。从宋元时的生产力发展水平看,无

---

① 《福建德化屈斗宫窑址发掘简报》,载《文物》1979 年第 5 期。

疑是比以前大大提高一步,但从生产关系看,仍然和以前一样。鸡笼窑的装烧量比之前龙窑是大大增多了,但在个体手工业的生产条件下需要花很长的时间,才能制作够烧一窑的瓷坯。窑大,所能容纳的瓷坯就多,但所花费的人力、燃料和成本也多。这样,在个体生产所有制的状况下,就是采用"个体制坯,合作烧窑"的办法进行的。所以说,鸡笼窑类型窑炉的出现,与当时个体手工业生产所有制状况是相适应的。

新中国成立后,根据宋伯胤先生对德化窑的调查,他说德化现在用的窑,一般人叫它"蛋式窑",也叫"德化窑"。它的窑是呈阶梯状,由3级到9级不等,上筑一蛋形窑腔,窑腔与窑腔之间是相通的。因为窑基是阶梯形,所以从窑腔外部看,也是一个窑腔高于一个窑腔。根据德化利民瓷厂一座窑的调查:第一间窑腔高2.95米,第二间高3.27米,第三间高4.01米,第四间高4.98米。每间每侧各有"火眼"1个。现在用的燃料全是松木柴。这座窑一次可装大小瓷器130担,需要8个熟练工人装7天,烧68个小时,费松木柴570担。在德化,像这样大的窑是很多的。窑大了,装烧一窑要花费很多,成本很大的,因而出现了一种"个体制坯,合作烧窑"的办法。据说这种办法也是"自古有之"。我们大略看一下,仅仅宝美一个地方,每一家住户都在做瓷坯,每一家住户也就是一个瓷作坊,他们各自做的"瓷货"多了,联合几家装烧一窑。我们根据这种状况来推想十四、十五世纪以来的德化瓷器手工业,其规模可能是相差不多的。[①]

总之,德化窑炉的结构和类型的发展演变过程是经过三个发展阶段,出现三种不同的窑炉类型,即龙窑、鸡笼窑和阶级窑。这就是德化窑炉类型发展演变的历史概况。

---

① 宋伯胤:《谈德化窑》,载《文物》1955年第4期。

九、德化窑瓷器的外销及其在中外的影响

　　中国瓷器是宋元明时期对外贸易的主要商品,在国际市场上享有很高的声誉。其运销范围非常广泛,几乎包括亚洲、欧洲和非洲各地。

　　福建海外交通发达,与海外各国的交往频繁,泉州港便于产品的输出,所以这个地区的古瓷窑址和外销陶瓷,值得我们特别重视和注意。

　　福建德化县是我国古代南方的著名产瓷地区之一。自唐宋以来,瓷业兴盛,历久不衰。

　　古代德化窑生产的瓷器,种类多,质量高,深受国内外人们的欢迎。这里历代生产的青釉瓷器、青白釉器(影青)、白釉瓷器和青花瓷器,都是国际市场上争购的热门货。

　　德化窑生产的瓷器,特别是宋元以来生产的白釉器,驰名于世,为世所珍。《中国美术》一书说:"其窑之特别为白瓷,昔法人呼之为'不兰克帝中国'(Blanc de Chine,即'中国白'之谓),乃中国瓷器之上品也。与其他之东方各瓷,迥然不同。瓷质滑腻如乳白,宛如象牙。釉水莹厚,与瓷体密贴,光色如绢,若软瓷之面泽然。"①国际上对德化瓷的评价很高,除上述提到的"中国白"、"中国瓷器之上品"等外,对何朝宗雕塑的瓷观音评价更高,被誉为"东方艺术精品"和"国际瓷坛上的明珠"。

　　由于历代德化窑瓷器的大量外销,在各国的古代遗址和墓葬中都留下它们的痕迹,留存在各国博物馆中和私人收藏的传世品也不少。最近几年来,根据国外调查发掘出土的资料看,德化窑生产的各类瓷器,特别是白釉瓷器,自宋元以来曾大量销往国外。所以德化窑外销瓷器在东南亚的菲律宾、印度尼西亚、马来西亚、新加坡、斯里兰卡等国家

---

　　①　[英]波西尔著,戴岳译:《中国美术》卷下,商务印书馆 1923 年版,第 36～37 页。

均有较多的发现,在印度、日本、伊朗、阿拉伯以及东非沿岸国家也有出土。在肯尼亚以南的坦噶尼喀境内,就出土了德化窑的青花瓷器,在欧洲也有大量的发现。

特别值得注意和重视的是,德化窑早期生产的白釉器,在菲律宾群岛的古文化遗址和墓葬中出土的数量最多。1964年以来,在菲律宾发现数千件比较完整或能够复原的德化窑古代瓷器,其中以马尼拉圣安娜、贝湖西端的内湖(离马尼拉约50英里)、岷都洛的加莱拉港等遗址最为集中。出土的器物有壶、军持、罐、瓶、盖盒、碗、碟、高足杯等。釉色有青白(影青),也有白中闪黄,俗称“牙白”。器物口沿分有釉和无釉(涩口)两种,有釉的都采用一匣一器正烧方法烧成,无釉的为对口烧而成的小洗之类的器物。装饰均以凸细线条纹为主,纹饰有莲瓣纹、卷叶、牡丹、龙凤、钱纹、万字符号、水生植物、玫瑰花等。[1]

艾迪斯在《菲律宾出土的中国瓷器》一书中的“早期德化白瓷”一节曾说:“在菲律宾发现的大批器物,为福建德化的产品。立体很精致,纯白色。没有铁杂质的斑点,只是偶尔底部一部分因烧制出现锈斑。器物均模制,其底都未上釉,且出模后没加工处理。釉面一般微带浅黄色,但有些式样,也许更多是烧制的缘故,几乎呈青白色彩。”[2]

禄罗辛在《一组德化白瓷器》一书中也曾说:“在圣安娜发现的德化白瓷,其制作是一种半粗糙物质的软白器身,敲击时没有声响。有美丽碎裂纹。釉几乎呈白色或乳白色,有釉泡(即气泡),也有呈橄榄色或黄褐色。”圣安娜发现的器物,是与低火度有关。器物包括有盖盒、碟、碗、壶、小瓶和军持。在菲律宾的加莱拉港、内湖和岷都洛等地以及马来亚也发现有其他形式的器物,如罐形壶、玉壶春形瓶、注壶、壶、碗和碟等。在各种器物中,有一种暗淡青绿色釉,即青白釉。圣安娜和岷都洛发现的碎片,其器身无釉烧成红色或浅黄色,但经常出现的是一种白垩质白

---

① 李辉炳:《关于德化屈斗宫窑的我见》,载《文物》1979年第5期。

② [英]艾迪斯:《菲律宾出土的中国瓷器》(英文版),1970年,第17~35页。

色。底部较高或较低,中凹。其特点是低矮,坚硬,圆形脚边。这类器物被认为与"马可·波罗瓷器"有联系,而应为福建德化窑的。汤姆·哈里逊在沙捞越也大量发现这一类型的瓷器,也发现有铜钱。上述器物与德化屈斗宫窑有关系。柯雅马也认为这种瓷器,在印度尼西亚苏拉威西(旧称西里伯斯)和爪哇也有发现。[①]

印度尼西亚境内都发现有中国的青白瓷(影青),在数量上仅次于青瓷,从景德镇影青瓷器到德化窑瓷器都有。德化瓷器在西里伯斯和爪哇就出土过不少。东爪哇出土的一件军持,从它的形制与花纹特征看,与德化屈斗宫窑和盖德碗坪仑窑的发掘物和采集物完全相同。在加里曼丹岛的东马来西亚的沙捞越地方,也曾发现大量德化窑瓷器。[②]在沙捞越曾发现一件德化窑白釉印花小瓷盒。[③]

在国外发现许许多多的德化窑古外销瓷器,为我们研究德化窑瓷对外输出历史和中外人民友好往来增添了珍贵的资料。现在根据菲律宾发现的古代德化窑外销瓷器,做一重点的介绍。以下所引均见禄罗辛著《一组德化白瓷器》(英文版)。

1.王壶春瓶

带有美丽的碎裂纹,奶油白釉,高 27.8 厘米。器身是由一种粗糙的白垩质白色物质作成。它与圣安娜出土的奶油白瓷完全相似,底部露胎,圆脚,平底。器身是由三部分于颈的下部和壶的最宽部分用封泥接合而成。加莱拉港出土,禄罗辛搜集。另一件同类瓶,为德·桑托斯搜集。上述两件标本只保存颈口的上部。

2.罐形壶

高 16.7 厘米。器身是一种白垩质的白色半粗糙物质,白釉带青色

---

① [菲]禄罗辛:《一组德化白瓷器》(英文版),1976 年。

② 李炳辉:《关于德化屈斗宫窑的我见》,载《文物》1979 年第 5 期,第 68 页。

③ 郑德坤:《沙捞越考古》(*Archaeology in Sarawak*),英国剑桥大学出版社1969 年版。

或灰绿色。釉薄而透明,有条纹,能透见里边。底边釉停留处高出上面,底平,中部凹入。壶的制作分两部分,其接合处在壶的中部顶端。颈短,或许是附加上去的。加莱拉港出土,禄罗辛搜集。另一件同类壶,为德·桑托斯搜集。

3.壶或瓶

矮胖,边唇外翻。器身为低火度半瓷器似的粗糙白色物质,一般有白垩质白色出现。釉透亮,呈奶油白色。胎薄,器身非常透明,像一只手提行李袋。器外有细小碎裂纹,制作是由壶或矮胖瓶两部分,于中部周围用封泥接合而成。颈部也可能是附上去的。底平,制作粗糙,有些条纹。边唇外翻,口沿部分已复原。圣安娜出土,禄罗辛搜集。

4.壶或瓶

矮胖,直口,高6.8厘米,直径4厘米。器身由一种白垩质白色半瓷器似的物质组成。奶油白色有美丽碎裂纹,透明釉,肉眼能透见内壁。这类壶的制作是由两部分用封泥于瓶的中部上端接合而成。底平,制作粗糙。岷都洛的岷诺罗出土,德·桑托斯搜集。

5.盖壶

3件,颈部周围带有4个管状耳。

第1件壶:器身由一种白垩质白色半瓷器似的致密的物质组成。有美丽碎裂纹,透明,釉白略带青色。薄胎,其制作和构造是由中部周围接合而成。封泥是很好的,但较难得到。颈部也是用封泥的。模印装饰,高11厘米。周边由粗率的旋涡花纹细带组成,颈部下面由重叠宽带幅面宽阔的花瓣和锯齿形棱做装饰;下半部另一种模印宽带,是由无系统粗率的浮雕图案印模仿山形纹图案做点缀,底部饰狭窄直立的莲瓣纹。盖也是模印粗率的旋涡纹,而中间突起一点。平底,无釉,可见到线条。其结果可能是一种更多可任意捏成各种形态的和精炼黏土的使用,那里附带模印做记号,是精确的印记。

第2件壶:除去两条宽带的若干不自然多叶旋涡花样连续相对反复走向浮雕线条区别外,是非常相似的。其下带状旋涡花样结束,和一种叶状旋转相对方向,这一种类型的叶饰使人注意并联想到如同灵芝的实例。釉下呈红色或青色。

第3件壶:是下垂环状的莲瓣纹。其下宽带图样不清晰,而另一宽带是盛开的莲花图案。

所有的3件壶,或许包括更多瓷器似的白瓷种类,是出自德化或福建其他窑。除去大轮廓外,在结构、装饰风格和形状上是近似马可·波罗瓶的。

6.瓶

喇叭口,浮雕装饰,重叠直立莲瓣直线图样。高13.2厘米。器身由一种白垩质白色半瓷器似的粗糙的物质组成,施青白釉。几件标本的差异与低火度有关系,器身具有更多瓷器似的成分。瓶颈的底部是用封泥,器身中部以下有接合点,脚向外倾斜。底部有一大洞,形成狭窄脚边,作为瓶座。加莱拉港出土,禄罗辛搜集。

7.小壶或瓶

高7.5厘米。器身由半粗糙的白垩质白色物质组成。有美丽的碎裂纹,青白釉,厚重。瓶的制作用封泥,周围由两部分组成。颈底相等,肩部其次,中部向下,肩部以下迫近底部渐尖。底平,脚边底周中凹。皮纳巴扬纳出土,禄罗辛搜集。

8.小瓶

颈和口部呈喇叭形,高8.1厘米。器身由一种白垩质白色半瓷器似的物质组成。有美丽碎裂纹,奶油白釉。同类标本有奶油白或青白釉,有碎裂纹,也有无碎裂纹。其形状由4部分构成,即口颈、肩、下部和喇叭形脚。肩部或下部是装饰有粗糙的模印古雅带状图案,下部也是装饰古雅带状图案,饰以两条直立莲瓣纹。喇叭形脚是平坦的成斜边。底部中间有一浅洞,中央广阔脚边为底座。颈部装饰为模印垂直线条。这一类型器物的变化是数不清的,有些标本的高只有5厘米。圣安娜出土,禄罗辛搜集。

9.碗

喇叭形边。高 6.7 厘米,直径 19 厘米。器身由一种白垩质白色半瓷器似的物质组成。火候低,敲击时发出模糊的声响。有美丽碎裂纹。奶油白釉,带青绿赭色。内壁周边用一种锋利工具将釉修整干净,使器边向内倾斜角度。碗内中央部分只装饰一种简单的圆环形。除脚边底周外,底部几近于平。圣安娜出土,禄罗辛搜集。

10.碗

边唇外翻。高 6 厘米,直径 17.8 厘米。器身由一种稍粗糙低火度的白色物质组成,无碎裂纹。奶油白釉,釉质优良,稍厚,全不透明。器内有极少量釉凝结于底部,外部釉高挂于脚的上面。底微凹,脚矮而圆,斜向中部。圣安娜出土,禄罗辛搜集。

11.碗

模印装饰。3 层成排仰莲瓣纹组成浮雕直线装饰。高 6.6 厘米,直径 14.4 厘米。器身是一种白垩质白色半瓷器似物质。奶油白釉,透明,有美丽碎裂纹。口沿和底部无釉,器内釉面有明显条痕。禄罗辛搜集。

12.碟

宽而浅,阔底。高 3.6 厘米,口径 22 厘米。器身由一种白垩质白色半瓷器似物质组成,敲击时发出声响。这一类型碟制作坚硬,大小直径在 21～25 厘米之间。釉面常常有美丽的碎裂纹。不同釉具有不同的颜色,如奶油白、灰白或青白釉。这类标本有奶油白泡,而釉面没有碎裂纹。器内全无装饰,器外有双层成排直立模印宽间隔重叠的莲花瓣纹。器内施满奶油白釉,并用锋利的工具刮去边沿的釉。器外釉水不足,器边成匀称的斜角形。底部中间微凹,这暗示脚边是圆而浅。

13.碗或碟

为直立莲瓣纹模印装饰。高 4.2 厘米,直径 12.5 厘米。这一类型碟,从多数各种各样的构成看,在明代遗址发现较多的是德化白瓷。

同一类型小碟尺寸,通高 3.5 厘米,直径 9 厘米。器身由白垩质白色而稍粗糙的物质组成。低火度,有更多瓷器似的标本。制作常见厚重。器外一部分为模印,器内为轮制。器内边沿直下,器外施釉,口沿割釉。外部除成一斜角外,稍平。底除一部分低下,几近于平。圆形脚边,中部深凹。有美丽碎裂纹。釉透亮,呈奶油白色。器身破碎有棕眼,釉呈淡绿赭色。岷都洛出土,禄罗辛搜集。

14.碗

底部装饰为浮雕模印成队飞行的天鹅或鹤,狭带是排列成队的图案。高9.8厘米,直径12.2厘米。器身由白垩质白色与低火度有关的半瓷器似的物质组成,敲击时没有声响。釉为奶油白色,有美丽碎裂纹,透亮。内壁满釉,釉内有显著线条,器外有釉,口沿及底部无釉。有一个低矮的圆形脚边。禄罗辛搜集。

15.碗

碗的内外边平坦,为双排重叠的莲花瓣纹模印装饰。高5.3厘米,直径9.5厘米。器身由一种白垩质白色细密的半瓷器似的物质组成。有一确定圆形脚边,口沿无釉。制作非常美丽而较匀称,器壁甚薄。内湖出土,禄罗辛搜集。这可能包括更多瓷器似的器物的下等品,出自德化或福建省其他地方。

16.碟

浅边,边形像一束糖甘蔗。高2.2厘米,直径11.3厘米。器身由一种白垩质白色半瓷器似的物质组成。奶油白釉,有美丽碎裂纹。有部分釉坑,呈淡青黄色。碟的底都深凹,脚向内斜入,因而形成尖锐狭窄的不规则的脚边,为卧足碟。器外为模制,器内为轮制,边沿割平。除整个底部和脚边的附近外,施满釉。这种小碟是一种仿制品,其中青瓷有大量出土。内湖隆班出土,禄罗辛搜集。

17.大盖盒

器身是低火度半瓷器似的白色物质,一般显现有白垩质的。器身普遍破碎。釉是奶油白色、透明,带有淡绿赭色。顶端或盖有精巧的图案,如常用的叶、旋涡形或成对的不死鸟作成周围中心主题(直径12.7厘米),万字形(直径11.4厘米)或莲瓣纹(直径13.2厘米)。这些盖的下边满釉,边沿周围部分和边的左侧面无釉。盖盒底部的内面满釉,外面缺釉。底边高出上面,外表面与框边的装饰通常是相类似的。底部中央无釉。或平,或中凹,或是一种低等露胎无装饰的。圆形脚边。圣安娜出土,禄罗辛搜集。

18.小盖盒

多数类似大型盖盒。然而较多往往不是这样,更多见到的是小件瓷器似的标本。这类标本图案,其中心主题由象征金钱的符号组成(直径 8.6 厘米),成群飞行变样的鸟类图样,如天鹅或鹤(直径 7.8 厘米)。常用的是莲瓣纹(直径 7.9 厘米)。

19.脚杯

器身是低火度半瓷器似的白色物质,一般显出白垩质。器身普遍破碎。奶油白釉,透明,淡绿赭色。碎裂纹多,较大。这一组器物的另外一些标本大多数见有碎裂纹,制作比较美观。脚杯顶部有一个斜角,有釉。脚部狭窄向上,宽杯的底部恰好是矮的。隆班出土,禄罗辛搜集。

20.水壶

附有两个耳,形如一种鸟,高 5.3 厘米。器身是白垩质白色半瓷器似的物质。有美丽碎裂纹,透明釉。釉浊,呈青绿色。这类瓶分两部分模印而成。器边中部上方用封泥。两个管状耳附在一边,其他某些盖亦相同,底平。皮纳巴延纳出土,禄罗辛搜集。

21.杯

高喇叭形脚。高 5.4 厘米,口径 8 厘米。除失去的耳,这类型制是唐代一种器物的仿制品。杯的耳和边沿部分是由萨珊尼安人的金属原器组合的,器身由一种白垩质白色粗糙的半瓷器似的物质组成。有美丽的碎裂纹,青白釉。这件器物除脚边外,施满釉,底部深凹。器内表面构成显著透明釉,底部的结构是相同的。这类器物属小型花瓶,其尖锐有角剖面兼有,与那种边沿呈喇叭形口外翻是相同的,有更多瓷器似的。这类薄制杯在菲律宾 14~15 世纪的墓葬遗址中经常见到。底近于平,纯白釉,无碎裂纹。加莱拉港出土,禄罗辛搜集。

22.注壶

(1)大型。高身,高 21.2 厘米。器身是白垩质白色半瓷器似的物质,施透明白釉。有些地方釉是奶油白色,其他为青白色。有一部分呈不规则碎裂纹,更多是其他的。这种注壶为瘦形壶。颈用封泥,壶的中部以上宽大。颈的下部饰以下垂环状莲花瓣纹,其中分两部分刻有凹槽和浮雕带状装饰。底部饰成排仰莲瓣纹,底脚周围低矮。德·桑托斯搜集。这类注壶或许包括在这组更多的瓷器似的器物里,为德化或福建其他窑的。

(2)中型。高 11.4 厘米。器身是低火度半瓷器的似粗糙白色物质,显出一种白垩质。一些器身碎片有强压模印。釉面有美丽碎裂纹,是一种透明的奶油白色,而带有淡绿赭色,有釉泡。厚重,与制作有关。这类注壶制作由两部分接合而成。中部上面间有凹糟,流和耳是附上的。底部的结构明显是圆形的,脚边低矮,但一般是平的。盖有周围装饰为连续曲线,中部有平圆形把手。壶的口沿周围装饰有两层带状,为粗率的旋涡纹。其下是两条宽带标准漩涡纹,底部狭窄带状为仰莲瓣纹。内湖加蒂德出土,禄罗辛搜集。

(3)小型。高 8 厘米,器身是一种白垩质白色与低火度有关的粗糙半瓷器似的物质。奶油白釉,透明,有很小碎裂纹。底边釉结束处凹凸不平且高出上面,有釉泡。有一种光亮的淡绿赭色,制作较美丽。这类注壶中部似乎不用封泥。流和柄是附上的,底部粗制而平,没有一定的结构。加莱拉港出土,禄罗辛搜集。

23.注壶

蹲形,附有美丽的模印装饰,如旋涡纹、波浪纹、棱纹和莲瓣纹。高7.5 厘米,器身由一种半瓷器似的致密的白垩质白色物质组成,底部无釉。这可能是更可任意捏成各种形态的精致的黏土,有模印标记。平底处有一种轻微的淡浅黄色,但这也许是由于埋葬时被染的。这类壶的器身下面有 2~3 处用封泥。上半部装饰是旋涡纹,下垂波状的菱形莲瓣叶纹,下半部是狭窄带状旋涡形纹。这类叶纹为直立状态。釉面发泡,半不透明,着色为淡青绿色。壶的底边附近釉滴集中在一边,玻璃质微片(极少量)黏着器身。岷都洛出土,禄罗辛搜集。

有 6 件同类注壶是由桑托斯搜集的,5 件盖高分别为 8.4 厘米,7.2厘米,7.5 厘米,7.2 厘米,7.5 厘米,7 厘米,9.4 厘米,有轻微不同。所有7 个注壶同属更多瓷器似的白瓷种类,出自德化或福建其他窑。

24.碗

浮雕小枝花,恰当地排列在内底边。直径 2.3 厘米,器身由一种白色致密的更多瓷器似的物质组成。轻敲共鸣。发泡,釉呈奶白色,口沿无釉。碗外边模印两层仰莲瓣纹,制成浮雕线状。底部低矮,脚边周围无釉。加莱拉港出土,禄罗辛搜集。

25.小瓶

分段模制,瓶底深凹,几成半圆形。如有印纹,也总是模印以线状式样,有草叶纹或缠枝花纹图样。[1]

26.碟子

最为普遍,未上釉(即露出白胎),器底中间有一圆圈凸起。器外同样印有类似小叶形纹或凤鸟纹。

27.酱壶或酒壶

有各种不同的类型,分段模制,模印线纹,或是有脚边,有底座,与碟子相同。或是没有脚边,平底。

28.小粉盒

数量很多,盒盖上模印花朵或凤鸟纹,并环以典雅缠枝纹样。底部深凹,没有脚边。

随着德化古窑址的调查发掘,古外销瓷器的大量出土,更为我们研究德化宋元明清时期外销瓷的情况提供了极其重要的新资料。

到目前为止,在德化县境内发现古瓷窑址 229 处,其中就有 70 多

---

① [英]艾迪斯:《菲律宾出土的中国瓷器》(英文版),1970 年。

处窑址分别发现有古外销瓷器。这些窑址是碗洋坑、碗坪仑、屈斗宫窑等。在上述古窑址中出土的外销瓷种类很多,现对照国外已发现的部分资料,按时代先后举例叙述如下。

(一)宋元时期的外销瓷

第一类:军持(或称军持壶、净瓶)

军持是我国东南地区瓷窑烧制,专供销售东南亚各国的一种产品。这种特殊器物在福建的另一些地方也有发现。德化的军持发现于碗坪仑、屈斗宫、石坑垄、家春岭等宋元时期窑址中。从出土的军持标本看,有的与韩槐准在《南洋遗留的中国古陶瓷》一书中所介绍的印度尼西亚雅加达博物院陈列的宋瓷相同,应为宋代德化窑销往东南亚的产品。

在盖德碗坪仑宋代窑址采集的大量军持产品(包括残缺),其中5件完整,4件残缺。喇叭口,长颈,平底,流附在肩腹之间,长而高。胎细坚,青白釉,底部及内腹壁无釉。

其中3件颈部有两道凸弦纹,上腹壁印一层或两层覆莲瓣纹,下腹壁印仰莲瓣纹。2件造型同上,青白釉,底部无釉,上腹壁印盘龙纹,下腹壁印云纹。这种模印盘龙纹,从其装饰特点看,龙颈瘦长,具有元代作风,似是元代外销瓷器。另2件上部印有云纹,下部印有直道纹。残破的9件,其中2件上半部印覆莲纹,口径7.5厘米,腹径8厘米。

后坑垄窑址发现1件,下半部残片,印有直道纹,底径7.5厘米,腹径13.3厘米。其造型、釉色与碗坪仑窑址采集的基本相同,应属同一时期的外销瓷产品。

第二类:盒(或称粉盒)

宋元时期已大量生产,在屈斗宫、碗坪仑、石垄仔、家春岭、内坂、大垄口、尾林、太平宫、墙坪山、湖枫林、潭仔边等窑址均有大量发现。盒的造型精美,器形一般较低矮,盒身呈圆形或八棱形,子母口,底平而稍内凹。胎白细坚,青白釉,口及底部无釉。装饰花纹丰富多彩,盒盖一般印有各种花草和图案,有莲花、牡丹花、菊花、葵花、云纹、凤鸟纹、钱纹和其他缠枝花草,有的盒盖中部还印有"福"、"寿"、"金玉"等吉祥文字。盒身周边印有瓜瓣纹或直道纹。菲律宾出土的青白釉盒[①]与德化窑碗坪仑及其他窑址出土的完全相同,可以证实是德化窑生产的外销瓷无疑。还有一些其他类型的盒子,也应是德化窑的产品。1974年,泉州湾发掘出一艘宋代远洋货船,在船上发现不少陶瓷器,其中有德化生产的白釉盒和瓷碗。

第三类:瓶

瓶在碗坪仑窑共出土5件,完整2件。1件口径11厘米,腹径15.4厘米,底径8.2厘米,高27厘米。花瓣口外折,长颈,鼓腹,矮圈足,底稍内凹。胎白质坚,青白釉,器底与内腹壁无釉,表面呈冰裂纹。颈部有两组划纹,腹部印云气纹。另1件口径7厘来,腹径13厘米,底径6.1厘米,高22.5厘米。敞口,尖唇,长颈,鼓腹,平底。胎白质坚,青白釉,器底与内腹壁无釉。颈及腹部各有1组弦纹。有1件瓶仅存颈部,颈间刻画两组弦纹,并堆贴1条蟠龙。上述瓶与韩槐准在《南洋遗留的中国古外销陶瓷》一书中介绍的雅加达博物院所藏的宋瓷相同,花瓣口划纹瓶同类器物在菲律宾也有发现。应是德化外销瓷的一种。

第四类:小瓶

小瓶在家春岭、内坂、碗坪仑、尾林等窑址均有出土,式样颇多。其中1件口径4.6厘米,底径4.9厘米,通高9.8厘米。敞口,呈喇叭状,长颈,鼓腹,圈足,底深凹。青白釉,胎白细坚。装饰花纹,一般自颈肩以下模印有条状纹、草叶纹或莲瓣纹、缠枝花纹。模印花纹少者2层,多者5层。制作方法应系分段模制而成,造型小巧玲珑,颇为美观。德化出土的这类小瓶,同菲律宾出土的标本在《菲律宾出土的中国瓷器》"中国版"介绍的造型特点和装饰花纹完全一样,为德化外销到菲律宾的产品。据1980年英国前驻华大使艾惕思的介绍,家春岭窑印草叶纹的小瓶在意大利博物馆也有收藏,传为元代马可·波罗带回意大利的

---

① [英]艾迪斯:《菲律宾出土的中国瓷器》(英文版),1970年。

遗物。

第五类：小口瓶

碗坪仑窑址采集多件。小口，颈极短，鼓腹，腹下部逐渐收缩，肩部有道凹线圈。1件口径 6 厘米，底径 7.2 厘来，高 22 厘米。青白釉，微泛黄，胎质较松。另1件口径 5.2 厘米，底径 7 厘米，高 16 厘米。青釉，胎质细坚，底部露胎。

上述小口瓶，特别是前者与菲律宾出土的标本在《菲律宾出土的中国瓷器》一书中介绍的颇为相似，应是德化窑烧造的产品。

第六类：飞凤碗

在家春岭、祖龙宫和屈斗宫等窑址，曾采集到飞凤碗的残片。碗的外壁模印飞凤纹饰。凤鸟，在外国称为不死鸟。这种碗为青白釉，底部和圈足无釉，底部中间凸出圆圈。这和菲律宾出土的飞凤碗纹饰一致。[①] 从造型特点和釉色看，应是德化外销瓷的另一种产品。

第七类：壶（或称水壶、酒壶）

在屈斗宫窑址采集完整1件，残缺多件。口径 6 厘米，腹径 12 厘米，底径 6.8 厘米，通高 11.4 厘米。壶的造型：小口，折腹，带盖，平底微凹，前附流，后附把。腹壁模印缠枝花纹、莲瓣纹或草叶纹。釉色青而微泛黄，底足无釉。胎色黄，质松脆，或许是未烧熟的缘故。它与菲律宾出土的标本完全一样，应为德化外销产品无疑。

在碗坪仑窑址采集 2 件，完整。口径 3.7 厘米，腹径 10.1 厘米，底径 8.7 厘米。敛口，颈极短，鼓腹。肩部有流，带把，底平而稍内凹。胎色白，青白釉，底部无釉。器的中部有一道凸棱，应是分段模制的结果。另1件肩部印莲瓣纹一圈，器壁作瓜棱形。这种罐形壶与菲律宾出土的标本相同，应为德化烧制的另一种外销瓷。

第八类：钵

在碗坪仑窑址采集 4 件，完整。口径 15～17.1 厘米，底径 6.9～7.2

---

① ［英］艾迪斯：《菲律宾出土的中国瓷器》（英文版），1970 年。

厘米,高 8～10.7 厘米,直口,方唇,深腹,圈足。胎色白,质细坚。青白釉,口沿无釉,釉面有大小开片。器表一般为素面,无任何装饰。这类器物与菲律宾出土的标本[1]对照比较,其造型特点基本相似,应是德化的外销产品。

第九类:洗(或称为弦纹洗、枢府碗)

这种器物发现于屈斗宫窑址,为数很多,也是这里重要产品之一。形状是敞口,折腹,实足,平底微凹。外腹壁印有弦纹一道,故称为弦纹洗。与这种器物相仿的,在元代江西景德镇枢府窑烧造,印有"枢府"字样,故称"枢府碗"。德化屈斗宫窑所出的这类器物,亦可称为"枢府式"碗或"枢府型"碗。这种产品在菲律宾也有发现,也是德化窑的外销瓷产品。

第十类:杯,即高足杯

为屈斗宫窑址发掘出土,数量也不少。造型颇奇特,烧造也颇讲究。敞口,大腹,高足,足呈喇叭形。器表一般为素面,但也有模印线状纹或花纹,但不很多。这类产品与菲律宾和韩国新安海底沉船的出土物相同。为德化古外销瓷的一种。

(二)明清时期的外销瓷

第一类:梅花杯

1963 年,厦门大学人类博物馆曾在屈斗宫窑址发现 6 件。[2] 近几年来,又在祖龙宫、后窑、岭兜、桐岭、窑垄山等窑址发现了不少同类的产品。其中祖龙宫窑发现最多,大小不一,现选择两式加以介绍。

Ⅰ式:口径和底径呈椭圆形,口径 9.8 厘米×7.6 厘米,高 6.8 厘米,底径 3.4 厘米×4.8 厘米。口沿外侈。杯的外表一边堆上梅花枝,

---

[1] [英]艾迪斯:《菲律宾出土的中国瓷器》(英文版),1970 年。

[2] 厦门大学人类博物馆:《德化屈斗宫窑址的调查发现》,载《文物》1965 年第 2 期。

堆贴 3 朵梅花,一边梅枝上堆贴 1 朵花蕊 2 片花叶,底周附上一笔架形梅花树干,作为杯的承托脚架,足架与底周间有些缝隙。整个器身颇厚重,色泽为牙白色,腹壁薄,能映见指形。

Ⅱ式:造型与Ⅰ式同,只是较小巧,口径 7 厘米×4.8 厘米,高 4.6 厘米,底径 2.3 厘米×3 厘米。腹壁两边均堆两朵对称相同的梅花。这种白釉梅花杯在桐岭窑址也发现 1 件,造型基本上与祖龙宫窑发现的相似,只是口部已接近圆形,椭圆度不大。口径 6.7 厘米×6.2 厘米,高 4.8 厘米,底径 2.8 厘米×3.5 厘米。腹壁在树干上堆 3 朵梅花,另一边附 1 朵含苞待放的花蕊和两片花叶,釉色光泽滋润。

上述白釉梅花杯与波西尔著《中国美术》一书采自外国博物院藏品图录和剑桥大学出版社 1924 年出版的《远东陶瓷手册》一书中介绍陈列在英王爱德华七世陈列室中的藏品相同,证实德化窑的梅花杯曾传到英国或其他国家。

第二类:瓷狮子

1963 年,厦门大学人类博物馆曾在屈斗宫窑址发现 1 件。[①] 近年来,又在屈斗宫、祖龙宫和岭兜窑址各采集 1 件,其中以岭兜窑的产品最为精致。在明清时期的墓葬也都有出土。造型与《中国美术》一书图录所介绍的非常相似,可以确定为德化烧造的外销瓷。

第三类:盒

1963 年,厦门大学人类博物馆曾在屈斗宫采集 1 件,口径 6.9 厘米,底径 4.4 厘米。盒分盖和底两部分,盖顶印有牡丹花 1 朵,边缘装饰有直道纹,底部边缘也有此类装饰。最近,在岭兜后山窑址也发现 2 件,均缺盖。一件口径 10 厘米,底径 7.6 厘米,高 2.8 厘米。子母口,内敛。盒身呈椭圆形,顶部微敛,足低矮。外腹壁印缠枝花纹。另一件口径 8 厘米,底径 6.7 厘米,高 4 厘米。子母口,内敛。盒身分六棱,腹壁

---

① 厦门大学人类博物馆:《德化屈斗宫窑址的调查发现》,载《文物》1965 年第 2 期。

直,平底矮足,口底呈六角形。6个棱面各印有花草纹。这种盒在国外已有多处发现。

第四类:青花圈点纹碗

在《文物》1963年第1期刊登夏鼐先生《作为古代中非交通关系证据的瓷器》一文中附图7"坦噶尼喀出土的中国青花瓷器"(现藏牛津东方艺术博物馆),这种瓷器在德化的桐岭、后井、下井亭、石排格、岭兜、石僻仔、竹林仔、苏田等窑址均有出土。其造型纹饰和坦噶尼喀出土的完全相同。这种产品在德化窑的大量生产,可以证明当时曾大量外销。

第五类:吉祥纹(梵文)青花盘、碟

同上夏鼐先生文,图2"陈列柜中的中国瓷器和伊斯兰瓷器"中的吉祥青花盘,盘内中部写有吉祥文字,周边由4层重叠的直道半寿字纹图案组成。这种盘和碟在德化的洞上窑、下玲石坊窑、石排格窑都有发现,构图基本相同,半寿字纹图案有二层、三层、四层不等。应为德化窑远销非洲的器物。

第六类:青花盘

夏鼐介绍的远销非洲的中国青花盘,在德化的后所、大垄口、内坂、溪碧、桐岭、窑仔兰、林地、水尾、枋山尾仓、瓷窑垄、二坂桥、石寮坂、苦竹垵等窑址都有发现,应是德化窑的外销产品。

第七类:牵牛花纹(亦称灵芝草纹)青花碟、碗、盘

第八类:云龙纹青花盘、碗

第九类:云龙纹青花碗

第十类:火珠云龙纹碗

第十一类:城楼纹青花碗

第十二类:佛手纹青花盘

第十三类:寿字(亦称梵文)纹碗

第十四类:半寿字(亦称梵文)纹青花盘

上述第六类至十一类的器物,在我国的西沙群岛均有出土,并定为

德化窑的产品。① 这些同类器物在德化的岭兜、石排格等 50 多个窑址都有发现。第十二类和第十三类的器物也发现于西沙群岛,在德化的羊条窑、炉坂窑也有发现。② 西沙群岛自古以来就是我国不可分割的神圣领土,是我国与各国海外贸易的南大门和必经之地。西沙群岛发现大量的德化瓷,有的是当地人民的生活用具,有的应为德化外销瓷途经西沙留下的遗物。

这里需要说明的是,国外发现的宋元时期青白瓷,我们未见实物,仅从著录图片外观与德化窑出土做比较,不一定看得准确,而且当时烧造青白瓷不限于德化一地或德化某一个窑,有的是几个县同烧同一种外销瓷,主要特征又大体相同。由于德化窑发现最多,其他窑址不太清楚,故暂时视为德化窑产品。至于国外发现的清代瓷器,有的可能是外销瓷,但也有相当一部分是清朝时流散到国外的,因一时不易分清,暂时称为外销瓷。窑址和外销瓷器的发现,可以说明如下几个问题。

第一,德化古外销瓷的生产和产品的大量外销是由其优越的自然条件和地理条件所决定的。德化县瓷土丰富,遍布全县,森林茂盛,提供了充足的烧瓷燃料。又地处福建东部,与我国古代对外贸易重要港口福州、泉州、厦门相近,极便于产品的外运。德化自五代建县以来,曾先后隶属福州、泉州管辖。宋元以来,泉州成为我国对外贸易的重要港口,外国商船多在泉州停泊,有利于产品外销,促进外销瓷的大批生产。明末泉州港虽然衰落了,但邻近泉州的厦门港又代之兴起,这些优越条件无疑在客观上促进了德化外销瓷生产的发展。

第二,德化古窑址和外销瓷器的发现,为研究德化外销瓷的历史和德化瓷器发展提供了重要的资料。目前已发现的德化外销瓷开始于宋

---

① 广东省博物馆:《西沙文物》,文物出版社 1978 年版。又《广东西沙群岛第二次文物调查简报》,载《文物》1976 年第 9 期。

② 徐本章、苏光耀、叶文程:《略谈德化窑的古外销瓷器》,载《考古》1979 年第 2 期。

代(宋以前待考)。当时福建的海上交通和对外贸易已很发达,陶瓷大量附舶运销海外,"宋末,荷兰人由福建贩运瓷器至欧洲,价值每与黄金相等,且有供不应求之势"。① 德化"屈斗宫窑的标本在国外都有发现,证明宋代曾大量外销"。② 元朝统一中国后,幅员广阔,陆海畅通,国外贸易极盛一时,陶瓷运销范围也有所扩大。意大利旅行家马可·波罗来泉州,盛赞德化的瓷器:"制造碗及瓷器,既多且美","购价甚贱"③。马可·波罗于1291年归国时,从福建带回中国白色瓷器及彩色小瓷瓶等,存于威尼斯市的圣马可宝藏所。马可·波罗盛赞德化瓷,并称"除此港外,他港皆不制此物"。难怪有人把德化外销的瓷器,称为马可·波罗瓷器。明代,手工业和商业资本迅速发展,瓷器成为当时对外贸易的畅销商品。特别是永乐、宣德间,郑和下西洋以后,陶瓷销售数量远远超出宋元时期。当时德化烧制的富有特色的"建白瓷"(或"乳白瓷"、"象牙白")曾传入欧洲,法国人高度评价为"中国白",誉为"乃中国瓷器之上品"。

清代康熙、雍正、乾隆时期是我国瓷业的鼎盛时期,这一时期德化外销仍有发展。剑桥大学出版社1924年出版的《远东陶瓷手册》在谈到当时厦门的欧洲商人,特别是法国人把德化瓷介绍到欧洲,使欧洲熟悉德化瓷器并仿制德化瓷器。乾隆年间,德化人郑兼才曾在《窑工》一诗中记述当时德化瓷器外销的盛况,写道:"骈肩集市门,堆积群峰起。一朝海舶来,顺流价倍徙。不怕生计穷,但愿通潮水。"④道光十二年(1832年)刊行的《厦门志》卷五"洋船条"也记载德化瓷从厦门港外销的事实。在非洲坦噶尼喀发现的德化青花瓷就是德化瓷运销到非洲的

① 冯和法:《中国陶瓷业之现状及其贸易现状》,载《国际贸易导报》第3卷第2~4号合刊,1932年4月10日。
② 冯先铭:《新中国陶瓷考古的主要收获》,载《文物》1965年第9期。
③ 沙梅昂注,冯承钧译:《马可·波罗行纪》,第2卷第156章"刺桐城",中华书局1935年版,第609页。
④ 民国《德化县志》卷十六,《艺文志》。

实物证据。西沙群岛数以百计的德化瓷的发现,有力地证实了德化瓷经祖国领土南大门西沙群岛运销国外的盛况。鸦片战争以后,中国沦为半封建半殖民地社会,德化外销瓷从此衰落,除了有一二种产品如梅花杯还得到国际的好评以外,总的趋势是每况愈下。①

第三,德化古瓷的外销,给国外制瓷技术的传播和中外经济文化交流做出了有益的贡献。例如日本的串窑,是受德化窑的影响设计的。②R.L.霍布森的《远东陶瓷手册》也介绍 18 世纪欧洲瓷器工人仿造德化瓷的事实。

陶瓷与人类日常生活密切相关,陶瓷的外销对改善、丰富和美化当地人民生活有直接影响。如东南亚一些国家在中国陶瓷传入以前,多以植物叶子为食器,"饮食以葵叶为碗,不施匕箸,掬而食之"③。中国陶瓷输入以后,提供了精美实用的器皿,改变了原来的生活习俗。④ 又如德化窑生产的军持,成为一些国家伊斯兰教教徒的必需品。如马来人改崇伊斯兰教以后,对军持的需要更多,日常拜功可为小净之用,朝觐麦加可以携贮溪水。归途为备装麦加阿必渗渗井水和阿拉伯蔷薇水,以赠送亲友和自用。德化窑军持的大量外销,满足了马来人的需要。雅加达博物院收藏的 3 件德化窑军持,上有阿拉伯文字。由此也可看出德化外销瓷在发展中外文化交流和友好往来所起的积极作用。

第四,历代德化外销瓷产品的特色和产区的分布。从釉色看,宋元时期以青釉、青白釉(影青)为主,青白釉为多。明代以白瓷为主,特别是德化的"建白瓷"独树一帜,闻名于世。清代德化外销瓷主要以白釉和白地青花的产品为主。从器物形制来看,宋元时期外销瓷以军持、

---

① 参看《德化龙井苏氏族谱》,1938 年刻本。

② [日]铃本巳代三:《窑炉》,刘可栋等译,建筑工程出版社 1959 年版,第 4 页。

③ 赵汝适:《诸蕃志》卷上,"登流眉国"条,冯承钧校注,中华书局 1959 年版,第 10 页。

④ 马欢:《瀛涯胜览》,"爪哇国"条,冯承钧校注,商务印书馆 1935 年版,第 11 页。

盒、洗、碗、瓶类为主，特别是盒、洗为多，几乎所有的宋元窑址都有发现。明代除了日用器皿外，尤以各种佛像雕塑著称，如来、弥勒、观音、菩提、达摩等塑像，造型生动，形态优美，流传国外，颇受外人赞扬，享有"东方艺术"之誉。民间艺人何朝宗的各种佛像雕塑，当时"在'东西洋'市场上都是热门货，各方高价争购，也有一部分由华侨携带出国。日本及东南亚佛教国家对它格外喜爱"①。祖龙宫、后窑、岭兜、后所等窑址发现不少明代瓷雕佛像的残器。清代德化外销瓷以釉下青花的日常用品为主，亦有白釉的各种艺术品生产。

德化外销瓷窑址的分布集中在县境北部和南部，几乎每个村庄都有生产，尤以南部最为密集。南部县城周围的浔中、三班、盖德三地交通比较方便，离泉州港和厦门港较近，便于外销瓷出口。浔中和三班两地古瓷窑址最为集中，已发现 74 处，其中发现有外销瓷的窑址有 31 处之多。盖德发现的外销瓷年代有的比浔中、三班还早，有北宋的产品，也有五代风格的器物，还出土了唐代的青釉瓷器。

德化的古外销瓷，曾在中国制瓷史和中外文化交流史上留下了辉煌的一页。新中国成立后，德化外销瓷得到迅速的恢复和发展，畅销世界各地，为中外人民的文化交流做出新的贡献。

十、德化窑在中国陶瓷工艺史上的地位

德化窑是我国古代南方著名的瓷器产区之一。宋元以来，它与处州、龙泉窑齐名，又与湖南醴陵、江西景德镇三足鼎立，被称为我国三大瓷都。德化窑历来以生产白釉器著称于世，驰名中外，被誉为"中国白"。尤其是瓷雕艺术，独树一帜，有其卓越的成就，享有"东方艺术"之

---

① 鸿鹄：《明代瓷塑大师何朝宗》，载菲律宾《华侨周刊》第 22 卷第 5 期，1958年。

称誉。所以德化窑在我国陶瓷工艺史上占有极其重要的地位。

历史上有关文献对德化窑倍加称赞,赋予它很高的地位,现摘录数条于下:

1."德化所出白瓷花瓶,瓷质雪白,价廉而式样不俗"。观世音"有彩画者,有坐像、立像者。其素衣而蓝风兜者,以似美女为劣,似男者为贵"。①

2."自明烧造,本泉州府德化县。……称白瓷,颇滋润。但体极厚,间有薄者,惟佛像殊佳"。②

3."建窑出福建泉州府德化县,其色有甜白,青色深浅不同。……体厚者多,少见薄者,唯佛像最佳"。③

4."后制者出德化,色甚白,而颇莹亮,亦名福窑……白者颇似定,惟无开片。佳者瓷质颇厚,而表里能映见指影焉。以白中闪红者为贵"。④

5."白建似定窑,无开片,质若乳白之滑腻,宛若象牙,光色如绢,釉水莹厚。以善制佛像著名,如如来、弥陀、观世音、菩提、达摩等,皆精品也。明季自宁波流入日本,日本商人至不惜以万金争购之,足见其精美矣"。⑤

6."观音佛高一尺,趺坐,面如美男子,丰而且丽,不可多得之品也";"明建窑文殊佛,德化窑所造。色泽光润可爱,如象牙然"。⑥

7."明以后福建德化所造的建窑,为天鹅绒之白色,即闻名于世之中国白瓷是也。其窑之特品为白瓷,昔日法人呼之为'不兰克帝中国'(Blanc de Chine,即中国之白也),乃中国瓷器之上品也。与其他之东

---

① 寂园叟:《陶雅》卷下,上海朝记书庄石印本,第 24 页。
② 蓝浦:《景德镇陶录》卷七,《古窑考》,第 13 页。
③ 程哲:《窑器说》,第 4 页。
④ 许之衡:《饮流斋说瓷》。
⑤ 吴仁敬、辛安潮:《中国陶瓷史》,商务印书馆 1937 年版。
⑥ 施景琛:《泉山古物编》。

方名瓷,迥然不相同。质滑腻如乳白,宛若象牙。釉水莹厚,与瓷体密贴,光色如绢,若软瓷之面泽然。此窑在明代以善造佛像著名"。[①]

德化窑的烧造历史,经新中国成立后的调查和发现,早在唐、宋时期就开始生产瓷器。这就纠正了之前"自明烧造"[②]这一不全面的说法,把德化制瓷历史大大往前推进一步。宋代或元代生产的青釉器和青白釉器,在器物造型、制作技术和装饰艺术上也有突出的成绩。其所生产的军持、盒、瓶等类器物,都是东南亚各国人民所欢迎的重要产品。尤其是造型优美、瓷质优良、实用大方的军持类和盒类器产品,畅销海外,深受东南亚各国的喜爱。它是我国古外销陶瓷工艺的特色,在中外文化交流和友好往来中起着积极的作用,真可说是"军持传友谊"。

自宋元以来,德化瓷窑遍布全县,瓷业兴旺发达,历久不衰。德化窑历来生产各类瓷器,特别是青白釉器和白釉器,无论在造型、釉色、装饰、制法和瓷质等方面,都有其独特的造诣和杰出的成就。

德化窑瓷器特点:色白质坚,釉汁温润,造型精美,装饰简朴,是我国南方白釉瓷器中具有优秀传统和独特风格的著名产品。在白釉器中,一般为纯白色,但也有白而微带水青或浅青(即青白色)。白釉中如乳白或象牙白(俗称猪油白或葱根白,也有称为鹅绒白),这都是德化白釉瓷器别具一格的产品。

德化白釉瓷器的胎质,一般是坚硬细腻。胎色纯白,胎壁较薄,特别是腹部与底部之间最薄,在日光或灯光映照下,瓷质透明,不但能映见指影,而且显出肉红色。这是德化窑瓷器最独具的优点。

瓷雕塑是德化白釉器中珍贵的产品,它与象牙白一道并列为德化窑的代表。国内外一谈起德化窑,往往与德化的瓷塑联系在一起。德化的瓷雕塑在元代就很盛行,至明代已达到高超的成就,在我国和世界瓷业史上独树一面旗帜。瓷塑的造型优美,胎质细腻,瓷体密贴,施釉

[①]　[英]波西尔:《中国美术》,商务印书馆1923年版。
[②]　蓝浦:《景德镇陶录》卷七,《古窑考》,第13页。

均匀,光泽如绢,凝脂似玉,淡雅可爱。特别是民间艺人,瓷塑大师何朝宗雕制的瓷观音、如来、弥陀、达摩以及各类塑像,最为杰出。其造型生动,仪态逼真,衣褶飘拂,线条流畅,造诣很高,是不可多得的艺术精品。故宫博物院收藏的达摩像,作达摩乘风渡海之状,衣裙飘拂,波涛汹涌,就是其中一件优秀的代表作。他的高超雕制艺术和独特的风格,垂范后世。

何朝宗的瓷雕在国际上深受赞扬,评价极高,享有"东方艺术"和"国际瓷坛上的明珠"之誉,有"天下传宝之"之称,出现了一进国际市场,各方争着抢购的盛况。他的优秀作品曾畅销东南亚国家,一部分流散到日本和美国。至今在国内的故宫博物院、上海博物馆、福建博物馆和文物商店、厦门南普陀和泉州市文管会等单位尚保存有他雕制的珍品。

明代嘉靖、万历年间是德化瓷塑艺术发展高峰的时期。当时瓷塑艺人辈出,见诸世者除何朝宗外,还有张寿山、林朝景、陈伟以及清初的何朝春等,都以塑造佛像著称。所以传世的优秀瓷塑亦多为这一时期的代表作。上海博物馆所藏的"明万历德化窑千手观音"和"德化窑人像",可称这一时期的代表作。"德化窑千手观音"层次比较复杂,但塑像各部分的处理比例匀称而协调,观音上身集中了莲冠、飘带、披巾、璎珞以及多种花纹的装饰,可是看上去并不烦琐,反而增加了华美艳丽的感觉。"德化窑人像"刻画简练,着重面部的神情表现,其他冠带、衣褶自然浑厚。可见明代晚期瓷器工艺处于逐渐减色的过程中,瓷塑一项取得了如此美好的成就,在瓷艺坛上树起了一面新旗帜。①

明代中期以后,德化窑造型除继承旧的传统式样外,也有其突出的特点和表现,大部分是仿古器物,尤其是古铜器。但晚期的仿古和清代的泥古式仿制古物的趣味大不相同。晚期仿古有两个特点:第一,陶工所仿制的器物都是造型比较简洁的一类(如觚形花瓶和簋形香炉等),

---

① 程方英:《三件明代瓷塑》(上海博物馆藏品),载《文物》1962 年第 12 期。

这是符合当时美术风尚的。再者,晚期陶工所制的器物,无论是仿古或"创新",都一定会顾及陶瓷的属性,不会产生不自然和生硬之感。更重要者,晚明人对古物形式的处理是灵活的,于是有些仿古器也是创体。例如展品中的"天官象耳足六角炉",利用元代器物常见的象耳造型作为鼎形香炉的三足,香炉的器身则做六角形。这一种形制和主题组合是以前所无的,但是这香炉却是一件又"古雅"又有新意的美术品。①

德化窑在继承传统上,对瓷器装饰花纹也有特别的表现,经常可以看到器物上带有铜器的花纹装饰,如回纹、饕餮纹、夔龙纹、善头、象鼻、环耳等花纹装饰。较有代表性的有双兽耳炉、双耳印花夔龙雷纹鼎、双兽耳饕餮纹簋形炉、印花仿铜匜和大爵杯等。②

明清之际,德化窑也生产大量的青花瓷器,无论在花纹装饰和绘画技术上,也都达到一定的水平和具有地方的特色。如洞上月记窑生产的青花盘、碗,就是这一时期青花器类纹较有代表性的作品。清代德化窑也烧造三彩、五彩器,如明福建陈文显三彩飞凤盘、明福建三彩花卉盘、明福建三彩红牡丹碗等③,还有德化雍正粉彩盒等。

这里值得特别指出的是:德化窑瓷器的外销在我国古陶瓷外销史上也占有重要的地位。德化窑从其创烧开始一直到明中叶,都是以生产出口瓷为主,市场是东南亚各地。到明代嘉靖以后,因为西洋人东来,东南亚的政治和贸易情况都有很大的转变,德化瓷的海外销路也一度转弱。同时,江南地区渐趋富庶,为了适应新兴市民阶级和士大夫对工艺美术品和案头雅玩的需求,德化窑的陶工便开始生产文房用具和书斋的陈设品以及各种塑像。在晚明文献上所记福窑产品,往往提及

---

① 屈志仁编:《德化窑》,香港中文大学、中国文化研究所文物馆主办《德化瓷器展览》,1975 年 1 月至 6 月。

② 屈志仁编:《德化窑》,香港中文大学、中国文化研究所文物馆主办《德化瓷器展览》,1975 年 1 月至 6 月。

③ 郑德坤:《东南亚陶瓷的研究》,香港中文大学《中国文化研究所学报》第 5 卷第 2 期,1975 年。

"博山佛像之美"①。展品中的各种香炉和文房用品大部分是明末至清初的制品,以这一些展品和其他年代的器物比较,不难看出明末清初是德化窑发展的高峰时期。②

从康熙晚期开始,德化窑又再烧造外销瓷,由荷兰东印度公司运往欧洲。18 世纪(雍正乾隆年间),是德化瓷行销欧洲的全盛期。为了迎合顾客的趣味,部分塑像和日用器具的造型也接受外国的影响,如"送子观音"后来有点像"圣母与圣婴",但这种外销瓷在国内流传并不多。③ 这里还应特别提及的是,德化窑的某些外销产品,从宋代的"军持"到明代的瓷塑和清代的青花瓷器,都是为国外人们的习惯和爱好而特制的。这些产品的外销,无疑对满足外国人的需要起着一定的作用,对传播友谊和加强同各国人民的友好交往都做出了积极的贡献。随着国内外考古发掘工作的开展,相信一定会有更多的德化外销瓷被发现。

德化窑在其发展过程中,特别是窑炉的结构和类型具有地方特点和自己的发展系统,这在我国南方窑炉的发展史上占有极其重要的地位,也做出自己的贡献。

德化早期使用的窑炉,地方上叫它"蛇窑"。这比龙窑更为形象,这是第一种类型。宋元间,又进一步发展成为"鸡笼窑"类型。这是德化窑炉发展史上的第二阶段,也是第二种类型。而后又进一步改进发展成为"大窑",即今天的"阶级窑"。所以德化窑炉由蛇目窑(龙窑)→鸡笼窑→大窑(阶级窑)的发展过程中,形成了自己的独特阶段类型和发展体系。特别是阶级窑,不但为南方地区所采用,而且对日本窑炉的设计影响很大,"日本人把福建德化窑的阶级窑估计为串窑的始祖"④。

---

① 陈懋仁:《泉南杂志》卷上,眉公秘籍本。

② 屈志仁编:《德化窑》,香港中文大学、中国文化研究所文物馆主办《德化瓷器展览》,1975 年 1 月至 6 月。

③ 屈志仁编:《德化窑》,香港中文大学、中国文化研究所文物馆主办《德化瓷器展览》,1975 年 1 月至 6 月。

④ [日]铃木巳代三:《窑炉》,建筑工程出版社 1959 年版,第 4 页。

　　总之,德化窑在很多方面都独具特点和杰出成就,因而受到人们的极大重视和欢迎。其创烧和发展过程,在我国陶瓷工艺史上有着重要的贡献,也占有极其重要的地位。同时,德化窑也是福建古代著名窑场之一,在福建陶瓷工艺史上也占着非常重要的地位。

清代德化人民迁徙台湾资料摘记

一

　　台湾自古是中国领土不可分割的一部分,台湾和祖国大陆有着悠久的历史渊源关系。

　　根据考古证明,在远古时期,台湾同大陆本来连为一体,台湾的文化源于大陆,同属一脉。福建省德化县地近东南沿海,与台湾来往的历史源远流长,澎湖列岛大批宋元时期德化窑瓷器的出土和菲律宾大量德化窑产品的发现,证实在宋代德化窑销往国外的产品与澎湖至台湾这条航线有着密切的关系。南宋宝庆元年(1225年)福建路市舶提举赵汝适著《诸蕃志》称:"泉(州)有海岛,曰彭湖(即澎湖),隶晋江县。"时德化与台湾澎湖还同属泉州管辖。台湾有不少同胞的祖籍地就在德化,台中县的大中镇有个德化里,就是过去德化人到台湾开基立业的。他们为了子孙后代永远不忘祖地,就沿用了祖籍的地名。

　　清代是闽台关系发展史上的一个重要时期,随着历史的发展,大陆前往台湾定居的人数逐渐增多。遍及德化各乡各地的族谱,几乎都记载了清代德化人民移居台湾,与当地人民骨肉相依,生死与共,共同建设美丽宝岛的资料。

　　笔者拟就近几年来从查阅41部族谱摘录340多人往台的名录中(尽管这些材料极不完整),就清代德化与台湾的关系进行粗浅的探讨。

现将族谱有关记载（以姓氏笔画为序）辑录于下：

王王未，生康熙三十七年（1698年），卒在台湾。

王朕，王未弟，生康熙四十五年（1706年），卒乾隆十二年（1747年），葬台湾。

王必捷，生康熙四年（1665年），卒乾隆四年（1739年），庚寅（1710年）腊月，往台经商，娶当地喇哪氏为副室。

王起，卒于台湾。

王礼，生康熙二十八年（1689年），卒乾隆六年（1741年），葬台湾。

王亨，生康熙十年（1671年），卒康熙六十年（1721年），卒台湾。

（以上摘自《龙浔继述王氏族谱》，1940年刻本）

陈士溥，乾隆癸酉（1753年）移居台湾。

陈宏洵，生康熙辛酉二十年（1681年），二十岁往台湾北路大突社，娶潘氏，生三子一女。至三十岁后回鹏都，娶赖氏，生一子一女。至四十以上再往台湾本处，六十七岁带二子德生、吉生，孙招宝回鹏都。后赖氏所生芳愿，亦于乾隆壬申十七年（1752年），全家搬往台湾。

陈芳同，生康熙六十一年（1722年），往台湾，卒葬缺。

陈琼，生嘉庆十四年（1809年），后往台湾，娶妻吴氏，台湾彰化人。

陈芳南，生康熙四十九年（1710年），卒乾隆二十年（1755年），葬在台。

陈宏认，生康熙二十八年（1689年），乾隆二十年（1755年）卒在台湾。

陈振祥，生咸丰四年（1854年），往台湾后娶庶妣张氏，台湾人。

陈元万，生乾隆十五年（1750年），往台湾后娶继妣，台湾人。

陈舜篓，壮年携三子宏认、宏注（生于康熙庚子，1720年）、宏读往台湾。宏认子芳瑷、芳环亦往台湾。

陈舜爽、陈爽快兄弟俱往台湾。

陈芳璇，卒在台湾。其父宏都，生于康熙六年（1667年）。

陈芳该,宏恺子,往台湾。

（以上摘自《龙浔鹏都陈氏族谱》,1931 年木刻本）

陈允齐,生雍正或乾隆期间,开支台湾嘉义县。

（摘自《苏坂陈氏族谱》）

陈廷瑾,于乾隆丙寅（1746 年）带长子陈光外、次子陈光连到台北淡水镇粪箕湖落户。后廷瑾返家乡鼎力倡盖陈氏祠宇,不久殁于故乡。

（摘自东里《东观洋李山陈氏族谱》）

陈先兰,生康熙五十一年壬辰（1712 年）,往台湾。
陈先搂,字迪焜,讳光国,国学生,往台湾教读。
陈一烈,康熙六十一年壬寅（1722 年）生,往台湾。
陈一坤,字方生,康熙三十三年甲戌（1694 年）生,往台湾石车罗汉门居焉。
陈大鑫,字世就,讳观从,道光五年乙酉（1825 年）生,往台湾。

（以上摘自《高阳、乐陶陈氏族谱》,1950 年重修本）

陈祥佑,名元黑,生乾隆三十八年（1773 年）,卒道光元年（1821年）,葬于台湾。

（摘自猛虎《上安陈氏族谱》）

陈正台,字辅成,生于乾隆年间,卒台湾。其妻王氏,亦卒葬台湾。

陈秉道,正台长子,往台湾。

陈儿堪,以成长子,往台湾。其父以成,生于乾隆壬申(1752年)。

陈乃玥、陈扳龙兄弟同往台湾。其父奕爱,生于乾隆丙辰(1736年)。

陈光纱,字明时,生乾隆癸卯(1783年),卒嘉庆己巳(1809年),卒台湾竹堑,葬隙子山。

陈三丹,字文世,往台湾。其父于次,生于乾隆乙亥(1755年)。

陈金声,字固世,生道光己丑(1829年),卒咸丰辛亥(1851年),卒葬台湾。

陈嘉洋,生道光丙戌(1826年),往台湾。

陈哲恭,字簪笃,生咸丰癸丑(1853年),卒光绪庚寅(1890年),葬台湾。

陈惟濯,生于乾隆年间,往台湾。

陈兆篪,字时尊,生嘉庆丁巳(1797年),卒道光丙申(1836年),葬台湾。

陈晋禄,生道光戊申(1848年),卒光绪壬辰(1892年),葬台湾。

(以上摘自《龙浔兰阳豹尾诗房陈氏族谱》,1941年石印本)

陈寿椿,字培世,号子厚,增贡生,生道光六年(1826年),卒光绪五年(1879年),候补台湾儒学。

陈蕴玉,字簪圭,号璞川,讳金璋,庠生,生道光十六年(1836年),卒光绪三年(1877年),葬台湾。

(以上摘自《龙浔兰阳豹尾礼房陈氏族谱》,1941年刻本)

陈仕侯,往台湾。(约康熙年间)

陈升结,往台湾。(乾隆年间年)

陈管业,往台湾。(乾隆年间年)

(以上摘自《绮阳陈氏族谱》,1946年七修本)

陈有贤,生康熙年间,卒葬台湾。

（摘自《卿里陈氏宗谱》1926 年手抄本。卿里,
今屏山乡和坑村,清属德化,今已划归大田县）

李正温,生康熙甲戌（1694 年）,少甚勤俭,因家清贫而往台,肇基诸罗县,生有男女。

李育石,往台湾。（约生于乾隆年间）

李育汝,生乾隆乙未（1775 年）,往台湾。

李三山,号育芽,嘉庆癸酉科（1813 年）中式台湾籍举人,生卒佚,葬祖厝林仑头。生子四,其中侧室在台湾生有三子。

（以上摘自《龙浔奎兜李氏族谱》1936 年冬铅印本）

李可侯,十三世,往台湾无回。（约康熙年间）

李盆继,十四世,往台湾无回。（约雍正年间）

（以上摘自《上儒李氏族谱》,1949 年春抄本）

李懋经,生康熙庚戌（1670 年）,卒雍正丁未（1727 年）,其子抱,往台湾。

李房,肇浦长子;李帝,肇浦次子;李显,肇浦三子,兄弟三人俱往台湾。（约康熙间）（二十一世）

李成,昌六次子,生于顺治年间,往台湾。（二十一世）

李庶,字孕达,生顺治十五年（1658 年）,卒康熙三十六年（1697 年）,往台湾。（二十一世）

李珠,李庶子,往台湾。（二十二世）

李赞,生康熙辛丑(1721 年),卒乾隆丙寅(1746 年),在台而亡。(二十一世)

李壹,李焕长子;李德,李焕次子;李成,李焕三子;李佛,李焕四子。兄弟四人,俱往台湾。约雍正间。(二十二世)

李抱,李懋经子,往台湾。(二十二世)

李照、李瓜兄弟同往台湾。其父懋葵生于康熙癸丑(1673 年)。(二十二世)

李相,生于雍正年间,往台湾。(二十三世)

李峻,生乾隆壬戌年(1742 年),往台湾。(二十三世)

李忍,字敷百,生雍正甲寅年(1734 年),往台湾凤山县潮州庄。(二十四世)

李棉、李校兄弟同往台湾,(约雍正年间)(二十二世)

李洲,约乾隆年间,往台湾。

李伟,字哲仁,生于乾隆年间,往台湾。

李炳,生雍正丁未(1727 年),往台湾。(二十四世)

李元拔,生于雍正年间,往台湾。(二十四世)

（以上摘自《蒲坂李氏族谱》,1947 年手抄本）

李上埕,字长餐,号一诚,又号自得,生雍正甲寅(1734 年),卒乾隆丙申(1776 年),往台湾施教理学,葬台湾府罗汉门。

（摘自《龙浔盖德尚苑李氏族谱》,1936 年刻本）

李应愈,生康熙庚午(1690 年),移居台湾凤山县新园嵌顶,娶妻台湾人杨氏恬娘,生康熙庚寅(1710 年),卒乾隆辛酉(1741 年)。

李应浔,生康熙丙子(1696 年),卒雍正乙卯(1735 年),葬台湾。

（以上摘自《沙堤李氏族谱》，1937年冬铅印本）

李乃图，英五三子，往台不返而卒。（约清初）

李宗佩，讳志锵，乃敷次子，生康熙年间，业儒往台不还。

（以上摘自《瑞科李氏族谱》光绪年间手抄残本。
瑞科，今屏山乡瑞美村，清属德化，今已划归大田县）

苏士伟，生于康熙年间，往台湾。

苏士锡，生于康熙年间，往台湾。

苏士祝，生于康熙年间，往台湾。

苏士社，生于康熙年间。往台湾。

苏士褚，生于康熙年间，往台湾。

苏大章，字及贤，号素亭，生乾隆癸卯（1783年），卒咸丰庚申（1860年），道光辛巳（1821年），往台湾，台郡庠生，在台湾凤山县学任职。

苏光学，生乾隆乙卯（1795年），往台湾，卒葬无考。

苏震东，字桐明，讳金，号少熙，生道光丙戌（1826年），卒光绪庚寅（1890年），署台湾府教授、嘉义县教谕、封典加二级、授文林郎。

苏玉壬，字长林，生同治甲子（1864年），卒光绪丙戌（1886年），往台湾。

苏奇楷，字振端，生康熙年间，往台湾，卒葬无考。

苏庆元，名学冕，讳文冠，号古甫，生道光庚戌（1850年），同治戊辰（1868年）入学，辛未年（1871年）补廪，诰授奉直大夫，委台湾彰化、凤山等县教谕。卒民国戊午年（1918年）。

苏梦熊，名学吉，讳亨黑，号维周，生咸丰庚申（1860年），卒光绪己丑（1889年），光绪丁亥（1887年）进台湾府学。

苏永陈，字懋智，生康熙庚戌（1670年），卒乾隆戊辰（1748年），卒葬台湾，拾骸归葬。

苏奕钻,字道然,生康熙辛亥(1671年),卒康熙壬寅(1722年),葬台湾。

苏奕油,字道勃,生康熙壬戌(1682年),卒乾隆年间,葬于台湾诸罗县哆哩舅北马社。

苏隆深,字周谋,生康熙庚午(1690年),卒雍正乙卯(1735年),葬在台湾。娶吴氏来娘,台湾人。生男四,今其子孙住在台湾府内门。

苏隆澜,字周观,隆深弟,生康熙乙亥(1695年),卒台湾。在台湾亦有娶妻,今皆无考。

苏尚高,字荣柔,生康熙间,卒乾隆间,往台湾。

苏大垲,字及金,生嘉庆癸亥(1803年),卒葬台湾。

(以上摘自《龙井苏氏族谱》,1938年刻本)

苏五二,往台湾。(约康熙年间)

苏聪湖,往台湾。(约康熙年间)

苏圭勋,往台湾。(约康熙年间)

苏远卿,讳其标,台湾府庠生。(约乾隆年间)

苏映,讳日英,台湾庠生。(约乾隆年间)

苏建发,讳世苞,往台湾。(约清初)

苏建纯,讳世静,往台湾。(约清初)

苏正己,讳上体,往台湾。(约乾隆年间)

苏正修,讳上本,往台湾。(约乾隆年间)

苏茂正,移台湾。(约清初)

苏祖训,往台湾。(约清初)

苏乃所,往台湾。(约清初)

(以上摘自《德化双翰苏氏族谱》,1946年刻本)

连国迎,生咸丰三年(1853年),卒光绪二十年(1894年),卒葬台湾。

连杓,生于康熙年间,往台湾,无回。

连玉怡,生康熙二十年(1681年),往台湾,无回。

连荆凯,讳文茅,生康熙至雍正年间,往台湾府无回,长子连绰、次子连緻,俱从父往台湾。

(以上摘自《龙浔甲头连氏族谱》,1946年刻本)

张继沾,字睦圣,生嘉庆甲戌(1814年),卒道光庚子(1840年),葬台湾南仔坑。"壮年往台湾教读,不幸而卒,后有知友寄信回知,惜哉。"

(摘自《龙浔爱文张氏族谱》卷四,残本)

张良我,讳志汝;张良雨,讳志濯,乾隆年间往台湾。

(摘自《汤泉里桂林坊钱塘高阳山后洪登第大宗世系族谱》,手抄残本)

肖可惠,世和子,生乾隆年间,移居在台湾。

肖士晋,可盆长子;肖士福,可盆次子,兄弟俱移居台湾。

肖元锈,生于康熙年间,开基台湾。

肖斐炊,弘模长子;肖斐熵,弘模次子,生于康熙年间,兄弟俱移居台湾。

肖可颜,世前子,乾隆年间移居台湾。

肖可盆,世赏三子,乾隆年间移居台湾,生男二:士晋、士福。

肖元锑,生于乾隆年间,开基台湾。

肖元昏,生于乾隆年间,开基台湾。

肖元胡,生于乾隆年间,开基台湾。

肖元锵,生于乾隆年间,开基台湾。

肖元垣,生于乾隆年间,开基台湾。

肖元绥,乾隆间开基台湾中埔内门。

肖浃生,生于嘉庆年间,开基台湾。

肖元锦长子(莫详其名年),生乾隆间。开基台湾。

(以上摘自《华山肖氏族谱》,1947年石印本)

林君瑞,讳日珩,生康熙己亥(1719年),往台湾。

林君英,讳日琇,君瑞弟,生康熙辛丑年(1721年),往台湾。

林乃文,讳元仪,生康熙壬午(1702年),往台湾卒。

林采士,讳芳摈,生康熙戊戌(1718年),往台湾彰化县南兜,卒于彼处。

林道甫,讳云桥,生康熙辛丑(1721年),往台湾。

(以上摘自《大铭上宅林氏族谱》,光绪二十年即1894年手抄残本)

林而琢,字修生,生康熙二十年(1681年),往台湾。

(摘自上林《世紫林氏族谱》手抄残本)

单应恂,又名应观,字于光,生顺治壬辰(1652年),卒康熙戊戌(1718年),生男二:文菊、文忠,俱往台湾住居,无回。

(摘自《德化高阳清修、金城单氏族谱》,1949年四修抄本)

柯传有,讳应棣,行七,父早丧,母改嫁,出家于荇菜岩,聪俊可人,经典易明,僧名曰乘传,后有念祖之意,还俗归家,囊无长物,劳力不能,遂往台湾生业,今有遥传受室矣。

（摘自尤床《惇穆堂柯氏族谱》，清嘉庆元年即 1796 年抄本）

郑茂榔，往台湾。（约康熙年间）

郑茂盛，往台湾。（约康熙年间）

（以上摘自《荥阳郡厚德郑氏族谱》，1934 年手抄残本）

郑读，字青善，生乾隆甲申（1764 年），卒嘉庆丁丑（1817 年），卒于台湾南路，葬大湖口边。

郑启、郑庚、郑朔三人系兄弟，均居于台湾。其兄郑通，生于乾隆壬寅（1782 年）。

郑纰，外出台湾。

郑缠，讳缉，字青络，庠生，生嘉庆壬戌（1802 年），客卒台湾。

郑余，生嘉庆乙丑（1805 年），客卒台湾。

郑娄，外出台湾。其兄郑炷，生于嘉庆乙亥（1815 年）。

郑玫，生道光辛巳（1821 年），卒咸丰庚申（1860 年），卒于台湾，拾骸归葬酒坑山。

郑尔，生嘉庆戊辰（1808 年），卒道光庚子（1840 年），卒于台湾。

郑聆，往台湾。其兄郑答，生于康熙己丑（1709 年）。

郑栳，往台湾。

郑洗，往台湾。其兄郑青，生于康熙四十七年（1708 年）。

郑茧，往台湾。

郑琰，往台湾，住竹堑沙仑尾。其兄郑长生于康熙丁未（1667 年）。

郑颜，往台湾淡水。

郑判，往台湾。其弟郑好，生于雍正七年（1729 年）。

郑孝，往台湾。其兄郑昭，生于雍正八年（1730 年）。

郑琛，往台湾，依其叔郑琰为生。

郑嘉瑞,往台湾。

郑息、郑吉、郑明三人系兄弟,均居台湾。

郑种,生于乾隆年间,往台湾。

郑璧瑞,武生,生于乾隆辛酉(1741年),卒嘉庆辛未(1811年),卒于台湾,葬府城南门外。

郑镖,字璧香,生乾隆丁亥(1767年),卒道光甲申(1824年),卒于台湾,葬大目降。

郑梁,字兖栋,生嘉庆辛酉(1801年),卒于台湾。

郑衮震,生乾隆己卯(1759年),卒道光己亥(1839年),往台湾,卒。骸骨归葬本乡牛草岭。

郑福,字衮得,生嘉庆丁巳(1797年),往台湾,卒葬在台地。

郑豪,字璧俊,生乾隆己丑(1769年),嘉庆壬戌(1802年)卒于台湾,拾骨骸归葬于粪箕丘。

郑福生,字文拱,生乾隆己卯(1759年),嘉庆丙寅(1806年)在台湾漳泉械斗时被害,其子拾遗骸归葬。

郑文兴,生乾隆丙子(1756年),卒嘉庆庚午(1810年),客死于台,遂葬台地。

郑海山,生乾隆己丑(1769年),卒嘉庆壬申(1812年),葬台湾彰化县。

郑谟,生康熙五十九年(1720年),卒嘉庆己未年(1799年)。中年去台为贾,葬于彰化之犁头后。

郑兼才,字文化,号六亭,生乾隆二十三年(1758年),嘉庆九年(1804年)调任台湾教谕。道光二年(1822年),在台湾督建昭忠祠时,受暑病殁。道光八年(1828年)由其子光篆、光笋运枢回乡,安葬于桥内村寨后仑。

郑光篆,郑兼才子,嘉庆年间随父往台湾任教。

郑革,生乾隆癸亥(1743年),卒乾隆乙卯(1795年),往台湾。

郑祖升,往台湾住内门,生子六。

郑藏,往台湾。

郑委,往台湾。

郑瑾,生乾隆己卯(1759年),卒嘉庆庚申(1800年),葬台湾。

郑圈,生乾隆壬子(1792年),葬台湾。

郑鼎,讳梅,字青羹,生嘉庆庚申(1800年),台湾庠生,全家移居台湾。

(以上摘自《龟迪郑氏族谱》光绪二十一年即1895年手抄本)

郑焕五十,字子然,生康熙四十五年(1706年),卒雍正四年(1726年),往台湾,无归。

郑焕五一,去台湾中都,无归。

郑耀三,名密,字理文,生康熙三十三年(1694年),卒乾隆十七年(1752年),先出家永安岩,还俗后往台湾。

(以上摘自《桂林格郑氏族谱》手抄残本)

徐元瓒、徐元琪、徐国宾、徐宜绩(三十三世)、徐钟锭(三十六世)、徐珍卿(三十八世)、徐焕龙、徐焕袜(三十九世)、徐光总(四十世)等人俱往台湾。其中徐钟锭在台湾娶妻,生一子,号双鹏。

(以上摘自《儒山徐氏宗谱》,光绪癸未年即1883年重修本,该族谱至光绪年间为四十世)

涂献树,生乾隆年间,移居台湾。

涂献桃,生乾隆年间,移居台湾。

(以上摘自《相卿涂氏族谱》,宣统三年即1911年手抄本)

涂光仁,往台湾卒。

涂光登,往台湾卒。

涂光团,讳嗣京,往台湾。

涂光帛,移往台湾居住。

涂无钉,约乾隆间往台湾无回。

(以上摘自《涂氏宠房支派自修谱》,光绪十二年即 1886 年手抄残本)

郭学响,生同治元年(1862 年),卒台湾。

郭亚,往台湾,"乾隆间,文达公台湾回寄银两圆,为父母坟墓及年节银纸之费。"

郭行耳,讳漱生,生乾隆五十八年(1793 年),往台湾。

郭行中,生乾隆五十六年(1791 年),往台湾。

郭行就,往台湾。其父生于乾隆五十二年(1787 年),卒于咸丰二年(1852 年)。

郭行颂,讳涯生,生乾隆四十九年(1784 年),卒台湾。

郭正奎,生乾隆十年(1745 年),往台湾,无回。

廪生郭行达,乳名珪一,字行璋,讳联璧,改为纲,号云阶,生嘉庆二年(1797 年),卒同治八年(1869 年)。游泮后不欲蛰居里巷,因携儿观海共赴台湾,蒙周太守凯录取观海第一名,由是文名远播,台人皆乐附门墙返论,后在乡设帐,颇有造就人才。

郭观海,号素南,行达子,生道光六年(1826 年),卒光绪十七年(1891 年),随父往台,在台入学,光绪元年恩贡生。

郭行观,生嘉庆十八年(1813 年),卒同治十一年(1872 年),"学富青箱,才高黄绢,字法宛肖……往台教读,纳宠暂居"。庶妣涂氏玉娘,台湾人,生道光四年(1824 年),卒光绪四年(1878 年),葬台湾。

郭信赞,讳镶,生嘉庆二十二年(1817 年),往台湾。

郭家远,生咸丰十一年(1861 年),卒葬台湾。

（以上摘自《龙俊郭氏族谱》，1935年刻本）

梁于耀，讳从台，生康熙甲辰（1664年），往台湾，娶妻吕氏，台湾人。生六子，长子和四子留在家乡。其余四个儿子定居台湾。

梁伟昌，又名昌英，于耀次子，生于台湾。

梁伟春，又名春英，于耀三子，生于台湾。

梁伟昱，又名昱英，于耀五子，生于台湾。

梁伟星，于耀六子，生于台湾。

梁从祐，字于尊，生康熙壬戌（1682年），卒康熙丙戌（1706年），往台湾，卒其处。

梁子璧，讳宣，生康熙甲午（1714年），往台湾，卒。

梁子徽，讳猷，生康熙乙亥（1695年），卒康熙辛丑（1721年），在台湾殁。

梁选贤，讳志栋，生雍正癸丑（1733年），往台湾。

梁从琬，往台湾，卒。其父梁而阶生于顺治戊戌年（1658年）。

梁而详，生顺治丁酉（1657年），卒康熙壬午（1702年），卒在台湾。

（以上摘自《罗昇梁氏益德尾颜谱》，手抄残本）

黄其塔，字双层，生道光六年（1826年），咸丰元年（1851年）二月，往台湾彰化县南门沙坑居住。

（摘自《龙浔凤池黄氏族谱》，手抄残本）

章绵生，字瓜玉，生嘉庆癸酉（1813年），谋利往台，卒于台湾。

章国榜，绵生长子，生于道光年间，往台湾。

章启进，士禅次子，雍正己酉（1729年）生于台湾。

　　章启稽,士簪次子,往台湾。其兄启秘,生于康熙辛卯(1711年)。

　　章启利,启稽弟,往台湾。

　　章元煊,奇五四子,生康熙年间,"从海寇往台"。

　　章汝琪,字怀谷,生康熙壬戌(1682年),年四十三卒于台湾。

　　章其将,仲华三子,生康熙癸丑(1673年),移居台湾。娶妻在台湾。

　　章其圆,仲华五子,生康熙庚申(1680年),往台湾。娶妻亦在台湾。

　　章其卿,字余位,廷朗四子,生康熙辛巳(1701年),后卒在台湾,骨骸归葬王坪水尾。

　　章其埕,字余泰,雨鸣长子,生康熙丁巳(1677年),卒康熙丙申(1716年)。往台湾,后归葬牛林格后壁。娶妻在台湾。子二:正树、正乾,俱在台湾生。

　　章其墩,子余岳,舜若长子,生康熙乙丑(1685年),卒雍正壬子(1732年),卒在台湾。

　　章行周,讳鸣岐,生康熙壬寅(1662年),卒康熙乙酉(1705年),卒在台湾,骨骸由周元带回归葬。

　　章有国,子必兴,生康熙年间,卒台湾。

　　章有穆,端生长子,生康熙年间,卒在台湾。

　　章有倩,字必巧,生康熙年丁卯(1687年),卒在台湾。

　　章九乘,讳有千,生康熙癸酉(1693年),在台立家室。

　　章亦炽,讳有振,生康熙乙亥(1695年),乾隆二年(1737年)卒于台湾,骨骸归葬。

　　章孔烈,讳纯祉,名必达,号耻三,生康熙己酉(1669年),卒雍正己酉(1729年)。二十六岁进台湾府武学,因丙戌岁试不到,遂除名榜,四十二岁庚寅复进台湾诸罗县武学。

　　章纯祝,字孔颂,生康熙丁巳(1677年),移居台湾。

　　章纯铨,字孔量,生康熙年间,移居台湾。

章泰仑,字际云,生乾隆辛酉(1741 年),嘉庆壬申(1812 年)卒在台湾。副妣陈氏,台湾凤山县人,卒于台。

章正洁,字鼎清,生康熙丙戌(1706 年),往台湾。

章正钛,字鼎初,生康熙庚辰(1700 年),娶妻台湾人。

章正树,余泰长子;章正乾,余泰次子,兄弟生于康熙年间,俱往台湾。

章正辍,余笃长子;章正咸,余笃次子,兄弟生于康熙年间,俱往台湾。

章登德,生康熙甲申(1704 年),卒在台湾。

章登瑶,字实台,生康熙丙辰(1676 年),卒康熙辛卯(1711 年),殓在台湾。

章登仰,字实坚,生康熙庚午(1690 年),卒乾隆己巳(1749 年),葬台湾。

章来许,讳光盛,字中茂,生嘉庆甲戌(1814 年),卒于台湾。妣林氏李娘,台湾人。

章步瀛,名来源,讳光垠,字中厚,生嘉庆戊寅(1818 年),卒咸丰甲寅(1854 年),卒于台湾。

章定佃,生康熙庚子(1720 年),卒于台湾。

章定问,字士疑,生康熙壬辰(1712 年),卒于台湾。

章定雅,生康熙己未(1679 年),卒于台湾。

章定练,字士拔,生康熙壬寅(1722 年),卒于台湾。

章定计,字士智,生康熙年间,卒于台湾。

章大宰,字尧相,生康熙己亥(1719 年),卒于台湾。

章廷耀,字慎显,生乾隆年间,往台湾。

章士泗,字集远,生康熙乙酉(1705 年),卒乾隆年间,卒于台湾,骨骸归葬。

(以上摘自《洞口章氏族谱》,1935 年刻本。

洞口，清属德化，今已归大田县。）

彭甲扁，生道光甲申（1824年），东渡台湾。

（摘自《陇西彭氏大宗谱》，1948年手抄残本）

赖子祥，名辉十一，讳赟。十五世，生康熙甲子（1824年），殁于台湾。

赖永文，讳祝，十六世，往台湾彰化。

赖居三，十七世，往台湾。

赖会，赖永文长子，十七世，往台湾。

赖肯，赖永文次子，十七世，往台湾。

赖秉钟，十八世，生雍正庚戌（1730年），往台湾。

赖德石，十九世，往台湾。

赖祖，十九世，秉衍子，生乾隆辛巳（1761年），往台湾彰化县院务三家春居住。

赖圭，十九世，秉宁长子，生乾隆甲戌年（1754年），往台湾彰化县院务三家春居住。

赖兴，秉宁次子，生乾隆丁丑（1757年），往台湾彰化县院务三家春居住。

赖为，秉宁三子，生乾隆甲申（1764年），往台湾彰化县院务三家春居住。

赖梅，秉宁四子，生乾隆丁亥（1767年），往台湾彭化县院务三家春居住。

赖秋桂，秉达子，生乾隆甲辰（1784年），往台湾彰化县院务三家春居住。

赖来，秉战长子，生乾隆乙酉（1765年），往台湾彰化县院务三家春居住。

赖汉阳,秉战次子,生乾隆戊子(1768 年),往台湾彰化县院务三家春居住。

赖廷而,二十世,生道光元年(1821 年),往台湾彰化县院务三家春居住。

（以上摘自《侯卿赖氏族谱》,1945 年六修刻本）

赖毕,生于顺治年间,往台湾。(十九世)

（摘自《琼溪赖氏族谱》手抄残本）

曾兴枢,生乾隆三十七年(1772 年),卒道光二年(1822 年),往台湾。其三子毓满亦往台湾。

曾毓淇,生嘉庆十一年(1806 年),卒葬台湾。

曾衍模,生乾隆二十六年(1761 年),分支台湾。

曾贞广,生康熙三十八年(1699 年),卒葬台湾。

曾毓涵,生同治三年(1864 年),往台湾任教,与台湾淡水县下嵌庄黄氏女结婚。

曾纪柔,生同治元年(1862 年),卒光绪二十年(1894 年),卒葬台湾。

曾克醉,生康熙乙未年(1715 年),雍正六年(1728 年),往台湾。

曾贞报,生雍正六年(1728 年)往台湾县雁入内。

曾贞荣,雍正年间往台湾嘉义县。

曾士炯,乾隆年间率子、弟、侄赴台,开派台湾。

曾国缙,士炯孙,嘉庆甲戌科(1814 年)在台湾府得文秀才。

曾拱辰,名文镐,字呈三,号连山,士炯侄,生乾隆乙巳(1785 年),卒道光丙戌(1826 年),台湾府廪生,嘉庆甲戌年授台湾海东书院教授。殁葬台郡大北门外较场埔。

曾无璀,士炯子,在台湾建籍。

曾余庆,无璀子,出生于台湾,在台湾任教。

曾应滚,余庆子,台湾出生,在台任教。

曾元堡,赴台教书,在台生六子,三个回德化,三个留台湾。

曾兴周,元堡子,生乾隆甲戌(1754年),卒道光癸巳(1833年),在台任教。

曾毓浏,兴周子,在台湾。

曾国余,名兴巩,在台考取庠生,卒葬台湾。

曾毓旋,拱辰子,卒葬台郡大北门外较场埔。

曾兴钠,拱辰弟,生乾隆戊申(1788年),卒道光辛丑(1841年),在台湾生,卒葬台湾。

曾兴壬,拱辰弟,生嘉庆庚申(1800年),卒道光甲午(1834年),葬台郡。

曾兴锵,拱辰弟,生乾隆癸丑(1793年),卒道光甲辰(1844年),卒葬台湾。

曾元待,生乾隆辛丑(1781年),卒道光己丑(1829年),卒葬台湾嘉义县。

曾明琴,元待长子,在台湾。

曾明镭,元待次子,在台湾。

曾应养,兴巩子,在台湾开基。

曾青棉,生嘉庆甲子年(1804年),道光甲午(1834年)往台湾教书。

曾兴镂,乾隆丙申年(1776年),往台湾开支。

曾兴匦,生于乾隆年间,往台湾。

曾兴铃,生乾隆癸卯(1783年),卒道光辛丑(1841年),卒葬台湾。

曾毓沸,生于嘉庆年间,往台湾。

曾毓水,名添水,兴锵子,生乾隆丁丑(1757年),卒咸丰某年,葬台湾府。

曾应液,宇云丰,号书年,生嘉庆丙子(1816年),卒光绪壬午(1882

年),在台湾教读,葬汎台山虎湖港中仑金鸡曝翼。

(以上摘自《武城曾氏重修族谱》,1937 年刻本)

颜文恭,字英温,生康熙癸酉(1693 年),卒葬台湾。

颜振湘,字廷三,一字衡卿,生康熙己巳(1689 年),卒乾隆丁卯(1747 年),葬在台湾。

颜意,字廷德,生康熙辛卯(1711 年),卒乾隆丙午(1786 年),葬在台湾诸罗县。

颜德税,字廷贡,生康熙丙辰(1676 年),往台湾,音书断绝。

颜师尚,字永志,号明运,生乾隆辛巳年(1761 年)。少有敏慧,才长于绘画学问,以草篆诗画著,壮年往游台湾淡水,闻公擅画,趋求者不远千里而来,淡水县符尊征任不就,归隐明远斋,诗画自遣,墨迹人争宝焉,门户为之穿。

颜万荅,生乾隆己丑(1769 年),卒葬台湾。

颜光炳,字朝哲,号蔚园,生乾隆己未(1739 年),卒乾隆辛亥(1791 年),葬台湾竹堑枕头山。

太学生颜玉登,字酥言,乳名吉壤,生道光庚寅(1830 年),卒光绪丙戌(1886 年),葬在台湾淡水县,房侄思隆、孝适具棺衾殡,至己丑(1889 年)仍出资收骸运送到家安葬。

颜赛云,生嘉庆年间,往台湾。

颜化云,生嘉庆年间,往台湾。

颜克爽,字臣和,号清序,生乾隆年间,往台湾竹堑,卒葬其地。

颜怕水,字孝恐,生咸丰己未(1908 年),光绪壬辰(1892 年)七月十九日酉时溺死,葬台湾淡水县。

颜成店,生嘉庆年间,往台湾淡水县。

武略骑尉颜及文,字思隆,号中山,乳名加兴,生道光己酉(1849 年),光绪癸卯(1903 年)授千总,卒戊申年(1908 年),壮年客商台湾,施棺衾,收枯骨,轻财好义,扬名显赫。娶侧室,郑氏春炽,生同治壬申年

（1872 年），台湾淡水县人。

（以上摘自《龙浔泗滨颜氏族谱》，1929 年梅月书竣，南湖工业社石印本）

二

以上部分地方族谱以翔实的资料，为研究德化与台湾的血缘关系提供了重要的历史见证。

（一）从资料可以看出，清代是德化人民移居台湾的重要时期。德化人民通过澎湖航线至台湾进行的陶瓷贸易早在宋代已经开始，一直延续到明清时期。《荷兰东印度公司与瓷器》一书，在记述自明万历三十年（1602 年）至清康熙二十一年（1682 年）期间我国瓷器外销（其中有不少是德化窑产品）情况时，就列举了许多瓷器经过台湾中转而后外销南洋各国的事例。但大量记载德化人民移居台湾还是在清代特别是康熙、雍正和乾隆年间。清王朝刚建立时，闽浙一带还属于郑成功的势力范围，顺治年间在德化就爆发了以林忠为首的响应郑氏号召的大规模反清斗争，"义旗一建，远近咸归"，不少德化人民追随郑氏南征北战。顺治十五年（1658 年），林忠率部将一百零五员、七千多兵士归顺清朝（见《莲峰林氏族谱》）。有些没归清的德化籍兵士仍随郑成功进兵台湾，有的选在台湾定居开发，如《洞口章氏族谱》记载的"元楦……从海寇往台"，《大铭上宅林氏族谱》记载的"林采士……往东都彰化县南兜"，就是其中的例子。康熙元年（1662 年），郑氏驱逐荷兰侵略者后，实行屯田垦荒，发展农业，兴办工商业和对外贸易，开办学堂。自此之后，大陆沿海居民移入台湾激增，德化人民进入台湾也达到高峰，他们是随着台湾的开发和建设需要而往台的。一直至清末，往台人数仍延续不断。德化人民移居台湾，与当地人民一道，披荆斩棘，为建设台湾做出了不可磨灭的贡献。

（二）一些到台湾从事文化教育事业的德化人，为台湾培育人才付出了辛勤的劳动。除上述族谱中提到的那些人外，还有乾隆十七年（1752 年）壬申恩科举人李吉，曾调到台湾彰化任教谕；乾隆三十年乙酉科（1765 年）举人苏调羹任台湾训导；道光八年戊子科（1828 年）黄凤仪迁台湾教谕；道光十七年丁酉科（1837 年）黄汝翼任台湾淡水教谕；光绪二年（1876 年），苏庆元由禀贡历署台湾彰化教谕；光绪间，苏振光由增贡署嘉义教谕、台湾教授。特别是三班硕杰村郑兼才，于嘉庆九年正月（1804 年）和道光元年（1821 年）两次到台湾任教，"虽为师儒官，常急乡国利病"，常上书论吏治民风辩诬等书。在任时还与安溪谢金銮修《台湾县志》，为后人所赞仰。道光元年（1821 年）至台湾任教谕时，年已 64 岁。第二年在台督工建昭忠祠时，赤暑不避，遂成疾卒，为台湾文化事业贡献巨大。

随着海峡两岸的文化交流，德化扶宋抗元将领苏十万和陈蔚的塑像（即苏公尊王和陈统军）以及南宋在德化石牛山"显圣"的张慈观（张公圣君）的塑像亦传到台湾，在台湾的一些寺庙中崇奉。1988 年，台湾还有人到德化寻找这些佛像的祖根。

（三）德化人民到台湾后，与当地人民联姻，结成了血亲关系。这在族谱记载中有的已得到了反映。在《龙浔继述王氏族谱》中还记载：康熙四十九年（1710 年）腊月，46 岁的王必捷到台湾营生，住在高山族定居的傀儡山。为了搞好与少数民族的关系，与勃朗社部落酋长匏狼烟按当地习俗，割发折箭，设誓结盟。帮助高山族开垦陂、圳，引水灌溉，发展农业生产。传授闽南方言，改变高山族生食的旧习，受到当地民族的拥戴。匏狼烟还把自己的妹妹巴赖林喇哪觅赠给必捷为副室，生有一男一女。雍正四年（1726 年），必捷还带喇哪觅回德化探祖，一时传为佳话。雍正八年（1730 年），喇哪觅病故，必捷不忘台湾亲家，于乾隆三年（1738 年）带着喇哪觅生的男孩王宗再到台湾探亲和贸易。后卒于台南潮州庄旧居。

（四）德化人民定居台湾后，时刻维护祖国的统一，把台湾和大陆联结成不可分割的整体。他们虽在台湾繁衍后代，仍不忘祖国大陆这个"祖根"，即使在台湾病故了，也要"叶落归根"，把骨骸运回大陆故乡安葬（这在以上族谱记载的就有十例）。有的身在台湾，还托人寄银为故乡的"父母坟墓及年节银纸之费"，寄托对祖先的哀思（见《龙俊郭氏族谱》郭亚例），同时积极捐资，为大陆家乡修建祖先坟墓和祠堂。德化人民也时刻关心台湾的命运，支持台湾人民的反压迫、反剥削、反侵略的斗争。康熙六十年（1721 年），台湾罗汉门（今高雄县）农民领袖朱一贵，率数万农民起义，号召民众抗清，立即得到德化陈洛、郑坚等的响应。他们聚众于永春石鼓岩，组织抗清力量，活跃在德化近山诸村落，支持台湾人民的斗争。这一斗争虽然失败了，但他们与台湾人民心连心的事迹永载于史册。

台湾、德化一家亲，骨肉相依根连根。人为造成的台湾同祖国的藩篱，是违背我们悠久的历史渊源的，也是违背我们中华民族利益和愿望的。台湾回归祖国，实现祖国的统一，已是人心所向，大势所趋。台湾同胞和祖国亲人团聚的心愿一定会实现。

与徐艺星合作，原载《德化文史资料》第 10 辑，1989 年

明清时期九仙派十八分支派繁衍简况

　　明清时期,由于封建王朝的竭力提倡和推崇,佛教在我省有很大发展。始建于唐代开元年间的德化县九仙山灵鹫岩,到明清时期香火旺盛,僧众会集,自成派系。明万历年间,九仙派系第七代一世祖德行和尚十八个僧徒:真阙、真见、真法、真庸、真录、真泰、真隆、真添、真慈、真宝、真容、真辉、真法、真祥、真权、真现、真瑞、真珍,分为九仙派十八个支系,开基德化、尤溪、大田、安溪、永春、同安、漳州、泉州、沙县等地寺宇和出外传教,发展僧徒。至清乾隆三十年(1765 年),九仙派各支系已发展僧徒 925 人。这些僧人分住或住持全省 89 处寺宇庙庵。灵鹫岩在 16 至 18 世纪一度成为福建特别是闽南一带佛教僧徒的祖地和活动中心。

　　九仙派系第七代一世祖德行和尚,号智空,本省漳平人,俗姓邓。生于明嘉靖甲辰年(1544 年)六月初七日,卒于天启甲子年(1624 年)十二月初五日。为德化大白岩寺僧一斋(即道盛和尚)第四徒(注:一斋长徒德仁和尚,开基广东曹溪六祖寺;次徒德淳和尚,先结室德化戴云山,后行脚至五台山,最后在浙江衢州府显化为开山祖;三徒德元和尚,住湖广东门仙洞)。德行和尚 13 岁先来德化龙湖寺,后与一斋结茅于九仙山之小铭村传教。后上灵鹫岩,吸收十八个门徒,成为九仙派十八分支派的始祖。

　　第一房始祖真阙和尚,字应阳,号心澄,永春县人,俗姓卢,智空长徒。生于明嘉靖癸亥年(1563 年),卒万历丙辰年(1616 年),住九仙山灵鹫岩。至清乾隆三十年(1765年)(以下各支系统计时间与此同),共十六世,僧人90人,称为九仙房。

第二房始祖真见和尚,号应周,智空次徒,开基尤溪二十七都石耸岩。至十五世时,有僧人72人,称为石耸房。

第三房始祖真法和尚,号心源,智空三徒。三至四世有僧人6人,分住永安岩、广明岩和云林室等处。

第四房始祖真庸和尚,号东松,智空四徒,开基尤溪岱湖岩。至十二世时,有僧人30人,称为岱湖房。

第五房始祖真录和尚,字应经,号纯源,智空五徒,南安人,俗姓陈。生于明嘉靖甲子年(1564年),卒万历庚申年(1620年)。开往九仙永安岩(荇菜岩),有僧人111人,称为荇菜房。

第六房始祖真泰和尚,号应山,智空六徒,开基大田县南惠岩。至十一世时,有僧人26人,称为南惠房。

第七房始祖真隆和尚,号七斋,智空七徒,开基尤溪龙兴庵。至五世时有僧人5人,称为龙兴房。

第八房始祖真添和尚,号心全,智空八徒,开基安溪佛天岩。至十二世时,有僧人80人,称为佛天房。

第九房始祖真慈和尚,号福全,智空九徒,开基永春岱山岩。至十一世时,有僧人34人,称为岱山房。

第十房始祖真宝和尚,号祇园,智空十徒,开基大田县四十四都龙华庵。至十六世时,有僧人308人,称为龙华房。

第十一房始祖真容和尚,智空十一徒。至五世时,有僧人19人,分住地点不详。

第十二房始祖真辉和尚,智空十二徒,开基同安石码高峰岩。至九世时,有僧人37人,称为高峰房。

第十三房始祖真法和尚,号复明,智空十三徒,海澄县人,俗姓陈,开基漳州高明岩。至十二世时,有僧人54人,称为高明房。

第十四房始祖真祥和尚,智空十四徒,开基泉州府清源洞。至五世时,有僧人 20 人,称为清源洞房。

第十五房始祖真权和尚,智空十五徒,开基沙县石笋岩。僧至五世时,有僧人 30 人,称为石笋房。

第十六房真现和尚、十七房真瑞和尚、十八房真珍和尚出外参学。

各房系开基后,有些僧人又到四面八方传教,分住或住持全省各地寺庙,其中有德化县的香林寺、法林寺、戴云寺、通仙岩、仙峰岩、会仙寺、程田寺、湖岭庵、东岳庙、碧象岩、圣泉岩、大白岩、龙湖寺、崇宁寺、山和寺、天湖寺、西华寺,大田县的大兴岩、大秉庵、龟峰岩、广湖岩、河空庵、广明岩、赤岩、峒天岩、灵兴岩、震峰亭、岱云寺、添福岩、潜山寺、福寿庵、咸德寺、虎形岩、大中岩、雪山岩、虎兴岩,尤溪县的云峰寺、皇会庵、宝峰寺、永兴寺、圣者亭;永春县的左田岩、三台岩、东湖岩、云斗庵、上方寺、灵山岩,安溪县的水云堂、普陀岩、庄灶庵,沙县的拱峰堂、怡山寺、廖坑庵,永安县的观音阁、报恩寺、永兴庵,海澄县的金仙观音阁,福州水口的白云寺。还有一些没有注明县份的如碧峰寺、真人岩、万峰岩、景福寺、三峰寺、通清岩、石云寺、龙江寺、中湖寺、保安寺、水陆寺、湑头室、云林寺、万寿寺、文峰寺、玄真寺、兴禅寺、溪仙岩、西湖岩、黄檗寺、碧湖堂、香岭岩、上峰室、福岩寺、永和寺、万安寺、天明岩、吉祥寺、摘星岩、殊塔庵等共 89 处,可见九仙派僧人分布之广。从这些资料也可看出当时福建各地寺宇的兴盛状况。

明清时期,九仙派僧人的来源也是比较广的,在 300 多个有籍贯记载的僧人中,最多的是来自德化县(115 人),其次是大田县(43 人),第三是安溪县(42 人),再次是尤溪县(35 人)和永春县(31 人)。此外还有晋江县(20 人)、建宁县(6 人)、漳平、南安、沙县、永安、同安、海澄(各 3 人)、龙岩(2 人)、长泰、漳州、泰宁、连城、惠安、瓯宁、汀州、龙溪、宁洋和广东韶州府温宁县各 1 人。从这些僧人的籍贯,可以看出九仙派系在福建直至广东,特别是闽南、闽西一带有着较大的影响。

受戒是佛教的宗教实践活动的主要内容。在九仙派十八支系 900 多名僧人中,正式受戒者 42 人,其中在福州鼓山涌泉寺受遍照和尚戒者 17 人,受兴隆和尚、遍大和尚、象大和尚、象先和尚、恒涛和尚等人戒者 8 人,受泉州报亲寺戒者 2 人,受圭峰寺种提和尚、雪峰寺章和尚、三峰寺扶春和尚、锐峰和尚、戴云寺端章和尚和永兴寺戒者各 1 人,受长庆寺寄云和尚戒者 3 人,受黄檗戒者 2 人,还有人到南京受灭极和尚的戒。这些受戒的僧人,大多有较大的声望,在传道和寺宇修建上有所建树。

为了加强佛教的管理,明洪武十五年(1382 年)在中央设僧录司,在各府设僧纲司,在各州设僧正司,各县设僧会司。德化在洪武十六年(1383 年),也紧接着在城关程田寺设僧会司。清代,它的一些典章制度,大体上都承袭明代。这个时期,九仙派系的一些德高望重的僧人也分别在佛教管理机构中任职。如石耸房僧人空云于乾隆丁卯年(1747年)"充僧录司员五载",普清"乾隆间授僧会司职守十四载",普明"乾隆间,任僧会司员",岱湖房僧人空花"乾隆辛未(1751 年)授僧录司","邑侯赠匾旌奖",空来"乾隆己巳(1749 年)授僧录司职员",普通"乾隆丁亥(1767 年)充僧会司",荇菜房僧人智玉"乾隆丙辰(1736 年)黄邑侯(黄南春)请授僧纲司,住持程田寺,许邑侯(许齐卓)赠匾'雨甘法种'及联句赠之",空明"康熙十七年(1678 年)熊邑侯(熊良辅)举任僧会司,赠匾'照仰非台',力学(力子侗)赠匾'阐明象光'。后升任僧纲司",灵揖"乾隆丙寅(1746 年)蔡邑侯请充僧会司职员,历任邑侯赠匾旌奖"。这些记载可看出,九仙派系僧人受到各级封建政权的重视和支持,不仅举荐任职(从中央的僧录司到府、县的僧纲司、僧会司的佛教管理机关都有九仙派僧人任职),具有相当独立的地位和享有某些特权。同时,县官还给高僧授匾旌奖。再者,对佛教活动场所寺宇及其景观,同样地题词赠匾,极力抬高寺宇景观的身价。明清期间,大学士张瑞图、太仆卿丁启濬、会元学士庄际昌、进士户部主事郑沛、大学士史继偕、进士翰林院检讨赖垓、太常寺卿李懋桧、进士李为观、进士知府李道泰等等,都为九仙山灵鹫岩或永安岩题赠牌匾。明万历间,知县杨文正在灵鹫岩前竖建石坊山门,题刻"一方净土",永春知县夏忠题刻"胜迹维新",明刑部侍郎詹仰庇还在九仙洞摩崖题刻"兜率陀天"（至今字迹犹存）。这些都给九仙山的佛教活动增添了权威，为九仙山的风景区增添了光彩。

原载《德化文史资料》第 12 辑，1991 年 10 月

九仙山大事辑录

· 唐初，九仙山开山祖邹无比诞生于福建沙县梅列。

· 开元丙辰年（716 年），僧人邹无比坐化于九仙山。坐化前雕弥勒石刻像，与其徒普慧建灵鹫岩，在灵鹫岩内雕释迦牟尼、药师、弥陀、阿难阿閦、摩阿迦叶、观世音、文殊、普贤、准提、伽蓝、达摩、善才、龙女、韦驮 15 尊石刻像崇奉。

· 咸通间（860—873 年），在德化五华山的四川僧人陆无晦游九仙山并题诗。此为目前发现九仙山最早的留咏。

· 南宋乾道四年（1168 年），泉州知府王十朋率官员到九仙山龙池祈雨，并刻"祭崇隆进祝圣南池"八字记之。

· 淳熙五年（1178 年），德化县主簿陈元通往九仙山并题咏。

· 嘉熙四年（1240 年），德化县主簿柳德骥往九仙山并题咏。

· 元至元间（1271—1294 年），九仙山创建普陀岩，雕戴冠观音石刻像。

· 至元甲申年（1284 年），署名"伯贯"，在补陀洞内雕刻"补陀岩"三字。

· 明正统六年（1441 年），永安岩史云济生于晋江县坊堮。

· 天顺八年（1464 年），史云济在荐菜岩（永安岩前身）坐化。嗣后，史云济的谊弟周进宗与其侄儿周琼六捐献山场，筹建岩宇，取名"永安岩"。

· 嘉靖甲申三年（1524 年），铭山周进宗之孙周孟十等人取史云济舍利，塑史公祖师像，奉祀于永安岩。

• 嘉靖己未三十八年（1559 年），德化知县张大纲往九仙山并题咏。

• 嘉靖庚申三十九年（1560 年），地方不宁，九仙山附近村民避兵于九仙山九十九洞。

• 嘉靖辛酉四十年（1561 年），永春吕尚四兵驻灵鹫岩。官兵围剿，烧毁岩宇，石柱亦遭焚坏，仙峰岩和九仙山下登第珰宇亦同时烧毁。（见《汤泉里桂林钱塘高阳山后洪井登第大宗世系族谱》）

• 万历庚辰八年（1580 年），德化知县黄承瓒（浙江人）游九仙山并题咏。

• 万历中期，即 16 世纪 90 年代，僧人智空（即德行和尚）重建灵鹫岩和仙峰岩，仙峰岩崇奉邹无比的徒弟普慧。德行和尚自称九仙派第七代一世，其 18 位首徒真阙、真见、真法、真庸、真录、真泰、真隆、真添、真慈、真宝、真容、真辉、真法、真祥、真权、真现、真瑞、真珍开支为十八个房支系，分别住持德化九仙山灵鹫岩、尤溪石耸岩、尤溪岱湖岩、德化永安岩、大田南惠岩、尤溪龙兴庵、安溪佛天岩、永春岱山岩、大田小龙逢龙华庵、同安石马文峰岩、漳州龙溪高明岩、泉州清源洞和沙县石笋岩等地。

• 万历二十六年（1598 年），进士、户部主事郑沛游九仙山并题咏。

• 万历三十三年（1605 年），德化知县俞思冲（仁和县人）游九仙山并题咏。同年，僧真录（字应经，号纯源，俗娃陈）重修永安岩，塑史云济祖师像。

• 万历三十八年（1610 年）秋，涿州州同迁大宁都司断事张士宾在说法台侧建"半闲亭"。此后又编纂《九仙山志》。万历四十三年（1615 年），来德化任知县的杨文正为该志撰序。

• 万历三十九年（1611 年），德化知县毛翀（贺县人）游九仙山并题咏。

• 万历四十三年（1615 年），德化知县杨文正（江西南昌人）在灵鹫岩建山门竖石坊，题"一方净土"石匾。永春县知县夏忠题"胜迹维新"

石匾。

· 万历年间(1573—1619 年),刑部侍郎詹仰庇,翰林院编修累官礼部左侍郎田一俊,江西御史、广东布政史王际逵,崇义县令升德庆州知州林际春,密云县令王雍,四会知县赖嫌等官员、文人、学士先后游九仙山并题刻或留咏。

· 崇祯年间(1628—1644 年),进士,历任浙江平湖知县、翰林院检讨转右春坊、东宫讲学赖垓游九仙山并留咏。

· 明末,僧如瀛(号了玄,俗姓许)重修仙峰岩,复建会仙室。

· 明末清初,僧本愈(字慈鸣,号友鹭,俗姓王),重修永安岩上殿,新整岩内几案。

· 清顺治年间(1644—1661 年),进士李道泰游九仙山并题咏。僧广沧(号碧邱,俗姓卢)与僧广涛(号碧月,俗姓陈)重修灵鹫岩两殿,增量斋田。

· 康熙年间(1662—1722 年),僧智愚(字宗暹,号常辉,别号六拙,俗姓柯)和僧智玉(字天锡,号毫辉,俗姓林)重修永安岩。

· 康熙五十七年(1718 年),知县熊良辅举任永安岩僧空明为僧会司,赠题刻"照彻非台"匾额,教谕力子侗赠匾"阐明象先"。越数年,僧空明又升任僧纲司。

· 乾隆元年(1736 年),知县黄南春举任永安岩僧智玉为僧纲司,住持程田寺。

· 乾隆三年(1738 年),知县许齐卓赠僧纲司智玉匾额,题刻"雨甘法种"及联句。

· 乾隆初,僧空意(字诚期,号葵庵,俗姓陈)重修永安岩及左右楼,并兴建会仙室,协助创建莲社。僧普修(字翠观,俗姓陈)重修灵鹫岩,装塑佛像。

· 乾隆十一年至十五年间(1746—1750 年),僧普向(字悟枢,俗姓张)重修永安岩下堂岩门及九仙天龙室,重建华表,并竖石碑(名曰"记功碑",今犹存)。

• 乾隆二十四年(1759 年),僧觉悟(字仰真,俗姓林)重修永安岩观音殿上下堂及左右护厝。

• 乾隆二十七年(1762 年),僧觉悟改修永安岩右侧大路,重整围墙。

• 乾隆三十年至三十二年(1765—1767 年),僧圆睿(字悬照,号扶昀,俗姓周)往泉、漳、延、永诸郡邑,对九仙山僧智空十八房支派繁衍进行调查,编纂成《九仙临峰岩》一书付梓。

• 乾隆年间(1736—1795 年),僧普深(字翠菓,俗姓赖)重修永安岩及护楼,捐资铸史云济祖师香炉一座,并修护界亭,塑护界将军像。僧觉圆(字师满,号亮远,俗姓乐)与僧定渊(字道汇,号注东,俗姓吴)同修灵鹫岩,建左右两楼。僧定盛(字石珍,号虚舟,俗姓梁)在永安岩重结莲社。僧彻斯(讳空隐)爱仙峰岩幽静,命长徒住持,整理岩务,增置田业,重茸石墙。

• 光绪末年,灵鹫岩被火焚毁。

• 民国五年(1916 年),九仙山下附近村落,集资聘请黄村黄重光整理,重修灵鹫岩。

• 民国二十五年(1936 年)正月,九仙山大雪纷飞七昼夜,雪厚二尺余。

• 民国二十六年(1937 年)前后,永春方诗德中医师(1897—1980 年),别号参玄子,利用九仙山草药资源,秘制"九仙山灵芝茶饼"。由当时商标局办理"肖像商标",予以注册。由赤水街新瑞德药房、吉成商店批发,并在永春五里街新德丰设总经理部,销往海内外,驰誉一时。

• 民国三十年(1941 年)十月,一架日本飞机侵入德化。途经九仙山,因大雾迷航,触山坠毁,司机及日本 5 人肢断死亡。飞机残骸于是月十一日由县府派人拆运来县城展览,后送省府。

• 1949 年冬,由桂格、云路、传和、马坪等村组织董事会,推苏谷清为总董事。自筹经费,重修灵鹫岩并重建后堂二小楼。

• 1955 年,在九仙山顶峰建气象站。

· 1961 年 8 月 7 日,德化县人民委员会下文公布九仙山古刹及附属文物为第一批县级文物保护单位。

· 1966 年,"文化大革命"动乱,灵鹫岩无比祖师塑像被毁。

· 1967 年,灵鹫岩 15 尊唐代石刻像又遭打毁。

· 1967 年 7 月 20 日,九仙山气象站赖开岩于观测台查看气象仪被雷击,因公殉职。1968 年,国务院追认为革命烈士。

· 1978 年 3 月,福建省计划委员会拨款 20.5 万元,兴建赤水通九仙山公路。沿线从灵鹫岩后侧经过,开山炸石,损毁灵鹫岩后堂石墙,岩前月池也被路石土所填没。

· 1978 年,九仙山气象站设置新的避雷设施。

· 1979 年 5 月,赤水至九仙山公路竣工。该线从赤(水)葛(坑)线 I＋200 米处至九仙山气象站,长 11.2 公里。

· 1979 年 6 月,新华社福建分社社长林麟等人到九仙山参观考察。

· 1979 年 9 月,中国新闻社刊载了介绍九仙山的文章。

· 1979 年 10 月 21 日,《福建日报》刊载《气象万千的九仙山》一文。

· 1979 年 10 月 26 至 27 日,德化县革命委员会在赤水公社团结大队召开"九仙山风景区联防会议"。出席会议的有九仙山周围的赤水、上涌公社领导和团结、西溪、大铭、琼溪等大队的代表,就九仙山风景区和文物的保护工作共同订了协议。

· 1979 年 11 月 8 日,德化县革命委员会以德革(1979)397 号文"转发《九仙山风景区联防会议纪要》的通知,要求各有关社队和有关单位认真执行《纪要》,切实加强九仙山风景区和文物的保护"。

· 1980 年 7 月 22 日,晋江地区青少年生物夏令营组织到九仙山进行生物考察。

· 1980 年 9 月,《泉州名胜古迹》一书由福建人民出版社出版,"九仙山"列入该书条目。

• 1980 年,《九仙山》一文选入《福建日报》资料室编的《八闽纵横》第一集。

• 1981 年 8 月,省林业设计院派员对九仙山游览区范围进行实地勘查。

• 1981 年 8 月 31 日,省外事办、中旅社、地区外事办一行 7 人到德化调查旅游资源和旅游设施,并到九仙山调查考察。

• 1981 年 10 月,上海辞书出版社出版《中国名胜词典》,九仙山列入该书条目。

• 1982 年 4 月,德化县有关部门组织人员到九仙山确定游览区的保护范围:以九仙山气象站为中心,南至永安岩,西沿至琼溪小路,到会仙寺转向北,经柏雪峰至硫磺祖厝后、宿坪、风坑,东至黑暗坑、大盘格到桂林格,至永安岩东侧的仙足迹内分水为界,总面积 20842 亩。德化县人民政府于是月正式上报省人民政府。

• 1982 年 9 月,中国新闻纪录电影制片厂摄制组来县拍摄《瓷国明珠》,到九仙山选拍风景名胜镜头。

• 1982 年 11 月 13 日,德化县林业局下发《关于加强九仙山封山育林和游览区管护工作的通知》文件,九仙山游览区林业用地面积 19851 亩,被列为一级封山育林,并设立市九仙山封山育林管理站,实行专业管护。

• 1983 年 4 月 22 日,上海人民美术出版社编辑杨道敏、戴定九,设计赵宜生,摄影倪嘉德到九仙山拍摄名胜风景照片。

• 1983 年 5 月底,福建省委宣传部对外宣传处、晋江地委宣传部、晋江地区外事办、泉州市委宣传部等组成对外宣传检查组到九仙山考察。

• 1983 年,胡平省长到九仙山视察工作。

• 1984 年 9 月,配合文物古迹、风景名胜宣传的《温陵游》一书出版,《九仙山掠影》一文选入该书。

• 1985 年 10 月 25 日,"海峡之声"广播电台对外广播了《介绍九仙山风景区》一稿。

•1986年,《九仙山》一文选入福建省地方志编纂委员会编辑出版的《八闽览胜》上册。同年,《九仙山掠影》一文又收入泉州对外文化交流协会编的《泉州游记》一书,由鹭江出版社出版。

•1987年12月11日至14日,福建人民广播电台连续对外广播介绍了九仙山的《仙山行》一稿。

•1987年12月19日,原复旦大学副校长、中国著名的社会科学家蔡尚思教授到九仙山考察并题诗题字。

•1988年4月,福建师范大学地理所副教授吴幼恭、俞宏业和泉州市旅游局副局长苏先春到九仙山调查旅游资源。

•1988年9月27日,德化县政协主席徐锡饱、县人民政府副县长寇富衍、文化局局长许永昌会见美国美洲佛教会永远顾问兼副会长洛杉矶普陀山观音菩萨寺名誉住持、南加州云居山虚云三会弥陀寺住持、南加州福建同乡会本头公追思堂住持释宽净法师,商谈重建灵鹫岩问题。

•1988年10月24日,重建灵鹫岩奠基剪彩仪式在灵鹫岩原址举行。释宽净法师、妙法女居士和徐锡饱、许永昌等领导参加了奠基,徐锡饱为奠基石题字。

•1988年11月4日,德化县召开有关部门领导会议,研究重建灵鹫岩有关事宜。王金枝、徐锡饱、张良物、梁丁云、郑金枪、陈玉琳、赖光辉、许永昌等同志参加会议。王金枝主持会议,并转达县政府领导意见:有关灵鹫岩重建事宜,政府由王金枝、政协由徐锡饱主要负责,并指定文化局许永昌具体负责。

•1988年11月8日,德化县委副书记李孝仪陪同释宽净到上涌乡政府,正式宣布以徐锡饱为名誉主任,宽净和尚为主任,张万仁(美国)、徐秋花(美国)、王震(美国)、妙法(美国)、许永昌、王世平(上涌乡乡长)为副主任,苏谷清等12人为委员的"九仙山文物古寺重建筹委会"的成员名单。

• 1989 年 4 月 20 日，台湾台北承天寺释传畅法师到九仙山勘察新建石塔地点。

• 1989 年 9 月 1 日，新加坡陈玉蓉、香港蔡贵好小姐等到九仙山弥勒佛处进香。

• 1989 年 10 月 5 日，台湾台北市南港区重阳路高华美小姐、黄阿青女士、邱克颖先生到九山仙进香。

• 1989 年 10 月 31 日，台湾台中市南普陀寺释自登和尚到九仙山参观考察。

• 1989 年 12 月 26 日，美籍华人王震、郭春美伉俪捐资 2.87 万港元，从泰国恭请的金铜佛二尊和佛彩盖一套、金铜 24 孔蜡烛台二座运抵德化。

• 1989 年，德化县人民政府以德政(1989)266 号文向市政府提出开放九仙山灵鹫岩的请示报告。2 月 17 日，泉州市人民政府办公室以泉政办(1990)027 号文批复，同意开放九仙山灵鹫岩作为佛教活动场所。

• 1990 年 3 月 3 日，德化县人民政府以德政办(1990)9 号文转发泉政办(1990)027 号文，下达《关于开放九仙山灵鹫岩的通知》。

• 1990 年 5 月 29 日至 30 日，由省建委、省文化厅、省旅游局联合组织各有关方面领导、专家的省级风景名胜旅游区定点评议考察组，到九仙山实地考察。

• 1990 年 5 月 30 日，美籍华人张乃仁、徐秋花伉俪捐资 30 多万港元，从缅甸恭请的释迦牟尼、药师、弥陀三尊玉佛运抵德化。次日，运往九仙山灵鹫岩。

• 1990 年 6 月 26 日，释宽净从仙游榜头工艺厂定制的樟木、龙眼木雕观音菩萨(6 尺二尊)、善财童子(2.5 尺二尊)、龙女(2.6 尺二尊)、普贤菩萨(5 尺一尊)、文殊(5 尺一尊)、韦驮(6 尺一尊)，计 9 尊运抵九仙山。

• 1990 年 8 月，由原九仙山灵鹫岩住持释宽净法师倡议，钟世平、杨莲叶,黄良成、陈爱糖,黄文华、陈玉蓉,易尚德、凌美莲和郭鹤锡、崔彩华五对伉俪捐资,在弥勒洞南麓右侧动工兴建弥勒殿一座,建筑面积117平方米。

• 1990 年 11 月 3 日,灵鹫岩寺举行重建落成开光典礼。全国政协副主席、中国佛教协会会长赵朴初为灵鹫岩寺题字,副省长刘金美,泉州市领导胡美金、王福起、郑玉约、薛祖亮,美国加州般若修德善堂朝圣团团长宏法,名誉团长照初、宏仁、宏华等参加典礼。德化县县长郑来兴致祝词,宏仁、释宽净分别讲了话。

原载《德化文史资料》第 12 辑,1991 年 10 月

法主祖殿在石壶

　　流行于台湾、新加坡和闽南一带的张公圣君（又称法主公、张圣公、张圣真君、都天圣君）的发祥地就在福建省德化县石牛山,其祖殿就在石牛山石壶寺。

　　张公圣君是南宋的道人,由于他与萧、章二道友在石牛山附近一带为民除害、造福百姓做出了贡献而被塑成神像供奉,并广泛流传于闽南一带。以后随着大陆人民迁徙台湾和出国谋生,为庇护在台湾和南洋侨居地能驱灾化祥,过着安全幸福的生活,这尊被人们供奉的保护神也随着带到台湾和东南亚国家。历经数百年的沧桑,佛像几经辗转,源流传说不一。

　　近几年来,随着福建省的对外开放,海峡两岸交往日益频繁,在台湾掀起的寻根热潮中,寻找法主公的祖根也在台湾各地兴起。

　　1988 年 9 月 23 日,台湾宜兰县员山乡七贤村再兴宫根据法主公在"永春九龙潭石牛洞"的传说,写信到永春县台湾事务办公室,查觅九龙潭和石牛洞,欲寻法主公的祖根。永春知道这两个地名均在德化石牛山,将该信转来德化。后来再兴宫寻到了"根"非常高兴,专程到石牛山石壶寺祖殿进香。

　　1989 年 1 月 6 日,台北陈太平先生私立大旅行社股份有限公司团体部张贞鸿先生专程到石牛山考察,了解今后组团到石牛山进香的路径及有关问题,表示要为海峡两岸的宗教文化交流牵线搭桥。同年 11 月 21 日,台北法主公庙陈太生和台北大兴电线工厂股份有限公司董事长林清标先生又特地来县调查石牛山张公法主的行迹和有关历史资料。

　　寻找法主公祖殿,以 1990 年 3 月台湾省宜兰县苏澳镇晋安宫管理委员会主任委员杨耀邦率团来大陆迎接法主佛像达到了高潮。据杨耀邦先生介绍,他根据新加坡报纸"华侨篇"周玉明撰写的《都天圣君简介》的资料和祖籍安溪的白长川先生的介绍,认为台湾宜兰县晋安宫的法主公是"开拓苏澳安溪先民为镇压蛮荒瘴疠,由苏士尾、张光明等先贤于清道光七年(1827 年)恭请来台,在白米瓮永春(旧地名内城)建祠奉祀"。因此确定法主公是从安溪带去的,其祖庙在安溪县城厢碧灵宫,因而特地到安溪碧灵宫迎回九尊法主,又到湄洲迎回三尊妈祖和一尊哪吒神像到台湾崇奉。这一举动轰动了台湾,台湾《中央日报》4 月 1 日第八版以《迎回大陆十三神像,晋安宫信徒忙参拜》为题做了报道,提到:"张公实为张、萧、洪三位义结金兰,于宋代年间,闻永春九龙潭石龙(牛)洞有千年大蛇为害乡里,乃入洞制服大蛇。⋯⋯明正德皇帝敕封为法主神号。"同一天,台湾《联合报》在"福建进香寻根"栏里,也以《张公庙迎回十尊神像,三天后绕境祈求平安》为题做了类似的报道。4 月 4 日,台湾《中央日报》以《晋安宫法主圣君张公诞辰,苏澳大拜拜花费约五千万》和在"渡海迎回主庙神像"栏目里,以《信徒手持清香夹道迎驾,晋安宫"迎神"盛况空前》为题报道:"据传,张公乃宋朝人⋯⋯经异人传授法书,元朝中叶,泉州九龙潭有蟒妖时常出没,戕害农物生灵,民不聊生。张公兄弟三人入潭制服蟒蛇,却为毒气所伤,顿时化为青烟,升天为神。从此蛇患乃绝。据说法、龙二将军即是当时被张氏兄弟制服的蟒蛇。法、龙二将军被制服后,成为张公的侍从。"

　　上述报道,基本上是记者引自采访杨耀邦先生之说,他们共同而明确指出了张公显圣地在九龙潭,尽管《中央日报》说九龙潭在永春,又有说在泉州,但二者实际上是一致的,同在一个地方——德化石牛山。由于德化历史上一贯隶属泉州,清雍正十二年(1734 年)永春建州,德化划属永春州,永春州仍属泉州。而杨耀邦先生介绍的苏澳晋安宫开基是在清道光七年(1827 年),时德化正属永春州。因而从广义的角度,把属于德化的九龙潭说成永春或泉州是可以理解的。正如我们到外地,把自己说是福建人或泉州人一样。至今,德化、仙游、永泰等一带流传的张公圣君"骊山问教"、"浪迹人寰"、"巧筑鹤墙"、"燃指晨烟"、"黉夜开路"、"穿石导流"、"剑斩蟒蛇"、"水漫刘庄"、"降伏五魁"、"九龙潭脱化"等传说,其中的"剑斩蟒蛇"与台湾的传说是颇为一致、同出一源的。

1990年3月,率团到大陆迎回法主神像的杨耀邦先生本来认定法主的祖根在安溪县碧灵宫。后来从宜兰县再兴宫来石牛山寻到法主祖殿的消息后,看法也有了改变,立即于1991年3月16日给石牛山石壶古寺维修董事会来信,提到:"得知贵寺亦为张公圣君之主母庙(祖庙)甚为高兴,敢请贵寺提供可考资料,以便本台湾之法主信徒将来晋谒之依据。"

台湾省桃园县八德乡顺天护国宫几次派出人员来石牛山考察后,证实法主祖殿就在石壶寺。回台后,由该宫委员会主任委员袁金水、副主任委员陈盛郎等带头,并发动该会委员陈信章、李添兴、林荣东、曾秀民、赖国明、官七隆、何孟峰、袁琳、张聪明、游宪传、黎廷淼、周正富、袁金煌、袁金堂、余声澄、庄育水、王绪仁、张木火、袁金龙、余声垄、黄次雄、林莲、陈金英、陈万来、余远基、王聪德、郭三天、陈相海、汤雪碧、蔡信阳、庄育水、袁金万等30多人集资捐献石壶寺和通往石牛公路的建设,并献石狮一对。该宫还拟在台湾北部桶盘屿附近兴建新的法主公庙,迎接从德化石壶寺迎回的法主神像作为正殿之主神。

随着海峡两岸和对外交往的发展,法主的祖根将越来越被人们所了解。过去长期人为隔绝给法主的历史蒙上模糊的黑纱将被揭开,法主文化将得到进一步的弘扬,相信通过两岸人民和海外华侨的共同努力,人们的这一愿望是能够实现的。

原载《德化文史资料》第15辑,1994年12月

石牛山纪事

• 距今约 6700 万年前的中生代,火山在此爆发,形成石牛山峰和典型、完整的放射状的火山塌陷盆地。

• 宋以前,石牛山地区深林邃谷,罕有人烟。宋室南渡后,随着政治、经济、文化的南移,石牛山逐步得到开发。

• 南宋绍兴年间(1131—1162 年),永泰张慈观、仙游萧朗瑞和闽清章朗庆 3 位道人,在石牛山斗法"降魔",开辟道场。

• 南宋淳熙十年(1183 年)七月初八日,张慈观道人在石牛山九龙潭羽化。

• 南宋嘉泰壬戌(1202 年)科进士黄龟朋为石壶洞撰联曰:"破洞伏魔开福地,传经度法保生灵。"

• 明正统三年(1439 年)前,石壶顶岩遭火,洞石崩颓,志静等复建下岩两堂。(见明正统三年十月初五日,陈解德等人撰《章公圣君石壶古迹志》)

• 明嘉靖四十五年(1566 年)三月二十九日,石牛山榜上水涨山崩,家业淹没,患浸难稽。(清光绪版《榜上钱塘黄氏族谱》)

• 明万历九年(1581 年)二月初二日,大水,榜上"水涨山崩,黄显仁全家覆没,支派失续"。(清光绪版《榜上钱塘黄氏族谱》)

• 明崇祯庚辰年(1640 年),在今址始建石壶寺。(见民国《德化县志》)

• 清顺治乙未年(1655 年),顶岩遭火,坛场毁坏。中舍房黄尧英为檀樾,倡首募化,建下堂佛殿。(见《江夏黄氏美山族谱》)

• 清顺治丁酉年(1657 年),水口廪生黄遂权,捐己田南山乡租数百斤。自纳粮,充作寺内香灯之资。

• 清康熙二十三年(1684 年),石壶寺住持圆愿募建下殿及两廊书院,水口庠生黄雄偕弟家俊、家煌捐昆山湖后杉 60 余株,承泽鲲甲、鲲凤兄弟亦献杉资助,寺宇建筑比前宏昶。

• 清康熙二十九年(1690 年),承泽五房同捐本乡上泗洲土名"丰田岭"公田一段,租一百八十斤充作寺庙香火。

• 清康熙三十九年(1700 年),黄雄复捐己租添助香灯。

• 清乾隆三十六年至三十七年间(1771—1772 年),石壶寺遭火,堂佛毁坏。

• 清乾隆三十七至三十八年间(1772—1773 年),石壶寺由住持悦峰和门徒海岸募化重修。

• 清光绪二十六年(1900 年),湖坂黄桂芬自备工料修理殿宇。

• 清宣统元年(1909 年),石壶寺发动群众募资大修。

• 民国二十五年(1936 年),国民党中央军团长王成章奉令围剿张雄南,纵火烧寺,殿堂与佛像被毁殆尽。

• 民国三十六年(1947 年)七月间,以南山黄贵夏为首,往仙游等地募捐,重建石壶寺。工程未竣,又遭风雨侵袭倒塌。

• 1981 年 2 月,黄天从到废寺建小寮屋,发动群众自愿捐资,南山、昆山、坂里等地群众献工献料。7 月 24 日,饭堂三间完工,为往来香客、游客提供膳宿场所。

• 1984 年农历闰十月二十三日,重建石壶寺正式动工。筹建会相继成立,下设德化组和仙游组。德化组由陈捷任组长,仙游组由张金灿负责,并设会计、出纳、接待、总务、保管,确定专人,各司其责。

• 1985 年农历十月,香港李文开先生来石壶寺,相继捐资人民币56500 元(包括其亲戚献金在内),资助修缮石壶寺。

• 1985 年农历十二月间,在重建石壶寺的旧址后殿地下出土了一批古钱币。

·1986年农历四月十六日,石壶寺正殿上梁。

·1988年农历四月,新加坡桃源洞凤山庙负责人苏先生来石壶寺,调查法主公根源。

·1988年5月3日,德化县人民政府批准"石牛山名胜古迹"列为第四批县级文物保护单位。

·1988年8月20日,德化县文物管理委员会正式下达《关于成立石壶古寺维修董事会组成人员的批复》,同意成立"福建德化石壶古寺维修董事会"。其组成成员为李文开(香港)董事长,陈存聪副董事长(兼办公室主任)、张金灿副董事长(兼办公室副主任)、陈捷副董事长,由陈存聪主持日常工作等31人的董事会。

·1988年农历八月十三日至十五日,石壶寺举行三圣君开眼设醮仪式,十三日子时开眼。

·1988年,架设从坂里至石壶寺照明线路,农历九月初七日竣工通电。

·1988年9月16日,石牛山石壶寺举行文物保护单位揭碑典礼。

·1988年9月23日,台湾省宜兰县员山乡七贤村再兴宫来信调查九龙潭、石牛洞和张公法主的情况。

·1984年至1988年底,仙游、莆田县信士虔诚募献巨款支持石壶寺修缮工程,计献人民币104825元,其中主要捐金者有仙游城关林玉金先生2145元,园庄昭灵宫1850元,榜头善男信女集献20609元,榜头张金灿(经手)募集11610元,朱寨灵应堂捐奉2814元,广桥万福堂募献1615元,里园仁德宫1023元,壶山龙兴宫棕溪刁3237元,香田里炉峰詹灵宫1125元,榜头下朋山陈宗裕经手募集10980元,榜头郑先绸经手募集17400元,石苍点2947元,杨家宫张金灿募集1000元,赖店溪埔村集捐1163元。

·1988年,重建殿前大池水尾桥。

·1989年1月6日,台北大旅行社股份有限公司团体部张贞鸿到石牛山考察风景区。

· 1989 年春,重修石壶祖殿下殿。农历四月二十日奠基,农历九月初四日上梁。

· 1989 年 9 月,由周宗禧、徐本章主编,县志编委会办公室和石壶寺筹建董事会主办的《石牛山》一书正式出版。

· 1989 年 11 月 21 日,台北法主公庙陈太生和台北大兴电线工厂股份有限公司董事长林清柯来县调查石牛山法主公的根源。

· 1984 年至 1989 年重修石壶祖殿期间,水口镇八逼、上湖、凤坪、村场、梧村、吉坑、昆坂、赤水村等村民纷纷捐金、献工、献料、献粮食,资助重修石壶寺。捐金 1000 元的有上湖村王炳煌,村场陈福明,昆坂陈承兴、陈世纪,湖坂黄万宝、黄明珠,昆坂村民集资捐 10 千瓦变压器一台。筹建石壶寺用的大杉木捐献者有上湖村林芳栽、单克符、林光培、林辉久、林辉煌、林辉枚、林辉安、林光龙、林光忠等,凤坪村黄天月、黄发荣、黄发晃、黄政训、黄天进、黄斗彬、黄天运、林若池等。捐献大樟木的有亭坑村一株,湖内一株,烘内一株。

· 1990 年 5 月,泉州市电视台摄制组来石牛山拍摄电视片《石牛山纪游》。

· 1990 年 7 月 27 日,县委邱双炯副书记陪同美国路州州立大学教授廖金标考察石牛山风景区。廖金标在石壶寺题词:"名山古刹好风光。"

· 1990 年农历八月二十日,台湾省台北市陈慧贞女士等一行 22 人,来石牛山风景区旅游,并祭祀祖殿三圣君。

· 1990 年 11 月 23 日,德化县委顾问(原县委书记)颜美斯考察石牛山风景区,并为石壶寺撰写楹联:"石景神奇聚真人,壶液甘香滋黎民。"

· 1991 年农历三月初一日,新加坡华人苏先生等一行 8 人,到石壶寺进香。

· 1991 年农历四月十八日,台湾林舜先生、林王碧莲女士,香港蔡贵好小姐、美国美洲佛教会副会长释宽净光临石壶寺。林舜先生捐献人民币 5000 元,资助修整石牛山顶峰崎岖险路;蔡贵好小姐捐献台币 5000 元,资助修整格湖亭外险路。

· 1991 年农历五月初五日,台湾省桃园县八德乡顺天府护国宫蔡信阳先生等 2 人光临石壶寺,捐香金人民币 2000 元。

· 1991 年农历七月二十二日,旅居台湾的郑点金先生(德化县三班镇桥内村人)来石壶寺敬香,捐香资人民币 3800 元,并赠录像机一台。

· 1991 年农历七月二十二日,台湾省桃园县八德乡顺天府护国宫管理委员会主任委员袁金水先生、台北市忠孝顺天府、台湾省苗栗县苑里镇主公佛本堂、台中市大甲顶店王圣宫等进香团一行 28 人来石壶寺祖殿进香,祀奉香火人民币 7600 元。

· 1991 年 11 月,《石牛山纪游》电视片改名为《石牛山风情》,在中央电视台播出。1991 年至 1993 年,省电视台三次播放《石牛山风情》。

· 1992 年农历六月,翻建石壶寺祖殿上殿。农历十月二十九日子时上梁。

· 1992 年农历七月二十二日,台湾省桃园八德顺天府护国宫袁金水先生等一行 28 人进香团,第二次来石壶寺进香。赠送石狮一对,人民币 22700 元。

· 1992 年,德化县人民政府授予石牛山石壶寺董事会"文物保护先进单位"。10 月,副董事长陈存聪出席泉州市先进工作者会议。

· 1992 年 10 月 23 日,县委书记郑来兴莅临石牛山考察指导,在风景区石壶寺董事会题词:"戴云石牛九仙风光,德化龙浔万象更新。"

· 1993 年 1 月,台湾顺天府护国宫赠送人民币 5 万元,资助修缮石壶寺祖殿。

· 1993 农历三月十一日,台湾彰化县江州法堂颜文赞先生一行 12 人来石壶寺,敬香火人民币 1000 元。

· 1993 年农历七月二十二日,台湾顺天府护国宫袁金水先生等一行 41 人进香团,来石壶寺祭祀法主公。农历七月二十三日,石壶寺董事会赠予台湾顺天府护国宫一尊法主公塑像（高 2 尺 2 寸），"祖殿增辉，功德无量"锦旗一面。顺天护国宫资助石壶寺开发建设资金人民币 15 万元。

• 1994 年 5 月 9 日，德化县政协主席李孝仪、副主席徐其树率政协文史委一行 15 人上石牛山，为撰写《石牛山文史资料专辑》进行实地考察。李孝仪在石壶寺为风景区题词："石溢甘泉润四面桑田翻金浪，壶藏文史引八方宾客览风光。"并举行《石牛山名胜古迹》文物保护单位的揭碑仪式。

• 1994 年春，开辟榜上至石壶寺公路，宽 5 米，长 11.3 公里。农历十月竣工。至此，机动车辆可直达石牛山石壶寺。

• 1994 年农历八月二十八日，台湾江洲法堂香客来石壶寺进香，捐金 1200 元。

• 1994 年农历七月二十一日，石壶寺祖殿上、下殿屋面铺设琉璃瓦开工。农历八月二十九日竣工。重建后的石壶寺坐向辛乙兼戌辰，水出巽。寺高 1.58 丈，上殿深 13.2 米，宽 22.6 米；下殿深 12.5 米，宽 22.6 米。

• 1994 年 10 月 2 日，德化县县长林宝浙，政协副主席、统战部部长梁丁云莅临石牛山风景区考察指导，县长在风景区董事会题词："开发石牛旅游资源，弘扬宗教文化事业。"并代表德化县人民政府批拨开辟石牛山风景区公路经费 2 万元，风景区管理经费 2000 元，支持风景区开发建设。

• 1994 年 12 月，德化县人民政府批准成立"福建德化道教协会石壶寺分会"，陈存聪为会长，黄正授为副会长（兼道士）。

原载《德化文史资料》第 15 辑，1994 年 12 月

民国时期民军、土匪蹂躏德化罪行录

民国时期,由于国民党政治腐败,军阀混战,干戈不息,民军土匪,盘根错节,互相吞并,战火频仍。国民党各派反动势力纷纷插手,狼狈为奸,加深了德化人民的灾难。军匪所到之处,打家劫舍,烧杀掳掠,民不聊生。造成人口大减、土地荒芜、生产倒退,其罪行罄竹难书,令人发指。

现根据部分地方族谱,民国时期的报刊、笔记、文档资料和当时见证者的回忆,将当时民军、土匪蹂躏德化的情况笔录于下。这些用血写成的翔实资料,虽仅是沧海一粟,但对研究民国时期德化的政治、经济和社会生活各方面情况是有参考价值的。

一

民军土匪为了充实自己的反动武装,大肆掳贩儿童、妇女,换取枪支弹药。

《龙浔六桂方氏族谱》载:民国七年(1918年),"各区纷纷迫乡联络购买枪械,或数百元,或数千元,民不堪命,或掳人勒赎。遭其惨杀者,父母妻子离散者,荡产倾家者,露宿冰山冻饿者,时有所闻……民国十一年(1922年)八月十九日,黄其明率匪到乡,被掳者三十人"。是年农历六月间,郑荆南、郑荆银、方藩等民军到碧坑村抓男女儿童曾青(十一岁)、曾留(九岁)姐弟及林富庆、张丕、曾北(十二岁)、彭草(女)、曾夏(女,十一岁)、曾豆(女)等十二名到南安、晋江一带贩卖,并将其款用购买武器。七月二十四日,土匪梁桂茂到八逞村抓走男孩4人,又到谢地村抓走男孩一人。民国十四年(1925年)五六月间,永春横路股匪吴天瓦到科荣湖仔林抓走曾文水两个儿子、曾广设的一个儿子和女儿曹翠碧。

《双翰苏氏族谱》记载:"民国十七、十八两年(1928—1929年)间,全族被掳男孩三百余人。"还有一些成人男女被抓走,如明轩、明珑、明招、明珊、大德、实丑、双兰、玉辉、亨福、亨论、甫应、滋淳、进木和文兰之妻等等。

《崇道报》记载,民国十八年(1929年)五月,易图章之女十六岁,被匪俘贩永春苏坑,至民国二十二年(1933年)三月才发现。民国二十一年(1932年)八月十九日夜,匪到湖岭,掳走周振文九岁女孩。同年二月二十一日夜,十余名土匪到丁墘攻入陈西金住宅,掳去男女六人。民国二十四年(1935年)十月三日,匪百余人窜入桂林乡,掳走赖思富三个男孩、赖庆仁之幼孙女一、赖桂丹之幼女一、赖见侪之小孩一、赖思兰之弟一,均在八九岁、五六岁间。又赖珍苏新娶之媳一,赖后垵男女二,赖桥头丘男女二,以及赖笃宋、赖长祥、杨三秋、张篡苗媳等,计被掳三十余人。牵去猪牛一百七十余头,财物洗劫一空。民国二十四年(1935年)九月十八日晚,匪窜入石杰乡,抽去一男人和郑某的一位十三岁少女。民国二十七年(1938年)三月十五日晚,匪攻入上涌乡郑聪住宅,掳去八岁幼儿郑耀,其妻喊救遭枪杀。后发现该男孩由永春鳌峰白芸乡余哂以二百三十五元卖给该县华岩乡肖茂婶为孙。据查,余哂素与德化、大田交接,匪所绑来的小孩,凡卖到南安、永春者,皆由其介绍。

《龙浔甲头连氏族谱》载:民国二十年(1931年),该族连自转妻温盆、连自金妻陈里、连兴温妻王氏及其子育南均被匪掳卖。

《荥阳郑氏族谱》(厚德)载:该族被匪抓走的有郑宝国之妻连圆、郑惠光之妻陈敦、郑义算之妻许团和郑敏甲等人。

在《陇西彭氏大宗谱》残本中发现：民国期间，霞碧村被匪掳贩的有彭富垤之子贵垤、彭富三之子贵饷、彭富巇之子贵雅、彭富熏之子贵胡、彭富焜之妻和子岳转，彭富庆的三个儿子贵燃、贵墨、贵财以及彭富拉的四个儿子均被匪掳贩。此外，被匪掳贩的还有彭富萧之妻徐氏、彭贵格之妻吴氏，彭贵淀之子荣浑和女儿彭草，彭贵谅和彭贵勇之子荣管等人。该谱还记载上围村彭叔评之子季侵亦被匪掳贩。

民国三十年（1941年）《崇道报十八周年纪念刊》中也提到：民国二十七年（1938年）八月，德化葛坑陈文之妻等共八名被匪绑掳。此外，在一些材料中还提到双翰乡第八、五组一夜间，被林青龙抓去小孩三十多名；双翰乡下阁台在一夜中，被匪抓去小孩五十三名；卓立崎（畲族）在一个晚上被土匪抓去十八个小孩。朱地村在民国十八年（1929年），有数十个妇女被抓到外地换取枪支弹药，民国二十年（1931年）又被抓走二十多人。

民军土匪大肆掳贩小孩、妇女，使国民党当局惶惶不安。《崇道报十八周年纪念刊》在一则大事记就提到：民国二十九年（1940年）二月，德化县当局"以邑中小孩被各部民军掳贩外邑数百名，特呈请省府饬各县禁买卖人口"。

二

打家劫舍、烧杀掠夺是民军土匪的本性。下面略举数例：

民国二年（1913年），吴福率兵焚劫西山循途到雷峰攻破余庆堡，焚毁民屋。民国三年（1913年）七月初四日，桂林乡屋匪焚烧二十座，被害二十一人。是年，北洋军阀陆军第一旅五十二团王挺为剿苏亿，驻军桂阳，焚烧桂阳、溪洋两村民屋一百一十八座。

民国五年（1916年），李凤存窜扰水口竹柄村，大肆抢、烧、杀。灭绝三十家，烧毁民房四十余座。

　　民国六年(1917年),周三部之陈廷江、梁铿率队在村兜、碧坑、埔尾等地抢劫,抓走碧坑大坪村民曾平。当地团练前往抢救,村民曾纪被打死,曾专受伤。同年农历十一月,周三复至碧坑行凶,打死村民林智姊、林风姊、曾纪老、曾纪缺及曾瑞静、曾纪回父子等六人,并放火焚毁民房三十多座。十一月十三日夜半,匪徐海、吴登云、林玉良等百余人焚毁有济房屋三十多座。是年冬,双翰店铺全部被匪焚尽。

　　民国七年(1918年),周廷云攻打黄其明,烧毁水口寨,水口街商店被洗劫一空。九月初九日,北洋军阀刘汉臣率兵剿林青龙,尊美民房被烧毁七十座。十一月,李山陈存木、陈存余同时被土匪杀害。

　　民国七、八年(1918—1919年)间,科荣曾池人往赤水购红曲,途经格头石磨岭,被林青龙绑架至戴云山,勒索三百银圆,才免死难。

　　民国八年(1919年),周廷云部梁桂茂攻打黄其澜,烧毁九斗民房一座。

　　民国九年(1920年)九月十八日夜,李金标、尤赐福率兵焚烧国宝聚宝堂、亨嘉堂、继美堂、善继堂、垂裕堂和锦绣堂等七座民房。据《国宝叶氏族谱》记载:"斯时,吾品房子孙因之流离失所,有避难外邑者,有侨居海外者。罹灾之惨,莫此为甚。"

　　民国十年(1921年),黄其明、黄其澜大肆派饷购买武器,一颗子弹四角银,一支步枪二百元白银。是年,苏克美部吴宜烧毁吉山民房一座,打死乡民多人。同年,林斯美引北军马司令和王天赐围攻林青龙,林撤至龙湖山,民房被焚烧一百座。连同民国五年(1916年)、民国七年(1918年)两次,尊美计被烧房屋二百八十三座。是年,周三与王天赐在李山火并,群众被杀二十多人,全村房屋烧得只剩二座。

　　民国十二年(1923年)八月十六日,黄其明与周廷云战于湖坂村,当地民房被烧毁百余座。八月十九日晨,黄其明又率匪洗劫雷峰,焚烧住屋二十余座,物畜损失难以统计。同年,雷峰遭张雄南焚毁的房屋就有美伦堂、庆厚堂、恒林小宗祠、长裕堂、石玉堂、隆美堂、员山堂、滨溪堂、霞坂堂、丁城堂、南阳堂、文斗堂、长美堂、德安堂等。是年,苏万邦部烧毁上涌虎跳市店铺十余间,该集市全部被毁尽。霞碧彭富成、彭富宛兄弟同建的堂屋,亦遭匪焚毁。

民国十三、十四年(1924—1925年)间,科荣岐宗曾瑞美、曾福人父子前后四次遭匪绑架勒索,其中仅被林青龙部拦路绑架,就勒索去银圆二千多元。

民国十四年(1925年),陈国华先后率匪百余人到下店、洪田、埯樟、丘村等地洗劫民财,各村民房被烧三十余座。

民国十五年(1926年)春,梁桂茂率匪兵百余人,乘夜洗劫白潭村。躲在土堡里的八十二名男女老幼(其中二名妇女已怀孕)全被烧死,惨不可言。七月二十四日,梁桂茂又带匪兵闯入八逗,打死村民六人,抢光财物,烧毁民屋三十八座。同时把谢地村十八座民房焚烧殆尽,抢去耕牛二十余头。

民国十六年(1927年),苏万邦部苏善明绑架吉山乡民多人,打死二人,焚屋一座。同年十一月,林青龙为勒索科荣乡归侨曾文水,将其绑架至尊美老巢关押,勒索其银圆一千二百元尚不放回。文水冒着风险,将牢狱土墙挖洞逃出。林匪获知,又勒索去银圆五十元作为维修牢狱赔偿费,逼得曾文水无法立足,再度出洋。同年,石山曾龙人勾结土匪林同,洗劫本村和祖厝、贵竹洋等村,杀死曾茂林、曾云、曾党,绑走曾广纂、曾人玺等人。

民国十七、十八年(1918—1919年)间,张雄南串通方清芳的亲信护兵郑兰、郑前行刺方清芳。郑兰、郑前的家乡石城村受到株连,纷纷外逃避难,财物被洗劫一空,全村顿时成为废乡,田园荒废,连野猪都筑窝于倒塌之屋中。后来郑兰被捕后,村民要回石城者还得先向方清芳缴交大笔银圆始能入村,其中郑敏瑞回村时就被勒索去三百元银圆。

民国十八年(1929年),匪焚烧琼溪乡琼阳堡和拔俊堂。华侨廖习、廖宙回国探亲,被匪绑架,虽于半夜挣断绳索逃跑,然索纹溃烂,致成残疾。是年农历八月十四日、十二月初十日,张雄南两次到碧坑村抢劫,抓走村民王种、曾广锡、曾文川等人。关押在西山寨尾土堡内,令其限期缴交银圆二千七百五十元后,方可释放。张雄南和周廷云还经常到碧坑派饷。有一年,张雄南每月向碧坑村群众派大饷银圆一百元,月捐银圆二十元;周廷云部郑武冈、郑武恭亦同样向碧坑村群众派大饷银圆一百元,月捐银圆二十元。迫使其时一个仅有二百左右人口的小村每月要遭敲剥银圆二百四十元,全年被剥去二千八百余元。

民国十九年(1930 年),张雄南同吴俊昌带兵百余人,焚毁永泰县猫鼻岭土堡。杨垄杰及其家属全被烧死,张还砍下七个死者之头,提到水口、八逞、龟洋、蟠龙和南埕等地恐吓群众,敲诈勒索。

民国二十年(1931 年),苏万邦再次焚烧琼溪乡房屋多座。陈得荣率部烧毁国宝乡聚宝堂左碉楼。是年九月,下村黄王自因精神病误手打死葛坑村一名群众,陈国华乘机勒索下村群众银圆一万余元,致使群众倾家荡产,损失惨重。同年,诗敦村蒋发之女蒋物被其堂母舅、徐飞龙部属刘启章率部抓捕到仙游枫亭贩卖。蒋物原已许配他人,蒋发只好变卖儿子蒋淦赔偿。

民国二十一年(1932 年)正月二十一日,赤水街惨遭兵焚,全街化为瓦砾场,市民死者四十多人。同年,苏万邦放火烧琼溪乡民屋十七座。是年,陈国辉部彭棠带队攻打张雄南,驻扎雷峰,焚毁太平土堡。国辉撤走后,张大肆杀人焚屋,进行报复。同年,张又在奎斗村烧房屋二十余座,抓杀百余人。在这前后,张雄南又把雷峰盖云岐村罗球父子捆在要道上,用刺刀慢慢刺割致死。置尸数日,惨不忍睹。又在瓦窑口村,一次杀害三十人。土坑尾村,在一天中被张雄南杀害者六十七户、七十一人,抓走二百四十人。张雄南部张维凤在下蕉溪村,一次拉走十六头水牛、二百多只肥猪和一千多只鸡鸭。同年二月二十二日,三班东山郑远振由县城购货回家,被匪抢劫。他被绑架后失踪。二十四日,蔡径冯弓等家被洗劫,住宅和邻近两座房屋被焚烧。二十五日,洞上王育牵牛一头去县城,半途人畜均被匪劫走。

民国二十二年(1933 年)七月,十九路军离开德化。林青龙回到尊美,把当时与十九路军有联系的农民林坑兄弟两家十多人,李玺全家四人,在一个晚上全部杀死,财产洗尽,土地占为己有。农民林涂、木匠林旺亦遭残杀。

民国二十三年(1934年)二月十三日除夕夜,张雄南到永春洑溪,以围捕共产党为名,滥捕男女百余名,猪牛扫数牵走。三月六日,张雄南攻打赤水陈得荣,全街店屋二百余间被焚,泉利、新晋利、晋裕三号土库内烧死三十余人,全街损失惨重。同年七月中旬,黄其明勾结北洋军阀白蔚文攻打周廷云,将梓溪、上寨、后芹、黄村里周姓村民房屋一律烧毁。八月间,周廷云分三路洗劫瑞板,除风炉格、草洋两个小角落外,其余民屋尽被烧尽,六人被杀,许多群众无家可归。是年九月十八日夜,土匪杀害石室保吴水安之妻,洗劫全家财物。同年,张雄南与陈公亮在吉山交战,绑走吉山村民多人。十月初四,陈国华部郑大清到丘村洋打死村民一人,抓走十多人。全村被勒索银圆四千元,逼得有些村民卖妻鬻子,倾家荡产。

民国二十四年(1935年)九月,山茶村被匪宰去猪三头,流秋桥客贩一人被劫。下涌北洋村财物被匪洗尽。十三日傍晚七时许,与民军郑捷升结义的周伯,在郑述中的策划下,投靠张雄南,带领周寻等匪,潜入县城郑捷升家。郑及其妻陈燕、儿子林柱,张轮元和苏重九之子六人被杀。又星夜奔往苏洋,打死林某等人,周伯最后也被彭棠枪杀于苏洋。同日,县府粮征员张忠洋在上涌被匪截击毙命。十月二十六日夜半,股匪百余名,攻入三班后房街郑兴之布店、珍裕杂货店,抢走所有银物及布匹杂货。同月上旬,草吉乡发生土匪杀死粮征员三人;国宝乡掳去男孩一人,用斧砍死妇女一人;赤水草村被匪枪杀一人,一妇女被匪用锄头掘死。内单村被匪掳走二人,炉口被匪掳走五人,下涌被掳走二人,上涌东坑洋耕牛被匪牵走三头,小铭两次被劫,赤水猛虎格小商店货盐被劫,李山被匪枪杀一人。旬日来计被匪杀死者二十余人,每夜均发生一两起杀人案件。赤水至大田之十八格、待人格等处,天天发生抢劫之事,大田洋尾布商在十八格人物俱被掳劫。赤水街各商家黄昏即闭户,附近乡人每于日落下山,即携男带女来街避难。尤床王坚被杀,丁溪桥头许某某家中被劫,后寮村颜池被毙。十一月七日深夜,匪徒三十多人,枪杀奎斗村农民陈茶,洗劫一切财物。是月中旬,三区户捐征收员涂某,欲往葛坑,途经湖山菜岩交界处,被匪捆绑酷打,抢走银圆三十多元及行李。暗林口林甲及其母,被匪捆绑毒打,要索巨金,将林母子腿部连砍数十刀,血流如注,昏迷不醒。清晨邻居发现,始解绑送城诊治。是年,桂林赖永念勾结张承福,抢走该乡向政府领来的自卫枪二十多支,绑架男女多人。

民国二十五年(1936年)四月间,中央陆军第九师二十五旅谢辅三、五十一团陈竞、第三营蒋治英率兵入德化围剿张克武、张承福,全县大小乡村按指定地点移民,坚壁清野。民众困甚,夫负子,妇褓儿,牵牛挽羊,风餐露宿,疾病死者不计其数。蒋治英残忍嗜杀,驻扎桂阳,一日抵汤头,路遇民众四人,即开刀枭首杀害。焚烧梓溪房屋十余座,桂阳、汤头、上涌、下涌等处列为"通匪区",杀死民众无数。是年五月十六日,张克武匪部攻入永春湖洋街,商店被洗劫,乡民死伤及被掳者二十九人;二十四日晚攻入洋上乡,财物被劫空,乡民死伤及被绑者三十一人。五月二十八日夜,陈国华部陈福中率匪二十多人往邱村,吴科禄被勒索去银圆四百八十元。

民国二十六年(1937年)九月初二日,上涌杏仁坪德春号陈某带现款二百余元,欲到县城购货,在赤水附近之牛栏格,被匪绑勒。十月初一日,土匪烧毁琼溪乡金湖屋左畔房屋。同月初,暗林口屠户林宗植外出屠宰,被匪杀害,尸体数日后才发现。其住宅又于是月十二日夜被匪洗劫,父母弟侄被杀七人,妻、子被掳,全家九口数日内全部灭绝。同月,甲头村被匪连泰焚烧房屋二座,村民被杀三人,掳去妇女二人,男孩一人。十二月二十三日夜,坑垵林江婶、林颜婶两个幼孙被匪林勇掳贩。

民国二十七年(1938年)五月二十八日夜,土匪再次烧毁琼溪乡金湖堂。七月二十八日夜,匪徒三人窜入宝美苏学棉家,劫去财物五百余元。八月二十二日夜,股匪二十多名攻入葛坑陈文住宅,陈文之妻及子全家八人均被绑架,财物被洗劫。同月,尤溪的股匪入侵德化北区溪坂尾、荇菜坑、卓立崎、黄山崎,捕走男女十人,牲畜被宰尽。九月间,赤水锦顺成号颜福阁、金裕号黄力及永春五里街梁某、李谦信等四个商人,往永安途经待人格,四人被匪绑架三人,李谦信脱险。是年,张雄南部赖吉椿焚烧吉山民屋二座,打死乡民三人,打死县册书一人,县自卫队兵一人。

民国二十八年(1939年)一月一日,匪徒三十余名捆绑下涌教堂张振凤牧师眷属及教友十多人,洗劫财物,损失五千多银圆,掳去男女五人。二月,上涌归侨刘振怀,全家六人被匪绑劫。陈公亮焚烧吉山民屋十八座。三月二十一日晚,盖德归侨李书植新建大厦被匪攻入,财物被抢。书植外出险遭其难,附近乡民被掳去二男一女。六月,张雄南在仙、永、德大派黑单,六日掳劫永春盖福华侨陈铠国,二十八日又绑走郑章灿等多人。十二月二十七日,匪徒攻入下涌寨仔,绑走赖央之媳和孙、赖作之妻、赖弟之女四人,杀死赖坛之妻及幼女、陈杭等三人。二十九日,又焚烧上涌民宅四座,掳去男女数名。溃退下涌时,又焚烧曾月、曾江、曾访住宅三座,赖姓祖宇一座。曾访夫妻及养女三人惨遭焚死,又窜扰新寨,烧毁民屋。是年,林荣春率兵烧毁白潭村民房十一座,村民财物被抢光。张雄南部到诗敦村,纵火烧毁邓世劳、邓世秀、邓世开兄弟的房屋一座,村民庄情、邓永德、吴昭、邓纪木等人被抓捕至连山一带关押,嗣后才用巨款赎回。

民国二十九年(1940年)一月,上涌壮丁数十名,奉令到土云岐伐木,均被匪绑架,溺毙溪中。十二月二十日,黄山寨村民被匪掳十三人。二十六日,移居上安坂之李山乡民,耕牛一头,白昼被匪牵往山林宰杀。二十七日,匪数十人到赤水附近之马坑村进行抢劫。

民国三十一年(1942年)一月下旬,二区下蔗村水头,有仙游挑夫两人,挑运白糖途经该地,遭匪劫杀,遗尸路旁。

民国三十三年(1944年)五月二十七日,南斗保谢童培、林昭、陈民三匪,持刀杀死该村陈天送之妻,洗劫其财物。三犯于十月二十一日被县府枪决。十二月二十三日夜,观音岐碧象岩菜姑被土匪杀死,洗劫庙中所有财物。同年,连山保土匪陈汉,在蕉溪杀害过客油商黄家屏,抢走财物。

民国三十四年(1945年)八月,久住农民梁上垠、林爱士、林贡、林阿周去仙游买盐,返回至磨石岭冰水坑,被土匪劫光。同月,溪洋林爱珠带匪兵数十人,先后两次窜入久住下路洋,打死农民林阿箱和杨通,抢光财物并派饷白银六百余元。

三

民国时期,官军、民军、土匪三位一体,在对人民烧、杀、抢的同时,所采用手段的毒辣、残暴,亦为史上所罕见。民国二十八年(1939年)七月,国民党福建保安处为剿张雄南,在水口村抓七个无辜村民杀头取心而食。土匪为抢劫三班东山郑仰婶卖猪款银圆五十元,把她的衣服剥光,用香火烧炙全身,凌迟处死。上漈村农民林埕因民国十六年(1927年)其父被林青龙杀害,故将林青龙私藏的十九路军的一支自动步枪密报当时县自卫队长陈川,自己逃到葛坑大岭和尤溪等地谋生。不幸被林青龙查获,派兵抓回,先用辣椒水灌,再在鼓胀的肚皮上压上一根大松木,让匪徒踩上滚来滚去。最后又把他的手脚钉在门板上,用两根竹筒套在林埕眼眶上,敲出眼珠,再用棉花沾煤油放在脚上,活活烧死,惨不可闻。林青龙为发泄张雄南带兵围剿的仇恨,民国二十八年(1939年)农历八月二十一日诬洋坑村七十多岁的农民许慈经及其子宽流勾通张雄南,把慈经和宽流父子三人抓去,套上脚链,绑在碉堡的大柱上,打得遍体鳞伤。翌日,又诬他们想越狱逃跑,叫匪兵用钉耙把慈经、宽流打得死去活来。把怀孕五个月的宽流妻子反手悬空吊起,用木棍毒打,又用十根大针,一根根插进指尖。晕后用凉水喷醒,再拿沾煤油的棉花包住十个指头,点火焚烧,把手指的骨头都烧烂了。从中午一直酷刑到傍晚，最后拖到山上枪杀。慈经本人被匪徒用利刀切开皮肉，把沾煤油的棉花塞进点上火，活活折磨而死，并把七个孙儿卖到外地。最后几个乡亲也被林青龙抓去，勒索"搜捕慈经父子的草鞋费"和"杀死慈经等人的手续费"一百五十多块银圆。小湖石窟村林前，在十九路军占驻林青龙家那一天，曾到林青龙家挑泔水。后被诬为"私通十九路军"之罪，杀死林前、林坑、林亲夫妻以及林亲的儿子六人，剩下一男三女都在十岁以下，全被卖掉。一夜之间，灭了三家……

四

民国时期，民军、土匪对德化的蹂躏，使德化的生产力和生产遭到了极其严重的摧残和破坏。由于人民惨遭杀害、掳贩、外流，人口大量减少。

霞碧苏洋村在民国十三年（1924年）一天中就被张雄南烧掉房屋三十四座，被烧死二十一人。在民国期间，全村因匪乱弄得家破人亡的有一百二十四户五百一十一人，被迫卖儿卖女的四十八户六十人，卖妻子的七人，有的流落当乞丐，有的跑到南洋谋生。朱地村在清末时有人口二千多人，民国十四年（1925年）被土匪杀害一百四十人，还有数十个妇女被掳贩外地，全村前后被烧毁民房达十五次，仅民国十九年（1930年）一次中，就被烧毁房屋十八座。到德化解放时，全村只剩下一百多人。苏洋乡后寮一个小村落，在民国十九年（1930年）的一天中，因匪乱就有十八个青壮年逃往南洋，使整个村落顿时沉寂，一片荒凉。

《崇道报》在民国十五年（1926年）十二月的一则消息中提到：该年永春、德化民众苦于军匪，相率渡洋。仅五个月来，偷渡出洋者六千余人。《侯卿赖氏族谱》载："清宣统时计算，全族人口有四千多人，所完田赋占全邑十六分之一。后值丧乱，田野荒芜，庐舍丘墟，为空前仅见。

居民流离四方靡有宁处者,历二十多年……至民国二十九年(1940年),综核全邑人口,仅存其半。民国三十四年(1945年)调查,全族住居故乡者仅有二千五百余人。"《龙井苏氏族谱》载:"本族人口于清光绪戊子(1888年)统计达一千八百,男性九百余,为最盛时期……近(指1938年秋)统计,约一千三百,男七百六十多,女仅五百余。"有一篇资料记载,民国二十九年(1940年)一月,"当张匪(指张雄南)叛变时,德东民众被匪胁迫,逃难林中。粮食告绝,饿死者不计其数,自缢身死,悬尸树梢后,嗣后发现数十人。村兜、埔尾、中林、枣坑、朱地等乡,被匪军蹂躏之后,颗粒无存。居民悉以树皮、草菜为粮食,困苦不堪。"据新中国成立后调查,德化西部仅遭林青龙杀害的就有三百余家,三千多条人命,受盘剥掠夺者在千户以上。美湖地区全家受其残杀的农民有十三户二十三人,琼溪村后山角原有八十户,为避林青龙残杀,外逃三年后,回来剩下三十户。上云村在清光绪年间,全村一百二十多户,四百多人。由于民国期间兵灾匪乱,至1949年,该村仅剩五十户,一百三十九人。

当时的社会,正如1930年赖思孝在一首诗中所写的:

鼓角声凄夜未休,昏昏杀气满城头。

青山呜咽猿啼急,白骨纵横鬼哭啾。

草木苍茫皆可畏,风云变幻总生愁。

不逢盛世逢离乱,历尽艰危尚杞忧。

那时,人民已在死亡线上挣扎,而官府还以"治安"等巧目,向群众进行种种敲诈。1933年的一首《团费叹》(即民团派饷)小诗,就是官、兵、匪蹂躏德化罪行的真实写照,反映了当时人民对黑暗社会的不满和抗争。这首诗写道:

民军派饷款,苛勒古所无。政府收团费,敲诈巧名目。
忆自民七后,遍地皆萑苻。征敛及鸡犬,民脂早吸枯。
摊派月数至,力役供奔趋。耕种既不暇,田园沦荒芜。
年年匪乱劫,岁岁兵灾苦。破壁复何有,计惟鬻妻孥。
有妻将谁妾,有子将谁奴。倘再肆敲剥,甘拼不肖躯。
……

与曾清焕合作,原载《德化文史资料》第 7 辑,1986 年 11 月

民国时期德化县征捕壮丁断记

　　征捕壮丁，是民国时期国民党政府扩充兵员、加强军事力量的一项重要措施。

　　据民国时期编印的"民国元年(1912年)至三十六年大事记"的《德化县志资料》记载，德化征集壮丁始于民国二十六年(1937年)五月。是时，"本县奉令征送壮丁入营计93名"，它比"本省于民国二十六年(1937年)六月试行征兵之始"还提早一个月。七七卢沟桥战火爆发，八月间，福建省政府令各县区编组"特种壮丁模范队"，以应付"事态"的发展，加紧"征募"壮丁入伍。民国二十七年(1938年)一月，国民政府颁布《非常时期征集国民兵团及抽签实施办法》，对"征募"壮丁做了具体的规定。民国二十八年(1939年)，德化相继成立军事科、兵役协会、国民兵团等机构，以适应加紧征捕壮丁，进行"剿共"反人民的需要。从民国二十六年(1937年)起至民国三十八年(1949年)国民党政权覆灭为止，12年间仅抗日战争胜利后的1946年停征一年外，年年征捕壮丁不断。据不完全统计(其中缺1946年数字)，十年间，全县征捕的壮丁达4872人①，这些还不包括"知识青年志愿从军"入营的89人。现将历年征捕壮丁入营的数字开列如下：

　　民国二十六年(1937年)398人，民国二十七年(1938年)422人，民

---

　　① 据民国时期《德化县志资料》记载，抗战胜利后，德化停止征兵一年，该年没有征兵数字。但据《崇道报》记载，1946年德化尚征壮丁629人，以何为准，待查。本文暂以民国时期《德化县志资料》统计。

国二十八年(1939年)482人,民国二十九年(1940年)473人,民国三十年(1941年)851人,民国三十一年(1942年)858人,民国三十二年(1943年)531人,民国三十三年(1944年)531人,民国三十四年(1945年)159人,民国三十五年(1946年)数字缺,民国三十六年(1947年)167人。

现以民国三十六年(1947年)为例,各乡镇人数与壮丁数如下:浔中镇9786人,壮丁14人;三高乡7802,壮丁13人;西南乡6406人,壮丁10人;水口乡5437人,壮丁9人;桂涌乡9506人,壮丁15人;葛岭乡8583人,壮丁14人;锦福乡12888人,壮丁21人;瑞上乡5870人,壮丁9人;赤水乡8671人,壮丁14人;双阳乡10362人,壮丁17人;济屏乡13648人,壮丁22人。据新中国成立后赤水乡有名字可查的统计,该乡自1946年至解放前夕,全乡被抓去当壮丁的有340多人。

民国时期标榜的"征集"、"征募"壮丁,实际上是征捕、抓捕壮丁,虽然国民党政府"规定"、"条例"、"办法"提的多么动听,但由于政治腐败,县、乡、保某些当权者为从中饱私,决定了它必然站在与人民的对立面。绝大部分所"征募"之兵,都是用高压的手段抓捕去的,国民党政府也不敢否认这一事实,在其档案中就记载了民国三十六年(1947年)全县兵额167人,是从当年八月十三日至十月十五日,花了六十四人,先后抓捕了27批才"完成"任务。即使规定"将壮丁分为甲乙两级:18至30岁为甲级,31至40岁为乙级(以后又提高了年龄幅度,规定18至35岁为甲级壮丁,36至45岁为乙级壮丁,均为应征年龄)。按照上级分配给县的应征兵额,先就甲级壮丁,分别举行抽签,按签号之次序先后征集入营"和采取所谓"三丁抽一、五丁抽二,单丁独子免征。"但实际上,对有财势之人,就是兄弟再多,符合应征年龄,也可以"缓征"或"免征"。反之,对那些无财无势的穷苦农民,即使年龄不够或超过,不中签也要"应征",单丁独子也不能避免。至于"举行抽签,按签号之次序先后征集入营"纯粹是骗人的做法。如东头村曾广木兄弟3人均被抓入伍,科荣保归侨曾成兴单丁独子亦被捕充军,至今生死不明就是例证。双阳乡绮阳保户民陈礼延等 241 人,于民国三十八年(1949 年)四月联合向县政府控告保长陈××在"征募"壮丁中的罪状:其中就揭发陈××自己兄弟四人均在适龄之列不"应征",而将独子强抓"征送"。同时任意摊派勒索,按户口缴交壮丁安家费,从中进行贪污,仅壮丁陈喜庆、陈章淼、陈章众 3 人的安家费 2240 万元(折稻谷 2240 斤)等罪行。济屏乡大儒保(今属大田)壮丁陈朱纲的应征家属"优待金"稻谷 200 斤,亦被该保长章××所吞没。据民国三十七年(1948 年)十一月二十日《德化民报》披露,赤水乡乡长李世树将该乡公所丁叶××拐卖给祥板保为入伍壮丁,从中私吞安家费稻谷 10 市担……似此利用"征募"壮丁之机进行牟私的事例层出不穷。

地方各级为了"完成"交差任务,滥捕乱抓的现象亦很严重。南安县泗福乡王青云,原曾在德化田赋粮食管理处任稽征员,后被裁遣回家。为谋生计,向亲友借款来德化塔岸街从事小贩为业,浔中镇队副徐××与塔岸街保队副郑××见机向其勒索巨款 500 万元。遭王拒绝后,徐、郑即率所丁,将王抓捕,充为本镇、保壮丁,并搜去国币 17.5 万元、金戒指 2 个。宝美保苏文炳住在云亭保业商,就被诗敦保抓捕抵诗敦保壮丁名额,有几个永福来诗敦理发的亦被抓充数。丁墘保张簪恳到蟠龙保第六甲给人入赘为子,亦被抓入伍……

凡被捕入伍之壮丁,都过着吃不饱、穿不暖的非人生活,受尽接兵部队的凌辱、折磨,甚至任意枪杀。一进入"新兵招待所",便失去人身的自由。现已 75 岁的苏珠缄回忆当时目睹关押在宝美土楼的壮丁的惨状时说:"当时的壮丁,个个都面黄肌瘦,缺衣少穿,更换衣服时,有上身的衣就没有下身的裤,有下身的裤就没有上身的衣,只好在晴天赤着身子围坐在天井中晒太阳,等衣服晒干了再穿上。"壮丁在被押解途中,为了防止逃脱,都是用绳子或铁丝把几个人的手臂连绑在一起,肩上还要挑着行李和实物。如果其中一个人要大便,另一个就得半蹲着等。正如三班颜肃斋在民国二十九年(1940 年)的日记中目睹所记载的:

二月初二日,壮丁一群,约一二百人。初四,又壮丁一群,约三百人路过,俱连以绳索或铅线绑之。

二月初八日午刻,壮丁连环索臂约二百多人,不知何处抽来,经过此少憩车路旁。军人买吃分之,乡民携物卖之,数分钟后起行。因感乱机之惨,各处皆然,见之莫不泪云。

二月初九日,壮丁经过又百余人,俱系以索,防逃脱……而逃脱不离者开枪毙之,军令之严何惜民命!

五月十九日,雨。不知何方壮丁三过前村,计数百人,系累如前,军人押之。劫数:一炸,二悍军,三抽壮丁,四召民工,五征粟米,六苛捐杂税,七水灾,八疫灾,九虎灾,十刀兵灾,十一饥荒灾。

民国三十年(1941年)三月二十九日的日记又记:

官军壮丁有五阵过前村,每阵160～800多人,两天千余人。值此粮食恐慌,加治屯军地方……见者亦多流泪心伤也。

感赋诗曰:"壮丁无罪连环系,政府惧逃用毒计。谁无父母妻子怀,割别心肠那不涕。奋武时期乱招兵,惨苦民家受压制。长城力役有望还,敌外而今非秦世。触目不觉欲悲天,无可奈何任泄泄。"另一首诗写道:"国运未将兴,抽民作壮丁。久年无音讯,无家向死生。"(摘自《肃斋生平志录》卷八)

据传,1940年前后,被关押在宝美土楼的过境壮丁,忍受不了凌辱压迫,奋起反抗,从二楼各窗口跳墙逃跑,遭接兵部队击毙很多。另一次被押解之壮丁,途经十八格险要之地逃跑,许多人当场被接兵部队打死。陈尸数天,臭不可闻。科荣保曾别系单丁独子,也是在途中被国民党军枪杀而绝了后嗣。同保的归侨曾成兴和曾享、曾纪将、曾纪束等人被抓捕入伍后,至今生死不明。有个关押在黑仓库的壮丁,因逃脱未成,被抓去割掉耳朵,用铁钉钉在头上折磨而死,惨不忍睹。

鉴于上述惨景,凡是符合役龄之壮丁,都时刻提心吊胆,采取各种形式进行抵制和反抗,有的申报户口时,虚报年龄,更改性别(男性改为女性)。有的多兄弟的过继他人或到他地入赘,有的背井离乡远逃他方。有的夜间不敢在家,逃匿深山密林,栖居破庙、破窑、墓穴,或隐蔽于保与保毗邻的地带。有的甚至斩断右手食指,使之不能扣枪机,或用有剧毒的水杨梅绑在脚腿,使脚腿腐烂,造成终身残废等办法进行抵制。如民国三十七年(1948年)十一月二日,县长林善庆命令各乡镇公所在十五日以前完成抓丁任务,同时组织五个组的督征员下乡督征,一组由保六团机枪连负责浔中、锦福、三高,二组由涂书田、林其瑶率机枪连负责西南、瑞上、水口、碧霞,三组由徐登云负责赤水、桂涌、葛岭,四组由吕尚吉负责双阳,五组由郭占榴负责济屏。命令"一旦发现役龄壮丁逃跑,即通缉追捕究办,甚至倾家荡产"。再如三高乡桥内保郑朱盘为避壮丁逃跑,乡长颜××、保长郑××立即向县报告,同时进行追捕。结果被抓回,关押在看守所。西南乡役龄壮丁林亮、方兹心、王仁拔3人逃跑他方,县长钟国珍即下令"严缉归案究办"。不少役龄壮丁或亲属戚友,亦展开与国民党抓丁人员进行斗争。如秀霞保壮丁黄继梧于民国三十七年(1948年)四月二日,刺伤乡保人员李××,造成李××头后部、后颈部、左上臂多处受伤和左手小指骨折。同年四月六日,霞碧保章××等4人,携带防卫工具,在半路上夺回被抓捕的壮丁张章垒,并同乡、保人员蔡××等人进行搏斗,表现了人民反抗国民党抓捕壮丁的斗争精神。

原载《德化文史资料》第9辑,1988年8月

德化县剿匪简述

　　1949 年 11 月 24 日，德化刚一解放，为坚决、彻底、干净、全部地歼灭国民党反动残余势力，巩固人民政权，安定社会秩序。在中国共产党的领导下，迅速拉开了剿匪的序幕。

一、反动势力的垂死挣扎

　　民国时期，德化山区地方极其不安宁。在国民党反动政权的卵翼、培植和支持下，民军蜂起，土匪横行，敌特密布，反动势力根深蒂固，盘根错节。各派势力时而相互勾结，时而互相吞并，战火连年不息达 40 年之久。烧杀掠夺，民不聊生，多少村落变为废墟，大片良田顿成荒地，无数黎民家破人亡，流离失所……国民党政权对这些股匪虽有时也挥着"反"和"剿"的幌子，但官、军、匪三位一体，结果是不但"任剿"不清，而且匪越"剿"势力越大，民众受蹂躏苦难越深。

　　1949 年，随着蒋家王朝的覆灭，解放军挥戈南下，国民党反动势力面临着土崩瓦解的命运，变得更狡猾更疯狂，磨刀霍霍，妄图进行反扑。德化解放前夕，林青龙、陈伟彬、刘于宽、苏玉瑛四股土匪为了做垂死挣扎，纷纷部署应变。

　　1949 年 2 月，国民党德化县县长兼县自卫总团团长陈伟彬召集党团军政首领密谋部署应变，联络地方民军土匪武装，筹募应变经费。推举国民党县党部代理书记徐宗汉、干事江联珠向省府请求受编民军。

陈伟彬亲自联络苏万邦、陈光亮和尤溪县一带股匪,并策划人员打入我游击队内部,作为反攻的内应。县城在新中国成立后,陈又率领县常备自卫队及国民党残余势力分为六小股,流窜北区的白叶、葛坑、杨梅、吉山、下村等保及东区的祥光、久住、亭坑、瑞板、前芹等村,联络尤溪、永泰股匪,妄围"收复"县城。

为匪近40年的林青龙于是年7月初旬,召集旧部匪干20多人,匪徒100名,由林荣春率队占领德化县城,叶炯进驻大田,匪连长林清猷、章腾芳驻守德化大田边界之大墘(1950年划归大田),匪营长卢振唐驻大田草坑。7月15日,林青龙被国民党厦门要塞司令汤恩伯和特务头子毛森委任为"东南反共救国军闽南军区闽中军分区副指挥官",其子林荣春为"二十二兵团第一保安地区第二支队司令部司令兼德大县民众自卫独立团团长"、"德大联防清剿指挥部副指挥官"。大批反动党团骨干充当"清剿指挥部"要职,其中国民党德化县党部代理书记徐宗汉任"政治委员",国民党德化县自卫总团副团长叶炯为"参谋长",县三青团干事徐登云为"副司令兼副团长和军政顾问"。这股反动武装分成十六小股,流窜在尊美、古春、双翰、绮阳、上田、格头、厚德、三福、凤山、林地等村及大田济屏、大儒、泮林、洞口等地,利用反动保甲政权公开派粮设税,征收田赋,肆行抢劫、绑架和杀害群众,四处建立情报组织,并与匪首刘子宽、陈伟彬、李世树密切联系,破坏我地下游击活动。自1949年7至11月,先后在德化蕉溪、上涌半林格,永春桂洋、苏坑、草坡,大田洞口(时属德化,1950年划归大田)等地伏击我游击队6次,杀害游击人员4名。攻打大田县洋尾乡政府,杀害乡长廖宗辉、干部廖进才二位同志。

匪首刘子宽自1949年7月任"东南人民反共救国军闽南军区闽中纵队司令"后,即发展反共的特务武装组织,成立"反共救国军云亭支队",在城镇建立情报站,刺探我方情报。又在德化霞山建立"反共救国军独立大队",下设三个中队,委郑扬宝为大队长,刘爬、郑玉兴、余沙为中队长,分成四小股,活动在德化碧坑、霞碧、霞山、下丰及三班桥内、锦湖等村,策动我方人员背叛,妄图组织暴动,配合林青龙攻占县城。其部属独立大队长郑扬宝,匪中队长管炳煌、郑中璧等先后在德化的霞山、硕儒、湖景、苏洋、内洋、霞碧、上亭、东漈,永春的桥头铺、湖洋,仙游的山头城等地,大肆派饷、派粮、敲诈勒索和抢劫财物。

匪首苏玉瑛(女)任"东南人民反共救国军闽南军区先锋纵队参谋长",活动在大田仙峰、马山,永春一都,德化吴山、阳春及济屏乡(原属德化,1950年划归大田)一带,勾结康明琛、涂达德搞特务武装。

上述四大股及其所属的24个小股土匪,共1000多人,活动在德化、永泰、仙游、大田、永春、尤溪等县边境。其他如苏万邦在岭脚、陈公亮在上涌、大正村各有人枪百余。匪梁秉忠为首组织"中国青年反共救国会",地霸林家让等纠集地方散匪,组织反动武装。他们四出窜扰,派饷抢劫,杀人勒索,袭击我武装力量比较薄弱的基层政府机关,妄图推翻我人民政权。

二、摆开剿匪的战场

党中央和毛泽东主席对福建的匪患十分重视。1949年12月,毛主席指示福建部队需全力以赴,保证完成"肃清股匪,实行土改"两大任务。福建省委与福建军区分别召开党委扩大会议,贯彻毛主席的指示,决定以剿匪、反霸和建设地方武装作为1950年的中心任务,在全省开展剿匪斗争。

德化的剿匪,是在野战军党委和中共福建省委的统一计划部署下进行的。遵照上级的指示,由中国人民解放军87师260团为主和军分区警备团县大队(后改为独立营)配合在德化县剿匪。

这时为了适应革命斗争的需要,闽中游击队和闽西南游击队合并成立县大队,毛票兼任大队长,林金榜任政治教导员,薛恒明任副大队长。县大队下又设区中队,其主要任务是保卫县城和各区公所机关,并配合剿匪工作。以后县大队改为独立营,县委书记路湘云兼任独立营政委,林金榜为第一副政委,诸葛辉任副政委。后毛材接薛恒明为独立营副营长。

在党的统一领导下,正规军、第五军分区警备团、地方武装、民兵和广大群众紧密配合,拧成一股绳,在全县东西南北各地撒开了歼匪的天罗地网。

在整个剿匪的决策上,第一步兵分两路,一路直插美湖林青龙老巢,一路进剿葛坑陈伟彬。1950 年 8 月中旬起,又集中兵力,先剿灭刘子宽,同时严密监控其他股匪与刘匪的相互策应,及时予以打击。是年底,刘子宽股匪就歼后,再横扫陈伟彬,最后全力聚歼林青龙和肃清散匪,取得剿匪斗争的全胜。

(一)西南区:围剿林青龙

1949 年 11 月 24 日(农历十月初五日),我主力部队分两路进驻美湖,任匪第二十二兵团第一保安地区第二支队司令部司令兼团长的林青龙儿子林荣春,闻讯星夜从县城赶回。当夜 12 时半,我部队抵达尊美附近山顶。翌晨五更,林青龙等溃逃山林,我军埋伏匪穴,活捉林青龙长子林昭树。首战告捷后,撤回县城。1950 年 1—2 月,我军两次进驻美湖,并派工作组开始建立乡政权,大力宣传剿匪政策,发动群众支前。后主力部队集中围剿刘子宽股匪,留下一个生产班开荒种菜,秘密发展我方情报人员,摸索和控制林匪动态。时林匪盘踞在双阳乡及赤水、锦福、桂涌和大田、尤溪边境地区,匪部分散,经常与我军短兵相接。如 1 月在会龙桥伏击我军,被我击毙 1 名,俘 3 名;4 月 10 日(农历三月初一日),匪"德大县民众独立自卫团一营营长"林太和率匪兵 70 多人在尤溪仆溪伏击我军,林太和当场被我驻尤溪解放军击毙,匪兵 1 人受伤。5 月间,股匪又在国宝乡后格村的割竹仔及永德交界的虎豹关连续多次劫走来往商人物资、布匹。6 月,林匪又在上岸水尾伏击我军。8 月间,我美湖驻军在东调围剿刘子宽时,林匪再次抬头,乘机骚扰,妄图分散我围歼刘匪之实力。9月19日,匪营长卢振唐率匪卒百余人,在大田草安大成墟场诱击我解放军。大田县大队第二连奋起反击,被害19人。10月5日(农历八月二十四日),匪"德大县独立自卫团"一营一连连长林荣中(林青龙之子)被我260团一营在尊美埋伏击毙,缴获加拿大手枪1支。

1951年1月中旬,北区陈伟彬匪部基本就歼后,260团二营乘胜回师南下,和晋江军分区警备团配合,在美湖、大儒、上春、尤床、新阁等地继续围剿林青龙、林荣春股匪。白天进行围剿,晚上在各路要道伏击,散匪纷向我自首,林荣春一伙日夜在山沟、密林中逃窜,林青龙于1月8日(农历十二月初一日)病死在苏园村湖仔厝内。

2月6日(正月初一日),我主力部队260团五百名及县独立大队薛恒明的队伍三百名同时进发,团部设于赤水,主力部队分布在赤水以南的美湖、大儒、洋坑、阳山、林地、赤水、东里等地区。二营教导员黄明率一个连进驻尊美,营部设在美湖。县独立大队诸葛辉率领地方部队驻赤水西北地区的双翰、十八格、尤床、新阁、铭春,营部设在双翰。格头由本县四区人武干部陈文美和一位参谋带领的民兵营进驻,计一团三营的兵力进剿林荣春,永春、德化、大田、安溪四县联合剿匪指挥部也驻设阳山。这样,林青龙整个匪区完全被我大军所包围。2月10日,县大队以双翰和十八格、尤床为中心,一中队进剿尤床苏万邦;二中队配合大田部队,在十八格一带围歼卢振唐(德大县民众独立团三营少校营长)、陈鸣皋(德大县民众独立团二营中校营长)、卢有悦(德大县民众独立团八连上尉连长);三中队驻双翰、古春和大铭一带,肃清该地土匪,控制土匪流窜的中心地区。林荣春陷于四面包围,率残匪5人逃离老巢,向永春流窜。260团四连和永春二区陈坑乡及德化上阳乡民兵冒雨穷追猛击,于3月11日在永、德交界处苦坑仔山沟内,林荣春被我民兵林求其击毙。3月12日,集中全力,连夜围剿困守在大张白马庙的卢振唐、陈鸣皋二股匪。歼匪17人,缴机枪1挺,驳壳枪1支,手枪4支,步枪9支,卢、陈二匪乘夜逃脱。自2月10日至3月15日,在我强大的政治、军事攻势压力下,匪团长陈公亮向我土改队缴械自首;争取瓦解匪大队长以下 80 余名,俘匪排长以下 12 名,击伤匪 5 名,包括争取瓦解投诚的计 110 名。歼灭卢振唐、苏子厚、苏万邦、林青献四股主力,缴步枪 79 支,轻机枪 2 挺,驳壳枪 11 支,连珠炮 3 支,长枪 6 支,手枪 6 支,合计长短枪 100 余支,各种子弹 3000 余发。4 月份,德化县大队先集中力量,和大田、尤溪大队各一部组织指挥所,统一指挥,密切配合,对陈鸣皋、陈鸣凤(德大县民众独立团四连上尉连长、陈鸣皋之弟)、卢有悦及陈伟彬部残匪进行围剿。德化县大队一、三中队驻大张吴厝垄、加洋、茶坑一带,二中队驻高才坂、梨坑和西山一带,大田县五区和三区边界十二个保以民兵为骨干、村干部带领群众二千多人,统属德化县大队指挥,形成了强大的包围圈。在 4 月 9 日和 10 日两天,活捉了匪连长陈鸣凤、高飞龙。4 月 15 日,陈鸣皋走投无路,被迫向我方自首。在这之前,匪政治委员徐宗汉,匪营长林玉龙、林仁毕、卢振唐等先后缴械自首,匪副团长徐登云自杀,林青龙股匪至此完全崩溃。

在西南区围剿林青龙的同时,德化县军民也积极配合大田县军民围歼苏玉瑛股匪。因剿灭该股土匪的主要地区已划入大田县境内,故本文不予赘述。

(二)北区:痛歼陈伟彬

在我主力部队围剿林青龙股匪的同时,在德化的北区也迅即摆开了歼匪的战场,矛头直指匪首陈伟彬。

1950 年 2 月,县大队二中队配合"八一"大队(260 团一部),进驻汤头,俘匪警卫营三连连长黄清时部卒 6 名,缴长短枪 7 支。3 月,县二中队在桂涌开展政治攻势,1 名国民党县政府科长和乡长、匪排长计 10 多名向我缴械投诚。4 月,县一中队驻防桂涌,大力发动群众,向陈匪展开政治攻势。同月,260 团一营和由苏永显带领的县二中队到溪洋永丘村、葛坑、濑头、杨梅、安村、云溪、白叶、西墘一带清剿。陈匪流窜琼溪、桂林、桂格、梓溪、陈侯祠,避开我军的锋芒。5 月,匪黄清时逃窜汤头时被我部俘获后伏法。10月10日,我军主力260团在参谋长邱奕晋、二营教导员黄明、营长肖勇率领的四连和六连的解放军,配合县大队副大队长薛恒明、第二中队长丘福熙、指导员施朝钧率领的队伍,直插陈匪的老巢葛坑。抵达葛坑前夕,尤溪清剿的部队于白叶山中擒获了陈伟彬的父亲——原国民党旅长、匪"闽中区人民反共救国军"五县(永泰、德化、大田、漳平、宁洋)指挥官陈国华及匪卒5人。陈伟彬闻讯,纠集部属四百多人,妄图截击营救。我军抵达葛坑屈粪地花树格与其相遇,双方激战三个小时,击毙陈伟彬警卫排长陈金珑及匪卒3人。至晚六时许,陈伟彬乘夜撤走。次日(12日下午),我军分三路围剿,中路在白叶长坑(一说在白叶考溪山)活捉陈伟彬妻林桂英(任匪财政出纳)及其子陈海荣等3人。陈伟彬带其子陈海涛,化装潜逃至尤溪与德化交界处的西墘和二十三都一带隐蔽活动。通过瓦解工作并与军事打击相结合,在一星期中,匪三连连长、陈国华三子陈宣石和陈匪亲信连长陈福中携带步枪7支、短枪2支、机枪2挺向我方自首,其余匪徒130多名在短期内也纷纷出来投诚。10月30日,尽管林荣春纠合李世树二百多人突入赤水街巷,妄图挽救陈匪覆灭的命运,但很快就被我方主力部队击退。

1951年1月11日,260团二营四连冒着毛毛细雨和飘飘雪花进剿白叶村,向陈匪残余进行扫荡。突接葛坑乡乡队副陈国志的报告:陈伟彬匪部排长陈长庚等30余人正隐蔽在尤溪县二十三都华口光村的一个山沟里。四连冒着严寒,急速步行20多里山路,在二十三都附近的一处密林里,二班长黄思忠首先发现土匪哨兵,全班同志跟着黄班长猛扑上去,击毙匪排长陈长庚等4人,俘匪2名,缴冲锋枪、短枪各1支,步枪4支。其他20余名土匪逃脱,剩下散匪,在我军压力下,陆续向我部自首。1月间,匪连长李世树在赤水向我军缴械自首,但不久又继续为匪,最后在大铭联春山上被我方击毙。陈伟彬从尤溪逃到福州,偷渡去乌龟岛(土名)。1951年9月4日,陈伟彬与匪陈全德受蒋帮派遣,率匪特从惠安登陆,当地军民奋力围剿,全部被歼。陈匪亦于仙游、莆田交界处被我方击毙。

(三)东南区:消灭刘子宽

刘子宽是危及多县的著匪,也是在德化境内四大股土匪中,最先被消灭的一股。

根据蒋帮的意旨,德化境内各股土匪内部虽采取分开地区活动,但统一归刘子宽指挥。因而主力部队在围剿林青龙的同时,采取了集中兵力消灭刘匪的策略。

1950 年 8 月 17 日(农历七月初四日),晋江军分区司令员叶克守率领 260 团及警备团进驻霞碧、下山屯,召集德化、永春、永泰、仙游等县大队开会研究,对围歼刘匪做了部署。集中四县武装三千多兵员进行围剿,白天搜山,晚上伏击,在德化与仙游交界的霞碧乡围剿中,打死土匪 14 人,俘获刘匪参谋长、秘书、报务员各 1 名,匪 10 余人,缴卡宾枪 1 支,左轮枪 1 支。刘子宽陷入团团包围之中,带着几个警卫人员龟缩于永春六区湖洋锦溪乡一带山上逃窜、躲藏。我方组织了土匪自首委员会,进一步瓦解刘匪的力量。10 月 19 日下午 2 时,我 260 团三营营部(驻永春湖洋)担架班、通讯班及勤杂人员等 19 人,带了一支汤姆枪和一支驳壳枪到距离驻地二里许的锦凤保庵坑岭山上砍柴时,赤手空拳的通讯员沈凤岐发现了草丛中藏人。知是土匪,即机警地与担架班长张学芝配合,一面监视逃窜的土匪,一面由通讯班长卢文彬派人飞报营部,迅即组织围山,终于将刘子宽擒获。10 月 15 日,经上报批准,在永春湖洋区召开公审大会,德化、永春、仙游等地的群众纷纷赶来参加,当宣布判处刘子宽死刑立即执行时,数千名群众欢声雷动,欣喜若狂,无不拍手称快。刘子宽伏法后,其部散匪纷纷向我军自首投诚,刘子宽部分队长徐坤于 1951 年春被我一区人武部部长杨德山等在奎斗乡带领民兵击毙。至此,刘子宽股匪全部就歼。

（四）东北区：横扫流窜匪

德化东北区与永泰、仙游两县接壤,民国时期,匪患猖獗。解放前夕,又是陈伟彬、刘子宽股匪插足之地。在开展西南区、北区、东南区剿匪的同时,东北区也实行了总动员,与其他各区紧密配合,使匪徒无藏身之地。

1949 年县城解放后,12 月份,由县大队第二中队二个排兵力,配合政工干部直插至雷峰、瑞上、连山,围剿潜伏在连山许格的郑生土（"德大联防清剿指挥部副队长"、"二十二兵团第一保安地区德大县民众独立团一营三连上尉副连长"）、陈金星（"德化县自卫总团瑞上自卫队指导员"）,在雷峰、蟠龙等地抓获土匪排长方德兴和郑生土之妻曾娟。

接着,1950 年 1 月间,县大队一中队配合 260 团一营一个排连夜出发水口,化装便衣,分三路围攻祥光、亭坑、亭坑、山坪匪首江联珠（"德化联防清剿指挥部顾问"、"德化县民众反共自卫总队总队长"刘子宽匪部大队长）和匪大队长江世欢驻下堀仔的土堡。激战二小时,俘匪 16 名,击毙匪中队长江联查,缴长短枪 16 支,卡宾枪 2 支,枪弹筒 2 个。

同月,在中国人民解放军 260 团政委范银根直接指挥,营长肖勇率军由霞山穷追刘子宽至八遑、连山、淳湖一带,与北区解放军紧密配合。在我大军压力下,刘匪逃回霞山、湖洋一带。

2 月间,260 团营长王德成率部驻连山,全力清剿江联珠、郑生土和林万出。5 月 15 日,260 团一个排由连山连夜冒雨出发,至久住与大洋交界处的洋仔坑山寨内,当场活捉匪中队长林家让,击毙匪排长林梓材和匪卒 1 人,缴获驳壳枪 1 支,大号曲七枪 11 支和物资一部分。6 月 3 日早晨,在张岭脚、洋仔坑、许格寨上击毙匪排长章子卿和匪卒 1 人,缴获长短枪各 1 支。7 月 13 日,我军听说匪郑生土和梁恭全（德化县自卫总团瑞上分队第一小队副队长）在上村杀害群众赖吉和桂洋积极分子梁色,我军连长杜家庭率队配合侦察排连夜出击,在上村山顶击毙匪副官阮如诚夫妻二人,并在蟠龙寨与郑生土、林万出（德大联防清剿指挥部副队长)、梁秉忠("中国青年反共救国会"独立大队长)激战二小时,活捉梁秉忠,击毙匪卒 1 人,俘获 1 人,缴驳壳枪 1 支,步枪 2 支。同月,我 260 团先后两次在久住虎头山和三坂洋穷追残匪,缴获刘子宽发给祥光江联珠和梁秉忠部土匪全部名单和委任令,掌握了全歼残匪的主动权。

8 月,260 团一营营长王进德、教导员韩行、副教导员毛有功和县大队大队长毛票率队进剿盘踞在祥光、八逞、连山、蟠龙一带的匪首江联珠、郑生土和德化县自卫总团瑞上自卫队一小队长陈朝修、一班长陈朝实等股匪。10 月 9 日晚,毛厝、梨坑两保民兵分路围剿潜伏在坂上村的土匪,抓获潜匪 3 人。11 月 11 日,260 团一营和县大队在德化、仙游、永泰交界的地方歼灭了江联珠股匪。江联珠逃窜在水口祥光老巢的水尾山林中被我剿匪部队击毙,并活捉江联珠之女江美英和匪属 4 人,缴获左轮枪,卡宾枪各 1 支。

1951 年春,雷峰区镇压了刘子宽部大队长陈赛玉(女)。是年 5 月,打死匪排长江美石及匪卒 3 名,"德化县民众反共自卫总队"副总队长、"第十一纵队"支队长陈石瑜和匪刘肥及刘子宽的妻子在我方包围中走投无路,相继自杀。"东南人民反共救国军闽南军区"独立大队长郑扬宝及匪徒 3 名被俘。6 月间,又击毙刘子宽部特务中队长郑玉兴。

经过一年半的时间,德化境内的四大股土匪基本被消灭。1951 年 5 月 6 日,中国人民解放军晋江军分区司令部转省军区电,表扬了 260 团和永春、德化两县民兵在歼灭林匪荣春战斗中的功绩。当月 21 日,召开庆功大会,县委书记路湘云、公安局局长李文华、副县长毛票在会上讲了话,晋江军分区司令员叶克守表扬了剿匪功臣。25 日下午,城关召开了公审大会,处决了叛徒杨宝树。7 月 19 日,在县城体育场召开剿匪胜利庆功表彰模范大会,晋江军分区和 87 师领导机关都发来贺电和嘉奖令。团长毛有方、政委范银根给每个立功战士授奖,四连二班班长黄思忠荣立一等功,省军区授予出席华东区剿匪模范。县人民政府对参加剿匪的同志,每人赠送一枚剿匪纪念章。

　　至此,全县大小股匪均已消灭。据 1951 年 11 月 27 日的调查统计,全县在剿匪期间共歼匪 1511 名,其中击毙 141 名,击伤 183 名,自杀 6 名,俘虏 56 名,自首 1193 名(不包括流窜在大田、尤溪境内被消灭的土匪)[①],缴获各种枪支计 772 支(卡宾枪、机枪、汤姆枪等自动武器共 27 支,长短枪 745 支,子弹及物资一大部)[②]。最后尚有散匪卢有悦、苏木、谢月华、陈承穆、李万映、陈生存等一直在德化、大田交界处和尤溪等地流窜和潜藏,在德化县剿匪指挥部和德、大、尤清剿联合领导机构的领导下,三县军民紧密配合,协力围剿,这些散匪先后相继被歼。这样,全县长期以来的匪患得到彻底的肃清。

　　剿匪的伟大胜利,为我们党领导的土地改革的顺利进行铺平了道路,为有步骤地实现从新民主主义革命到社会主义革命和建设的转变,迅速恢复国民经济并开展有计划的经济建设,胜利进行对生产资料私有制的社会主义改造创造了良好的条件,打下了坚实的基础。

　　与曾清焕合作,原载《德化文史资料》第 7 辑,1986 年 11 月

---

　　① 据中共德化县委办公室《德化县剿匪数目统计表》材料:"在全县清剿土匪中,计打死一百三十二人,打伤三十三人,俘虏二百九十四人,自首九百一十八人。计歼匪一千三百七十七人。"1952 年 10 月 1 日《德化县三年来的治安工作报告》材料:"一、剿匪方面……我们消灭了一千三百六十七名的土匪。"

　　② 1952 年 10 月 1 日《德化县三年来的治安工作报告》。

后 记

多年来，我们一直觉得有责任和义务将徐本章先生生前撰写的文章进行搜集、编辑和出版。经过两年的努力，总算实现了意愿。

徐本章先生的文章大致可分为两类，一类是德化陶瓷研究，一类是德化乡土文化研究。由于文章过于分散，有的发表在正式期刊或会议论文集，有的刊登在地方文史资料，有的收录在非正式出版的资料集，有的尚为手稿，故难以全面收集。同时，由于数量较多，我们只能遴选部分有代表性的文章，结集出版。

此文集的出版，是学术界期待已久的事情。它必将有助于德化窑和德化乡土历史文化的研究，尤其是在泉州申报世界文化遗产名录进程中，其学术价值不言而喻。

在此，我们特别感谢徐先生生前挚友、厦门大学人类学研究所叶文程教授，他亲自审阅书稿，确定书名，欣然赐序并题签书名。特别感谢徐本章夫人孙丽华女士及其子孙徐艺星、孙艺灵、徐艺真和孙延燕、徐冬旸、颜诗霖的大力支持，还要感谢好友陈小茜设计封面和厦门大学出版社薛鹏志先生给予的宝贵意见。正是有了这些可敬、可爱的前辈和亲友的着力支持，本书才得以顺利出版。

陈建中　陈丽华

2019 年 10 月 1 日